A ECONOMIA DA INTELIGÊNCIA ARTIFICIAL

ROGER BOOTLE

A ECONOMIA DA INTELIGÊNCIA ARTIFICIAL

COMO A **IA** ESTÁ TRANSFORMANDO O **TRABALHO**, A **RIQUEZA** E O **PROGRESSO**

ALTA BOOKS
EDITORA

Rio de Janeiro, 2021

A Economia da Inteligência Artificial

Copyright © 2021 da Starlin Alta Editora e Consultoria Eireli.
ISBN: 978-85-508-1486-5

Translated from original The AI Economy: Work, Wealth, and Welfare in the Robot Age. Copyright © 2019 by Roger Bootle. ISBN 978-1-473-69616-7. This translation is published and sold by permission of Nicholas Brealey, an imprint of John Murray Press, an Hachette UK company., the owner of all rights to publish and sell the same. PORTUGUESE language edition published by Starlin Alta Editora e Consultoria Eireli, Copyright © 2021 by Starlin Alta Editora e Consultoria Eireli.

Todos os direitos estão reservados e protegidos por Lei. Nenhuma parte deste livro, sem autorização prévia por escrito da editora, poderá ser reproduzida ou transmitida. A violação dos Direitos Autorais é crime estabelecido na Lei nº 9.610/98 e com punição de acordo com o artigo 184 do Código Penal.

A editora não se responsabiliza pelo conteúdo da obra, formulada exclusivamente pelo(s) autor(es).

Marcas Registradas: Todos os termos mencionados e reconhecidos como Marca Registrada e/ou Comercial são de responsabilidade de seus proprietários. A editora informa não estar associada a nenhum produto e/ou fornecedor apresentado no livro.

Impresso no Brasil — 1ª Edição, 2021 — Edição revisada conforme o Acordo Ortográfico da Língua Portuguesa de 2009.

Erratas e arquivos de apoio: No site da editora relatamos, com a devida correção, qualquer erro encontrado em nossos livros, bem como disponibilizamos arquivos de apoio se aplicáveis à obra em questão.

Acesse o site **www.altabooks.com.br** e procure pelo título do livro desejado para ter acesso às erratas, aos arquivos de apoio e/ou a outros conteúdos aplicáveis à obra.

Suporte Técnico: A obra é comercializada na forma em que está, sem direito a suporte técnico ou orientação pessoal/exclusiva ao leitor.

A editora não se responsabiliza pela manutenção, atualização e idioma dos sites referidos pelos autores nesta obra.

Dados Internacionais de Catalogação na Publicação (CIP) de acordo com ISBD

B725e   Bootle, Roger
        A Economia da Inteligência Artificial: como a IA está transformando o trabalho, a riqueza e o progresso / Roger Bootle ; traduzido por Diego Franco. - Rio de Janeiro : Alta Books, 2021.
        320 p. ; 16cm x 23cm.

        Tradução de: The AI Economy
        Inclui bibliografia e índice.
        ISBN: 978-85-508-1486-5

        1. Inteligência Artificial. 2. Economia. 3. Trabalho. 4. Riqueza. 5. Progresso. I. Franco, Diego. II. Título.

2021-4284   CDD 001.535
               CDU 004.89

Elaborado por Vagner Rodolfo da Silva - CRB-8/9410

Rua Viúva Cláudio, 291 — Bairro Industrial do Jacaré
CEP: 20.970-031 — Rio de Janeiro (RJ)
Tels.: (21) 3278-8069 / 3278-8419
www.altabooks.com.br — altabooks@altabooks.com.br

Produção Editorial
Editora Alta Books

Gerência Comercial
Daniele Fonseca

Editor de Aquisição
José Rugeri
acquisition@altabooks.com.br

Produtores Editoriais
Illysabelle Trajano
Maria de Lourdes Borges
Thales Silva

Marketing Editorial
Livia Carvalho
Thiago Brito
marketing@altabooks.com.br

Equipe de Design
Larissa Lima
Marcelli Ferreira
Paulo Gomes

Diretor Editorial
Anderson Vieira

Coordenação Financeira
Solange Souza

Coordenação de Eventos
Viviane Paiva

Produtor da Obra
Thiê Alves

Equipe Ass. Editorial
Beatriz de Assis
Brenda Rodrigues
Caroline David
Gabriela Paiva
Henrique Waldez
Mariana Portugal
Raquel Porto

Equipe Comercial
Adriana Baricelli
Daiana Costa
Fillipe Amorim
Kaique Luiz
Victor Hugo Morais

Atuaram na edição desta obra:

Tradução
Diego Franco

Copidesque
Joris Silva

Revisão Técnica
Flávio Barbosa
Pesquisador na área de inteligência artificial e transformações no mercado

Revisão Gramatical
Hellen Suzuki
Luciano Gonçalves

Diagramação
Catia Soderi

Capa
Larissa Lima

Ouvidoria: ouvidoria@altabooks.com.br

Editora afiliada à:

Sumário

Prefácio	vii
Prólogo: A Era dos Robôs	1

Parte I — Homem e máquinas: passado, presente e futuro   13

1. A ascensão do homem	15
2. Desta vez vai ser diferente?	39
3. Emprego, crescimento e inflação	67

Parte II — Trabalhos, lazer e salários   91

4. Trabalho, descanso e diversão	93
5. Os empregos do futuro	121
6. Ganhadores e perdedores	153

Parte III — O que fazer?   183

7. Incentivar ou taxar e regular?	185
8. Como os jovens devem ser ensinados	207
9. Garantindo prosperidade para todos	231

Conclusão	265
Epílogo: A Singularidade e além	271
Bibliografia	281
Notas	285
Índice	303

Prefácio

Este livro teve uma origem simples e direta. Nos últimos três anos, fui soterrado por relatos do iminente choque econômico e social causado pela disseminação dos robôs e pelos avanços da inteligência artificial (IA). E conheci inúmeras pessoas — e empresas — seriamente preocupadas com isso, em alguns casos, entrando em pânico. A fila dos aflitos aparentemente inclui até mesmo pessoas em proeminentes empresas de IA preocupadas com o possível impacto da inteligência artificial na humanidade, mas que não ousam externar seus medos por causa das possíveis implicações para suas carreiras.[1]

É evidente para mim que este é um dos maiores temas econômicos da nossa era. Mais que isso, promete ser também um dos maiores temas sociais. De fato, ele ameaça obliterar tudo quanto nos for importante. Jim Al-Khalili, professor de física da Universidade de Surrey e presidente da Associação Britânica para o Avanço da Ciência, afirmou recentemente que a IA é mais importante que qualquer outra questão que a humanidade esteja enfrentando, "como a mudança climática, pobreza, terrorismo, pandemias e resistência a antibióticos".[2] Esteja ele certo ou não sobre a comparação com, digamos, mudança climática e terrorismo, a afirmação faz com que robôs e inteligência artificial pareçam completamente ruins. No entanto, muita gente (incluindo, curiosamente, o professor Al-Khalili) acha que eles têm uma capacidade extraordinária de trazer benefícios à humanidade.

Então, sejam as implicações maléficas ou benéficas, eu quis entender o que está havendo com os robôs e a IA e considerar quais podem ser as consequências. Este livro é o resultado das minhas investigações.

Depois de passar mais de um ano imerso na literatura da área, agora já conheço o bastante sobre o assunto. Mas os leitores não devem se preocupar, porque este meu novo conhecimento não me transformou em um geek. Fique tranquilo, porque ele não me afastou do meu caminho. Aproximei-me deste tema sem as vantagens de um conhecimento técnico avançado. Na verdade, devo confessar que a realidade é ainda pior. Antes da minha imersão nos livros sobre IA, meus filhos consideravam-me um tecnófobo. E eu tenho certeza de que minha equipe na Capital Economics (a companhia que fundei) concordaria imediatamente com isso. Minha única arma foi o conhecimento sobre economia e uma vida toda pensando e escrevendo sobre questões econômicas.

Não que isso traga qualquer vantagem direta na compreensão dos assuntos técnicos que subjazem ao tema. De fato, ele não me protegeu de ficar completamente confuso e aturdido por muito do que os especialistas técnicos têm a dizer. Hoje, posso dizer que cheguei a um nível considerável de compreensão, mas passei um bom tempo quebrando a cabeça, lutando para entender o que os experts em robótica e IA estavam dizendo.

Será que essa falta de conhecimento técnico prévio poderia trazer algum tipo de vantagem indireta para fazer frente às óbvias desvantagens? Talvez. Ao menos ela me colocou na mesma posição da maioria dos meus leitores, que se sentem nocauteados e confusos pelo assunto.

Ondas de blá-blá-blá tecnológico parecem inundar-nos sempre que as palavras "robô" e "inteligência artificial" aparecem. Ler sobre esses temas mergulha-nos em um mar de palavrório, maravilhamento e adoração no altar da "tecnologia". Você corre o risco de afundar em um fluxo de linguagem frouxa, conceitos flácidos, extrapolações indevidas, jargão impenetrável e falhas de perspectiva, tudo embalado pela aura de uma suposta inevitabilidade.

Ainda assim, algo de fato maravilhoso está acontecendo no mundo da tecnologia; não só um aumento na digitização, impressão 3D ou o desenvolvimento da nano e biotecnologia, mas também no que diz respeitos aos robôs e à IA. Nessa mistura de ingredientes para uma revolução tecnológica, é a inteligência artificial que se destaca. Ela pode oferecer grandes benefícios, mas também parece altamente ameaçadora tanto para os seres humanos quanto para a sociedade como um todo. Isso porque ela parece mergulhar fundo na realidade humana e impor questões fundamentais sobre quem nós somos e o que poderemos ser.

Minha tarefa aqui é não apenas sobreviver ao dilúvio dos tecnologismos e garantir que meus leitores não vão se afogar nele, mas, mais importante, salvar os muitos nacos de verdade em meio a esse mar de exageros e delinear as possíveis implicações para nosso futuro.

São vastas essas possíveis implicações. Especialistas em IA não se restringem às meras tecnicalidades. Ao contrário, eles abordam amplamente todo o terreno da economia, da estrutura social, das políticas e até mesmo o sentido da vida. Ao longo do processo, produzem conclusões que são, ao

Prefácio

mesmo tempo, desconcertantes e potencialmente aterrorizantes para indivíduos, companhias e governos.

Esses três grupos estão sem saber o que pensar sobre as graves questões em jogo e sabem menos ainda o que fazer frente a elas. É aqui que a formação, o treinamento e a experiência de um economista podem ser trazidos à baila com proveito. É o que eu espero, ao menos. No final, é você, leitor, que julgará isso.

Devo enfatizar, entretanto, que você não encontrará aqui muito esclarecimento sobre os detalhes técnicos e a essência da robótica e da IA. Leitores buscando essas coisas terão que procurar em outro lugar. Este é um livro sobre as consequências econômicas dos robôs e da inteligência artificial. É a minha tentativa de trazer alguma clareza sobre essas consequências para qualquer um que seja potencialmente afetado por elas — clareza sobre como lidar com essas mudanças e sobre as escolhas que deverão ser tomadas frente a elas. A propósito, essas questões são tão difusas que por "qualquer um" eu quero dizer "todos".

Essas questões são tão complexas e entrelaçadas com todo tipo de assunto cujo futuro desconhecemos que não importa quanto esclarecimento seja trazido, nunca haverá certezas. Quando vislumbrarmos o futuro, temos que simplesmente prestar muita atenção e tentar, da melhor forma possível, adivinhar o que se desenha à nossa frente.

Como no meu último livro, não acho que essa profunda incerteza é uma desculpa para não dizer ou não fazer nada. No fim das contas, todos precisamos tomar decisões que se baseiam, em grande parte, em uma previsão do futuro. Isso se aplica a indivíduos tanto quanto a companhias e governos. Não podemos escapar da incerteza e não podemos suspender todas as decisões enquanto as coisas não estiverem claras. Devemos, simplesmente, fazer o máximo ao nosso alcance.

Inevitavelmente, no curso da pesquisa e escrita deste livro, acumulei muitas dívidas de gratidão. O professor Robert Aliber, Dr. Anthony Courakis, Julian Jessop, Gavin Morris, George de Nemeskeri-Kiss, Dr. Denis O'Brien, Dr. Alya Samokhvalova, Christopher Smallwood, Martin Webber e o professor Geoffrey Wood gentilmente leram várias versões do texto e ofereceram seus comentários. Sou muito grato a todos eles e também aos participantes de uma mesa de discussão em Viena, em dezembro de 2018, organizada e promovida pelo banco austríaco OeKB.

ix

Eu tive a sorte de contar com os serviços de Moneli Hall-Harris, minha assistente de pesquisa, que deixou minha tarefa muito mais fácil. Diversos membros da equipe na Capital Economics, prestativos, proveram dados e gráficos, e outros forneceram comentários críticos, especialmente Andrew Kenningham, Mark Pragnell, Vicky Redwood, Nikita Shah e Neil Shearing. Ademais, sou grato à Capital Economics por permitir a inclusão no livro dos resultados de alguns dos estudos que ela publicou ao longo dos últimos anos, em particular sobre os temas tratados no Capítulo 1.

Holly Jackson, meu assistente pessoal, foi inestimável tanto em gerenciar os originais quanto em manter-me na linha no que diz respeito às minhas atividades na Capital Economics e em tudo o mais em que eu estive envolvido.

Por último, mas não menos importante, devo muito à minha família, por tolerar — uma vez mais — meu distanciamento e minha concentração em escrever o livro.

Nenhum dos mencionados, seja acima ou nas páginas que se seguem, é responsável por qualquer erro de ação ou omissão neste livro. Estes são de única responsabilidade do autor.

Roger Bootle
Londres, março de 2019

Prólogo: A Era dos Robôs

"Parece menos Battlestar Galactica e mais a Queda de Roma."

David Gunkel [1]

"O aspecto mais triste da vida agora é que a ciência acumula conhecimento mais rápido do que a sociedade acumula sabedoria."

Isaac Asimov [2]

Entusiastas fervorosos de robôs e inteligência artificial (IA) vertem tecnicismos sobre como uma nova revolução está prestes a transformar nossas vidas. Mas normalmente não fica claro se a transformação será ou não favorável. O que me chega pelos geeks é uma mistura de duas visões distintas: primeiro, a ideia de que estamos diante de um futuro terrível — envolvendo pobreza, perda de autoestima ou até mesmo aniquilação — à medida que nossas criações, os robôs, vão dominando tudo; em segundo lugar, a ideia de que a revolução enriquecerá a todos nós e libertará a humanidade do trabalho pesado.

No processo de discutir as implicações dos robôs e da IA, muitos escritores com estofo técnico vão longe no território da macroeconomia e da política pública. Veja este exemplo de Calum Chace, visionário da IA:

> … à medida que as máquinas tornarem-se mais eficientes que os humanos que elas vão substituir, e cada vez mais, elas continuarão a melhorar exponencialmente. Mas, conforme mais e mais pessoas ficarão desempregadas, a consequente queda na demanda superará a queda nos preços proporcionada pela maior eficiência. Uma contração econômica é praticamente inevitável e será tão séria que algo precisará ser feito.[3]

Visões similares têm sido oferecidas por eminentes empreendedores de tecnologia, incluindo Bill Gates, o fundador da Microsoft, e cientistas de destaque, como Sir Stephen Hawking, que descobriu os buracos negros e tanta coisa mais.[4]

Ainda assim, alguns cínicos, em sua maior parte assumidamente de fora do grupo de experts em IA, parecem achar que tudo isso é exagero e que, na essência, as mudanças econômicas e sociais que enfrentaremos como resultado da disseminação dos robôs e da inteligência artificial ou terão poucas consequências, ou serão uma continuação do tipo de experiências que tivemos desde a Revolução Industrial — portanto, profundamente benéficas para a humanidade. Os espectros desencadeados pela fétida especulação sobre as implicações da IA são vistos por alguns como similares àquela bagunça gigantesca sobre o Bug do Milênio, que, no fim das contas, não deu em nada.

Cinco visões sobre o futuro

Portanto, este é um tema que ainda está longe de resoluções, para dizer o mínimo. As visões conflitantes sobre nosso destino em um futuro dominado por robôs e IA podem ser resumidas assim:

- Em nada diferente.
- Radicalmente ruim.
- Radicalmente bom.
- Catastrófico.
- A chave para a vida eterna.

Traçar um caminho por entre esses diferentes possíveis futuros é o principal objetivo deste livro. Eu não posso — e não vou — favorecer minha própria opinião enquanto a discussão está apenas começando. Então, vou deixar para discutir os três primeiros possíveis resultados em capítulos posteriores. Mas direi agora algo breve sobre a quarta e quinta possibilidades.

Para quem não está familiarizado com a literatura sobre esse tema, as palavras que escolhi para descrever a quarta e a quinta visões do futuro — "catastrófico" e "a chave para a vida eterna" — podem parecer hiperbólicas. Mas qualquer um que já tenha mergulhado nessa literatura vai achar que elas podem ser tudo, menos hiperbólicas. Os geeks argumentam que, quando se atingir uma inteligência artificial comparável à humana, a IA super-humana será inevitável. Um cérebro digital pode ser copiado sem nenhum limite e, diferentemente do cérebro humano, pode ser acelerado.

Isso, portanto, leva à ideia de que a revolução causada pela IA potencialmente seria o último avanço feito por humanos. Assim que tivermos criado uma inteligência artificial maior que a humana, ela vai criar inteligências ainda maiores, completamente além de nossas possibilidades e fora do nosso controle. E assim sucessivamente. Para essas novas formas de inteligência, nós seremos não apenas inferiores, mas também inúteis, se não um

Prólogo: A Era dos Robôs

estorvo. Elas poderiam prontamente decidir nossa destruição. Sir Stephen Hawking disse à BBC em 2014: "O desenvolvimento de uma inteligência artificial plena pode acarretar o fim da raça humana."[5]

Do mesmo modo, Martin Rees — astrônomo real, destacado cientista de Cambridge e barão Rees de Ludlow — descreveu o ponto em que a IA alcança a superinteligência como "o nosso momento final". Ele vê como um ápice o tempo em que a inteligência humana dominou o mundo.[6]

A literatura da área denomina o momento em que algum tipo de IA torna-se mais inteligente que os humanos como "Singularidade". Se e quando isso acontecer, as consequência provavelmente se estenderão para muito além dos simples indivíduos. Murray Shanahan, professor de Robótica Cognitiva na Imperial College de Londres, resumiu a visão de muitos especialistas em IA quando escreveu o seguinte:

> "Por analogia, a singularidade na história humana ocorreria se um progresso tecnológico exponencial resultasse em uma mudança tão dramática que os assuntos humanos como os conhecemos chegassem ao fim. As instituições que nos parecem eternas — a economia, o governo, a lei, o Estado — não sobreviveriam em seu formato atual. Valores humanos básicos — a sacralidade da vida, a busca da felicidade e a liberdade de escolha — seriam suplantados."[7]

Mas o mundo da Singularidade está longe de ser inteiramente negativo para a humanidade. De fato, para Ray Kurzweil, o papa dos entusiastas da IA, ocorre exatamente o oposto. Ele vê uma fusão entre humanidade e inteligência artificial que nos permitiria fazer um "upload" de nós mesmos numa forma não material, assegurando-nos vida eterna.[8] (Devemos supor que esta seja uma visão mais positiva para todos nós, não devemos? Não sei você, mas, para mim, ser digitalizado por toda a eternidade em algum tipo de inteligência artificial não é algo exatamente atrativo.)

Para alguém do meu tipo, mesmo descartando o "upload" e o prognóstico de vida eterna, ler sobre as capacidades da IA e sobre o destino da humanidade depois da Singularidade é lançar-se em um mundo que parece ficção científica. Mesmo assim, como demonstrarei no Epílogo, eu não descarto essas ideias. Como poderia? Quando as maiores mentes da ciência de nossa época, como Sir Stephen Hawking e Lord Rees, levaram a sério essas possibilidades, eu não estou em posição de menosprezá-las.

Mas tenho uma profunda consciência da distância entre a aparência de ficção científica da Singularidade e os avanços cotidianos da robótica e da IA no aqui e agora da economia. Estes dependem de decisões tanto das empresas e indivíduos que buscam seus próprios interesses como de governos em busca do interesse público.

Que influência a Singularidade deve ter nessas decisões? Entre outros, John Brockman, um "empreendedor cultural" conectado com grande parte dos mais influentes cientistas e pensadores da IA, acredita que as decisões atuais desses atores devem ser fortemente influenciadas pelas mudanças revolucionárias que virão. Ele escreveu: "Ninguém precisa ter uma superinteligência artificial para perceber que chegar sem preparo ao maior evento da história humana é pura e simplesmente estupidez".[9]

E Stuart Russell, professor de Ciência da Computação na Universidade da Califórnia, alegou que não se preparar para a Singularidade seria indiferença e até mesmo irresponsabilidade. Ele escreveu: "Se nós recebêssemos um sinal de rádio de uma civilização alienígena mais avançada dizendo que eles chegarão aqui em sessenta anos, você não daria de ombros e diria: 'Tranquilo, ainda temos sessenta anos.' Especialmente se tiver filhos."[10]

Discordo muito dessa visão. Eu não sairia correndo para tomar grandes decisões baseadas em "sinais de rádio". Primeiramente, eu confirmaria se de fato a mensagem veio de uma civilização alienígena e tentaria descobrir qual era a fonte da gravação para anunciar corretamente suas ações e eventos futuros. Se aquela era uma primeira "mensagem", não deveria haver uma gravação. Isso me faria levantar a guarda. E eu estaria bastante ciente do caso de Orson Welles, que, em 30 de outubro de 1938, transmitiu o romance futurístico *Guerra dos Mundos*, de H. G. Wells, alegando que alienígenas de Marte tinham invadido Nova Jersey, aterrorizando milhares de norte-americanos e espalhando o pânico.

Só então, se eu concluísse que a mensagem merecia crédito (a despeito de Orson Welles e H. G. Wells), pensaria no que deveríamos fazer. Preparar-nos para a guerra ou preparar uma festa de boas-vindas? E suponhamos que a mensagem tenha dito que eles chegariam em duzentos anos, ou até mesmo quinhentos, ou dali a um tempinho. O que deveríamos fazer seria radicalmente diferente a depender de quão iminente ou distante fosse a chegada dos alienígenas.

Na verdade, aqueles que alegam que a Singularidade está próxima não são seres de uma civilização alienígena mais avançada, mas os ultraentusiastas de um culto daqui da Terra. E com relação a todo esse entusiasmo, mesmo que no futuro ele se prove correto, há boas razões (que discutirei no fim deste livro) para argumentar que eles estarão errados.

E o tempo realmente importa. Lord Rees, citado por mim como alguém que acredita no florescente e irresistível poder da IA, sugeriu que máquinas provavelmente dominarão tudo "dentro de alguns séculos". Deixando de lado as impossibilidades, se o mundo da Singularidade está tão atrasado quanto Lord Rees acredita que provavelmente está, então é possível que a raça humana possa acabar bem antes, por guerras nucleares, colisão de asteroides, pandemias ou sabe-se lá o quê. Podemos mesmo encontrar salvação antes disso, de um jeito ou de outro.

Em uma escala cósmica, uns poucos séculos podem ser um piscar de olhos, mas, para quem planeja políticas públicas, para não falar nada sobre nós, indivíduos, isso pode bem parecer infinitamente distante. Um foco na Singularidade iludiria quem tem poder de decisão no que diz respeito aos assuntos cotidianos. Mais do que isso, tais assuntos têm tudo para fazer parte do nosso dia a dia por muito tempo — de fato, "dia a dia" rapidamente torna-se "década a década" e até mesmo "século a século". Seria uma insensatez dispendiosa adaptar nossas vidas e moldar as políticas públicas no aqui e agora, de modo a prepará-las para a Singularidade em um ponto do futuro não especificado. Pior ainda, isso obscureceria os avanços palpáveis em robótica e IA do futuro próximo, deixando-nos perigosamente despreparados para o que está imediatamente ao nosso alcance.

Portanto, logo no começo deste livro, tomei uma decisão importante. Deixei para o final o mundo da Singularidade e todas as suas implicações. (Você pode muito bem achar que é precisamente lá que tanto o Apocalipse quanto as promessas de vida eterna devem ficar.) Todo o restante neste livro refere-se ao mundo anterior — o mundo imediato — no qual, embora robôs e IA tornem-se mais importantes, a raça humana não está dominada, muito menos completamente varrida. Tampouco fomos digitalizados no ciberespaço.

Mas isso não significa que vamos menosprezar — e muito menos ignorar — o que os robôs e a IA estão prestes a fazer com a economia e a sociedade. As mudanças que eles trarão são profundas. Nós podemos ou não estar em direção à Singularidade, mas estamos a caminho da economia da inteligência artificial. Este livro é sobre as consequências disso para a humanidade.

Termos e definições

Como em todas as áreas de análise em que as coisas estão se desenvolvendo com rapidez, há aqui algumas questões traiçoeiras sobre termos e definições. O que queremos dizer com "robôs" e "inteligência artificial"? Acredita-se que a palavra "robô" foi cunhada em 1920 na peça *A Fábrica de Robôs* (ou, na sigla em inglês, R.U.R. — Rossum's Universal Robots), do tcheco Karel Capek, autor de ficção científica. Suas raízes linguísticas parecem ser as palavras *robota*, que significa trabalho forçado, e *robotrick*, "servo".[11]

Qualquer que seja sua origem, a palavra "robô" adentrou não só a língua, mas também nossa imaginação. De forma muito natural, ela nos remete a uma figura humanoide metálica, com cabeça, duas mãos, braços e pernas. Ainda assim, muitas coisas que chamamos de "robôs" não têm essa forma. Devemos pensar em robôs como aparelhos mecânicos que podem ser programados para operar de determinadas maneiras, sem que necessariamente pareçam ou tentem agir como humanos. Usarei a palavra "robô" para me referir a esses aparelhos, quaisquer que sejam suas formas e aparências.

O termo "inteligência artificial" foi cunhado em 1955 por John McCarthy, um professor de matemática na Dartmouth College, EUA. Com colegas do MIT, dos Laboratórios Bell e da IBM, ele foi em busca de "descobrir como fazer máquinas usarem linguagem, abstrações e conceitos, resolver problemas reservados aos humanos e aprimorar a si próprios".[12]

John Brockman sugeriu que o termo "inteligência artificial" não ajuda muito. Ele prefere "inteligência projetada". Esteja ele certo ou não sobre essa sugestão, o termo "inteligência artificial" está agora tão bem estabelecido na literatura e na discussão pública que seria confuso e contraproducente mudá-lo agora. Portanto, eu aderi ao seu uso.

A nomenclatura pode estar resolvida, mas ainda temos as traiçoeiras questões de definição. Na verdade, não são claras as fronteiras entre máquinas comuns e robôs e entre robôs e IA. Uma máquina de lavar é um robô? Normalmente preferimos não nos referir a elas dessa forma. Seria porque as máquinas de lavar não têm forma humana e não se movem por aí? Da mesma forma, ao programar o que normalmente aceitaríamos como sendo um robô para que faça certas coisas que um humano poderia fazer, não estamos imbuindo-o de um certo grau de inteligência — de fato, uma "inteligência artificial"?

Há uma vasta literatura sobre esse tema, discutindo o que constitui um robô e o que se qualifica como IA, bem como as conexões entre os dois. Eu não pretendo sobrecarregar o leitor com uma diatribe sobre definições. Convido aqueles interessados a mergulharem na literatura da área.[13] Ao longo deste livro, uso frequentemente o termo "robôs" e "IA" como nomes genéricos para me referir a todo esse gênero. Suspeito que os leitores entenderão prontamente a que estou me referindo, sem ter que buscar um dicionário técnico de IA ou atormentar-se pesquisando sobre fronteiras conceituais.

Objetivo

Embora eu espere que economistas encontrem nestas páginas muito pelo que se interessar e com que se envolver, este livro não foi escrito primordialmente para eles, mas para o leitor geral bem-informado. Para algumas pessoas, contemplar as questões levantadas pela disseminação de robôs e IA será uma mera curiosidade. Espero dar-lhes o que pensar. Mas, para muitos leitores, o tema central deste livro atingirá em cheio suas mais sérias ansiedades sobre o futuro e abordará assuntos centrais sobre os quais eles terão que tomar decisões. Isso inclui várias pessoas que trabalham em robótica e IA e em setores intimamente afetados por elas. O objetivo deste livro é ajudar a entender e, portanto, melhorar as decisões, além de aumentar a confiança no futuro.

Para os indivíduos, as questões centrais envolvem trabalho, mas há também outras questões importantes relacionadas a tempo de lazer, aposentadoria e responsabilidades parentais:

- O tipo de trabalho que eles têm, ou pretendem ter, gozará de um futuro brilhante, está destinado à extinção ou algo entre esses dois pontos?
- Que tipo de habilidades devem procurar adquirir e desenvolver para maximizar sua empregabilidade e conquistar capacitação para o futuro?
- Eles já devem esperar longos períodos sem trabalho, sejam eles voluntários ou não?
- Mesmo que estejam empregados, as horas de trabalho serão notavelmente mais curtas?
- Devem preparar-se para uma aposentadoria muito mais longa?

- Como pais, devem procurar uma educação para os filhos que os prepare tanto para o trabalho quanto para o lazer na economia da IA?

Para empresários, as questões primordiais relacionam-se aos mesmos temas, mas têm um foco ligeiramente diferente:

- Quais atividades empresariais terão um futuro brilhante no novo mundo, quais podem ser varridas pelos efeitos dos robôs e da IA e quais encontrarão seu futuro em um meio-termo?
- Em que áreas os negócios deveriam investir pesadamente em robôs e IA?
- Em que atividades eles devem investir no treinamento de sua força de trabalho e como?
- Em que atividades devem planejar substituir trabalhadores por robôs e IA? Quais devem considerar praticamente impenetráveis por robôs e IA? E em quais devem esperar humanos trabalhando lado a lado com robôs e IA?
- Que tipos de indústrias e atividades podem surgir?

Para governos e para todos aqueles interessados em políticas públicas, as mesmas questões são cruciais, mas as preocupações principais também têm um aspecto e uma ênfase diferentes:

- Como o desempenho da economia responderá aos robôs e à IA e que desafios eles trarão para a política econômica?
- Os governos devem procurar incentivar ou restringir a disseminação de robôs e IA? Como?
- Como a lei e os sistemas de regulamentação precisam ser modificados para acomodar os robôs e a IA?
- Qual é o papel do Estado na reforma do sistema educacional, de modo a adaptá-lo ao novo mundo?
- Os governos deveriam estar preparando uma reformulação radical dos impostos e dos sistemas de benefícios, de modo a compensar uma possível ampliação da desigualdade? Se sim, que medidas eles devem preparar-se para tomar?

Dada a relação entre as preocupações desses três grupos, em vez de criar capítulos separados para indivíduos, negócios e governos, separei-os por temática, de modo que cada capítulo seja de interesse de todos os três.

PRÓLOGO: A ERA DOS ROBÔS

A estrutura deste livro é simples, mas, ainda assim, merece alguma explicação. Embora eu examine as questões em capítulos organizados e independentes, eles estão intimamente relacionados. Mais que isso, as inter-relações entre os temas discutidos estendem-se simultaneamente em diversas direções. Portanto, há um problema real de como abordar e estruturar a análise.

Pesquisar e escrever este livro foi uma viagem de descobertas. Espero que você tenha uma experiência similar enquanto estiver lendo-o. Mas a jornada do leitor deve ser tanto mais curta quanto mais estruturada que a do autor. Quando este último começou sua jornada, vagando para lá e para cá em busca de sabe-se lá o que, ele não sabia como sua pesquisa terminaria. Mas, assim que sua jornada terminou, ele soube o destino a que deseja levar seu leitor, bem como a rota mais direta para alcançá-lo.

Consequentemente, faz sentido que os leitores sejam apresentados a uma abordagem estruturada. Ainda assim, eles terão muitos momentos do tipo "mas e isso e aquilo?", conforme leem sobre um aspecto do assunto, conscientes das interconexões com outros aspectos que ainda não foram abordados e sem saber se, em algum momento, eles serão. Na medida do possível, tentei ajudar os leitores a manterem a paciência e aperfeiçoar sua compreensão, ao indicar que temas aparentemente ignorados ou encobertos serão abordados mais para frente no livro.

Sejam indivíduos comuns, empresários ou funcionários de governos e política pública, muitos leitores ficarão, sem dúvida, impacientes para irem sem rodeios às questões relativas aos efeitos dos robôs e da inteligência artificial e aos vários aspectos de suas vidas e atividades, descritos acima. Mas eles precisarão segurar a onda um pouco. Qualquer tentativa de especular sobre o futuro do trabalho, salários, educação, lazer e um monte de outras coisas que podem ser afetadas por robôs e pela IA não teria sentido sem uma compreensão do macrocenário. De fato, é precisamente a falta de uma compreensão adequada de aspectos da macroeconomia que prejudica tantas análises sobre robôs e IA e que leva seus autores a falsas conclusões.

Além disso, este é um livro, afinal, sobre as consequências econômicas dos robôs e da IA. Tais consequências têm mais a ver com economia do que com os meandros complexos das capacidades da robótica e da inteligência artificial. Portanto, é muito apropriado que a Parte I deste livro seja dedicada à macroeconomia. Mesmo assim, o Capítulo 2 trata diretamente de robôs e IA, ao colocar em perspectiva os desenvolvimentos atuais e prospectivos. Entre outras coisas, ele discute em que extensão robôs e inteligência artificial têm implicações fundamentalmente diversas de outros desenvolvimentos tecnológicos ocorridos nos últimos duzentos anos.

Mas, antes disso, o Capítulo 1 oferece um relato da economia do passado, incluindo estes últimos duzentos anos. Você pode achar que começar um livro sobre o futuro com um foco histórico é quixotesco. Não é. Uma compreensão da nossa história econômica é profundamente importante para contextualizar a revolução do presente. É uma história rica de interesses, cheia de surpresas e repleta de relevância para os temas que estão à mão. É central para os debates sobre robótica e inteligência artificial entender até que ponto os avanços tecnológicos atuais e futuros são similares ao que veio antes, e também em que diferem.

O Capítulo 3 discute as consequências macroeconômicas dos avanços dos robôs e da IA. Eles levarão a uma recessão ou até mesmo, como alguns analistas defendem, a uma depressão? A revolução dos robôs e da inteligência artificial acarretará uma redução drástica nas oportunidades de emprego? Será anti-inflacionária? E o que fará com as taxas de crescimento econômico e os incrementos na produção e no padrão de vida? Mais ainda: em tal mundo, o que acontecerá com as taxas de juros e os tipos de ativos em que investimos nosso dinheiro?

Na Parte II, a paciência dos leitores que queriam ir direto aos detalhes de como será o futuro é recompensada. Ela dedica-se às consequências dos robôs e da IA para o mundo do trabalho e dos negócios, começando pelo Capítulo 4, que traz uma discussão sobre a necessidade humana por recompensas no trabalho, equilibrada por uma demonstração das (cada vez maiores) oportunidades de lazer. Nesse capítulo, revelo minha visão sobre a provável divisão futura entre trabalho, descanso e diversão.

O Capítulo 5 descreve um possível formato futuro do mercado de trabalho: os tipos de emprego que desaparecerão; aqueles que, em sua maior parte, permanecerão inalterados; os tipos que sobreviverão radicalmente transformados; e os trabalhos que podem surgir do nada. E o Capítulo 6 identifica os possíveis vencedores e perdedores dessas mudanças — não só grupos de pessoas, mas também regiões e países.

A Parte III é dedicada à política. Dadas as possíveis mudanças descritas nos capítulos anteriores, o que os governos deveriam fazer? Deveriam

PRÓLOGO: A ERA DOS ROBÔS

incentivar o desenvolvimento em IA ou restringi-lo por meio de impostos, regulação e mudanças na lei? Este é o assunto do Capítulo 7.

Em seguida, no Capítulo 8, tratarei de educação. Com as mudanças que os robôs e a inteligência artificial possivelmente trarão, nós certamente não poderemos continuar educando nossas crianças e universitários como se nada houvesse acontecido. Mas como eles deveriam ser educados? Precisaremos de menos ou mais professores? Que assuntos deveriam ser ensinados? E qual é o papel adequado do Estado na realização dessas mudanças?

O Capítulo 9 lida com um dos temas mais controversos: a ideia de que, já que podemos encarar um futuro em que uma produtividade extraordinária e pródiga coincide com uma pobreza generalizada, haverá a necessidade de uma substancial redistribuição de renda e, talvez, de riqueza. Se a sociedade fizer essa escolha, conseguirá atingir o resultado esperado a partir da reforma do atual sistema de redistribuição? Ou devemos adotar a sugestão radical de que a sociedade precisa garantir uma renda mínima para todos? Essa ideia tem sido defendida por muitos pensadores influentes de todo espectro político. Mas faz sentido? É um objetivo alcançável? Que consequências teria para o incentivo ao trabalho e para a estrutura social?

Na Conclusão, ofereço tanto um desenlace das discussões e análises dos nove capítulos anteriores quanto apresento o que penso serem as principais lições para indivíduos, empresas e governos. Mas este ainda não é o final — em vários sentidos. Como antecipado, o Epílogo lança-se a um território ainda mais controverso: como será o mundo se e quando vivenciarmos o que especialistas em IA chamam de "Singularidade", quando a inteligência artificial torna-se mais inteligente que humanos e domina o mundo — e/ou quando IA e humanos fundirem-se.

Mas o lugar para começar essa aventura que pode levar-nos a esse futuro longínquo — e além — certamente é entender como chegamos aonde estamos.

Parte I

Homem e máquinas: passado, presente e futuro

1
A ascensão do homem

"Produtividade não é tudo; mas, em longo prazo, é quase tudo."

Paul Krugman [1]

"Os últimos 250 anos podem acabar sendo um episódio único
na história humana."

Robert Gordon [2]

Se há um único evento em nossa história econômica recente que deve ser considerado uma "singularidade", certamente é a Revolução Industrial. Como todos os assuntos históricos que se aprendem na escola, a Revolução Industrial é mais complicada do que faz crer seu ensino. Para começar, você pode, com certa razão, dizer que ela não foi uma revolução. Afinal, não foi um evento único, mas um processo que começou na Grã-Bretanha do final do século XVIII e desenvolveu-se ao longo de muitas décadas.

Do mesmo modo, você pode dizer que ela não foi exclusivamente — talvez até mesmo primordialmente — industrial. Certamente houve grandes avanços em manufatura, mas houve também grandes avanços na agricultura, comércio e finanças. Além disso, o que tornou a Revolução Industrial possível — e o que a fez acontecer na Inglaterra — tem menos a ver com fatores materiais, como a disponibilidade de carvão e a energia hidráulica que nos foi empurrada durante a escola, e mais com mudanças políticas e institucionais que aconteceram nos séculos anteriores.

Mas não importa. Qualquer que seja o nome que você der para o momento, ele foi grandioso. Antes da Revolução Industrial, praticamente não havia progresso econômico. Depois, não havia nada além disso.

Trata-se, claro, de uma simplificação. Havia antes algum crescimento na renda e no PIB *per capita*, incluindo tanto os EUA quanto a Inglaterra — embora o ritmo do avanço fosse mínimo comparado ao que veio depois.

Também não é exatamente correto enxergar o progresso econômico como algo perpetuamente contínuo depois da Revolução Industrial. Como demonstrarei a seguir, houve algumas interrupções notáveis. Além disso, foram necessárias décadas para que houvesse aumentos reais na qualidade de vida das pessoas comuns.[3]

Essas várias minúcias e "senões" levaram alguns historiadores da economia a questionar se deveríamos dispensar de vez a ideia de uma "Revolução Industrial". Mas isso seria levar o revisionismo longe demais, ao modo da alegação de historiadores de que, em contraste com uma reputação terrível, os vikings eram um povo tranquilo, civilizado, decente, se não afáveis na verdade — procurando corrigir uma simplória visão consolidada, eles distanciarem-se demais para a direção oposta. Os vikings eram de fato bastante assustadores, e a Revolução Industrial foi de fato grandiosa.

Uma das características-chave do mundo pós-Revolução Industrial, que a marca como algo diferente de tudo que veio antes, é que, a partir da era vitoriana da Inglaterra, passou-se a acreditar largamente que a condição humana continuaria a melhorar cada vez mais, inevitável e inexoravelmente. Como o historiador Ian Morris escreveu, a Revolução Industrial "zombou de todo o drama da história mundial pregressa".[4]

Do mundo antigo ao moderno

A ideia sobre a importância da Revolução nasceu a partir da Figura 1. Ela mostra o que aconteceu com o PIB *per capita* de 2000 a.C. até o presente. Acredite ou não! É óbvio que os dados mais antigos do gráfico são duvidosos — no melhor dos casos, são apenas indicativos. Na verdade, até menos que isso. Você pode ignorar os números absolutos trazidos pelos eixos do gráfico. Eles não têm sentido. É a relação entre eles que precisa da sua atenção. O PIB *per capita* de cada ano é comparado ao de 1800. (Em outras palavras, os números estão indexados, com o ano 1800 igualado a 100.)

Como o gráfico demonstra, não houve mudanças significativas no PIB *per capita* de 2000 a.C. até o nascimento de Cristo, marcado como Ano 0. Dali até o ano 1800, o PIB *per capita* dobrou. Isso pode não parecer tão ruim, mas repare que levamos 1,8 mil anos para ter esse resultado! No que se refere ao crescimento anual, é quase nulo. (É por isso que você mal pode enxergar alguma subida no gráfico.) Mais que isso, o incremento está muito concentrado nos últimos anos deste período.[5]

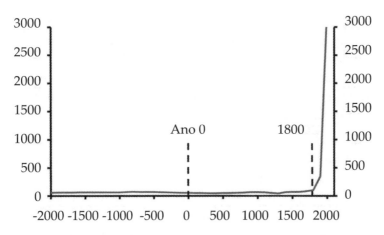

Figura 1 PIB *per capita* mundial de 2000 a.C. até o presente
(ano 1800 = 100)
Fonte: DeLong, Capital Economics

Porém, após a Revolução Industrial, as coisas ficaram completamente diferentes. É explícita no gráfico a decolagem. Em 1900, o PIB *per capita* era quase três vezes e meia maior que o de 1800. E, em 2000, era mais de trinta vezes o de 1800.[6] A Revolução Industrial foi de fato revolucionária. Ela fornece o padrão pelo qual devemos medir e avaliar o advento dos robôs e da IA.[7]

A seguir, esquadrinho e discuto as principais características da história da economia, da Antiguidade ao tempo presente, passando pela Revolução Industrial. Mas espero que os leitores entendam que, em comparação à discussão detalhada sobre as décadas recentes, a cobertura dos primeiros séculos é escassa, e eu passo por elas muito rapidamente. Isso acontece tanto por haver muito menos informação sobre períodos históricos distantes quanto porque, dado estarmos contemplando os potenciais efeitos econômicos dos robôs e da inteligência artificial, a Antiguidade é de menos interesse e relevância do que as décadas mais recentes.

Enigmas ancestrais

Mudanças tecnológicas estavam bem no cerne da Revolução Industrial.[8] Ainda assim, há alguns marcos notáveis no desenvolvimento tecnológico bem antes dela. De fato, indo bem longe na história, houve avanços drásticos, como a domesticação de animais, a agricultura e a invenção da roda. No entanto, esses avanços não aparecem de modo claro nos registros de PIB mundial *per capita*. Acredite ou não, esses "registros", ou melhor, os esforços heroicos do economista Brad DeLong em reconstruí-los, chegam a 1 milhão de anos antes de Cristo. (Não há utilidade em regredir tanto na Figura 1, visto que tudo o que você veria seria apenas uma linha reta, o que poderia obscurecer o significado do que aconteceu nos últimos duzentos anos.)

Para deixar claro, a ausência de crescimento econômico nas eras antigas pode dever-se, simplesmente, a uma pura inadequação das nossas estatísticas econômicas. Elas são, certamente, pobres e irregulares. Mas nós não dependemos apenas delas. A evidência que temos a partir da arte, da arqueologia e de relatos escritos aponta para a conclusão de que os fatos econômicos básicos não mudaram muito ao longo dos séculos, não enquanto a humanidade não abandonou o nomadismo para viver sedentário.

Por que esses primeiros desenvolvimentos tecnológicos mencionados acima, aparentemente revolucionários, não promoveram um salto econômico? A resposta pode iluminar um fato crucial sobre crescimento econômico que nos atormenta atualmente e, de quebra, pode colocar-nos questões importantes sobre robôs e IA.

No entanto, sinto dizer que não há uma resposta clara e consensual para essa importante questão histórica. Há, contudo, quatro possíveis explicações. Oferecerei todas elas a você, sem, todavia, chegar a uma conclusão sobre qual é a mais convincente. Podemos deixar isso para os historiadores da economia. E, de toda forma, a verdade pode bem ser uma mistura dessas quatro explicações. Mais do que isso, cada uma delas tem implicações para o assunto desta investigação: o impacto econômico dos robôs e da inteligência artificial.

A primeira pode parecer prosaica, porém é importante. Desenvolvimentos relevantes como a Primeira Revolução Agrícola, envolvendo a domesticação de animais e o surgimento de plantações — que, pode-se dizer, iniciaram-se por volta de 10.000 a.C. —, estenderam-se por um período muito grande. Consequentemente, mesmo que o efeito cumulativo de tal processo, quando completo, seja de fato significativo, as mudanças na média de produção e no padrão de vida não foram muito grandes em uma escala anual.[9]

A segunda explicação possível é estrutural e distributiva. Para que um progresso econômico em um setor (por exemplo, agricultura) resulte em enormes aumentos na produtividade da economia como um todo, é preciso que a força de trabalho liberada pelo setor que foi rapidamente aprimorado seja empregada produtivamente em outras partes da economia. Mas, na ocasião da Primeira Revolução Agrícola, praticamente não havia nenhuma outra forma de ocupação produtiva. Daí a proliferação de assistentes religiosos, construtores de pirâmides e servos domésticos. O antropólogo James Scott sugeriu que a Primeira Revolução Agrícola, na verdade, provocou uma queda no padrão de vida médio de grande parte da população.[10] Também não havia nada nessa nova economia agrária, com sua distribuição de renda e riqueza desigual, que favorecesse novos desenvolvimentos tecnológicos.

Da tecnologia à prosperidade

A terceira explicação possível é que o avanço tecnológico por si só não é suficiente para produzir progresso econômico. É preciso ter os recursos disponíveis para se dedicar a novos métodos e criar as ferramentas ou equipamentos aos quais o progresso tecnológico é geralmente incorporado. Consequentemente, crescer requer que se deixe de consumir, de modo a dedicar recursos para provisões futuras. Sendo a natureza humana o que é, e as demandas por gratificações imediatas sendo tão urgentes, é mais fácil falar do que fazer.

Infelizmente, a superficialidade dos nossos dados sobre o passado distante impede uma conclusão definitiva sobre a verdade nesse tema. Mas é plausível que sociedades antigas fossem incapazes de gerar um excedente de renda sobre o consumo para dedicá-lo à acumulação de capital. E ainda temos que levar em consideração a destruição de capital nas várias guerras e conflitos aos quais o mundo antigo era propenso. Portanto, a acumulação de capital líquido era provavelmente nula.

Tais excedentes, conforme eram gerados a partir de atividades cotidianas, parecem ter sido empregados predominantemente no sustento de partes não produtivas da sociedade, tais como castas sacerdotais ou a construção de túmulos e monumentos. Sabe-se lá a proporção do PIB que, no Egito Antigo, era dedicada à construção de pirâmides — ou, na Europa medieval, à elevação das esplêndidas (e esplendidamente extravagantes) catedrais que despontavam sobre os mares de pobreza à sua volta. É uma maravilha que esses marcantes edifícios estejam hoje em dia por aí, para o nosso prazer. Mas eles não fizeram muito pelo padrão de vida das pessoas maravilhadas à época de suas construções — nem pelo progresso tecnológico, de então ou depois.

O fator demográfico

A quarta razão pela qual o progresso tecnológico não leva automaticamente a um incremento nos padrões de vida é que a população cresceu de modo a anular quaisquer que sejam as vantagens advindas da produção. A evidência sugere que, para o mundo como um todo, houve um crescimento anual médio de cerca de 0,3% no século XVI, mas a população cresceu em média 0,2% ao ano, possibilitando um crescimento no PIB *per capita* de mero 0,1%, ou próximo de zero. De modo similar, no século XVIII, um pouco antes da Revolução Industrial, o crescimento global parece ter sido de 0,5%, mas, novamente, esse número foi pareado pelo aumento populacional, o que significa que o crescimento no PIB *per capita* foi insignificante.[11]

É certo que as correlações aqui não são simples. Antes de tudo, um aumento no número de pessoas não é um desastre absoluto, que impõe um ônus à sociedade, como muitas vezes se presume erroneamente. Ao contrário. Mais pessoas significava mais trabalhadores, e isso tenderia a aumentar a produção geral. Porém, empregar mais trabalhadores em uma determinada quantidade de capital e terra tenderia a uma produção média mais baixa. (Economistas chamam esse fato de Lei dos Rendimentos Decrescentes.) Além disso, uma maior taxa de crescimento populacional significaria uma proporção maior entre crianças não produtivas e adultos produtivos. (Lembre-se: assim como em muitas sociedades pobres de hoje em dia, foram feitos esforços rigorosos para tornar, em algum grau, as crianças produtivas desde uma tenra idade.)

As restrições aos padrões de vida impostas pelo aumento da população foram o elemento central da teoria proposta pelo reverendo Thomas Malthus, que foi tanto um ministro da Igreja quanto um dos primeiros economistas. Hoje em dia, seu pessimismo peculiar tem sido completamente desacreditado. E com razão. Ele de fato deu uma má reputação à economia e aos economistas. Escrevendo na Inglaterra de 1798, disse:

> O poder da população é tão superior ao da terra em produzir sustento para o homem que a morte prematura deve, de uma forma ou de outra, visitar a raça humana. Os vícios da humanidade são frentes de despovoamento ativas e capazes. São os precursores do grande exército de destruição; e muitas vezes terminam eles mesmos o terrível trabalho. Haveria falhas nessas guerras de extermínio, doenças, epidemias, pestilência e avanço de pestes nas mais diversas formas, varrendo seus milhares e dezenas de milhares? Se o sucesso for incompleto, fome gigante, inevitável, espreita à retaguarda, com um golpe poderoso nivela a população à quantidade de alimento no mundo.[12]

A ASCENSÃO DO HOMEM

Em uma das raras incursões de um economista no reino dos desejos carnais, ele advertiu que a "paixão entre os sexos", se deixada sem regulamentação, resultaria em miséria e vícios. Instou que levemos ao "teste de utilidade" as "consequências de nossas paixões".[13]

Há aqui uma lição para autores, tanto de tecnologia quanto de economia, atualmente tão loquazes sobre os horrores que aguardam os seres humanos em um futuro dominado pelos robôs. Caso queiram, vocês têm o direito de ser assim sombrios — mas, se quiserem preservar suas reputações, é melhor que tenham razão.

Pobre Malthus. Se algum economista entendeu tudo errado, foi ele. Nos últimos duzentos anos — ainda que um pouco depois de já seca a tinta de seus escritos —, o PIB *per capita* e o padrão de vida tiveram um aumento drástico. Desde 1798, ano em que Malthus publicou seu livro sombrio, até hoje, o aumento acumulado no PIB *per capita* real do Reino Unido foi superior a 1.300%. E o aumento no padrão de vida (sobre o qual não temos dados completos) não deve ter sido muito diferente. (É verdade que essa melhoria não ocorreu logo no início, como vou discutir em breve.) E durante todo esse tempo a população tem aumentado sem cessar. Não seria muito rude, certamente, dizer que nada nem próximo a isso foi previsto pelo reverendo Malthus. Aliás, para ser sincero, tais fatos contradizem completamente sua tese.

Malthus não pôde prever dois elementos principais do progresso econômico. Primeiro, ele não apenas subestimou o escopo do progresso tecnológico em geral, mas parece ter interpretado mal, em particular, as possibilidades do progresso tecnológico na produção de alimentos. Durante os séculos XIX e XX, conseguimos aumentar drasticamente a produção de alimentos, não apenas pelo cultivo de novas terras nas Américas e em outros lugares, mas também porque, por meio de avanços nas técnicas de produção de alimentos, conseguimos aumentar a produtividade.

Em segundo lugar, a taxa de natalidade diminuiu no século passado com o uso de vários métodos anticoncepcionais. Isso significa que, embora a população continuasse aumentando, ela não o fazia a um ritmo nem sequer próximo ao necessário para impedir o aumento do padrão de vida.

No entanto, isso não quer dizer que Malthus estivesse errado sobre todo o resto da história humana. De fato, no que diz respeito à Revolução Industrial, ele parece ter acertado em cheio. De todo modo, não precisamos nos sentir mal por ele, que recebeu postumamente um dos maiores prêmios de consolação existentes: Charles Darwin creditou a ele a inspiração de sua teoria da evolução pela seleção natural.[14]

Quem perde e o que se altera com as mudanças

O começo deste capítulo pode ter deixado a impressão de que o mundo pós-Revolução Industrial tem sido um longa trajetória ascendente. De fato, é a impressão que dá a Figura 1 — e é uma boa primeira aproximação ao que de fato aconteceu. Mas não é toda a verdade. Quando as engrenagens do progresso econômico foram postas em ação, houve tudo, menos um processo regular e uniforme de elevação dos padrões de vida para todo mundo. Na verdade, as primeiras décadas do século XIX foram um prolongado período no qual o crescimento salarial não acompanhou o crescimento da produtividade, e o padrão de vida foi apertado. Esse período é conhecido como "a pausa de Engels", usando o sobrenome de Friedrich Engels, colaborador e benfeitor de Karl Marx, que escreveu sobre isso no Manifesto Comunista, publicado em 1848.[15]

O historiador Yuval Noah Harari sugere que, em 1850 (ou seja, antes que as consequências da Revolução Industrial começassem a aumentar o padrão de vida em geral), "a vida do cidadão comum não era melhor — na verdade, pode ter sido pior — que a dos coletores-caçadores ancestrais".[16] Do mesmo modo, o historiador da economia Robert Allen alegou que foi somente depois de 1870 que o salário real dos europeus aumentou sensivelmente acima dos níveis medievais, com a Inglaterra puxando o processo. De fato, ele diz que, para várias partes da Europa, é difícil afirmar que o padrão de vida em 1900 era notavelmente mais alto do que tinha sido no século XVI.[17]

Além disso, a economia como um todo era sujeita a flutuações proeminentes. Para alguns ramos, regiões e países, essas flutuações eram ainda maiores. É evidente que já havia flutuações monetárias bem antes da Revolução Industrial. A Bíblia fala sobre sete anos de bonança e sete anos de carestia. Tais flutuações são normalmente causadas por variações em safras, mas doenças, desastres naturais, guerras e distúrbios civis também têm seu papel.

Isso continuou acontecendo durante e depois da Revolução Industrial. Mas, além desses caprichos do destino, a nova economia de mercado que se tornou dominante a partir do século XVIII também estava sujeita a oscilações de demanda agregada ou de poder de compra. Como resultado, houve períodos de desemprego substancial, durante os quais, mesmo que as habilidades

A ASCENSÃO DO HOMEM

dos trabalhadores não fossem redundantes, a demanda por elas era inadequada. Essa característica da economia das trocas monetárias foi mais evidente durante a Grande Depressão da década de 1930, marcada pelo desemprego em massa em muitos países. (Há mais sobre isso no Capítulo 3.)

Além disso, o "progresso" tecnológico que sustentou a Revolução Industrial minou a subsistência de muitos indivíduos e grupos. Não se trata de um bônus incidental e infeliz; era algo intrínseco ao próprio processo de crescimento econômico, devido ao fato de as velhas habilidades e funções terem se tornado redundantes, com outras, novas, ocupando seus lugares. Joseph Schumpeter, grande economista austro-americano, chamou esse processo de "destruição criativa".

É certo que, mesmo antes da Revolução Industrial, houve também alguns casos de redundância tecnológica. Por exemplo, os armadores venezianos, que durante séculos viveram da construção de galés e navios com velas fixas para exercer o comércio no Mediterrâneo, acabaram enfrentando redundância quando os navios com velas ajustáveis passaram a dominar o comércio internacional.

Do mesmo modo, não era uma opção para eles simplesmente aprender a fazer esses diferentes tipos de embarcações. As rotas comerciais dominantes também mudaram. O comércio da Ásia com a Europa deixou de cruzar por terra até o Mediterrâneo Oriental e dali para Veneza, adotando uma rota marítima em torno da África. E rapidamente o comércio transatlântico, conduzido pelos países voltados para o Atlântico — Espanha, Portugal, França, Holanda e Inglaterra —, também aumentou de forma drástica sua importância. Então, os armadores venezianos ficaram sem saída.

Assim, com a Revolução Industrial e a migração do campo para as cidades, as chances de desemprego e/ou empobrecimento como resultado de mudanças tecnológicas e/ou uma queda na demanda aumentaram dramaticamente. A maioria das pessoas era especializada em um tipo particular de comércio, e ter o que comer, o que vestir e onde morar dependia da venda dos frutos de seu trabalho. Isso os deixou vulneráveis, porque as habilidades específicas que tinham — ou mesmo o trabalho bruto, não qualificado — tornaram-se redundantes, graças ao progresso tecnológico (ou a algum novo desenvolvimento comercial).

Ao longo da história, os avanços tecnológicos sofreram resistência por aqueles cujos meios de subsistência foram prejudicados. É compreensível. No século XV, bem antes da Revolução Industrial, tecelões da Holanda atacaram teares jogando seus tamancos neles. Esses sapatos eram chamados de "*sabots*". Esta pode ser a origem da palavra "sabotador".

Não é de surpreender, portanto, que os primeiros anos da Revolução Industrial tenham testemunhado grupos de trabalhadores resistindo a novos métodos que ameaçavam seus meios de subsistência. Na Inglaterra do início do século XIX, grupos de trabalhadores reuniram-se para destruir máquinas que eles consideravam estar ameaçando seu bem-estar. Eles ficaram conhecidos como "luditas", nome inspirado por um certo Ned Ludd, possivelmente nascido Edward Ludlam, que supostamente quebrou duas máquinas de tricô em 1779. Os ecos dessas atitudes e comportamentos continuaram ao longo do século XIX e, de fato, permanecem no presente. Até hoje, as pessoas que se opõem ao desenvolvimento tecnológico costumam ser chamadas de luditas.

A oposição ao progresso tecnológico também não se restringiu àqueles diretamente em desvantagem. Na terceira edição de seus "Princípios de Economia Política e Tributação", publicada em 1821, o grande economista David Ricardo acrescentou um novo capítulo, "Sobre as Máquinas".[18] Nele, Ricardo escreveu: "Estou convencido de que a substituição de máquinas por trabalho humano é frequentemente muito prejudicial para os interesses da classe trabalhadora". Esse pensamento ecoou frequentemente nos duzentos anos seguintes.

Trocando velhos empregos por novos

Por grande economista que Ricardo fosse, seu pessimismo provou-se injustificado frente a como as coisas acabaram. Embora muitos trabalhadores tenham perdido seus empregos ou tido sua renda reduzida como resultado de avanços tecnológicos, essa não é toda a história da economia. Empregos perdidos em alguns setores ou funções são substituídos por novos trabalhos criados em outros. O impacto mais drástico da mecanização nos empregos foi provavelmente na agricultura. Já em 1900, a agricultura representava 40% do emprego nos EUA. Em 1950, representava 12% e hoje tem 2% de participação. No Reino Unido, os números correspondentes são de 9% em 1900, 5% em 1950 e 1% hoje.

A redução na importância relativa da agricultura e o declínio em suas oportunidades de emprego foram boas notícias para os seres humanos. Mas, pelo menos em termos de números, não foram boas notícias para os cavalos. Em 1915, a população de cavalos nos EUA era de cerca de 26 milhões. É o chamado "pico do cavalo". Hoje, a população dessa espécie é de cerca de

10 milhões. E a mudança não é apenas uma questão de números. Em 1915, quase todos os cavalos eram uma parte vital do processo produtivo. Hoje eles são quase todos usados para algum tipo de atividade de lazer.[19]

Analistas mais afeitos ao pessimismo adotaram uma analogia com os cavalos para sugerir que a fase atual do desenvolvimento econômico pode ser considerada como o "pico humano". Se eles estiverem certos, suponho que a existência humana também acabará sendo dirigida a atividades de lazer, como acontece com os cavalos restantes. (Se essa visão se tornará realidade é o assunto dos próximos capítulos.)

Depois que a participação da agricultura na economia se contraiu em favor da manufatura, mais à frente, algo semelhante aconteceu com a manufatura, pois sua participação diminuiu em favor dos serviços. No Reino Unido, em 1901, a manufatura representava quase 40% do emprego total, com os serviços respondendo a pouco mais do que isso. Agora, a produção diminui para 8% de todos os empregos, enquanto os serviços respondem por 83%.[20]

Além disso, dentro de amplas categorias de emprego, como agricultura, manufatura e serviços, tem havido uma história semelhante de extinção de empregos antigos seguida pela criação de novos. Entre 1871 e 1971, o número de pessoas empregadas como operadoras de telefonia e telégrafo aumentou em quarenta vezes. Desde então, o advento das centrais telefônicas automatizadas, da internet e das tecnologias móveis fez com que esse emprego diminuísse drasticamente.

Em contraste, o número de gerentes de tecnologia da informação no Reino Unido aumentou mais de seis vezes nos últimos 35 anos, e o número de programadores e profissionais de desenvolvimento de software multiplicou-se por quase três.[21]

Às vezes, mudanças para aumento de produtividade ampliaram o emprego até mesmo nas indústrias que as adotaram. A introdução da linha de montagem por Henry Ford é um exemplo disso. Em 1909, eram necessárias mais de quatrocentas horas de trabalho para produzir um carro. Duas décadas depois, esse número havia caído para menos de cinquenta horas. No entanto, o emprego no setor automotivo decolou. Uma eficiência muito maior na produção — traduzida em preços mais baixos — combinada a outros fatores levou a uma demanda muito maior por automóveis.

A experiência mais comum, no entanto, tem sido a contratação em indústrias que desfrutam de um rápido crescimento de produtividade. Mas a queda nos preços dos bens produzidos por essas indústrias aumentou a renda real dos consumidores e levou a um aumento da demanda não apenas por bens cujos preços caíram, mas por uma grande variedade de outros bens e serviços — o que acarretou um aumento nas vagas em indústrias que produzem esses outros bens e serviços.

O resultado é que os críticos que veem a mudança tecnológica destruindo um grande número de vagas e até ameaçando o emprego em geral — e há muitos deles — têm sido refutados. Não tem havido uma tendência a uma diminuição do emprego como um todo. Muito pelo contrário. De fato, não apenas o emprego geral continuou aumentando, como a proporção de pessoas empregadas em relação à população em geral também aumentou recentemente, tanto no Reino Unido como em alguns outros países desenvolvidos.

Os rendimentos e salários também aumentaram substancialmente. De 1750 até o hoje, embora tenha havido algumas pausas e reversões e o quadro possa ter mudado um pouco recentemente, a parcela de salários na renda nacional tem sido constante. Isso significa que os benefícios do crescimento da produtividade foram compartilhados mais ou menos igualmente entre os provedores de força de trabalho (os trabalhadores) e os donos do capital (os capitalistas). O aumento inexorável do salário real médio possibilitou uma melhoria correspondente no padrão de vida médio.[22]

Ainda assim, todos conhecemos os problemas com as médias. Para que as pessoas superassem os problemas que as mudanças tecnológicas impunham, teriam que se adaptar — aprender novas habilidades e/ou mudar de local. Muitas pessoas conseguiram fazer isso; mas outras, não. Consequentemente, durante esse período de "progresso", um grande número de pessoas passou por um imenso sofrimento.

Tecnologia e a engenharia do crescimento

Antes de deixarmos a Revolução Industrial para trás e avançarmos para tempos mais recentes, precisamos colocar em perspectiva as mudanças tecnológicas. A história da economia é cheia de invenções. E os livros de história sobre a Revolução Industrial estão ainda mais cheios de máquinas a vapor e teares hidráulicos a mil. Isso não está errado, mas é incompleto e pode ser enganoso. É verdade que a produtividade é a chave do crescimento econômico — certamente é assim para o crescimento da produção *per capita*, o determinante final dos padrões de vida.

No entanto, para o crescimento da produtividade, importam mais coisas do que só invenções e tecnologia. Uma sociedade poderá desfrutar de um aumento contínuo nos padrões de vida se, ao longo do tempo, aplicar uma parte de sua riqueza em investimentos reais, além do que for necessário para substituir elementos desgastados por idade, pelo uso contínuo ou por destruição em guerras. Um investimento líquido real e contínuo significará que a quantidade de capital dirigida aos trabalhadores aumentará ao longo do tempo, e isso resultará em maior produção *per capita* mesmo se não houver progresso tecnológico.

Além disso, a produção *per capita* pode, às vezes, aumentar mesmo sem o benefício de novas invenções ou mais capital. Em um nível básico, os seres humanos e suas organizações (famílias, empresas e governos) aprendem com o tempo a fazer melhor as coisas — pouco a pouco, de forma incremental. (O que na literatura econômica é conhecido como "aprender fazendo".) Isso aumenta a produção e a produtividade.

Às vezes, pode haver grandes e repentinos progressos como resultado do comércio. Isso pode acontecer com a remoção de barreiras internas ao comércio (como o Zollverein, pacto entre estados alemães de meados do século XIX para uma maior liberdade alfandegária). Pode ocorrer também como resultado da descoberta e subsequente desenvolvimento de novas terras, como aconteceu com as Américas e a Austrália. Nos primeiros anos do desenvolvimento desses locais, a expansão comercial ocorreu sem a ajuda de novas tecnologias. (É certo que, no fim do século XIX, o surgimento de embarcações a vapor e refrigeradores foi de grande ajuda.)

Mas então, inicialmente sem qualquer conexão com o comércio internacional, de vez em quando surgem as grandes invenções e os saltos tecnológicos.

Períodos diferentes experimentam um equilíbrio diferente com relação a esses vários fatores. A Revolução Industrial testemunhou uma combinação de todos eles. E os benefícios interagiram entre si conforme a expansão dos mercados possibilitada pelo aumento do comércio permitiu a exploração de economias de escala na produção — exatamente como Adam Smith argumentou que aconteceria no seu *A Riqueza das Nações*, publicado em 1776.

O desenvolvimento econômico continuou por todo o século XIX e até parte do século XX. Mas a princípio o desempenho econômico do século XX não mostrou seus benefícios de modo completo, dada a interferência de outros fatores. A primeira metade do século foi marcada por duas guerras mundiais que destruíram, em larga escala, o capital e desviaram recursos para a produção de guerra. E, entre esses dois conflitos devastadores, houve a Grande Depressão, que acarretou uma grande perda de produção na maioria dos países do mundo desenvolvido. Nos EUA, o PIB caiu 30% e o desemprego atingiu um pico de 25%. Mas todas as coisas, incluindo as ruins, uma hora acabam. E o fim da Segunda Guerra Mundial preparou o terreno para algo extraordinário.

O *boom* do pós-guerra

O período entre o final da Segunda Guerra Mundial e 1973 (o ano do primeiro aumento dos preços do petróleo da OPEP) foi um dos mais notáveis da nossa história. Várias fontes de crescimento econômico discutidas acima reuniram-se ao mesmo tempo:

- Depois da destruição causada pela guerra, houve uma necessidade urgente de uma reconstrução substancial. Isso foi grandemente impulsionado pela ajuda financeira fornecida pelos EUA com o Plano Marshall.
- Houve um grande número de invenções e desenvolvimentos da década de 1930 e dos anos de guerra que não haviam sido totalmente utilizados comercialmente. Isso e o surgimento a conta-gotas de novos avanços levaram a um fluxo constante de melhorias tecnológicas.
- A economia foi administrada com um nível muito alto de demanda agregada e alto emprego.
- Graças aos fatores acima e às baixas taxas de juros, o investimento foi alto.
- O sistema de comércio internacional foi tornando-se gradualmente mais liberal, o que impulsionou o comércio internacional e, assim, concretizou os ganhos da especialização que economistas como Adam Smith e David Ricardo haviam aclamado.

Portanto, não surpreende que os anos após a Segunda Guerra Mundial tenham sido um período de crescimento para a maior parte do mundo desenvolvido. De 1950 a 1973, a maioria dos países do Ocidente desfrutou do maior período de expansão econômica de sua história. Durante esses anos, o PIB mundial cresceu 4,8% ao ano, em média. Mesmo ajustado ao crescimento da população (quase 2% ao ano), o crescimento médio do PIB *per capita* foi de 2,8%. Essa média inclui muitos países que não estavam crescendo muito. E, em todas as médias, isso significa que alguns países tiveram

A ASCENSÃO DO HOMEM

taxas de crescimento muito mais altas. Nesse período, o crescimento médio anual do PIB *per capita* na Alemanha Ocidental foi de 5,6%.

Embora a maioria dos economistas considere essas taxas de crescimento espetaculares, para os olhos não treinados, elas podem não parecer muito impressionantes. Mas os juros compostos são uma coisa maravilhosa. Quando composta em 23 anos, uma taxa de crescimento de 2,8% produz um aumento geral no PIB *per capita* de quase 90%. E, para uma taxa de crescimento anual de 5,6%, a taxa registrada na Alemanha Ocidental, o aumento total é de 250%. Não é de admirar que, para o mundo industrializado como um todo, os economistas geralmente se refiram a esse período como a "Era de Ouro", e que os alemães refiram-se ao mesmo período como o "Wirtschaftswunder", ou milagre econômico.

Mas também as coisas boas chegam ao fim. Depois desse período, o crescimento caiu de forma acentuada em quase todos os países. Por cerca de quinze anos, o mundo como um todo registrou um crescimento pouco superior ao que havia sido experimentado entre 1870 e 1913. As razões de tão grande mudança continuam sendo discutidas, mas parece claro que os drásticos aumentos nos preços do petróleo em 1973/74 e novamente em 1979/80 tiveram um papel importante. Paralelamente, o sistema monetário internacional quebrou quando o regime de taxa fixa de câmbio, baseada no dólar, entrou em colapso e a inflação disparou.

Após um período de inflação alta na década de 1970, os bancos centrais e os governos adotaram políticas para reduzir a inflação novamente, envolvendo taxas de juros altíssimas. Com isso, eles finalmente conseguiram conter a inflação, mas à custa de níveis muito altos de desemprego. Foi quando o termo "estagflação" tornou-se comum. Um clima de pessimismo pairou sobre as perspectivas econômicas.

Posteriormente, o crescimento econômico aumentou, primeiro centrado nas economias desenvolvidas, mas depois impulsionado pelo rápido crescimento nos mercados emergentes. Entre 2001 e 2007, o crescimento global foi em média de quase 4%, não tão alto quanto o que ocorreu durante a Era de Ouro, mas muito melhor que aquele experimentado desde então. Isso deu a impressão de que os bons tempos estavam de volta. Mas esses números globais eram enganosos. Excluindo as taxas de crescimento extraordinariamente altas nos mercados emergentes liderados pela China, a maioria dos países do Ocidente estava em queda.

Essas aceleradas taxas de crescimento nos mercados emergentes não foram impulsionadas por alguma tecnologia nova e transformadora. A arrancada de crescimento dos mercados emergentes derivou principalmente da diferença entre os níveis do PIB *per capita* nos mercados emergentes e os seus equivalentes no mundo ocidental. Isso permitiu uma enorme margem de crescimento. Tudo o que os países emergentes precisaram fazer foi adotar as tecnologias já empregadas no Ocidente — e, pronto, seguiu-se um rápido crescimento. Eu digo "tudo o que eles precisaram fazer", mas com isso corro o risco de subestimar a escala da transformação necessária para acabar, ou pelo menos reduzir, a lacuna com relação ao Ocidente. Isso envolveu mudanças sociais e políticas drásticas, incluindo o abandono efetivo do comunismo mais ortodoxo na China.

No entanto, à medida que os mercados emergentes aproximavam-se do Ocidente, a taxa de crescimento possibilitada apenas pela margem de recuperação começou a recuar. Embora ainda hoje continue, o enorme impulso na produção e nos padrões de vida proporcionado pela abertura ao comércio internacional foi uma transformação pontual. A abertura só se faz uma vez.

É significativo que, embora ajudadas pela informática e pela internet, as fontes desse grande crescimento nos mercados emergentes — algo que impulsionou a taxa de crescimento do mundo como um todo, tirando muitos milhões de pessoas da pobreza — foram essencialmente comerciais e políticas, e não tecnológicas.

E então veio uma série de eventos que abalaram o mundo.[23] Por acaso, eles também não foram tecnológicos. As raízes da crise financeira global (CFG) de 2007–9 e, portanto, da grande recessão que se seguiu, residem no mundo das finanças, não da tecnologia. E, apesar do envolvimento da chamada tecnologia financeira no que deu errado, no fundo, as causas da CFG estão em algumas fraquezas permanentes na natureza humana, nas instituições e nas políticas públicas.[24]

A grande desaceleração

Nos anos seguintes à crise financeira global e à sua subsequente recessão, a taxa de avanço econômico foi reduzida.[25] Esse enfraquecimento drástico no ritmo da expansão econômica desencadeou uma enxurrada de artigos acadêmicos tentando explicá-lo. Alguns economistas argumentaram que esse é "o novo normal". Muitos se concentraram nos aspectos dessa desaceleração que são relativos à demanda. O ilustre economista norte-americano

Larry Summers ressuscitou a noção de "estagnação secular", que rondou os anos 1930 e sobreviveu por algum tempo — até que a prolongada expansão pós-guerra deu o que parecia ser um golpe fatal. (Pelo visto, as ideias econômicas nunca morrem realmente; elas apenas se arrastam para fora do palco, aparentemente feridas de morte, e retornam mais tarde.)

O conceito essencial por trás da estagnação secular é o de que, por várias razões, a demanda agregada exibe uma tendência persistente de ficar aquém da oferta. O resultado é que, para evitar que isso cause desemprego generalizado, as autoridades fiscais e monetárias precisam recorrer a políticas estimuladoras extraordinárias, como grandes aumentos nos deficits orçamentários, taxas de juros próximas a zero e grandes programas de compra de títulos pagos com dinheiro recém-emitido.

Alguns dos economistas que apoiam essa visão — mas de modo algum todos — enfatizam o aumento da desigualdade como a causa subjacente fundamental da estagnação secular. (O norte-americano Joseph Stiglitz, ganhador do Nobel, é um expoente notável dessa visão.) Outros economistas aceitam a correlação, mas argumentam que a causa segue na direção oposta: ou seja, um fraco crescimento da produtividade aumenta a desigualdade.[26] Outros tendem a atribuir o crescimento moderado da demanda agregada principalmente à tibieza dos bancos, à ameaça das dívidas e das inúmeras regulamentações e às várias inibições e aos impedimentos que tornaram as empresas mais precavidas e cautelosas. Esse debate vai continuar mais e mais. Felizmente, não precisamos antecipar o resultado aqui. Mas temos que discutir algumas das outras explicações possíveis para a desaceleração econômica.

A explicação tecnológica

Uma explicação para o fraco desempenho econômico que seja baseada na demanda pode também assumir rapidamente o lado da oferta. Isso porque uma fraca demanda agregada muitas vezes inclui (ou pelo menos leva a) baixos investimentos em instalações, máquinas, edifícios e software. Uma redução desses gastos restringirá o crescimento da produtividade, pois reduz a quantidade de capital de que os trabalhadores precisam para suas atividades.

Mas alguns economistas, frente ao estado atual da economia mundial, dão uma explicação explicitamente direcionada à oferta. Na verdade, essencialmente tecnológica; ou seja, eles argumentam que o fraco crescimento deve-se, no fundo, ao ritmo lento do progresso tecnológico.[27]

O mais famoso e convincente desses economistas é o acadêmico norte-americano Robert Gordon.[28] Ele argumenta que a recente desaceleração do crescimento global não pode ser atribuída simplesmente à fraca demanda agregada ou ao crescimento mais lento da força de trabalho. Pelo que sabemos, o crescimento subjacente da produtividade parece ter sofrido forte desaceleração.

Gordon diz que deveríamos ver isso a partir de um amplo contexto histórico. Ele argumenta que devemos considerar a Revolução Industrial um evento pontual. Havia pouco progresso econômico antes dele, e pode haver quase nenhum depois — ou melhor, depois que a terceira e mais recente das revoluções industriais tiver ocorrido, pois ele diz que houve três revoluções industriais até agora. Podemos estar prestes a experimentar um quarto desses períodos, graças aos robôs e à IA.

Cada uma das revoluções industriais do passado foi associada a certos avanços tecnológicos cruciais. A Primeira Revolução Industrial — a Revolução Industrial com letras maiúsculas —, que se estendeu aproximadamente de 1750 a 1830, foi associada a máquinas a vapor, teares de algodão e ao estágio inicial do desenvolvimento das ferrovias. (O impacto econômico das ferrovias, porém, ocorreu décadas depois.) Após isso, ocorreu a Segunda Revolução Industrial, que se estendeu de, aproximadamente, 1870 a 1900, e foi associada à descoberta da eletricidade, ao motor de combustão interna e à telefonia e, em seguida, a várias invenções complementares, como inúmeros aparelhos elétricos, automóveis e aviões.

A Terceira Revolução Industrial, à qual Gordon atribui o período a partir da década de 1960, é associada aos computadores, que levaram à World Wide Web e aos celulares.

Gordon argumenta que a recente desaceleração no crescimento da produtividade deve-se ao fato de que a Terceira Revolução Industrial, cujo estágio final está ocorrendo no presente, não foi tão significativa quanto as outras duas. Ele disse: "Muitas das invenções que substituíram por computadores o tedioso e repetitivo trabalho de escritório ocorreram há muito tempo, nas décadas de 1970 e 1980."

Enquanto isso, desenvolvimentos mais recentes têm focado melhorias em dispositivos de entretenimento e comunicação. É evidente que eles oferecem oportunidades de lazer e consumo, tanto em casa quanto no trabalho. Mas não fizeram muito para aumentar a produção *per capita*. Em particular, não estão em conformidade com o padrão tradicional de avanço

A ASCENSÃO DO HOMEM

tecnológico que sustentou o progresso econômico nos últimos dois séculos: a substituição do trabalho humano por máquinas.

Você acreditaria que a informatização definitivamente se adequou a esse paradigma. No entanto, o economista Robert Solow, vencedor do Prêmio Nobel, observou em 1987: "Você pode ver a era dos computadores em todos os lugares, exceto nas estatísticas de produtividade."[29] (Lembre-se: a recuperação da produtividade nos EUA no final dos anos 1990 sugere que os ganhos dos computadores foram reais, mas, como em muitos outros avanços, atrasados.) Peter Thiel, empresário norte-americano e investidor de risco, deu uma expressão mais contundente a essa decepção tecnológica atual: "Queríamos carros voadores. Em vez disso, temos 140 caracteres."

A afirmação de Robert Gordon de que o progresso tecnológico já está no seu fim é portentosa. Reflita: o rápido desenvolvimento dos mercados emergentes diminuindo inexoravelmente; o progresso econômico geral praticamente se esvaindo; os padrões de vida quase nunca aumentam; não há nenhuma perspectiva de que a próxima geração estará consideravelmente melhor do que a atual; um retorno à situação e às perspectivas (se não aos padrões de vida) de antes da Revolução Industrial. Não há dúvida de que, se esse for realmente o nosso futuro, isso representa uma transformação drástica — com consequências políticas potencialmente graves. Portanto, os riscos para todos nós são muito altos. Mas Gordon está certo?

Malthus de novo?

Há quatro principais contra-argumentos ao pessimismo de Gordon sobre o crescimento atual e futuro da produtividade. Eles não são necessariamente contraditórios ou mesmo concorrentes, e não tentarei escolher o melhor. Mais uma vez, deixarei isso para os outros. Basta dizer que acho que todos eles têm mérito e que, não pela primeira vez, a resposta "verdadeira" envolveria uma mistura dos quatro.

O primeiro contra-argumento é que simplesmente não estamos medindo o crescimento da produtividade de forma adequada. Consequentemente, a desaceleração da produtividade pode ser só uma ilusão estatística. Como tal, pode não existir uma base convincente para supormos que haja em nosso futuro longínquo um crescimento demasiadamente lento da produtividade e, portanto, dos padrões de vida.

Isso parece bastante plausível. Afinal, em qualquer coisa é difícil medir o crescimento da produtividade (menos, na melhor das hipóteses, em uma economia muito simples). E mal acabamos de passar por uma convulsão digital que reformulou a maneira como vivemos, revolucionando da imprensa e publicidade até o setor bancário.

Além disso, muitos dos novos serviços disponíveis neste novo mundo digital são fornecidos gratuitamente ao usuário, em contraste com as versões não digitais com as quais eles concorrem — e frequentemente substituem. Por exemplo: o clique em um vídeo do YouTube em vez da ida ao cinema. Dado que, para os economistas, o valor de algo está intimamente ligado ao preço que o mercado atribui a ele, este é um problema particularmente difícil. Mas, só porque um serviço digital não tem preço, isso não significa que seu valor seja zero.

Existem indicações significativas de que há um sub-registro do PIB (e, portanto, da produtividade). Nos EUA, o Departamento de Análise Econômica (Bureau of Economic Analysis) relata que a contribuição do setor de tecnologia da informação para o PIB está um pouco abaixo de 4% atualmente, quase idêntica à sua contribuição em 1980, antes da invenção da World Wide Web. [30] É verdade?

Foram feitas várias tentativas de estimar a extensão do sub-registro da produção e da produtividade. No Reino Unido, um estudo liderado por Sir Charles Bean, ex-vice-presidente do Banco da Inglaterra, concluiu que, ao longo dos anos de 2005 a 2014, corrigir os dados da economia digital poderia adicionar entre 0,35% e 0,65% por ano à taxa de crescimento do PIB. Pode não parecer muito, mas, se você somar isso ao crescimento registrado da produtividade, obtém um valor que, excluindo a chamada Era de Ouro (1950 a 1973), não é muito diferente da média registrada desde 1800. E a estimativa de Sir Charles Bean ainda pode ser bastante modesta.

Essa conclusão tem o apoio do professor Martin Feldstein, que argumenta que a tarefa de ajustar as estatísticas do PIB às várias mudanças implícitas de preço e às melhorias de qualidade provocadas pelos desenvolvimentos tecnológicos revolucionários é "impossivelmente difícil".[31] Lembre-se: em parte, é difícil porque nem todas as mudanças na nova economia digitizada trouxeram melhorias, como pode comprovar quem já tentou ligar para o fornecedor de eletricidade ou gás. Portanto, é uma questão de avaliar as melhorias quando comparadas aos aspectos em que as coisas pioraram.

O tempo não para

O segundo contra-argumento é que o baixo crescimento da economia mundial deve-se aos efeitos remanescentes da crise financeira de 2007–9 e sua consequente recessão. Isso fez com que o investimento empresarial diminuísse e as empresas, incluindo os bancos, se tornassem mais avessas ao risco. O corolário é que, à medida que os efeitos do desastre financeiro desaparecem, não há razão para que o crescimento da produção e da produtividade não retornem ao normal. A força da economia mundial em 2017 e 2018 oferece algum apoio a essa visão.

O terceiro contra-argumento é que a revolução digital precisa de tempo para se desenvolver. A história da economia está cheia de exemplos relevantes. O motor a vapor, a máquina no centro da Revolução Industrial, foi inventado por Thomas Newcomen em 1712 para bombear água de minas de carvão inundadas. Mais de cinquenta anos depois, James Watt, enquanto consertava um motor Newcomen, introduziu modificações de modo a produzir mais energia, com isso, possibilitando a sua disseminação.

Além disso, o destacado historiador Jared Diamond diz que o próprio Newcomen baseou seu mecanismo em protótipos anteriores, desenvolvidos por outros inventores.[32] Ele afirma que este, de fato, é o padrão normal. Fomos levados a acreditar que os grandes inventores criam do nada uma nova ideia ou máquina revolucionária. Na verdade, eles geralmente constroem a partir de fundamentos estabelecidos por outros.

Embora James Watt tenha patenteado o primeiro motor a vapor em 1769, apenas cem anos depois seu impacto total foi sentido na produtividade do trabalho. Da mesma forma, parece que a eletricidade não teve um grande impacto no crescimento do PIB nos EUA até meio século após a construção das primeiras estações geradoras.

Qualquer que seja a credibilidade desses três contra-argumentos, os otimistas têm um quarto na manga. Em vez de termos esgotado nossa capacidade de produzir mudanças tecnológicas radicais, dizem eles, estamos à beira de novos desenvolvimentos que prometem trazer avanços rápidos. Como diz o economista Paul Romer:

> O crescimento econômico acontece sempre que as pessoas pegam recursos e os reorganizam de modo a torná-los mais valiosos… toda geração percebe os limites para crescimento que recursos finitos e efeitos colaterais indesejáveis representariam se nenhuma nova

ideia fosse descoberta. E cada geração subestimou o potencial de encontrar novas... ideias. Nós nunca conseguimos entender quantas ideias ainda estão para ser descobertas... Não se trata de uma mera soma de possibilidades; elas multiplicam-se.[33]

A primeira das novas "ideias" é a biotecnologia, que pode ser uma importante contribuição para a produção agrícola, o processamento de alimentos e a proteção do meio ambiente. E os desenvolvimentos na ciência médica prometem tanto grandes melhorias na qualidade de vida quanto uma expectativa de vida prolongada. Enquanto isso, a nanotecnologia e a impressão 3D também oferecem perspectivas de aumento de produtividade em muitas áreas tradicionais de manufatura[34]. E agora, além de tudo isso, temos robôs e IA.

De volta para o futuro

Essa tour relâmpago pela nossa história econômica revelou vários pontos-chave:

- A melhoria contínua dos padrões de vida não é algo que tem acontecido desde o início dos tempos. De fato, durante a maior parte de nossa história, quase não houve melhora ano a ano.
- Alguns avanços na tecnologia que parecem ter sido drásticos tiveram pouco efeito no crescimento do PIB ou nos padrões de vida ao longo do tempo. Em outras palavras, o ritmo da mudança não foi transformador.
- Em contraste, a Revolução Industrial destaca-se como um "megaevento" em nossa história, marcando o ponto em que a vida das pessoas ficou, em média, cada vez melhor.
- No entanto, desde o início, houve perdedores nesse processo de "melhoria". A vida de muitas pessoas ficou absolutamente pior como resultado das mudanças. Levou décadas para que todos pudessem melhorar.
- Com o tempo, os empregos e os meios de subsistência extintos foram mais do que compensados pelos novos empregos criados, geralmente em áreas que não poderiam ser imaginadas.
- Embora esteja longe de ser a única fonte de melhoria, a razão mais importante para que as coisas melhorem continuamente tem sido o progresso da tecnologia. Ela tornou possível um incremento na produção com a mesma quantidade de insumos (ou menos) e também o desenvolvimento de novos produtos e serviços.
- Os maiores avanços na produtividade e no padrão de vida ocorreram quando os desenvolvimentos tecnológicos coincidiram com as

mudanças comerciais, políticas e sociais que incentivaram sua exploração total.

- De fato, sem os ambientes social, político e comercial adequados, por si só, a tecnologia ou não conseguiu avançar ou, se o fez, não conseguiu entregar o prometido.
- De acordo com os números oficiais, a taxa de crescimento da produtividade recentemente diminuiu de modo considerável, marcando possivelmente o esgotamento gradual das possibilidades de progresso técnico e de aumento nos padrões de vida.
- Mas é improvável que os dados oficiais estejam captando toda a história. A melhoria real no bem-estar humano provavelmente foi muito maior do que os dados oficiais sugerem.

E agora nós chegamos aos robôs e à inteligência artificial. Assim como nos casos prévios da energia a vapor e da eletricidade, o desenvolvimento inicial da IA já afetou drasticamente vários nichos, mas agora parece que afetará quase todas as partes da economia e, de fato, todos os aspectos de nossas vidas.

Além disso, em um acentuado contraste com a caracterização de Gordon da essência da Terceira Revolução Industrial, o que acontece aqui, na amplamente denominada Quarta Revolução Industrial, promete equiparar-se à perfeição ao padrão normal de avanço tecnológico ao longo de nossa história industrial: a substituição do trabalho humano por máquinas. Isso promete ser um retorno ao normal, mas com uma desforra. Em qualquer escala em que aconteçam, a robótica e a revolução da IA certamente não terão pouca importância econômica, como Gordon alega ser o caso dos computadores e da revolução digital. De fato, será o contrário.

Assim, do mesmo modo como muitos economistas começaram a ficar pessimistas quanto à capacidade de progresso econômico e aumento dos padrões de vida, chegou uma nova "revolução" que promete entregar exatamente o que eles já estavam perdendo a esperança de ver acontecer. Mas isso é tudo o que está previsto? E, se for, para que o mecanismo de progresso pós-Revolução Industrial esteja de volta aos negócios, os efeitos gerais serão os mesmos que dominaram os séculos XIX e XX? Ou seja, a "destruição criativa" que impulsionou os avanços anteriores novamente garantirá que haja novos empregos para substituir os antigos? Ou será que desta vez será um caso de destruição destrutiva?

2
Desta vez vai ser diferente?

"O ritmo da mudança nunca foi tão acelerado, e, ainda assim,
nunca mais será tão lento."

Justin Trudeau, 2018 [1]

"Em vinte anos, as máquinas serão capazes de fazer o trabalho
de qualquer homem."

Herbert Simon, 1965 [2]

O lendário investidor Sir John Templeton disse uma vez que as quatro palavras mais caras no mundo dos investimentos são: "Desta vez é diferente."[3] Ele referia-se ao investimento financeiro e comentava sobre a longa linha de argumento que, de tempos em tempos, têm sido acionada para justificar preços absurdamente altos de ativos. E nunca é diferente. Bolhas serão bolhas. Quando elas estouram, todas as alegações anteriores a favor dos ativos em questão soam como vãs propagandas financeiras. No entanto, isso parece ser esquecido quando o próximo modismo do investimento aparece, e o padrão se repete. A sabedoria de Sir John ganhou uma bela justificativa no colapso da bolha das pontocom em 2000–02, e outra pouco depois, no colapso do mercado norte-americano de hipotecas de alto risco em 2007–10.

A história da economia, em comparação à história financeira, é algo completamente à parte. No entanto, existe um paralelo. Desde a Revolução Industrial, muitas pessoas passaram a enxergar as mudanças tecnológicas sob um prisma negativo, argumentando que elas empobreceriam as pessoas comuns e acarretariam desemprego em grande escala. Os pessimistas sempre acabaram refutados. Em seu best-seller *O Fim dos Empregos*, o economista Jeremy Rifkin vislumbrou um futuro em que a automação e a tecnologia da informação impulsionavam a produtividade, mas uma grande massa de trabalhadores seria deixada às traças e não participaria do sucesso da sociedade. Ele foi publicado pela primeira vez em 1995.[4]

Mas as mudanças que estão ocorrendo agora graças aos robôs e à IA são, na essência, uma continuação do que vimos desde a Revolução Industrial? Ou seriam algo bem diferente?

Como vimos no capítulo anterior, a principal característica das mudanças tecnológicas ocorridas desde a Revolução Industrial foi um aumento implacável da produtividade, o que provocou um aumento drástico nos padrões de vida e a criação de novos tipos de trabalho que substituíram muitos dos empregos extintos por tais avanços.

Basicamente, existem duas vertentes principais sobre a questão de se desta vez será mesmo diferente. A primeira é que os desenvolvimentos em robótica e em inteligência artificial são, na verdade, uma não revolução. Em essência, essa afirmação equivale a uma extensão das críticas de Robert Gordon à revolução das comunicações, que encontramos no capítulo anterior. Os críticos dizem que há muito falatório sobre esse assunto, mas pouca substância. Eles dizem, em resumo, que essa "revolução" é diferente de tudo o que aconteceu desde a Revolução Industrial porque o motor do progresso econômico parou. Restaram-nos apenas ilusões e modismo.

A segunda vertente negativa sobre a IA é o oposto exato da primeira. A revolução da IA seria bastante diferente de tudo que já foi visto antes em relação à sua velocidade e seu escopo. Mais importante, dado que, em seu cerne, ela enfraquece a demanda por quase todo trabalho humano, essa revolução põe fim à criação de novos empregos como compensação da perda dos antigos. Não é o fim do "progresso" econômico, mas pode muito bem ser o fim do avanço humano.

Antes de chegar a uma conclusão, precisamos examinar em mais detalhes cada uma dessas vertentes de criticismo.

Verdadeiramente portentosa

A revolução da IA é de fato aquilo tudo que se espera? É fácil minimizar sua importância, mas devemos tomar cuidado. Não seria a primeira vez que uma mudança tecnológica é subestimada. De fato, a subestimação do poder das novas tecnologias tem uma história singular. Em 1943, Thomas J. Watson, ex-presidente da IBM, teria declarado que "existe um mercado mundial para cerca de cinco computadores". Em 1949, a *Popular Mechanics*, considerada uma revista respeitável, disse que "os computadores do futuro podem pesar não mais do que 1,5 tonelada".[5]

Dando um salto para o futuro, desde seu início, o desenvolvimento da internet encarou um ceticismo absoluto. No final de 1996, a revista *Time* explicou por que ela nunca seria amplamente adotada. A revista disse: "[A internet] Não foi projetada para o comércio e não acomoda com facilidade os recém-chegados." Em fevereiro de 1998, a *Newsweek* publicou a manchete: "Internet? Quem se importa?!"

O mais impressionante é que o autor do artigo era Cliff Stoll, um astrofísico e especialista em redes. Ele afirmou que as compras e as comunidades online eram uma fantasia irreal e traíam o bom senso. Disse: "A verdade é que nenhum banco de dados online substituirá o seu jornal." Stoll afirmou que um mundo digital cheio de "bancos de dados interagindo, comunidades virtuais e comércio eletrônico" era "conversa fiada".[6]

A inteligência artificial deu de cara com um muro de ceticismo semelhante — até recentemente. Esse ceticismo foi alimentado, entre outras coisas, pelo fato de a IA estar conosco já há algum tempo — em teoria, ao menos —, mas ainda não ter produzido nada realmente espetacular. Ele surgiu da computação digital, explorada e desenvolvida em Bletchley Park, na Inglaterra, da Segunda Guerra Mundial, e de modo célebre conseguiu quebrar o código da Enigma, máquina nazista de codificação de mensagens.

Essa façanha está ligada ao nome de Alan Turing. Turing também foi responsável pela estrutura conceitual dos primórdios da IA, publicando em 1950 o influente artigo "Computing Machinery and Intelligence" [Computadores e Inteligência, em tradução livre]. O tema foi desenvolvido posteriormente nos EUA e no Reino Unido, principalmente. Mas cresceu e diminuiu em estima e conquista.

Na última década, no entanto, a união de vários desenvolvimentos importantes impulsionou a IA:

- Enorme crescimento em capacidade de processamento nos computadores.
- Rápido crescimento na capacidade de disponibilização de dados.
- O desenvolvimento de melhorias na tecnologia de texto e imagem, incluindo reconhecimento tanto facial quanto de voz.
- O desenvolvimento do deep learning.
- O advento da tomada de decisão baseada em algoritmos.

Parece então que, agora, a IA se aproxima do seu "momento James Watt". Assim como o motor a vapor já existia havia algum tempo antes de transformar toda a cadeia de produção a partir dos incrementos de Watt, a IA, que está em cena há algum tempo, está prestes a dar um salto.

Além disso, é provável que seu impacto seja sentido em toda a economia. Alguns aprimoramentos tecnológicos são específicos de determinados setores ou aspectos pontuais e têm impacto limitado em um panorama mais amplo da produção. Mas de vez em quando ocorre um desenvolvimento que promove uma tecnologia de aplicabilidade geral. Nós a chamamos de tecnologia de uso geral (ou GPT, sigla para a expressão *general-purpose technology*). O motor a vapor era uma GPT, e a IA também promete ser. É por isso que considero apropriado nos referirmos às décadas à nossa frente como "a economia da IA" — ou a economia da inteligência artificial.

Os robôs e a IA prometem ter um grande impacto na produtividade, porque em algumas áreas eles podem substituir por completo os seres humanos e, em outras, podem aumentar bastante sua produtividade ou melhorar a qualidade e a confiabilidade do que fazem. Talvez o mais importante de tudo seja que eles podem efetivamente fornecer uma ferramenta eficaz a muitos trabalhadores do setor de serviços — por exemplo, na área da saúde e assistência a idosos —, prometendo, assim, superar o crescimento até agora lento da produtividade nesse setor.

Além disso, a velocidade do avanço na IA é impressionante. Visionários geralmente se entusiasmam com a noção de que os desenvolvimentos agora ocorrem *exponencialmente*, ou seja, o nível no próximo período é sempre maior que o anterior em uma escala de múltiplos ou de porcentagens. Por exemplo, algo que dobra a cada ano está passando por um crescimento exponencial; algo que cresce 20% a cada ano também. Acaba que uma determinada taxa de crescimento em termos percentuais produz aumentos absolutos cada vez maiores.

Sempre que um crescimento é exponencial, uma grande parte da mudança ocorre no final do processo; por isso, é fácil não perceber a importância do que está acontecendo quando se está ainda no início. Essa característica de retorno lento do crescimento exponencial de algum modo explica por que às vezes superestimamos o efeito da tecnologia em curto prazo e o subestimamos no longo prazo.[7] Potencialmente, isso enseja oportunidades maravilhosas para as futuras capacidades da IA, mas também reforça a tendência de indivíduos, empresas e governos fazerem pouco ou nada para se adaptarem — até que seja tarde demais.

As análises sobre IA são cheias de exemplos espetaculares de crescimento exponencial, frequentemente apresentados em termos fáceis e envolventes, que expõem de modo claro o contraste entre o ritmo aparentemente calmo da mudança no início e a dramática transformação posterior. Considere o seguinte exemplo de Calum Chace:

Desta vez vai ser diferente?

Imagine que você está em um estádio de futebol... que foi impermeabilizado. O árbitro coloca uma única gota de água no meio do campo. Um minuto depois, ele coloca duas gotas de água. Mais um minuto, quatro gotas — e assim por diante. Quanto tempo você acha que levaria para encher o estádio com água? A resposta é 49 minutos. Mas o que é realmente surpreendente — e perturbador — é que, após 45 minutos, o estádio está apenas 7% cheio. As pessoas nas arquibancadas mais distantes estão olhando para baixo e perguntando umas às outras se algo significativo está acontecendo. Quatro minutos depois, elas se afogaram.[8]

O crescimento exponencial está na raiz do que é conhecido como "Lei de Moore", que geralmente significa que US$1 mil em poder de processamento dobrará a cada dezoito meses ou, às vezes, a cada dois anos. Alguns analistas até sugerem que há um crescimento exponencial na taxa de crescimento exponencial. Federico Pistono diz que, enquanto a velocidade dos computadores dobrou a cada três anos entre 1910 e 1950 e a cada dois anos entre 1950 e 1966 (por custo unitário), agora está dobrando a cada ano. Ele afirma: "De acordo com as evidências disponíveis, podemos inferir que essa tendência continuará no futuro próximo, ou pelo menos por mais trinta anos."[9]

As taxas de crescimento exponencial são abundantes no mundo dos computadores e da IA. Com base nas taxas recentes, é possível imaginar a quantidade de robôs superando em pouco tempo os seres humanos. Ian Pearson, engenheiro, inventor e romancista britânico, diz que os robôs aumentarão dos cerca de 57 milhões de hoje para 9,4 bilhões em trinta anos. Essa previsão baseia-se em um palpite que Pearson classifica como "modesto", ou seja, que a população de robôs cresce 20% a cada ano. (Este é, obviamente, outro exemplo de crescimento exponencial.)

Não é apenas a velocidade e o escopo dos avanços na IA que impressionam e chocam tantas pessoas, deixando-as com inquietações sobre o futuro. A IA agora ameaça substituir as pessoas em atividades que recentemente eram consideradas exclusivamente humanas. Costumava-se pensar que o xadrez estaria muito além das capacidades do melhor computador disponível. Mas em 1997, o Deep Blue, da IBM, derrotou o melhor jogador do mundo, Gary Kasparov. O Deep Blue consegue avaliar entre 100 e 200 milhões de posições por segundo. Kasparov disse: "Eu tinha jogado contra muitos computadores, mas nunca havia passado por algo assim. Eu conseguia sentir — conseguia farejar — um novo tipo de inteligência do outro lado do tabuleiro."

Em 2001, uma máquina da IBM chamada Watson venceu os melhores jogadores humanos no *Jeopardy!*, jogo televisivo de perguntas e respostas. Em 2013, um sistema de inteligência artificial da DeepMind (do Google) aprendeu a jogar títulos do Atari, como *Breakout* e *Pong*, que envolvem coordenação olho-mão. Isso é muito mais significativo do que parece. O sistema de IA não foi ensinado a jogar videogame, mas a aprender a jogar.

Kevin Kelly acha que a inteligência artificial agora deu um salto decisivo, cuja importância ainda não foi totalmente apreciada. Ele escreve:

> Quando um computador consegue executar uma tarefa melhor que os humanos, tal tarefa é amplamente classificada como algo simples. As pessoas dizem que a próxima tarefa é que será realmente difícil — até que essa tarefa seja realizada por computador e assim por diante. De fato, quando uma máquina é capaz de realizar algo específico, geralmente paramos de nos referir a ela como IA. O teorema de Tesler define inteligência artificial como aquela que uma máquina ainda não é capaz de ter.[10]

E a categoria de coisas que uma máquina não consegue fazer parece estar diminuindo o tempo todo. Em 2016, o AlphaGo, um sistema de IA desenvolvido pela DeepMind, venceu Fan Hui, o campeão europeu no jogo de tabuleiro Go. O sistema ensinou a si próprio usando uma abordagem de machine learning chamada *deep reinforcement learning*. Dois meses depois, o AlphaGo venceu o campeão mundial por quatro jogos a um. Esse resultado foi considerado especialmente impressionante na Ásia, onde o Go é muito mais popular do que na Europa ou nas Américas.

É a internet que impulsiona a IA em direção a capacidades e inteligência muito maiores. Uma característica fundamental por trás da ascensão do domínio humano sobre o mundo físico foi o desenvolvimento de trocas e especializações; ao cabo, um efeito de rede. Quando a internet surgiu, conectando computadores em uma rede, isso transformou a capacidade deles.[11]

E então teremos em breve o que o empresário britânico Kevin Ashton chamou de "internet das coisas". A IBM chama de "Smarter Planet"; a Cisco, de "internet de tudo"; a GE, de "internet industrial"; já o governo alemão a chama de "Indústria 4.0". Mas todos esses termos se referem à mesma coisa. A ideia é simplesmente incorporar sensores, chips e transmissores a muitos objetos ao nosso redor.

O empresário da internet Marc Andreessen disse: "O estágio final é bastante óbvio — toda luz, toda maçaneta de porta estará conectada à internet".[12]

É claro que toda essa conectividade com o mundo material terá um formato que lhe permita prontamente ser analisável e manipulável por robôs e IA. Mas todas essas coisas conectadas também serão capazes de se comunicar diretamente com os seres humanos, "falando" com eles. Ironicamente, alguns entusiastas da IA sugerem que isso pode aproximar nossas atitudes perante as "coisas" do modo como as víamos em tempos pré-tecnológicos, ou do modo como elas são vistas em partes do mundo não ocidental hoje — ou seja, possuidoras de algum tipo de espírito e identidade.

Portanto, não importa o que você pense sobre o papel do avanço humano em uma economia da IA — e em breve darei algumas qualificações importantes antes de chegar a uma avaliação geral preliminar —, o que está acontecendo no mundo da inteligência artificial certamente não pode ser descartado inocentemente.

O que sobrou para a humanidade?

Agora chegamos à segunda visão sobre como os robôs e a revolução da IA podem ser diferentes de tudo o que aconteceu desde a Revolução Industrial: a ideia de que, desta vez, não haverá novos empregos para substituir os antigos.

O progresso tecnológico que tem sido o centro do avanço econômico desde a Revolução Industrial seguiu um padrão distinto. A princípio, as máquinas substituíram a força humana, liberando os humanos para trabalhos cerebrais. Mais recentemente, principalmente com o desenvolvimento dos computadores, as máquinas substituíram também esse tipo de trabalho. (A palavra chinesa para computador pode ser traduzida como "cérebro elétrico".) Mas, pelo menos até muito recentemente, os computadores substituíam os humanos apenas onde as pessoas estavam envolvidas em atividades repetitivas, permitindo que elas realizassem outros tipos de tarefas. No entanto, como discutido acima, agora a IA também está ameaçando substituir o trabalho cerebral não repetitivo. Na verdade, todo trabalho intelectual.

Curiosamente, a noção de que as máquinas assumiriam todo o trabalho realizado por seres humanos não é uma ideia nova. O filósofo grego Aristóteles, escrevendo em 350 a.C., sugeriu que, se autômatos (como os que o deus Hefesto supostamente fez) conseguissem tornar-se capazes de fazer qualquer trabalho que os humanos fazem, todos os trabalhadores, incluindo os escravos, seriam dispensáveis.[13]

Onde, em um mundo como esse, o ser humano encontraria (e manteria) seu lugar? A humanidade parece estar sendo forçada a abandonar cada vez mais território, como o lendário cavaleiro Herevardo, o Vigilante, que foi confinado pelas forças inimigas de Guilherme, o Conquistador, em uma minúscula ilha pantanosa perto da cidade de Ely, na Grã-Bretanha. O que restará para eles? Como será a defesa final? O que acontecerá quando até a última ilha pantanosa for tomada? Restará algo que os humanos possam fazer melhor do que máquinas?

Além disso, diferentemente dos humanos, os robôs e a IA não precisam ser pagos nem receber benefícios e pensões. Então, dado que os robôs são mais produtivos e mais baratos, por que os humanos teriam sequer um emprego?

Se o trabalho desaparecer quase que totalmente, então, logo de cara, isso nos deixa com um profundo problema de sentido da vida. Se a luta para sobreviver formou a base da existência humana desde o início dos tempos, o que deve tomar seu lugar? O futuro torna-se um lazer sem fim, envolvendo as várias oportunidades e os problemas que discutirei no Capítulo 4. Basta dizer que esse "lazer" sem fim — também conhecido como desemprego — não representaria necessariamente o nirvana para a maioria das pessoas.

Deixando de lado os problemas potenciais de tédio e apatia, essa seria uma vida de abundância, ou o lazer seria acompanhado pela pobreza? Pois, se o trabalho delas não tem serventia, como as pessoas ganhariam algum dinheiro? Sem dinheiro, elas não terão nada para gastar. Sem gastar, não haverá demanda pela produção dos robôs. O resultado é que não apenas os seres humanos ficarão sem trabalho, mas os robôs também estarão desempregados. (Discuto e analiso essas e outras visões distópicas de nosso futuro econômico no próximo capítulo.) A inquietação com essa perspectiva não é uma possibilidade futura. Está conosco aqui e agora. De acordo com uma pesquisa de 2015 da Universidade de Chapman, para os norte-americanos, o temor de que os robôs substituam os humanos na força de trabalho é maior do que o da morte.[14]

Empregocídeo

Quão seriamente devemos encarar a ameaça de desemprego generalizado? Muitos visionários da IA são marcadamente pessimistas. Destes, o professor Max Tegmark, do MIT, é talvez o mais proeminente. Ele discorda da ideia de que, exatamente como no século passado e no atual surgiram, do nada, inúmeras novas categorias de empregos para substituir os que foram perdidos, esse padrão será repetido nos próximos anos com relação às vagas extintas pelo avanço da IA. Ele argumenta que a grande maioria das ocupações de hoje já existia cem anos atrás. Usando dados do Departamento do Trabalho dos EUA, ele descobriu que 80% das ocupações de 2014 já existiam em 1914. Além disso, o número de pessoas empregadas nos 20% de novas funções era modesto: apenas 10% da população ocupada dedicava-se a elas.

A economia dos EUA é muito maior hoje do que em 1914 e emprega muito mais pessoas, mas as funções não são novas. Ele diz: "E quando classificamos [essas funções] pelo número de empregos que fornecem, temos que descer até o vigésimo primeiro lugar na lista até encontrarmos uma nova função: desenvolvedor de software, que representa menos de 1% do mercado de trabalho dos EUA."[15]

Seguindo essa trilha, há algumas estimativas bastante apocalípticas do desemprego futuro de vários analistas e futurólogos. O "Projeto Millennium", criado em 1996 por uma combinação de organizações da ONU e organizações acadêmicas dos EUA, produziu um relatório intitulado "2015-16 State of Future", incluindo uma seção sobre o futuro do trabalho com base em uma pesquisa de trezentos "especialistas" de diferentes países. O veredicto deles foi que o desemprego global seria "apenas" 16% em 2030 e, ainda, "apenas" 24% em 2050. Portanto, está tudo bem.[16]

Uma análise mais crível vem da consultoria McKinsey. Ela estima que, se as sociedades avançadas adotarem rapidamente as novas tecnologias — até 2030, por exemplo —, por volta de 700 milhões de pessoas poderão ser substituídas por robôs. Mesmo que o ritmo de adoção seja mais modesto — algo esperado pela McKinsey —, cerca de 375 milhões de pessoas, ou 14% de todos os trabalhadores, teriam que mudar de emprego e buscar novas habilidades.

Saiba que um estudo da Organização para a Cooperação e Desenvolvimento Econômico (OCDE)[17] concluiu recentemente que muito menos trabalhadores correm o risco de serem substituídos por um robô do que se pensava anteriormente. O estudo concluiu que, nos países ricos (membros da OCDE), "apenas" cerca de 14% dos empregos são "altamente automatizáveis". Mesmo assim, o estudo concluiu que o número de empregos em risco ainda era enorme — cerca de 66 milhões em 32 países, incluindo 13 milhões de empregos somente nos EUA.

Um estudo bem conhecido e muito citado de Carl Frey e Michael Osborne, da Universidade de Oxford, concluiu que 47% dos empregos nos EUA eram vulneráveis.[18] E o ilustre historiador econômico Joel Mokyr está do lado de quem argumenta que as mudanças em andamento hoje estão em uma escala diferente dos períodos anteriores de perda de emprego.[19]

Portanto, a revolução da IA promete transformar tudo. Isso prejudicará a demanda por trabalho humano em uma ampla gama de funções, incluindo muitas que, até recentemente, pareciam imunes a qualquer ameaça da mecanização. A IA atinge profundamente domínios que antes eram considerados humanos. A mudança iminente no mercado de trabalho será real, substancial e abrangente.

Esperança para os humanos

Mas os incontestáveis avanços dos robôs e da IA realmente significam a eliminação, em vez de uma nova transformação, de muitos empregos? Se de fato é isso que significam, haverá novas oportunidades para compensar a perda de empregos nas atividades tradicionais? Há várias razões para acreditar que sim, e também para acreditar que o medo dos pessimistas de um futuro estado de desemprego pleno será infundado. A inteligência artificial não provocará o Armagedom no mundo do emprego.

Para começar, apesar das manchetes assustadoras, o estudo da McKinsey mencionado acima enfatiza que poderia ser altamente enganoso pensar no desaparecimento completo de alguns empregos hoje exclusivamente humanos. O estudo estima que menos de 5% dos trabalhos são totalmente automatizáveis e que a maioria dos trabalhos inclui um elemento que pode ser realizado por máquinas. De fato, "cerca de 60% das funções poderiam ter 30% ou mais de suas atividades constituintes automatizadas". Essa tendência se estende até os CEOs. A McKinsey estima que, usando as tecnologias atuais, atividades que ocupam mais de 20% do tempo de um CEO podem ser automatizadas.

Surpreendentemente, o relatório da McKinsey não é pessimista sobre as perspectivas gerais de emprego. Ele vê paralelos estreitos com o que aconteceu na introdução do computador pessoal. Isso permitiu a criação de 15,8 milhões de novos empregos líquidos nos EUA desde 1980, mesmo depois de contabilizar os empregos deslocados. Curiosamente, muitos dos países com o maior número de robôs por trabalhador (por exemplo, Singapura, Japão, Alemanha) também apresentam uma das mais baixas taxas de desemprego.

Segundo a McKinsey, os aspectos de um trabalho — qualquer trabalho — menos suscetíveis à automação são os que envolvem criatividade e emoção. É certo que a empresa diz que, na economia dos EUA, apenas 4% das atividades de trabalho exigem criatividade. Mas, para "sentir emoção", o número é de 29%. Esses resultados sugerem que existe uma grande margem para os empregos serem transformados de modo a aprimorar as habilidades exclusivamente humanas e, nesse processo, criar mais satisfação no trabalho.[20]

Esta palavra — criatividade — precisa de interpretação. Não estamos falando somente da capacidade de fazer o que um Beethoven ou um Van Gogh fizeram. No nível mais mundano, todos os seres humanos exercitam a criatividade no seu dia a dia. Crianças fazem isso abundantemente no modo como brincam. Isso inclui a capacidade de inovar e a de desenvolver novos modos de fazer coisas antigas.

Na verdade, aos dois critérios principais de McKinsey para a "vantagem comparativa" humana, eu acrescentaria um terceiro: a necessidade do exercício do bom senso. Nem as IAs mais "inteligentes" têm essa habilidade. Provavelmente, isso significa que, mesmo em categorias de trabalho ou áreas de atividade econômica em que as máquinas assumirão o controle, ainda será necessário um nível mais alto de supervisão humana.[21]

Conclusões semelhantes às da McKinsey foram também alcançadas pela OCDE. O estudo mencionado anteriormente concluiu que a maioria dos trabalhos era difícil de automatizar porque requeria criatividade, raciocínio complexo, capacidade de realizar tarefas físicas em um ambiente de trabalho não estruturado e capacidade de negociar relações sociais. O diretor de emprego, trabalho e assuntos sociais da OCDE, Stefano Scarpetta, dá um exemplo interessante, em que contrasta um mecânico de automóveis que trabalha em uma linha de produção em uma enorme fábrica com um que trabalha em uma oficina mecânica. O primeiro é fácil de automatizar, enquanto o último seria bastante difícil.

Usando esses critérios, mesmo de acordo com Max Tegmark (visionário da IA e pessimista sobre o futuro do emprego), há várias áreas em que, no futuro próximo, a IA não causará impacto direto. Estas são as atividades mais criativas, como jornalismo, publicidade, todas as formas de persuasão e advocacia, arte, música e design. Mas um alerta: ele enxerga até esses trabalhos desaparecendo com o tempo e, além do mais, uma escassez de novos empregos surgindo para substituir os antigos. Eu acho que ele está profundamente equivocado sobre isso, como mostrarei um pouco mais adiante. (Esboçarei a provável forma do futuro mercado de trabalho no Capítulo 5.)

Uma boa parte do que separa os seres humanos da IA pode ser resumida no termo "inteligência emocional". Na verdade, alguns trabalhos de pesquisa em IA estão tentando fazer com que os robôs reconheçam o estado emocional dos seres humanos com os quais estão interagindo e ajustem seu comportamento de acordo, chegando ao ponto de parecerem empáticos. Boa sorte na empreitada! Suspeito que robôs que finjam ter reações emocionais e uma compreensão sobre as pessoas em breve sejam considerados ridículos pelos humanos.

A velocidade do avanço

Talvez surpreendentemente, a partir da provável velocidade do avanço nas capacidades da IA, existe uma importante fonte de conforto sobre as perspectivas para os seres humanos. Discuti acima o poder da Lei de Moore, mas, na verdade, a Lei de Moore não é uma lei. Para ser justo, o entusiasta da IA Calum Chace admite isso. Ele diz: "Não há razão para que o número de bits que você possa obter em um microchip necessariamente continue a aumentar exponencialmente, ou, da mesma forma, a quantidade de poder de computação que você pode comprar por US\$1 mil. De fato, há boas razões para supor que ambas as taxas de crescimento cairão substancialmente."[22]

Os exemplos de crescimento exponencial que apimentam a literatura sobre IA são realmente impressionantes. Eles são feitos para atropelar você com a combinação da simplicidade do processo e a escala — e aparente inevitabilidade — do resultado final.

Mas tudo depende da suposição de um contínuo crescimento exponencial. E, precisamente porque os efeitos do crescimento exponencial contínuo são tão devastadores, ele raramente se mantém por longos períodos no mundo real. Frequentemente, o crescimento começa lentamente e depois entra em sua fase exponencial, porém, depois diminui. Isso cria a forma de um S. Às vezes, a taxa de crescimento segue para um caminho não exponencial. É o que acontece quando o número sempre aumenta em dez a cada ano (o que significa que a taxa de crescimento, expressa como o tamanho de cada aumento anual como uma porcentagem do total anterior, cai continuamente).

Em outros casos teóricos, algo pode continuar crescendo e, no entanto, nunca excederá um certo limite. É o caso do sapo que salta metade da distância entre ele e a beira do lago. Chegará cada vez mais perto, mas nunca

DESTA VEZ VAI SER DIFERENTE?

chegará ao limite. Em alguns outros casos, algo que estava crescendo rapidamente pode parar por completo.

Na invocação de "crescimento exponencial" que textos sobre IA frequentemente fazem, há um padrão que encontraremos ao longo deste livro. Um fenômeno observado é descrito como uma "lei", e conclusões que devem "inevitavelmente" seguir são tiradas. Frequentemente, tais afirmações baseiam-se em fundamentos frágeis, se não inexistentes. Desapontamento e desilusão são o resultado "inevitável".

De fato, alguns bons analistas pensam que o ritmo dos avanços da IA pode ter diminuído recentemente. Essa é a opinião de John Markoff, jornalista do *New York Times* vencedor do prêmio Pulitzer. Em junho de 2015, ele ficou impressionado com o desempenho decepcionante dos robôs inscritos no Desafio de Robótica da DARPA (Defense Advanced Research Projects Agency, agência do governo norte-americano dedicada à pesquisa em tecnologia e inovação para segurança nacional). Markoff afirma que não houve inovação tecnológica profunda desde a invenção do smartphone em 2007.[23]

Baixo desempenho tecnológico

Existem sérias dúvidas sobre qual será a capacidade real dos robôs e da inteligência artificial. Sim, há muitas evidências de alguns avanços na tecnologia, como IA e robótica, serem muito mais rápidos do que os otimistas imaginavam.

Mas a expectativa de um desempenho extra contínuo não é o resultado de uma soma de nossas experiências e do desenvolvimento tecnológico em geral (ou da IA, em particular). Pelo contrário. Um dos meus exemplos favoritos é de uma recente passagem da jornalista Allison Pearson pelo controle de passaporte do aeroporto de Heathrow, no final de uma noite. Ela ficou chocada com o fato de os pontos automáticos — isto é, acionados por máquina — de checagem de passaporte terem sido fechados. Como resultado, havia enormes filas para os poucos pontos de entrada abertos, controlados por humanos. Ela perguntou a um funcionário por que os pontos de entrada com máquina estavam fechados e teve uma resposta notável: "Falta de pessoal."

Quando ela protestou, apontando que o objetivo dessas máquinas era justamente reduzir a necessidade de trabalho humano, foi informada de que, embora isso fosse verdade, as máquinas tinham o hábito desagradável de não funcionar corretamente — e/ou aqueles humanos irritantes não eram capazes de lidar com elas —, com oficiais de controle de passaporte humanos tendo que resolver o caos subsequente. Assim, devido à escassez de pessoal, as máquinas precisavam ser desligadas após o horário normal de trabalho.

Estou certo de que as falhas no controle de passaportes serão resolvidas oportunamente. De fato, recentemente, tive vários encontros sem falhas com essas máquinas em Madri, Amsterdã e até Heathrow. Mas a lição — e isso está longe de ser um exemplo isolado — é que o "aprimoramento" tecnológico muitas vezes decepciona, e os benefícios completos demoram muito mais tempo do que os desenvolvedores originais e entusiastas alegam. Frequentemente, os sistemas antigos, que envolvem o emprego contínuo de mão de obra humana, precisam continuar em operação até que os novos sistemas estejam bem instalados e verdadeiramente estabelecidos.

Esse ponto geral sobre a tecnologia se aplica também à inteligência artificial. Em 1965, Herbert Simon disse que "as máquinas serão capazes, dentro de vinte anos, de fazer qualquer trabalho de um homem".[24] E, em 1967, Marvin Minsky disse: "Dentro de uma geração, o problema de criar 'inteligência artificial' estará substancialmente resolvido."[25] Desnecessário dizer que essas previsões se mostraram irremediavelmente otimistas. Esses analistas são como os Malthus dos Últimos Dias — mas ao contrário. (Veja bem, as outras realizações deles desmentem essa comparação.)

Realmente, na história da pesquisa em IA, alternam-se períodos de banquetes e períodos de fome, pois a experiência de sucesso em alguns campos leva a uma enxurrada de investimentos, seguida de fracassos, levando a corte de fundos ou até mesmo a uma seca total.

De fato, máquinas que igualam a inteligência geral de humanos foram antecipadas desde a invenção dos computadores, na década de 1940. Naquela época, e em todos os momentos subsequentes, acreditava-se que esse desenvolvimento ocorreria dentro de vinte anos. Mas a data prevista de chegada recuou à taxa de cerca de um ano a cada ano. Assim, muitos futuristas ainda definem para vinte anos no futuro a data de equivalência geral entre as inteligências das máquinas e dos seres humanos.[26]

O filme de Ridley Scott, *Blade Runner*, que retrata um futuro distópico no qual formas de vida artificiais superam os humanos em força e inteligência, apareceu em 1982. Uma sequência, *Blade Runner 2049*, apareceu em 2017, representando novamente um futuro distópico semelhante.

DESTA VEZ VAI SER DIFERENTE?

Os robôs decepcionam

Enquanto isso, no mundo real, o desempenho dos robôs decepcionou as esperanças iniciais. Está tudo bem se você acha que eles entraram em cena apenas recentemente. Aliás, a General Motors introduziu o primeiro robô industrial, chamado Unimate, em 1961. Até agora, cerca de metade dos robôs em uso industrial é empregada na fabricação automotiva, na qual as tarefas bem definidas e o ambiente rígido combinam perfeitamente com o que os robôs fazem de melhor.[27]

É interessante notar que, embora as fábricas de automóveis usem rotineiramente robôs para instalar para-brisas nos veículos, se o proprietário de um carro danificar seu para-brisa e for a uma oficina mecânica para consertá-lo, descobrirá que esse trabalho é realizado por um técnico humano.

Por outro lado, apesar de enormes somas de dinheiro serem gastas para alcançar esse objetivo, até agora se mostrou impossível desenvolver um robô com destreza manual suficiente para dobrar uma toalha. (Amarrar um cadarço de sapato é outro exemplo de algo que ainda está além da capacidade de um robô.) Consequentemente, ainda está longe o muito antecipado emprego de robôs como ajudantes domésticos independentes, e não como ferramentas para ajudar diaristas — se é que, de fato, um dia será alcançado.

Pesquisadores de Singapura tentaram ensinar um robô industrial a montar uma cadeira da IKEA. A boa notícia é que eles conseguiram. A má notícia é que precisou-se de dois deles, pré-programados por humanos, e levaram mais de vinte minutos. Alega-se que um humano poderia realizar essa tarefa em uma fração desse tempo — embora um humano em particular possa demorar muito mais tempo ou desistir, frustrado, antes que a tarefa seja concluída.[28]

A empresa/grupo de pesquisa e desenvolvimento do Google, agora conhecido como X, recentemente executou um projeto para identificar imagens de gatos no YouTube. Um artigo do *New York Times* sobre esse projeto foi publicado com a seguinte manchete: "Quantos computadores são necessários para identificar um gato? 16.000."[29]

Na China, foram gastas longas horas e muita grana na tentativa de desenvolver garçons robôs que não apenas atendessem aos pedidos corretamente, mas que também fossem confiáveis para levar comida à mesa sem derramar a sopa no seu colo. Três restaurantes em Guangzhou (sul da China) que empregavam muitos robôs como garçons tiveram que abandoná-los, porque eles simplesmente não eram bons o suficiente.[30] Sem dúvida, também foi difícil fazer com que os robôs se comportassem em relação aos clientes com a mesma arrogância grosseira que seus colegas humanos exibem em muitas partes do mundo.

Este é, de fato, um paradoxo central da pesquisa em IA: tarefas que parecem muito complexas mostraram-se relativamente fáceis para robôs e inteligência artificial, mas tarefas que parecem muito fáceis acabaram sendo extremamente difíceis. Isso é conhecido como o paradoxo de Moravec. Em 1998, o roboticista Peter Moravec escreveu: "É relativamente fácil fazer com que computadores alcancem um desempenho comparável ao de um adulto em testes de inteligência ou jogo de damas, mas difícil, ou impossível, dar-lhes as habilidades de uma criança de um ano quando se trata de percepção e mobilidade."[31]

Isso está intimamente relacionado ao que alguns chamam de paradoxo de Polanyi, nomeado assim a partir de uma observação feita pelo economista, filósofo e historiador Karl Polanyi. Em 1966, ele escreveu: "Sabemos mais do que conseguimos distinguir." O que ele quis dizer é que muitas das coisas que os humanos fazem, eles o fazem sem seguir um conjunto explícito de regras. As tarefas que se mostraram mais difíceis de automatizar foram aquelas que exigem discernimento, bom senso e flexibilidade, de uma maneira que os humanos não conseguem explicar. Nesses casos, é extremamente difícil codificar esse entendimento de forma que a IA possa replicá-lo.

As facetas não tão impressionantes da IA

A IA tem grande dificuldade em lidar com instruções que tenham uma lógica ambígua ou que estejam totalmente erradas. Tome, por exemplo, as instruções vistas em muitos elevadores: "Não use em caso de incêndio" — em inglês, "Do not use in case of fire". A maioria dos humanos entenderá prontamente que isso significa que, se houver fogo, você não deve usar o elevador. Mas, em inglês, a frase pode ser prontamente interpretada como "do not use the lift at all *in case** there is a fire" — "não use o elevador *em uma caixa* em que haja fogo".

---

* N. T.: Em inglês, *case* pode significar "caso", mas também pode ser uma espécie de caixa, mala ou embalagem (como, por exemplo, o que é usado para transportar instrumentos musicais).

Desta vez vai ser diferente?

Ou assista à cena maravilhosa do filme *Paddington*, quando o urso homônimo está prestes a fazer sua primeira viagem no metrô de Londres. Ele vê uma placa na escada rolante que será familiar para milhões de passageiros de Londres: "Cães devem ser carregados." Paddington sai rapidamente da estação para roubar um cachorro, assim podendo carregá-lo na escada rolante exatamente como as instruções ordenavam. A inteligência artificial pode achar essa instrução tão complicada quanto Paddington.

Os entusiastas da IA sem dúvida argumentariam que seria fácil programar uma IA para interpretar essa instrução adequadamente. Estou certo de que isso é verdade, mas esse argumento não entende o que está em questão. Tais instruções logicamente ambíguas podem surgir sem aviso — e sem a possibilidade de pré-programação — ao longo da vida. Os humanos são capazes de lidar com elas exatamente por não serem totalmente lógicas.

Até os afamados triunfos do Deep Blue têm suas limitações. Por mais admiração que tenha por seu vencedor, Gary Kasparov não vê realizados os sonhos iniciais dos visionários da IA de criar um computador que pensasse e jogasse xadrez como um humano, ou seja, com criatividade e intuição: o Deep Blue, na verdade, jogou xadrez como uma máquina, venceu com o emprego da força bruta do processamento de números, analisando 200 milhões de movimentos possíveis por segundo.[32]

Noam Chomsky, lendário professor do MIT, colocou em perspectiva a conquista da IA ao derrotar o atual campeão mundial de xadrez. Ele disse que isso não era mais surpreendente do que uma empilhadeira vencendo uma competição de levantamento de peso. Ele poderia ter acrescentado que muitas outras criaturas superam os seres humanos em domínios específicos. Por exemplo, os morcegos interpretam os sinais do sonar melhor que os humanos. Mas ainda não encontrei ninguém que pense que, dado um tempo suficiente para a evolução se desenvolver, os morcegos vão superar os seres humanos na inteligência geral.

E o filósofo John Searle escreveu um artigo de opinião no *Wall Street Journal* que relativizou sagazmente a conquista de Watson no *Jeopardy!*: "Watson não sabe que venceu o 'Jeopardy!'" Searle apontou que Watson não sonhava com isso de antemão nem o celebrou depois; sem conversas com amigos, sem condolências com oponentes derrotados.[33]

Murray Shanahan reconheceu essas limitações. Ele disse: "Um chatbot programado para fazer algumas piadas ou um robô humanoide cujos olhos o seguem pela sala podem facilmente dar uma impressão contrária. Mas, como os céticos da IA apontam pronta e corretamente, isso é apenas uma ilusão."[34]

Apesar de todos os drásticos avanços na IA, o resultado até agora é equivalente a uma versão eletrônica e digital dos papagaios: muitas vezes podem chocar as pessoas falando palavras e frases — mas não entendem o que estão "dizendo".

Limites da transformação

Parece haver uma séria tendência entre muitos especialistas em IA a se entregarem a um exuberante otimismo excessivo. O professor Takahashi, um dos principais especialistas em robótica do Japão, alerta que "as pessoas esperam demais da robótica e da IA". Referindo-se ao sonho de construir um autômato que poderia ser um empregado, uma companhia e/ou um servo, ele diz: "É como colocar colônias em Marte: possivelmente viável do ponto de vista tecnológico, mas, francamente, não compensa o gigantesco investimento necessário. Existem maneiras melhores e mais produtivas de gastar dinheiro."[35]

Quanto à "Internet das Coisas", raramente algo pode ter sido tão exagerado. Veja, poderemos monitorar várias coisas em nossa vida cotidiana e saber se elas precisam ser renovadas, polidas, limpas ou reparadas. E daí? Suponho que possa haver alguns exemplos úteis, mas eles certamente serão periféricos e não reduzirão significativamente a demanda por trabalho nem aumentarão significativamente o bem-estar humano.

Tive recentemente o meu primeiro encontro com um banheiro "inteligente". A decência me proíbe de relatar detalhes completos, mas basta dizer que o banheiro seria capaz de falar comigo — a propósito, com uma voz feminina encantadora — contando sua história, o que gostava e o que não gostava, não acrescentou nada à sua utilidade — ou ao prazer — da experiência.

No futuro, maçanetas e cortinas também poderão falar conosco quando precisarem de alguma atenção, como aquelas vozes terrivelmente desprovidas de corpos ou como aqueles barulhinhos nos carros que nos dizem quando não colocamos os cintos de segurança. Deus nos livre! Para mim, é uma visão distópica todos os objetos da minha vida gritando comigo em uma cacofonia de informações inúteis. Tal cenário seria, certamente, uma sobrecarga de informação no mais alto grau.

Tal avalanche de informações inúteis estaria longe de ser de graça. Em 1971, o já mencionado Herbert Simon, vencedor do Nobel, viu isso acontecer. Ele escreveu: "A informação consome a atenção de seus destinatários. Portanto, uma riqueza de informações cria uma pobreza de atenção."[36] Que sabedoria! A pobreza de atenção é, por certo, exatamente o que caracteriza nossa era, dominada pela internet, pelo smartphone e pelas mídias sociais.

Todos nós testemunhamos mesas de restaurantes nas quais os clientes — amigos, parceiros, amantes, o que quer que seja — estão grudados em seus smartphones e não prestam atenção uns aos outros. Estar conectado a alguém, não importa quão longe esteja, distanciou-nos de todos, não importa quão perto estejam. Quem pode dizer quão mais extrema será a falta de atenção quando todos os objetos inanimados puderem adicionar suas "vozes" a essa cacofonia?

Efeitos não exatamente previstos

Mesmo onde a tecnologia da informação cumpriu as esperanças tecnológicas e foi empregada em locais de trabalho, ela ainda não teve o efeito que as pessoas e a sociedade previam — para o bem ou para o mal. Há uma longa história de pessoas que enxergam consequências econômicas negativas no progresso da tecnologia. Em 1931, Einstein culpou as máquinas pela Grande Depressão. No final da década de 1970, o primeiro-ministro britânico James Callaghan encomendou ao serviço público um estudo sobre a ameaça de empregos na automação.[37]

Quando os computadores surgiram, era amplamente previsto que eles acabariam com um grande número de empregos administrativos. Nada disso aconteceu, embora o trabalho de datilógrafo tenha praticamente desaparecido. E o escritório sem papel? Lembra-se dessa?

Em particular, quando os softwares de planilhas apareceram nos anos 1980, acreditava-se que isso causaria enormes perdas de empregos entre os contadores. Por outro lado, o número de contadores e auditores que trabalham nos EUA aumentou de 1,1 milhão em 1985 para 1,4 milhão em 2016. Como tantas vezes antes, a nova tecnologia ampliou o escopo do que os contadores podem fazer. Como consequência, houve uma demanda crescente por seus serviços.

Em termos técnicos de economia, os relatos mais comentados sobre o impacto da IA seguem a sabedoria convencional sobre os avanços tecnológicos anteriores: presumem preguiçosamente que novas máquinas sempre

— inevitavelmente — substituem o trabalho. Alguns avanços tecnológicos são realmente desse tipo, mas muitos são *complementares* ao trabalho e, consequentemente, aumentam a demanda.[38]

Há outro bom exemplo, muito mais próximo do dia a dia, de que o avanço tecnológico é maravilhoso e surpreendente, mas menos transformador do que parecia a princípio. Você está lendo isto em forma de livro ou em um leitor eletrônico como um Kindle? A maioria de vocês, tenho certeza, lerá isso usando o meio que tem sido chamado de maneira depreciativa de "árvores mortas". No entanto, apenas alguns anos atrás, foi amplamente previsto que os leitores eletrônicos em breve levariam ao desaparecimento completo dos livros impressos. Mais do que isso: o fim das edições impressas e a digitalização dos livros desencadeariam a possibilidade de melhorias sem fim. Assim, um "livro" nunca seria concluído, mas seria constantemente atualizado e revisado. Mas, então, deixaria de ser realmente um livro — seria mais como uma reportagem "rolante".

Que pesadelo! Dá pena dos pobres autores. Imagine nunca poder dar um beijo de despedida no seu bebê, tendo que revisar e desenvolver seus "livros" *ad nauseam*! Não consigo pensar em nada pior.

Mas nós, autores, podemos relaxar. Esse desenvolvimento tão debatido não aconteceu. Mais ainda: ao que parece, nunca acontecerá. De fato, nos últimos dois anos, as vendas de e-books vêm caindo à medida que os leitores retornam à antiga versão impressa. Não estou surpreso.

Os leitores de livros eletrônicos têm o seu lugar, mas, no geral, eles não combinam com a conveniência e o senso da incorporação física de ideias e pensamentos que um livro impresso oferece. Meu palpite é que os dois coexistirão, mas a versão impressa manterá o status de "a coisa real". Assim, a revisão constante e o desaparecimento da própria ideia de um livro como obra acabada viverão apenas no reino dos pesadelos dos autores.

Da mesma forma, quando o cinema surgiu, acreditava-se que logo mataria o teatro ao vivo. E, mais tarde, quando a televisão apareceu pela primeira vez, aventou-se que mataria o cinema. Nada disso aconteceu. Cinema, televisão e teatro ao vivo coexistem; na verdade, alimentam-se um do outro.

O custo dos robôs e da IA

O que está na raiz da melancolia e do sentimento de perda das perspectivas econômicas futuras disseminadas por tantos especialistas em IA, assim como por alguns analistas não tecnológicos e até alguns economistas? Eu acho que é a visão dos robôs e da IA como trabalhadores substitutos. Depois de ver as coisas dessa maneira, você chega rapidamente a algumas conclusões sombrias.

De fato, toda essa revolução de robôs e IA começa a parecer uma reprise do que aconteceu com o mundo ocidental graças à globalização e à ascensão da China. Esses episódios efetivamente adicionaram alguns bilhões de trabalhadores extras à força de trabalho, mas quase nenhum capital extra, ao menos inicialmente. Os resultados foram pressão negativa sobre os salários reais no Ocidente, preços mais baixos e tendência a uma fraca demanda agregada, levando a um regime de taxas de juros extremamente baixas. Isso culminou na crise financeira global (GFC), seguida pela Grande Recessão, a pior desaceleração desde a Grande Depressão da década de 1930.

É fácil, na verdade, entender por que as pessoas que pensam dessa maneira acreditam que o choque dos robôs será pior que o choque da China. Afinal, se a abertura da China teve um impacto tão grande foi porque os trabalhadores chineses recebiam muito pouco em comparação a seus colegas ocidentais. Pense agora que robôs e IA trabalham "de graça". Não é de admirar que as pessoas que enxergam as coisas dessa maneira estejam preocupadas.

Mas não é assim que devemos pensar sobre os robôs e a inteligência artificial. Eles são bens de capital. Portanto, apesar de não receberem salários, benefícios ou pensões, elas certamente não são "de graça". Custam dinheiro para serem construídos, desenvolvidos e mantidos, e custam para serem financiados.

Além disso, o software certo precisa ser instalado, o que também custa dinheiro. E esse software precisa ser, se não mantido, ao menos atualizado, não apenas para acompanhar as normas de desempenho mais recentes, mas possivelmente até para poder se manter em perfeito funcionamento. Afinal, robôs precisam comunicar-se uns com outros, todos em constante desenvolvimento.

Sabe-se que o robô Baxter, projetado para adoção em pequenas e médias empresas, trabalha por cerca de US$4 por hora. Mas os Baxters, na verdade, não são muito capazes e não têm muita demanda. Eles podem operar a baixo custo, mas custam US$22 mil ou mais na compra. As vendas de Baxters não aumentaram e, em dezembro de 2013, seu fabricante, uma empresa chamada Rethink, demitiu um quarto de sua equipe.[39]

De acordo com Kevin Kelly, custa US$100 mil ou mais para comprar um robô industrial, mas você pode precisar gastar quatro vezes esse valor durante a vida útil para programá-lo, treiná-lo e mantê-lo, resultando em uma fatura total de meio milhão de dólares (ou mais) durante o tempo de vida útil do robô.[40]

Portanto, empregar um robô envolverá um investimento fixo. E esse investimento estará sujeito a todos os fatores usuais que determinam se um investimento vale a pena: o custo do equipamento e quaisquer custos de manutenção, a taxa de retorno, o custo financeiro e os riscos, incluindo o risco de obsolescência. Este último fator pode ser extremamente significativo. Mesmo depois que os robôs passarem a desempenhar um papel importante na economia, o progresso tecnológico continuará. À medida que o software e os principais recursos de design dos robôs forem melhorando, os modelos mais antigos perderão valor — possivelmente, todo ele.

Faça uma comparação com a música gravada. Você pode ter sido feliz com as antigas vitrolas de 78 rpm, mas elas tornaram-se obsoletas logo que os discos de 45 e 33 rpm dominaram o cenário. Posteriormente, cassetes e toca-fitas tiveram um breve momento de glória antes de os CDs assumirem o controle. Agora que as músicas são baixadas da internet, eles estão quase obsoletos, junto com os CD players, que antes pareciam a última palavra.

Enquanto os robôs tiverem custos, há uma chance de os seres humanos os superarem, mesmo que os robôs sejam tecnicamente mais capazes. E, quanto maior o custo dos robôs, mais fácil será para os seres humanos superá-los. Ou, para colocar de forma mais técnica, quanto maior o custo dos robôs, maior será o salário que os seres humanos poderão ganhar sem que sejam a opção mais cara.

Além disso, existe um amplo escopo para o melhor concorrente, do ponto de vista técnico, ser uma combinação de humanos e robôs, ou humanos e IA. Veja o xadrez, por exemplo. Há muito tempo ficou claro que as IAs podem superar até o maior dos campeões de xadrez. Mas há evidência acumulando-se de que uma combinação entre um campeão de xadrez e a IA pode superar não apenas a melhor atuação humana sozinha, mas também as melhores IAs operando sozinhas.

Flexibilidade salarial

Se a opção mais barata e eficaz em um caso específico serão os humanos, os robôs ou uma combinação dos dois, é algo que dependerá, como tudo o mais, do preço. Certamente, o preço dos robôs e da IA, como os custos de capital e de operação, faz parte disso; o mesmo vale para o custo do trabalho humano. Sendo todo o resto igual, quanto menor o custo, maior a probabilidade de que os humanos sejam empregados, em vez de robôs e IA.

Durante a recente Grande Recessão, parece que muitos empregadores britânicos preferiram manter o emprego de pessoas que poderiam ter sido despedidas se tivessem gastado dinheiro em equipamentos e software atualizados — motivo: os salários reais caíram. Por exemplo, os escritórios de advocacia podem ter atrasado o investimento no controle de documentos digitais porque os assistentes jurídicos fariam esse trabalho por muito pouco dinheiro.[41]

Isso significa que a escala e a rapidez com que os robôs e a IA são empregados não é apenas um dado tecnológico, mas responde a variáveis econômicas, em particular ao nível de rendimentos e salários, à taxa de juros e ao custo de capital.

Lembre-se: isso não é bem um grande conforto. A implicação parece ser a de que, à medida que os robôs e a IA se tornarem mais capazes, os seres humanos poderão reter seus empregos apenas se trabalharem por cada vez menos dinheiro. (O impacto do robô e da revolução da IA na distribuição de renda é um assunto abordado no Capítulo 6. E discuto políticas que podem ser implementadas para melhorar ou compensar quaisquer efeitos adversos na distribuição de renda no Capítulo 9.)

Olhar para a questão dessa maneira — ou seja, perguntar o que a robótica e a revolução da IA implicam para a demanda por trabalho humano, em vez de pensar no número de empregos para humanos que serão perdidos — é o caminho certo a seguir. Isso faz com que o nível de emprego humano (e desemprego) seja o resultado de quão altos são os custos (neste caso, salários e rendimentos), e não apenas uma questão de volume (isto é, o número de empregos).

Mas, embora esta seja a maneira correta de pensar sobre o assunto, não leva inevitavelmente à conclusão de que os humanos enfrentam uma escolha entre menos trabalho ou salários mais baixos. Se isso ocorrerá ou não, depende em grande parte da robustez da demanda por trabalho humano. E, como mostrarei nos próximos capítulos, isso depende muito do gosto e das preferências dos seres humanos.

Vantagens comparativas

Agora, podemos juntar tudo isso com a ajuda de um conceito econômico simples. Na raiz da troca entre indivíduos e países está o que os economistas chamam de *vantagem comparativa*. A ideia essencial é que, mesmo que uma pessoa (ou país) seja *absolutamente* melhor e mais eficiente em tudo do que outra pessoa (ou país), é melhor para ambos que os dois se especializem na atividade em que são *relativamente* melhores, trocando os frutos excedentes dessa atividade pelos frutos excedentes da outra pessoa (ou país). Desde que a teoria da vantagem comparativa foi desenvolvida por David Ricardo em 1817, ela forneceu informações importantes sobre o comércio internacional. Ela tem a marca da grandeza: é muito simples, mas absolutamente profunda.

Alguns entusiastas da IA (e pessimistas na economia) argumentam que, neste mundo novo, no que diz respeito aos humanos, por um lado, e aos robôs e à IA, por outro, a vantagem comparativa deixará de ser aplicada. Este é exatamente o argumento de Martin Ford, futurólogo e especialista em IA. Ele diz:

> "Máquinas, e particularmente aplicativos de software, podem ser facilmente replicados. Em muitos casos, eles podem ser clonados a um custo pequeno em comparação com o emprego de uma pessoa. Quando a inteligência pode ser replicada, o conceito de custo de oportunidade é revertido. A Jane agora pode realizar uma cirurgia no cérebro e cozinhar simultaneamente. Então, por que ela precisa do Tom?"[42]

Na verdade, esse argumento não está bem correto. A menos que (ou até que) os robôs e a IA possam reproduzir-se sem custos (e isso pode até não acontecer, fora do contexto da Singularidade), os seres humanos sempre terão alguma vantagem *comparativa*, mesmo que sejam absolutamente inferiores aos robôs e à IA em todas as tarefas. (Lembre-se: isso não diz muito sobre a renda que os humanos ganhariam em um mundo assim. Esta pode ser assustadoramente baixa, de modo que dificilmente pareça valer a pena trabalhar, e o Estado precisará intervir de um modo enérgico.)

Mas, de fato, esse cenário ainda está muito longe, e suspeito que nunca acontecerá. Isso porque existem muitas áreas em que os seres humanos gozam de uma vantagem *absoluta* sobre robôs e IA, como destreza manual, inteligência emocional, criatividade, flexibilidade e, mais importante, humanidade. Essas qualidades garantirão que, na economia da IA, haja

DESTA VEZ VAI SER DIFERENTE?

uma infinidade de empregos para os seres humanos. (Esboçarei a forma futura do mercado de trabalho no Capítulo 5.)

Será diferente desta vez?

Com isso, estamos agora em posição de responder à pergunta proposta pelo título deste capítulo. Desta vez será diferente? A resposta é não. Haverá alguns desenvolvimentos extraordinários e algumas melhoras drásticas na eficiência em atividades habituais, bem como toda uma série de novos bens e serviços, muitos dos quais nem sequer podemos imaginar. E muitas pessoas perderão, não apenas seus empregos, mas também a própria base de seus meios de subsistência. Além disso, os robôs e a IA revigorarão o mecanismo de crescimento econômico, que parece ter dado uma engasgada nas últimas duas décadas.

Portanto, a robótica e a revolução da IA serão importantes. Mas o motor a vapor, o motor a jato e o computador também foram. E, assim como em outras novas tecnologias, haverá muitos becos sem saída, exageros e decepções, já que, em alguns aspectos, os robôs e a IA não conseguem entregar aquilo sobre o que geraram tanta expectativa, mesmo que em outros a superem.

Isso lembra a situação durante o *boom* das pontocom no início dos anos 2000. Naquela época, pensava-se que tudo migraria para a rede; da mesma forma, qualquer ideia maluca deveria receber milhões de dólares apenas se o nome da empresa terminasse em ".com". A loucura da época culminou no estouro da bolha do mercado financeiro e no colapso de muitas empresas — além de algumas reputações. No entanto, a internet *mudou* o mundo. E algumas das empresas que surgiram nesse frenesi de empolgação e exagero não apenas sobreviveram, mas também transformaram o cenário dos negócios — Amazon e Google são exemplos proeminentes.

Já podemos vislumbrar a forma do que está para acontecer com a economia. Há uma boa chance de os robôs continuarem decepcionando aqueles que sonhavam que eles substituiriam completamente os trabalhadores, conseguindo executar todas as tarefas manuais que os humanos podem realizar, sem qualquer assistência ou supervisão. Mas provavelmente ficaremos surpresos com o quanto os robôs serão capazes de *auxiliar* os operadores humanos em tarefas sofisticadas (como cirurgia) e não sofisticadas (como assistência social). E a maioria das pessoas ainda subestima o que a IA pode alcançar na realização de tarefas mentais de rotina. Os efeitos são potencialmente devastadores, pois uma grande quantidade de empregos da classe média está prestes a desaparecer.

A Economia da Inteligência Artificial

No entanto, as mudanças que estão ocorrendo agora e que devem ocorrer nos próximos anos, graças ao crescente uso de robôs e IA, são essencialmente uma continuação dos processos que vêm ocorrendo desde a Revolução Industrial. E os efeitos também serão amplamente semelhantes. Primeiro de tudo, e mais importante, a Quarta Revolução Industrial, assim como suas antecessoras, aumentará bastante a capacidade produtiva. É inequívoco que isso será bom. Caberá a nós decidir como aproveitar ao máximo as oportunidades que surgirão.

Os paralelos com a Revolução Industrial são amplos e profundos. Da mesma forma que antes, a Era dos Robôs não será benéfica para todos. Pode levar um longo tempo para que todos possam estar de fato melhor. E, novamente, como os grandes avanços tecnológicos do século XIX e XX, pode levar um bom tempo até que a robótica e a IA estejam plenamente estabelecidas na economia.

Em parte, isso ocorre porque, como muitos de seus antecessores, houve exagero na radicalidade das mudanças tecnológicas atualmente em andamento.

Mas também porque, mesmo onde as mudanças são realmente radicais, elas levam tempo para serem totalmente integradas ao resto da economia e à sociedade em geral. Além disso, questões regulatórias e éticas farão com que novos sistemas estejam defasados em sua viabilidade técnica no momento de sua plena implementação.

Em particular, devemos ter cuidado com a visão da robótica e da revolução da inteligência artificial como uma espécie de tsunami no horizonte, avançando rápida e prontamente para nos engolir em breve. Os robôs estão em uso industrial há mais de sessenta anos. E as primeiras formas de IA estão em uso há quase o mesmo tempo, contribuindo para melhorar a produtividade e transformando os padrões de empregabilidade há anos. Algoritmos têm assumido trabalhos em coisas como atendimento ao cliente e contabilidade. Tais desenvolvimentos têm prosseguido contínua e gradualmente, e, embora tenham mudado radicalmente parte do mundo do trabalho, eles não produziram a "transformação" que muitos dos primeiros entusiastas nos disseram que estava prestes a acontecer.

O que está acontecendo agora é uma intensificação desses desenvolvimentos, possibilitada pelo aumento do poder dos computadores, maior disponibilidade de dados e desenvolvimento do poder de aprendizado dos sistemas de IA. A natureza gradual e evolutiva das mudanças em

DESTA VEZ VAI SER DIFERENTE?

andamento significa que governos, empresas e indivíduos têm tempo — não para ficarem parados, mas para planejarem e fazerem mudanças em preparação para as circunstâncias que lhes serão impostas.

Questões sem resposta

Isso ainda deixa algumas questões extremamente importantes a serem abordadas. Elas formam a substância da próxima parte deste livro, que tenta responder a três perguntas principais:

Até que ponto as pessoas beneficiam-se de um aumento da energia produtiva na forma de aumento do tempo de lazer, em vez de aumento da produção?

Que tipo de trabalho desaparecerá, que tipo de trabalho aumentará em número e que empregos poderão surgir do nada?

O que essas mudanças farão na distribuição de renda entre capital e trabalho, um tipo de pessoa e outro, e um país e outro?

Mesmo quando analisamos essas importantes questões, nossa visão desse território será ainda apenas parcial. Pois deixamos de fora algo vital: o aspecto macro. No mundo dos robôs e da IA, haverá dinheiro para fazer com que a demanda implícita pelos serviços de seres humanos traduza-se na demanda efetiva que gera e sustenta empregos? E, mesmo que exista, a transição para um novo mundo pode ocorrer sem outros desastres na esfera do dinheiro?

Afinal, como enfatizei no capítulo anterior, a história dos últimos duzentos anos foi marcada por algumas grandes falhas no cenário macro, das quais a Grande Depressão da década de 1930 foi a mais grave. Mais recentemente, passamos pela crise financeira global, seguida pelo que passamos a chamar de Grande Recessão, quase tão grave quanto a Grande Depressão. Muito da melancolia e desesperança que emana dos geeks da IA reflete uma visão sobre um provável mau funcionamento da macroeconomia em um mundo dominado por robôs e IA, espelhando, mas potencialmente superando, esses desastres anteriores. Eles estão certos?

Para obter a resposta dessa pergunta e de vários outros assuntos relacionados, temos que nos aprofundar, ainda que cautelosamente, no mundo da macroeconomia. Os leitores estarão perdoados se pensarem que, pelo que encontraram sobre esse assunto antes, esse tema é ainda mais fictício do que as reflexões dos nerds da IA, e igualmente incompreensível.

Eles têm razão. Muitos economistas modernos deram uma má reputação à economia. Mas o assunto pode ser mais agradável e mais compreensível do que todo o tecnologismo de IA. Eu sou suspeito, por certo, mas acho que esse assunto pode ser também mais esclarecedor. De todo modo, chegamos a um estágio em que não há como evitá-lo. Nessa esfera (e em muitas outras), a economia fornece o caminho essencial para a compreensão.

3
Emprego, crescimento e inflação

"Na medida em que são ligados à economia, os problemas do mundo — desta geração e da próxima — são problemas de escassez, e não de uma abundância intolerável. O bicho-papão da automação consome uma carga de preocupação que deve ser guardada para problemas reais."

Herbert Simon, 1966 [1]

"Prever é algo extremamente difícil — especialmente quando se trata do futuro."

Mark Twain [2]

Em seu peculiar tom de superioridade, o lendário economista John Kenneth Galbraith certa vez declarou: "A única função da previsão econômica é fazer com que a astrologia pareça respeitável."[3] Como alguém que faz previsões sobre a economia, sinto certa simpatia por isso, mesmo que ache a visão de Galbraith um exagero.

Sendo assim, o que dizer sobre a previsão do futuro econômico *distante*? É extremamente difícil enxergar com algum grau de confiança algo tão distante quanto o sentido geral das tendências de longo prazo — o que dirá ter precisão na magnitude das mudanças. Tentei fazer isso em *A Morte da Inflação*, publicado em 1996, no qual previ para praticamente todos os países do Ocidente desenvolvido um período prolongado de inflação baixa, mergulhando algumas vezes em deflação, seguida por taxas de juros ultrabaixas.

Modéstia à parte, é tentador dizer que os anos seguintes justificaram amplamente esse prognóstico. Mas só consegui fazer uma previsão tão radical porque algumas forças poderosas estavam apontando na mesma direção ao mesmo tempo, e, no quarto de século que se seguiu, nenhuma força contraditória apareceu. Porém, o oposto poderia facilmente ter ocorrido.

No que diz respeito aos efeitos econômicos dos robôs e da inteligência artificial, as coisas não são tão simples. Existem muitas forças de compensação possíveis. Além disso, a resposta das políticas públicas ao estresse e às tensões que serão criadas pelos robôs e pela IA permanece incerta. Temos que lidar com profundas incertezas. Consequentemente, o que tenho a dizer deve ser encarado com precaução.

Isso é particularmente verdadeiro, dado que, como argumentei no capítulo anterior, permanecem profundamente controversos tanto a magnitude do impacto econômico dos robôs e da IA como por quanto tempo ele será sentido. A seguir, concentro-me em estabelecer a direção dos prováveis efeitos macroeconômicos, principalmente porque isso, às vezes, pode ser surpreendente. Esta análise pode ser útil se a escala dos efeitos for enorme, como algumas pessoas afirmam; ou nula, como outras suspeitam. Pode também ser útil se o impacto for imediato, repentino e intenso, como muitos especialistas em IA acreditam; ou, como outros defendem, prolongado por várias décadas, como nos grandes avanços anteriores, da máquina a vapor aos computadores.

Mas, sempre que possível, faço minha própria tentativa de prever algumas magnitudes prováveis desses efeitos, colocando-as no contexto da experiência histórica revista no Capítulo 1.

Os efeitos macroeconômicos

Há oito áreas principais em que a disseminação de robôs e IA pode ter um impacto decisivo na macroeconomia:

- O nível geral da atividade econômica e do emprego.
- A inflação.
- O ritmo do crescimento econômico.
- A taxa de juros.
- O desempenho dos diferentes tipos de ativos.
- O equilíbrio entre trabalho e lazer.
- Os tipos de trabalhos disponíveis.
- A distribuição de renda.

Por serem tanto de escopo mais amplo quanto relativamente distintos dos demais, decidi tratar os três últimos tópicos em capítulos individuais logo após este. Mas, a partir daqui, discutirei cada um dos cinco primeiros. No entanto, devo dizer desde o início que todos esses aspectos da macroeconomia estão inter-relacionados — incluindo os três tópicos que estou deixando para capítulos posteriores. Estão todos conectados.

Como avisei no Prólogo, isso leva a um problema sério, tanto na compreensão quanto na demonstração. Embora, na prática, todas as coisas sejam determinadas em conjunto, com todas as inter-relações acontecendo simultaneamente, não é assim que poderemos analisar os problemas em questão. Se tentasse pensar dessa maneira, acabaria andando em círculos.

O que proponho aqui, de um modo já longamente estabelecido, é dividir as coisas em partes e concentrar-me em uma de cada vez, deixando para um exame posterior os demais temas e sua inter-relação com os assuntos em questão. Eu faço o possível para me referir a esses cruzamentos à medida que avançamos, mas eles não estarão totalmente unidos até a Conclusão. Começarei esboçando uma perspectiva macro sobre a revolução dos robôs e da IA e depois examinarei as perspectivas do nível geral de demanda agregada e, portanto, de emprego e desemprego, antes de analisar os outros quatro tópicos que mencionei acima.

Capital mais produtivo

No último capítulo, deixei claro que os robôs e inteligência artificial devem ser considerados e analisados como tipos de investimento de capital. Devido a alguns desenvolvimentos tecnológicos notáveis, os robôs e a IA estão tornando-se muito mais capazes e, portanto, produtivos. O investimento nessas coisas tornou-se mais atrativo, e, se os entusiastas estiverem certos, será cada vez mais. (Os economistas referem-se a isso como um aumento na eficiência marginal do capital.)

Depois de avaliar as coisas dessa maneira, a análise econômica tradicional pode ser aplicada. Há diversas implicações. O aumento do retorno do capital deve levar a:

- Um aumento no investimento.[4]
- Pressão ascendente nas taxas de juros reais.
- Um aumento na produção real e na renda *per capita*.
- Um possível aumento no salário médio real.

Este último resultado é possível porque, uma vez que mais capital foi adicionado, a quantidade de capital por trabalhador aumentou. Contudo, se isso levará a um aumento nos salários reais médios é algo que dependerá, assim como em qualquer outro investimento de capital, da medida em que, no nível macro, o novo capital substituirá o trabalho, em vez de complementá-lo. Grande parte das análises pessimistas sobre a inteligência artificial pressupõe, implícita ou explicitamente, que robôs e IA são substitutos puros do trabalho humano. No entanto, como a discussão no capítulo anterior indicou e os capítulos posteriores confirmarão, em muitas partes da economia, os robôs e a IA são complementares ao trabalho humano.

A inteligência humana e a artificial são fundamentalmente diferentes, destacam-se em coisas diferentes. Mais que isso: é provável que continue assim. Portanto, humanos, robôs e IA produzirão mais ao trabalharem em cooperação. Mas, como este é um mundo humano, e os robôs e a IA não têm existência independente nem reivindicações (pelo menos até o Epílogo), são os humanos que se beneficiarão.

Então, munidos dessa perspectiva, agora estamos em posição de refletir sobre os vários efeitos macroeconômicos dos robôs e da revolução da IA, começando com o impacto na atividade econômica e no emprego.

Atividade econômica e emprego

A literatura tecnológica está cheia de visões nas quais o progresso tecnológico leva ao apocalipse econômico e, especificamente, a um futuro de desemprego em massa e pobreza. Não é fácil desconstruir esses argumentos. Mas devemos tentar.

Em uma economia moderna, existem vários tipos diferentes de desemprego, como o desemprego *friccional* — tempo em que pessoas ficam desempregadas porque não conseguem ou não desejam sincronizar a saída do antigo emprego com o início do novo — e o desemprego *estrutural*, no qual as indústrias e/ou as áreas em que as pessoas trabalham entram em declínio, talvez envolvendo até a obsolescência das habilidades com as quais elas construíram seus meios de vida. Embora a revolução dos robôs e da IA envolva elementos de ambos os tipos de desemprego, esses fatores por si só não são graves o suficiente para levar à visão apocalíptica que muitos luminares da IA descreveram.

Existem duas versões dessa visão ultrapessimista. Elas estão inter-relacionadas, mas são distintas. A primeira é essencialmente tecnológica. É a opinião de que quase não haverá empregos em que os humanos sejam melhores do que as máquinas. Consequentemente, haverá poucos trabalhos realizados por seres humanos, e o desemprego em massa será inevitável.

A segunda é essencialmente econômica. É a opinião de que a disseminação dos robôs e o desenvolvimento da IA diminuirão o poder de compra. Portanto, mesmo que, tecnologicamente falando, pudesse haver empregos

EMPREGO, CRESCIMENTO E INFLAÇÃO

para os humanos, não haveria demanda no sistema para permitir que eles fossem empregados.

Eu já abordei a primeira versão dessa visão no capítulo anterior e a considerei falha — indiquei como e por que o emprego em massa pode continuar. No Capítulo 5, apresentarei uma visão de quais poderão ser os trabalhos do futuro. Mas devo abordar aqui a versão econômica do pessimismo.

Essa visão negativa não é novidade. Em uma visita a uma fábrica da Ford na década de 1950, Walter Reuther, chefe da American Union, viu uma impressionante variedade de robôs montando carros. O executivo que estava acompanhando Reuther perguntou se ele achava que os robôs seriam obrigados a pagar taxas de filiação sindical. Reuther respondeu que a grande questão era se os robôs seriam obrigados a comprar carros.[5]

No que diz respeito ao impacto econômico dos robôs e da IA, há muitas incertezas e riscos sobre o futuro. A perspectiva de que não haverá demanda para comprar a produção dos robôs é um deles? Está na hora do be-a-bá da Economia. Primeiro, descreverei brevemente a economia simples da demanda agregada, sem relação com robôs e IA. Em seguida, eu os apresentarei, analisando como se encaixam no arcabouço teórico recém-estabelecido.

Então, com os motores aquecidos, aqui vai. O ponto de partida é uma declaração simples: a oferta cria sua própria demanda. Isto é, se há produção, alguém em algum lugar tem renda para gastar na compra. Esse foi o ditado do grande economista francês Jean-Baptiste Say, que escreveu no início do século XIX.[6] E a Lei de Say, como é conhecida, é tão verdadeira hoje quanto foi em sua época. Escolhi minhas palavras deliberadamente, porque a Lei de Say não era absolutamente verdadeira à época — e não é absolutamente verdadeira agora. Portanto, não são apenas os entusiastas da tecnologia que abusam da palavra "lei" para descrever relações. Às vezes, os economistas também pecam por isso.

Ainda assim, vamos começar com o fato simples de o que é a Lei de Say antes de lidar com a parte complicada. Para a macroeconomia, produção é igual à renda, que é igual a gasto. Esses são, se me permite, três lados de uma mesma moeda. Se as coisas são produzidas, então, devem ser compradas por pessoas, que, por sua vez, têm renda para comprá-las como resultado de serem pagas para produzi-las. Isso ainda será verdade em um mundo controlado por robôs e IA. Os robôs podem não ter poder de compra, mas quem os possui tem. Portanto, se robôs e IA aumentam a capacidade produtiva, aumentam a renda e a capacidade de consumo — para alguém. Quanto a quem esse alguém pode ser, discutirei isso em breve.

71

Condições keynesianas

Mas agora vamos considerar a parte complicada. Em uma economia monetária, embora a produção dê origem à renda que pode ser gasta para comprar o que foi produzido, na verdade, essa renda pode não ser totalmente gasta. E, se não for, algumas das coisas produzidas não serão compradas, o que levará à redução da produção e à demissão de pessoas — o que reduzirá a renda, o que reduzirá a capacidade de comprar coisas e assim por diante. Adiante. Essa é a descrição de uma crise econômica. A recuperação acontece quando esse processo é revertido. As crises econômicas não *precisariam* acontecer, porque a renda existe para ser gasta. Mas elas *podem* acontecer, porque a renda nem sempre será totalmente gasta.

Na prática, sempre existem flutuações desse tipo em uma economia monetária.[7] Em condições normais, esses altos e baixos são pequenos e temporários. Em condições econômicas realmente graves, no entanto, a demanda pode permanecer deprimida por um período considerável. John Maynard Keynes explicou como isso poderia acontecer e expôs o que poderia ser feito para superar essas depressões, se e quando ocorrerem. Nessas condições, Keynes defendia ações do governo e do Banco Central para restaurar a demanda agregada ao normal.

Até a depressão econômica no Japão, na década de 1990 e, mais recentemente, a Crise Financeira Global de 2007-09 e a Grande Recessão subsequente que envolveu a maior parte do mundo desenvolvido, as condições depressivas e os conselhos de Keynes sobre como lidar com eles eram amplamente considerados pitorescos, uma espécie de curiosidade histórica que ocupava apenas interessados em história econômica e, particularmente, na Grande Depressão da década de 1930.

Mas, após os eventos dos últimos dez anos, muitos economistas reviram essa visão. Keynes está de volta. Embora ainda existam discordâncias marcantes entre economistas sobre detalhes políticos, agora é praticamente um consenso entre formuladores de políticas e acadêmicos que não apenas existe a possibilidade de governos e bancos centrais tomarem medidas para prevenir e, se necessário, corrigir deficits pronunciados da demanda agregada, mas que é dever deles empreender tal ação.[8]

As possíveis medidas incluem aumento nos gastos do governo, redução dos impostos, corte nas taxas de juros ou aumento na oferta de moeda, por meio da política que ficou conhecida como flexibilização quantitativa (ou QE, sigla para o termo em inglês, *quantitative easing*). No final, se tudo mais

EMPREGO, CRESCIMENTO E INFLAÇÃO

falhar, existe a opção de distribuir dinheiro gratuitamente para as pessoas — o chamado "dinheiro de helicóptero", termo cunhado pelo professor Milton Friedman e recentemente discutido e defendido por, entre outros, Ben Bernanke, ex-presidente do Federal Reserve.

Isso não significa que recessões — ou até minidepressões — não possam ocorrer. Mas uma depressão realmente séria, como ocorreu nos anos 1930, é improvável — a menos que as autoridades percam o juízo e, por razões políticas ou ideológicas, não ajam com o vigor necessário.

Tendências depressivas

Essa conclusão sobre a ação de macropolítica aplica-se tanto a um futuro dominado por robôs e por inteligência artificial quanto sob quaisquer outras condições. Mas será que a necessidade de tal ação será maior na Era dos Robôs? Ou seja, no novo mundo, haverá uma tendência maior a gastos insuficientes e, portanto, alto desemprego, que as autoridades políticas devem combater com as várias maneiras discutidas anteriormente?

Neste ponto, não me refiro à ideia de que não haverá muitos empregos para os seres humanos porque todos eles serão ocupados por robôs. Como espero ter deixado claro no capítulo anterior, enquanto desejarmos serviços e, em certa medida, bens fornecidos por outros seres humanos, haverá demanda por trabalho humano. (Discutirei até que ponto desejamos essas coisas e quais serão os trabalhos do futuro no Capítulo 5.)

Não, a tendência ao desemprego que vou discutir aqui é, por assim dizer, o desemprego keynesiano. Este pode afetar robôs e seres humanos. Essa possibilidade surge como resultado das implicações dos robôs e da IA para o nível de demanda agregada.

Há duas razões plausíveis pelas quais a economia da IA pode tender à demanda agregada deprimida. A primeira é que, a menos que algo específico seja feito para corrigir essa tendência, uma parcela do PIB do novo mundo pode tender a acumular-se com os proprietários de capital, inclusive dos robôs. Em outras palavras, haverá uma mudança na distribuição da renda dos salários para os lucros. A menos que as empresas tenham a mesma propensão a gastar seus lucros e/ou que, quando esses lucros forem distribuídos a seus acionistas, *eles* tenham a mesma propensão a gastar seus dividendos, da mesma forma que consumidores assalariados fazem para gastar seus pagamentos, o resultado será uma demanda agregada mais baixa.

A segunda via possível para esse mesmo resultado vem dos próprios assalariados. Independentemente de os robôs e a IA levarem ou não a uma mudança de renda em direção aos lucros, eles podem aumentar a diferença de renda entre trabalhadores (ou da força de trabalho potencial) que têm poucas habilidades, ou habilidades que são facilmente substituídas por máquinas, e aqueles que têm habilidades valiosas, em particular os que podem trabalhar prontamente com robôs e IA e, portanto, dispor de maior capacidade produtiva. De fato, o salário que os seres humanos mais pobres podem ganhar nesse mercado de trabalho dominado por máquinas pode ser tão baixo que um grande número de pessoas opte por não trabalhar, pois a renda potencial do emprego cai abaixo do que podem receber do Estado na forma de benefícios.

Em outras palavras, a revolução dos robôs e da IA poderia tornar a distribuição de renda mais desigual. Se essa mudança é ou não desejável, socialmente aceitável e politicamente sustentável, é outra história. (Discuto esses assuntos no Capítulo 9.) Além disso, como as pessoas com renda mais baixa tendem a gastar uma proporção maior de renda do que as pessoas mais ricas, essa distribuição de renda mais desigual — na hipótese de isso acontecer — pode resultar em uma tendência para a demanda agregada ficar aquém do potencial produtivo.

É provável que haja deficit de demanda?

Frente a isso, parece plausível que o aumento do uso de robôs e IA leve ao aumento da desigualdade de renda entre os trabalhadores. (Discuto essa questão no Capítulo 6.) Igualmente, no primeiro caso, sem nenhuma ação política deliberada do governo para distribuir benefícios advindos do emprego de robôs e IA (talvez pela imposição de um imposto sobre robôs cujas receitas sejam usadas para financiar uma renda básica universal, discutida nos Capítulos 7 e 9), o impacto provavelmente também será aumentar os lucros às custas dos salários.

Mas, ainda que uma dessas coisas aconteça — ou mesmo ambas —, não podemos presumir tão rápido que elas levarão de forma inexorável a um deficit de demanda. Para começar, se a revolução dos robôs e da IA for tão profunda quanto seus entusiastas alegam, a sociedade como um todo será radicalmente alterada. Seria insensato lançar-se a uma afirmação confiante do impacto da distribuição de renda na demanda agregada, com base em uma experiência em um estado e uma estrutura de sociedade completamente diferentes. Foi exatamente o que aconteceu após a Segunda Guerra Mundial, quando economistas concluíram sem muita reflexão que o fim da

EMPREGO, CRESCIMENTO E INFLAÇÃO

produção de guerra levaria a um retorno ao deficit de demanda da década de 1930. Na ocasião, um aumento no investimento e nos gastos dos consumidores levou a uma forte demanda agregada.

Além disso, na Era dos Robôs, aconteça o que acontecer com a distribuição de renda, é provável que haja alguns fatores de compensação significativos na demanda agregada. Nos últimos vinte anos, o mundo experimentou duas forças poderosas que enfraqueceram a demanda agregada. Primeiro, dado o envelhecimento da população, em grande parte do Ocidente, a demografia favoreceu a poupança em detrimento do consumo. Muito em breve, porém, em vários países ocidentais, o equilíbrio etário da população vai mudar tanto que haverá um grande aumento no número de aposentados. Não será o caso de apenas diminuir a oferta de mão de obra: os aposentados normalmente gastam uma alta proporção de sua renda e, de fato, tendem a gastar as economias que acumularam. Consequentemente, em muitos países ocidentais, as alterações demográficas em breve vão imprimir um padrão de menor economia e de aumento nos gastos; portanto, de demanda agregada mais forte.

Em segundo lugar, pouco antes e pouco depois da crise financeira global de 2007–09, houve um desequilíbrio significativo entre países de alto gasto (e baixa poupança), como EUA e Reino Unido, e baixo gasto (e alta poupança), como a China e os produtores de petróleo. Os primeiros tendiam a apresentar grandes deficits comerciais, enquanto os segundos tendiam a grandes superávits. Como sempre, os países deficitários foram pressionados a reduzir seus deficits reduzindo os gastos, ao passo que não houve pressão correspondente na direção oposta nos países com excedentes. Por assim dizer, houve uma tendência global a gastos deficientes (poupança excessiva), o que exerceu uma pressão deflacionária na economia mundial. Isso foi combatido por políticas monetárias expansionistas que produziram problemas distintos, como contribuir para os fatores que causaram a crise.

Recentemente, porém, uma fonte desses desequilíbrios internacionais tornou-se insignificante: os excedentes acumulados nos países produtores de petróleo. Como o preço do barril caiu drasticamente, os excedentes nesses países caíram quase a zero. (Lembre-se de que isso sempre pode mudar e, de fato, já pode até ter acontecido no momento em que você estiver lendo isto.) Além disso, o superávit chinês também caiu significativamente.

A redução dos desequilíbrios no comércio global deve ajudar na estabilidade da economia mundial e na manutenção da demanda agregada sem que seja necessário recorrer a políticas monetárias insustentáveis. A principal fonte contínua de desequilíbrios internacionais é, agora, a zona do euro, e especialmente a Alemanha. Mas, de um jeito ou de outro, suspeito que isso também vai mudar. (Uma análise da zona do euro e suas contribuições para o desequilíbrio global está além do escopo deste livro. Leitores interessados nessa questão podem consultar meu livro *The Trouble with Europe* ["O Problema com a Europa", em tradução livre, ainda não publicado no Brasil], recentemente revisado e republicado como *Making a Success of Brexit* ["Fazendo do Brexit um Sucesso", em tradução livre, ainda não publicado no Brasil].[9]

Nesse ínterim, os bancos vêm gradualmente se recuperando do quase colapso de 2007–09 e da subsequente imposição de restrições regulatórias. Agora, estão tornando-se mais capazes de (e dispostos a) oferecer empréstimos. Isso também ajuda a demanda agregada.

Para além do desaparecimento dos fatores que enfraqueceram a demanda agregada, posso ver com clareza o surgimento de uma nova força importante que a tornará mais robusta. As novas oportunidades trazidas pela expansão de robôs e IA, juntamente com os avanços em nanotecnologia e biotecnologia, devem fornecer uma ampla gama de oportunidades de investimento. Posso também enxergar claramente uma economia da inteligência artificial caracterizada por exuberantes investimentos. Assim, mesmo que a revolução dos robôs e da IA desvie a renda dos salários para os lucros, estaríamos longe da visão da demanda endemicamente deficiente, pois isso não leva de modo cabal a uma fraca demanda agregada. Talvez seja mesmo o contrário. (Discuto isso em mais detalhes adiante.)

A resposta política

Mas também há uma política macroeconômica a ser examinada. Um exemplo: se a Era dos Robôs e da IA tiver de fato uma tendência à demanda agregada deprimida — apesar dos fatores de compensação descritos acima —, as coisas não ficariam por isso mesmo. As autoridades políticas interviriam para aumentar a demanda agregada de alguma das (ou todas as) maneiras discutidas acima.

É certo que, provavelmente, haveria um problema de transição particularmente complicado. Se, na fase inicial do desenvolvimento, um grande número de seres humanos se encontrasse desempregado, eles não teriam renda para poder gastar nos novos serviços prestados por outros seres humanos. Mas isso também pode ser amenizado por políticas públicas: trata-se de um problema de transição, e não a sua forma final.

Emprego, crescimento e inflação

Portanto, mesmo que esteja correto o argumento sobre os prováveis efeitos na distribuição de renda — e, portanto, sobre a demanda agregada —, e mesmo que não haja fatores de compensação, é errado concluir que entraríamos em uma época de demanda deficiente e alto desemprego. Em vez disso, nessas circunstâncias, o início da Era dos Robôs provavelmente seria a era da política expansionista. Isso pode incluir política fiscal expansionista, flexibilização quantitativa ou "dinheiro de helicóptero". Mas o primeiro recurso dos formuladores de políticas certamente seria a imposição de taxas de juros ultrabaixas ou mesmo negativas. (Discutirei em breve as prováveis taxas de juros futuras e o rendimento de títulos.)

Lembre-se: existem limites para esse coquetel de políticas expansionistas. Deficits orçamentários prolongados produzem um acúmulo de dívida pública que, em tese, acarreta graves problemas, como a insolvência financeira do Estado. Se a dívida pública subir acima de níveis sustentáveis, é provável que o resultado final seja inadimplência, inflação ou ambas. Assim, embora uma política fiscal expansionista possa ser uma maneira viável de abordar a demanda deficiente por um período temporário, ela não é sustentável em longo prazo. Conclusão: se a demanda deficiente for o estado normal da economia da IA, a política fiscal expansionista não oferecerá uma saída.

Taxas de juros ultrabaixas provavelmente seriam mais sustentáveis, mas carregam uma série de riscos e custos. Ainda mais importante, taxas ultrabaixas mantidas por um longo período distorceriam gravemente os mercados financeiros e a economia real. Isso provavelmente prejudicaria o potencial produtivo da economia. Além do mais, ao aumentar os preços dos ativos, baixas taxas de juros tendem a levar a uma distribuição mais desigual da riqueza. Argumentos semelhantes aplicam-se a uma política prolongada de flexibilização quantitativa.

A taxa de inflação

Costumo encontrar pessoas que acreditam que a Era dos Robôs e da IA deve ser uma época de inflação baixa ou mesmo de deflação (isto é, queda de preços). Eu gostaria de ter a confiança que elas têm. Na prática, essa visão é muito simplista. É certo que, se uma mudança na distribuição de renda levar a uma tendência para a demanda agregada aquém da oferta, e os possíveis fatores de compensação discutidos acima não forem poderosos o suficiente, a consequência seria uma tendência à ociosidade, tanto do trabalho humano quanto do capital, o que inclui os robôs. Isso levaria a uma pressão descendente sobre os preços, o que resultaria em inflação

A Economia da Inteligência Artificial

mais baixa do que seria normal. Seguindo esse raciocínio, você terá facilidade em enxergar como as pessoas podem concluir que a Era do Robô seria uma época da inflação baixa ou mesmo da deflação.

Mas há grandes "ses" aqui:

- Se a revolução dos robôs e da IA terá um efeito marcante na distribuição de renda.
- Se isso levaria a uma tendência à demanda deficiente.
- Havendo isso, se os fatores de compensação, como a resposta política, são inadequados.

O que se deve ter em mente, no entanto, é que o efeito inicial da introdução dos robôs e da IA é a redução dos preços. Afinal, robôs e inteligência artificial são introduzidos para diminuir custos, principalmente ao reduzir a mão de obra humana, que é liberada da força de trabalho ou nem sequer é empregada.

Isso reflete o efeito na economia mundial trazido com o advento da globalização e com o surgimento da China como um grande produtor de produtos manufaturados baratos. Isso impôs um choque descendente — ou melhor, uma série de choques descendentes — no âmbito dos preços, ajudando, assim, a manter baixa a taxa de inflação.

Mas, como aconteceu com a globalização e com a ascensão da China, seria essencialmente um efeito de transição — muito embora uma transição bastante prolongada. E, como argumentei em *O Fim da Inflação*, a taxa de inflação será, ao cabo, o resultado da política econômica e, principalmente, da política monetária. Se as autoridades não quiserem um regime de queda constante dos preços (ou mesmo um regime de inflação muito baixa) e estiverem preparadas para tomar medidas duras o suficiente para evitar isso, não teremos um regime de queda de preços ou inflação muito baixa. Isso se aplica tanto a quaisquer tendências deflacionárias desencadeadas pelo emprego de robôs e IA quanto aos efeitos da globalização e da ascensão da China.

Não há razão para supor que as autoridades monetárias — e, por trás delas, o humor da opinião popular expressa nas urnas — optarão por inflação alta, inflação baixa ou qualquer taxa de inflação específica na Era dos Robôs de modo mais acentuado do que em qualquer outra época.

Inflação e desemprego

Dito isso, assim como com a globalização e a ascensão da China, a revolução da inteligência artificial pode influenciar a maneira como a inflação se comporta

EMPREGO, CRESCIMENTO E INFLAÇÃO

e, especificamente, a relação entre inflação e desemprego. Além do impacto direto no que tange aos preços, acarretado pela globalização e pela ascensão da China, a revolução digital dos últimos 25 anos trouxe toda uma nova realidade econômica no nível micro, que as teorias econômicas têm tido dificuldade de entender e incorporar a seus modelos de funcionamento da economia.

Desde tempos imemoriais, a escassez tem sido a característica permanente de nossas vidas — escassez de comida e abrigo, escassez de terra, escassez de ferramentas, escassez de tudo. De fato, o próprio tema "economia" cresceu como resposta à escassez, como uma maneira de descobrir como administrar as várias carências para obter o melhor resultado. E a linguagem conceitual da economia é dominada pela pressão contínua da escassez. Pegue, por exemplo, o conceito de "custo de oportunidade". O custo de oportunidade de fazer alguma coisa — qualquer coisa — é o abandono de qualquer outra coisa que você poderia ter feito com o dinheiro/tempo/atenção/envolvimento ou o que quer que tenha aplicado à coisa, ao serviço ou ao uso do tempo que você escolheu.

No entanto, a revolução digital e das tecnologias da informação expandiu enormemente o leque de coisas (ou, mais geralmente, não coisas) que não obedecem às leis usuais da escassez. Tudo o que pode ser digitalizado, como informações, dados ou conhecimento, não diminui ao ser compartilhado mais amplamente. O termo usado para descrever essa qualidade é "não rival". Além disso, os efeitos de rede são abundantes no mundo digital. O custo marginal de aumentar a participação em uma rede é praticamente zero, mas acarreta benefícios para todos os outros membros da rede.

A economia amadureceu analisando um mundo em que os bens são materiais, compostos de átomos. Mas as coisas feitas de bits exibem quatro características bastante diferentes:

- Elas podem ser replicadas à perfeição.
- Unidades extras podem ser "produzidas" a custo marginal zero.
- Elas podem ser transmitidas de modo instantâneo.
- Elas podem ser transmitidas a custo marginal zero.

A revolução da IA estenderá e intensificará os aspectos da economia que apresentam essas características. Ainda haverá escassez de terra, é claro, e, conectado a isso, de localização, bem como de alimentos e outros bens materiais. E os humanos ainda terão tempo limitado. Mas, em curto prazo, o tamanho e o escopo do mundo digital, em rede e abundante, devem aumentar em relação ao mundo material, limitado e restrito.

Isso influenciará o comportamento geral dos custos. Eles continuarão a aumentar à medida que a produção se expandir no mundo material e definido pela escassez. Mas, no mundo digital em rede, à medida que a produção aumenta, os custos médios caem; já os custos marginais não aumentam, e podem até cair.

A interação entre essas duas partes da economia influenciará os dividendos sobre ações, as taxas de lucro e o comportamento da macroeconomia. Uma consequência potencialmente negativa é que as curvas descendentes de custo tendem a favorecer o crescimento do monopólio e/ou oligopólio e a reforçar a "vantagem do pioneiro". Essa influência é mais evidente no próprio setor de tecnologia da informação. A internet deu origem a corporações enormemente lucrativas e influentes, com forças de trabalho surpreendentemente pequenas. (Abordo essas questões no Capítulo 6.)

Mas uma implicação mais favorável é a estabilidade da inflação, com taxas mais altas de atividade econômica e mais baixas de desemprego. (Se você gosta de jargão, em economês, isso é chamado de "achatamento da curva de Phillips", que é a função que descreve a relação entre inflação e desemprego.)

O ritmo do crescimento econômico

Argumentei no Capítulo 1 que não é convincente a noção de ter havido recentemente uma desaceleração profunda e duradoura no crescimento da produtividade. Independentemente das oportunidades criadas pela robótica e pela IA, tenho plena expectativa de que a taxa de aumento do crescimento da produtividade saia dos baixos níveis que foram registrados recentemente no mundo desenvolvido. Isso se o crescimento da produtividade tiver sido medido corretamente, o que é um grande "se".

Portanto, o pano de fundo para considerar a provável taxa de crescimento econômico nas próximas décadas é o crescimento da produtividade nos países desenvolvidos: de 1% a 2%. Agora, vamos considerar o impacto que os robôs e a IA podem ter nesse panorama que já exibe melhorias.

Nas três primeiras décadas após a Segunda Guerra Mundial, a produtividade aumentou a uma taxa média anual superior a 3% em grande parte do mundo ocidental. Havia várias razões para esse bom desempenho, mas a margem de capitalização dos avanços tecnológicos que haviam se acumulado nos vinte anos anteriores e o alto nível de investimento, possibilitado pela combinação de pleno emprego e baixas taxas de juros, foram as principais.

Algo semelhante pode estar prestes a acontecer. Haverá dois fatores principais a impulsionar essa onda de crescimento da produtividade. O primeiro é a substituição direta de seres humanos por "máquinas", como a IA, espelhando hoje o que aconteceu inúmeras vezes nos últimos duzentos anos. Isso ocorrerá em uma ampla gama de atividades.

O segundo vem do uso de robôs e inteligência artificial para ajudar trabalhadores humanos em uma grande diversidade de atividades de serviço. Isso permitirá ao operador humano realizar mais tarefas em um determinado período de tempo e se aplicará tanto a cuidadores — que atualmente já usam robôs para empregar melhor o tempo em que ficam na casa de uma pessoa idosa — quanto a cirurgiões, que operam com o auxílio da robótica de alto nível. (Neste último caso, o uso de robôs não fará necessariamente muito para acelerar a cirurgia, mas a tornará mais precisa e menos invasiva, além de permitir que o cirurgião opere remotamente, em tese, economizando recursos do tempo gasto em cirurgias. Examinarei o escopo desses efeitos no Capítulo 5.)

Os ganhos potenciais de produtividade do setor de serviços são mais significativos do que parecem. Há décadas, o crescimento da produtividade tem sido muito mais rápido na manufatura do que no setor de serviços. À medida que as economias tornam-se cada vez mais dominadas pelos serviços, esse fato tem sido um componente importante na restrição do crescimento da produtividade e, portanto, dos padrões de vida. A consciência da importância desse fator sustentou boa parte do pessimismo sobre o potencial de crescimento da produtividade nas economias avançadas.

A característica essencial de serviços que restringiram seu crescimento de produtividade tem sido uma capacidade limitada de empregar maquinário para um maior poder produtivo da mão de obra. Quer seja o setor de educação, médico ou de serviço social, essa característica se mantinha. Mas agora a expansão de robôs e IA oferece espaço para um aumento significativo na quantidade de capital implantada nos setores de serviços, portanto, para aumentos substanciais na produtividade.

Jim Al-Khalili, professor de física da Universidade de Surrey e presidente da Associação Britânica para o Avanço da Ciência, chegou recentemente à estimativa de que até 2030 a inteligência artificial poderia adicionar US\$15 trilhões ao PIB global, o que é mais do que a soma dos PIBs da China e da Índia[10].

Não sei de onde ele tira essa estimativa, mas um pouco de aritmética porá sua afirmação em perspectiva e nos ajudará a avaliar quão significativos os robôs e a IA podem ser. Suponhamos que a revolução da IA impulsione o crescimento médio anual do PIB *per capita* (uma alternativa para o crescimento da produtividade, pelo menos em médio e longo prazos) até o patamar do período 2000–07 — imediatamente antes da crise financeira global. Para os países desenvolvidos, essa taxa foi de 1,6% ao ano, e para o mundo como um todo foi de 3,1%. Se essas taxas de crescimento fossem mantidas por dez anos, o aumento acumulado no PIB *per capita* seria de pouco mais de 17% e 35%, respectivamente. Mas, se elas fossem mantidas por mais de trinta anos, os aumentos acumulados para o PIB *per capita* seriam de 61% e 150%, respectivamente.

É claro que as taxas de crescimento foram maiores durante a Era de Ouro, entre 1950 e 1973 (e a ordem entre as economias desenvolvidas e o mundo como um todo foi revertida). Se adotarmos um retorno às taxas de crescimento no mundo como um todo registradas durante a Era de Ouro (1950–1973), isso daria um aumento total do PIB *per capita* em dez anos de 32%. Já dez anos nas taxas registradas pelos países desenvolvidos daria um crescimento acumulado de 37%. Os números de crescimento em trinta anos são nada menos que espetaculares: quase 130% e mais de 157%, respectivamente.

Combinado com outras forças em ação — como a nanotecnologia e a recuperação da crise financeira global —, algo próximo a essa taxa de expansão deve ser perfeitamente viável. Imagine o PIB *per capita* (portanto, os padrões de vida) mais do que dobrando em uma geração. Isso realmente seria um resultado espetacular, justificando totalmente o entusiasmo dos nerds da IA ao mesmo tempo que refuta os pessimistas.

Da produtividade aos padrões de vida

No entanto, simplesmente dizer que o crescimento da produtividade na Era dos Robôs pode ser bastante alto não implica que o crescimento econômico ocorrerá na mesma proporção — nem mesmo que será alto, se comparado aos padrões recentes. Há duas pontes que precisam ser atravessadas antes que possamos dar esse salto. Primeiro, há o argumento sobre a demanda agregada que apresentei antes. É possível que, embora haja um alto crescimento da produtividade, um número cada vez maior de pessoas (e robôs) permaneça desempregado ou subempregado, pois a demanda agregada não consegue dar conta de uma capacidade de oferta em rápida expansão. No entanto, como já argumentei, acho que essa perspectiva é improvável, principalmente porque existem medidas políticas que podem ser tomadas para impedir sua efetivação.

O segundo fator — a saber, uma tendência de o aumento da capacidade de oferta ser substituído por mais tempo livre, em vez de um aumento da produção — é mais significante e também tem maior probabilidade. Pelo menos nos países desenvolvidos, as pessoas não querem o dobro da quantidade de coisas que consomem atualmente. Sem dúvida, surgirão coisas novas que serão objetos de desejo. Ou talvez escolham mais tempo livre do que mais coisas. Isso abre todo um novo conjunto de questões que examinarei no próximo capítulo.

Até o ponto em que isso acontecer, a taxa de aumento do PIB registrada, que estará abaixo da do aumento de produtividade, não fará jus à melhoria das condições de vida. É perfeitamente possível que as pessoas prefiram tanto o aumento do lazer que, apesar de um aumento significativo da produtividade, as taxas de aumento do PIB não sejam espetaculares. Baseado na experiência pregressa, o resultado mais provável é uma combinação de maior produção e maior lazer, como mostrarei no próximo capítulo.

Vamos ser claros. Se algo próximo ao rápido crescimento da produtividade aqui exposto for concretizado, o resultado será uma taxa de crescimento econômico mais rápida do que o padrão ocidental dos últimos anos e um aumento mais rápido dos padrões de vida, mesmo com os inadequados métodos de registro que temos, como o PIB, o rendimento real ou o consumo real *per capita*. Além disso, devido ao aumento do tempo de lazer, a taxa implícita de melhoria na condição humana será ainda maior.

Taxa de juros

O que essa visão sobre o futuro implica a respeito da taxa de juros? É comum os economistas diferenciarem taxas nominais — em outras palavras, dinheiro, ou seja, as taxas que pagamos sobre os empréstimos ou recebemos em depósitos — das chamadas taxas *reais*, ou seja, taxas de juros nominais menos a taxa da inflação. Eles fazem essa distinção porque, como indica a nomenclatura, são as taxas de juros *reais* que devem influenciar o comportamento econômico. De fato, se você olhar apenas para as taxas de juros nominais, poderá facilmente se enganar. (Isso não quer dizer, no entanto, que as taxas nominais não tenham importância nenhuma.) Portanto, vou defender essa distinção aqui. Começarei discutindo as taxas de juros reais, para depois abordar as taxas nominais.

Em meio a todo o falatório sobre o que determina taxas de juros reais (geralmente não significando nada), existem apenas dois fatores principais que têm uma influência significativa:

- Se a demanda agregada fica aquém ou além do potencial de capacidade produtiva.
- A taxa de retorno do investimento produtivo em relação à oferta de poupança para financiar o investimento.

O primeiro fator determina se as autoridades monetárias serão persuadidas a tentar aumentar a demanda (pela imposição de baixas taxas de juros reais) ou se tentarão restringi-la (pela imposição de altas taxas de juros reais). Naturalmente, seu escopo de ação resume-se às taxas de juros de curto prazo diretamente sob seu controle. (No Reino Unido, esta é a Bank Rate, ou taxa bancária; nos EUA, é a Federal Funds Rate, ou taxa de juros dos fundos federais.) Mas, na prática, essas taxas de curto prazo tendem a exercer uma grande influência nas taxas de juros de longo prazo e, portanto, nos rendimentos e nas taxas de retorno exigidos por todo o espectro de investimentos.

O segundo fator é, essencialmente, de longo prazo. Corresponde aos fatores que os economistas clássicos pensavam determinar "a" taxa de juros. É um equilíbrio de forças, e o resultado das taxas de juros reais dependerá de ambos os elementos — isto é, da propensão a poupar e da inclinação a investir.

Eu já discuti neste capítulo as influências dos gestores de políticas que definem as taxas de juros. Entre aqueles que se dedicaram ao assunto — e, implicitamente, quase todos os especialistas em IA —, existe a presunção de que a Era dos Robôs será caracterizada por subemprego e depressão econômica. Consequentemente, quer percebam ou não, dado que as autoridades econômicas tentariam impedir isso, sua visão de depressão e desemprego, na realidade, equivale a uma visão de baixas taxas de juros prolongadas — ao menos até que as preocupações com as consequências deformadoras de tal política convencessem as autoridades a abandoná-las.

A visão deles pode até estar certa. Porém, sempre que vejo um consenso preguiçoso, mas profundamente arraigado, toda a minha experiência me leva a olhar na direção oposta. Como argumentei antes, mesmo que as políticas públicas não evitem, ou ao menos limitem, uma possível mudança na distribuição de renda — indo dos assalariados e consumidores em direção aos lucros, e de quem tem pouca em direção a quem tem muita renda —, a demanda agregada pode bem acabar sendo forte, em vez de fraca. Suspeito que assim será.

Se eu estiver certo a esse respeito e se os efeitos combinados do envelhecimento, de uma economia mundial mais equilibrada, de bancos mais fortes e de uma onda de investimentos em inteligência artificial forem grandes o suficiente para compensar qualquer fraqueza no consumo decorrente do aumento da desigualdade, não haverá razão para a Era dos Robôs coincidir com um período de taxas de juros ultrabaixas. De fato, existe um bom argumento para acreditar que, nessas condições, as taxas de juros reais de curto prazo devem retornar a algo próximo do nível que se acreditava ser normal antes do início da crise econômica global de 2007-09 — ou talvez até mais altas.

Poupanças e retorno de capital

Chegou a hora de dizer algo sobre o segundo conjunto de fatores que determinam as taxas de juros reais: o equilíbrio entre poupança e demanda por capital. É possível que, pelas razões expostas acima (e que serão desenvolvidas em capítulos posteriores), o novo mundo esteja propenso a um alto índice de poupança. Tudo o mais mantido, isso deprimiria as taxas reais de juros. Mas esse cenário está longe de ser uma garantia. Seria imprudente dar por certo que haverá altos índices de poupança. Em particular, como já mencionado, alterações demográficas envolvendo um envelhecimento substancial da população do Japão, da China e da Europa podem levar à direção exatamente oposta.

Enquanto isso, a robótica e a revolução da IA equivalem potencialmente a um enorme aumento de retorno de capital e, portanto, da demanda por fundos de longo prazo. Tudo mantido igual, isso aumentaria as taxas de juros reais.

Em suma, suspeito que as oportunidades fantásticas proporcionadas pelos robôs e pela IA levem a um aumento no investimento, e isso servirá para manter forte a demanda agregada, enfraquecendo a pressão por baixas taxas de juros reais de curto prazo para aumentar a demanda e absorver a disponibilidade de poupança. Não tenho certeza sobre isso, mas minha aposta é que a Era dos Robôs será uma era de taxa de juros reais comparativamente alta, não apenas no curto prazo (determinada pela política), mas em toda a gama de taxas de juros.

Taxa de juros nominais

A maioria das pessoas raciocina e negocia não com taxas de juros reais, mas com taxas nominais — ou seja, dinheiro. O que há para ser dito sobre elas? A diferença entre as duas é, como mencionado acima, a taxa de inflação. (A rigor, deve ser a taxa *esperada* de inflação.) Não vejo razão para acreditar que a economia da inteligência artificial seja caracterizada por inflação alta ou baixa. A forma como as coisas se desenrolarão no caso dos índices de inflação vigentes será, em grande parte, responsabilidade das autoridades monetárias e, por trás delas, das forças políticas manifestas na sociedade e expressas nas urnas. Assim, o que eu disse sobre o percurso provável das taxas de juros reais pode também ser usado, em um primeiro momento, na análise do provável nível das taxas de juros nominais (isto é, dinheiro).

Isso não equivale a uma previsão de inflação baixa — portanto, de baixas taxas de juros nominais — na economia da inteligência artificial. Pelo contrário: uma vez que tenha acabado a fase de transição — que será propensa a pressões descendentes no nível de preços —, é uma afirmação de perspectiva agnóstica. A inflação pode vir a ser alta ou baixa na nova economia. Tudo o que estou dizendo é que, uma vez terminada a fase de transição, não vejo nada na natureza das mudanças provocadas pelos robôs e pela IA que possa tornar a economia sistematicamente inclinada a um ou outro resultado.

Uma palavra de advertência. O intervalo de variação possível nas taxas reais é bem pequeno, talvez algo em torno de 6% ou 7% — de cerca de -1% ou -2% a 5%. E mesmo esse intervalo é muito alto no panorama mais amplo das coisas. Na prática, as taxas reais geralmente ficam em algum lugar entre 0% e 3%. Por outro lado, a faixa de possíveis índices de inflação é ilimitada. Então, a inflação foi de -20% até alguns milhares de pontos percentuais positivos. Consequentemente, o que eu disse sobre taxas de juros reais poderia ter seus efeitos nas taxas nominais facilmente soterrados por mudanças no ambiente inflacionário.

O desempenho dos vários ativos

O que acontece com as taxas de juros será uma das influências mais importantes no comportamento de diferentes ativos e, portanto, no retorno do investimento na Era dos Robôs. O que tenho a dizer aqui não pode e não pretende ser qualquer tipo de panfleto com dicas de investimento. Como poderia ser?

Mas os leitores têm um interesse legítimo pelo desempenho médio dos diversos ativos e também pelo desempenho agregado. Mais do que isso, esse desempenho pode até ter algum impacto macroeconômico. Portanto, é importante considerar o que pode acontecer com eles.

Se, pelas razões expostas acima, as taxas de juros reais ficarem baixas, isso terá uma influência esmagadora em praticamente todas as categorias de investimento, sustentando os valores dos ativos, mas também mantendo o período de baixas taxas de retorno. Porém, novamente pelas razões expostas, minha suspeita é a de que isso não ocorrerá e que as taxas de juros reais retornarão

EMPREGO, CRESCIMENTO E INFLAÇÃO

a algo próximo ao nível que era considerado normal antes de 2007–09. Neste caso, o que se pode dizer sobre o comportamento de diferentes ativos?

O que acontecerá com os títulos será determinado pelo nível das taxas de juros reais, tanto no presente quanto nas taxas projetadas, e pelo índice esperado de inflação. Como indicado acima, não vejo razão para supor que o uso generalizado de robôs e de inteligência artificial empurre a taxa média de inflação em qualquer direção, e não tenho motivos para acreditar que esse resultado seja esperado pelos mercados financeiros. Eu já disse que é esperado um retorno a algo como taxas de juros reais "normais" ou talvez mais altas. Em outras palavras, é de se esperar também um retorno a algo próximo aos rendimentos normais de títulos ou talvez mais altos. Da posição atual, isso implica perdas significativas de capital para os investidores.

Nesse ínterim, é provável que as ações sejam golpeadas por forças opostas. De um lado, haverá uma influência negativa originária do que provavelmente acontecerá com os títulos, conforme descrito acima. Por outro lado, se estou certo em supor que o crescimento econômico será forte, isso terá o efeito de aumentar a taxa de crescimento dos lucros. Além disso, mesmo sem esse estímulo, existe a já descrita possibilidade real de uma mudança considerável na distribuição da renda — dos salários para os lucros.

Lembre-se: no que diz respeito aos investimentos em ações, certamente as microespecificidades dominarão as macrogeneralidades. Alguns setores (e, dentro de alguns setores, algumas empresas) vão lucrar bastante com a nova revolução, enquanto outros não serão beneficiados ou perderão seriamente com ela, mesmo ao ponto da extinção. A revolução dos robôs e da IA transformará a estrutura de produção e, de fato, as próprias coisas que produzimos. Mas essas palavras podem ser um pouco enganadoras. "Produzir" não é bem o termo, e, qualquer que seja o verbo apropriado, o objeto provavelmente será mais uma "não coisa" do que uma coisa.

Os investimentos terão um desempenho alinhado ao modo com o qual os ativos subjacentes e seu gerenciamento enfrentarem os desafios e aproveitarem as oportunidades que os robôs e a IA trouxerem. Para dar uma prévia do que está por vir nos Capítulos 4–6, vejo quatro áreas de expansão: saúde, atividades de lazer, desenvolvimento pessoal e atendimento a idosos.

Considerações semelhantes aplicam-se ao mundo da propriedade. As propriedades residenciais também serão atingidas por forças opostas. Qualquer aumento nas taxas de juros reais tenderá a diminuir os preços, enquanto rendas muito maiores tenderão a aumentá-los.

O mesmo pode ser dito sobre as propriedades comerciais. Mas aqui também as microespecificidades provavelmente desempenharão um papel avassalador. E as propriedades comerciais podem ficar sujeitas a um fator macronegativo importante. Se a quantidade de tempo empenhada no trabalho for substancialmente reduzida porque as pessoas escolheram (ou foram forçadas) a dedicar mais tempo ao lazer (o que discutirei no próximo capítulo), isso certamente acentuará as forças que recentemente tenderam a reduzir a demanda por escritórios comerciais. Nas últimas décadas, sem nenhuma influência da IA (ou pelo menos não muita), a tendência de longo prazo na demanda por pontos comerciais tem sido descendente. Desde 1980, os aluguéis de escritórios no Reino Unido caíram 20%. Além disso, há, em tese, algumas implicações impactantes para os valores de propriedades comerciais na possível disseminação de veículos sem motorista (discutirei isso detalhadamente no Capítulo 5).

A macroeconomia do futuro

Minha análise da provável forma da macroeconomia na Era dos Robôs trouxe algumas conclusões que muitos leitores podem achar surpreendentes:

- Não há razão convincente para acreditar que a economia da IA será uma era de desemprego. Está longe de ser inevitável que a demanda agregada tenha uma tendência a ficar baixa — na realidade, existem boas razões para acreditar que ela poderia ser forte.
- Se a demanda agregada ficar realmente baixa, devemos esperar que a política macroeconômica — como relaxamento fiscal e baixas taxas de juros — entre em ação para manter a demanda e dar sustentabilidade aos empregos, ao menos temporariamente.
- Também não há uma razão convincente para esperar que a Era dos Robôs seja uma era de baixa inflação. É certo que, à medida que os robôs e a IA forem exercendo uma influência crescente sobre a economia, haverá uma série de choques desinflacionários, parecidos com o que ocorreu nos anos 1990, graças à globalização e à ascensão da China. Além disso, a influência deles pode ajudar a economia a atingir níveis mais altos de demanda e emprego sem provocar inflação acelerada.
- É provável que a taxa de crescimento econômico aumente junto com o crescimento da produtividade, graças à influência dos robôs e da IA. Com o tempo, isso trará um grande aumento no padrão de vida.
- Além de qualquer política temporária de baixas taxas de juros para combater a fraca demanda agregada, é provável que as taxas de juros

reais subam, voltando a um patamar próximo ao dos níveis pré-crise financeira global, ou talvez até mais altos. O que vai acontecer com as taxas de juros nominais depende do regime de inflação que prevalecerá na Era dos Robôs, e não há um argumento cabal para acreditar em uma coisa e não na outra.

- Taxas de juros reais mais altas teriam uma influência negativa no valor de todos os ativos. Com a exceção de títulos, para a maioria dos ativos, e especialmente as ações, esse efeito pode ser compensado pelos efeitos de um crescimento econômico mais forte. Dito isso, os microefeitos serão dominantes e muitas ações definharão, enquanto outras subirão vertiginosamente.

Esse é um conjunto de conclusões bem drástico. Mas tenho um conselho. Nesta fase, elas devem ser consideradas provisórias, porque há algo faltando, e este algo pode ter um efeito profundo nas questões econômicas discutidas neste capítulo e nas conclusões expostas acima. Em essência, a disseminação dos robôs e o desenvolvimento de IA trarão um aumento significativo em nosso potencial produtivo. Mas o que faremos com esse potencial?

Grande parte da discussão sobre IA concentra-se na perspectiva de folga forçada por meio de desemprego tecnológico ou da demanda deficiente. Argumentei neste capítulo que esta é uma perspectiva improvável. Mas e a escolha humana? Minha opinião é que, de qualquer maneira, no limite, os seres humanos terão que decidir quanto trabalham. Em um extremo, eles vão querer continuar trabalhando tanto quanto antes, embora de maneiras diferentes. Consequentemente, terão rendimentos muito mais altos para gastar em bens e serviços.

No outro extremo, vão querer trabalhar tão menos que a produção e a renda totais acabarão não aumentando. Neste caso, a revolução dos robôs e da IA não acarretará aumento do PIB, mas, sim, do lazer. Assim, os pessimistas do emprego podem até afirmar que tinham razão, porque o "desemprego" subiu. Na verdade, eles não teriam tido razão, porque o aumento voluntário do "desemprego" — ou do subemprego — seria uma bênção para a humanidade. Mas as implicações para a economia seriam bem diferentes da situação em que as pessoas continuam trabalhando tanto quanto antes.

E há muitos resultados possíveis entre esses dois extremos. Então, em que ponto desse espectro nosso futuro ficará?

Parte II
Trabalhos, lazer e salários

4
Trabalho, descanso e diversão

"O trabalho nos livra de três grandes males:
tédio, vício e necessidade."

Voltaire [1]

"Escolha um trabalho que você ame e nunca mais
terá que trabalhar na vida."

Anônimo [2]

A maior parte da literatura sobre nosso futuro dominado pela IA e até boa parte dos escritos de alguns economistas (que deveriam estar bem informados), prevê um futuro em que os seres humanos são vítimas impotentes da marcha da tecnologia. Os empregos desaparecem, e as pessoas, inocentes, são deixadas ao léu. E não há quase nada que elas possam fazer a respeito. É um caso de *força maior*.

Neste ponto, você já deveria ter imaginado que esta não é a minha visão — pelo menos até que a Singularidade se estabeleça, seja lá quando for. (Neste livro, ela aparece no Epílogo.) De fato, como espero ter convencido você, no novo mundo movido por robôs e inteligência artificial, não há nenhuma razão *macro* para que todos os que queiram trabalhar não possam fazê-lo.

Obviamente, alguns indivíduos podem ser deixados de fora, não conseguindo se qualificar e encontrar trabalho. A transição será dolorosa. E haverá questões sobre a renda que eles podem ganhar com seu trabalho. (Discutirei essas questões no Capítulo 6.) Além disso, a perspectiva de indivíduos e comunidades serem deixados para trás, bem como grandes mudanças na distribuição de renda, dá origem a importantes questões de políticas públicas, das quais tratarei na Parte III. Mas isso está muito longe do penoso futuro sem emprego que os ultrapessimistas imaginam.

A conclusão da visão de futuro que surge a partir do capítulo anterior é a de que a quantidade de pessoas trabalhando no futuro *não* será o resultado de uma *força maior*. Pelo contrário, será o resultado de escolha. Os próprios indivíduos e a sociedade como um todo poderão — de fato, precisarão — escolher o equilíbrio correto entre trabalho, descanso e diversão. E, por "correto", quero dizer o equilíbrio que melhor lhes convier.

Então, o que melhor lhes convém? Esta é uma questão controversa, e é impossível dar uma resposta de bate e pronto. Alguns fatores e argumentos indicam que as pessoas predominantemente optarão por trabalhar tanto quanto agora. Outros indicam que preferirão majoritariamente mais lazer em detrimento ao aumento da renda. A seguir, considerarei os dois pontos de vista.

Se as pessoas optarem, no futuro, por dedicar menos tempo ao trabalho e mais ao lazer, surgem outras duas questões principais:

- Quando, durante os dias úteis e a vida profissional, esse lazer será exercido?
- O que as pessoas escolherão fazer com o tempo extra?

A segunda questão não é apenas uma curiosidade vã. Se as pessoas não puderem passar esse tempo de modo "proveitoso", terão menos propensão a escolher o lazer em vez do trabalho. Além disso, suas escolhas terão efeito na estrutura do emprego.

Depois de respondermos a essas perguntas-chave, estaremos em condições de responder à metaquestão colocada no final do capítulo anterior: o aumento da capacidade produtiva que robôs e inteligência artificial trarão será compensado principalmente na forma de aumento da produção ou aumento do lazer?

Para estabelecer uma visão sobre esses assuntos, precisamos nos aprofundar nas atitudes da humanidade em relação ao trabalho e ao lazer, baseando-nos na nossa longa experiência histórica em nossa própria cultura ocidental e, sempre que for pertinente, na experiência de outras culturas. Lidaremos com questões relevantes para a condição humana no mundo moderno, mesmo sem a revolução dos robôs e da IA. Se essa revolução não tiver a menor graça, como muitos céticos creem que será, continuaremos enfrentando essas questões-chave sobre trabalho e lazer. Mas, devido à natureza dos desafios que a revolução dos robôs e da IA potencialmente representam para o mundo do trabalho, eles são especialmente relevantes para a nossa reflexão.

Antigos e modernos

Ao longo da história, a atitude da humanidade em relação ao trabalho tem sido contraditória. Em um extremo, houve uma visão de que o trabalho é a chave para um senso de propósito e valor, e até mesmo o caminho para uma conexão religiosa. No outro extremo, o trabalho tem sido visto como a ruína da vida: cansativo, estupidificante, escravizador e até desumanizante.

As duas atitudes aparecem na tradição cristã. "Trabalhe em algo, para que o diabo o encontre ocupado" é um provérbio cristão bem conhecido que pode ter se originado com uma observação de São Jerônimo no século IV. No entanto, no Jardim do Éden, o trabalho parece não ter sido um assunto. E essa visão de uma vida sem trabalho não se limita ao Antigo Testamento. No Evangelho de São Mateus, Jesus diz a seus discípulos que não se preocupem com trabalho e dinheiro. Ele diz: "Olhai os lírios do campo, como eles crescem; não trabalham nem fiam."[3]

Muitas das atitudes negativas em relação ao trabalho que persistem hoje podem remontar, se não ao Jardim do Éden, pelo menos à Revolução Industrial. Esta sugou as pessoas para as fábricas, mudando a natureza do trabalho. A divisão de funções defendida por Adam Smith pode ter sido mais eficiente do que uma pessoa trabalhando em várias tarefas diferentes, mas também teve suas desvantagens, e ele reconheceu isso. Em *A Riqueza das Nações*, publicado em 1776, ele escreveu: "O homem que gasta toda sua vida executando algumas operações simples, cujos efeitos também são, talvez, sempre os mesmos ou mais ou menos os mesmos, não tem nenhuma oportunidade para exercitar sua compreensão."[4]

Marx desenvolveu mais esse ponto. Escreveu: "Devido ao uso extensivo das máquinas e à divisão de funções, o trabalho dos proletários perdeu todo o caráter individual e, consequentemente, todo o encanto para o trabalhador. Ele se torna um apêndice da máquina; e é apenas o talento mais simples, monótono e mais facilmente adquirido que é dele exigido."[5] O resultado, disse Marx, foi que os trabalhadores só se sentiam verdadeiramente eles mesmos quando não estavam no trabalho.

Com base nisso, você poderia prontamente argumentar que essa atitude da humanidade em relação ao trabalho não é uma contradição, mas uma justa diferença de visão sobre diferentes tipos de trabalho. Desde os primórdios, o trabalho era principalmente físico: trabalhava-se transportando rochas e solo, escavando, dando formas úteis a matérias-primas, dobrando, carregando, empurrando e puxando. Com o tempo, é claro, os humanos aprenderam a usar animais para realizar grande parte do trabalho árduo de carregar e puxar. Mas ainda restava muito trabalho pesado a fazer.

No mundo moderno, onde quer que o trabalho seja ativamente detestado, geralmente é porque se trata de alguma forma de trabalho árduo, às vezes

A Economia da Inteligência Artificial

ainda envolvendo volumes consideráveis de trabalho físico. Em *Pigmaleão*, peça de George Bernard Shaw que, como musical e filme de enorme sucesso, foi nomeado como *My Fair Lady*, Eliza Doolittle sonha em ficar tão bem que não precise fazer absolutamente nada, apenas se divertir. O sentimento é semelhante ao expresso em um epitáfio famoso, escrito pelo jornalista inglês James Agate para uma faxineira fictícia: "Não chorem por mim, amigos, não chorem por mim nunca, pois para todo sempre não farei mais nada."

No entanto, é evidente que o enfado não advém necessariamente da intensidade do trabalho físico. De fato, muitas pessoas atestaram os benefícios e a sensação de satisfação do esforço físico. Como que para endossar essa visão, homens e mulheres — agora livres do trabalho braçal na maior parte do mundo ocidental — ficam voluntariamente em máquinas por várias horas por semana, às vezes até por várias horas diárias. Claro que o objetivo não é a busca por dinheiro, mas por saúde e um corpo bonito. Esses locais de escravidão moderna são chamados de academias. Curiosamente, a expressão mais comumente usada para descrever essa atividade é "malhar" (ou "treinar") — em inglês, *"working out"*. (Tendo experimentado a agonia, embora não tanto o êxtase, eu entendo bem o uso da palavra *"work"* [trabalho, em inglês].)

A aversão generalizada ao tipo de trabalho disponível depois do advento da Revolução Industrial se baseou não tanto em sua fisicalidade, mas em seu caráter fundamentalmente desumanizante, quando as pessoas se tornaram escravas de máquinas. Há uma extensa literatura acadêmica sobre esse assunto, mas talvez a representação mais vívida dessa visão venha dos romances do escritor inglês do início do século XX D. H. Lawrence. Ele entendia que a industrialização não apenas emporcalhava e poluía o campo, mas que também diminuía as pessoas e poluía suas almas.

Lawrence foi fortemente influenciado pelo que viu na indústria do carvão e pela vida profissional dos mineiros em Nottinghamshire, sua terra natal. Mas é claro que o trabalho não manual também pode parecer um suplício. Muitos trabalhos administrativos e de escritório podem ser intensamente desgastantes e até deprimentes. O que parece fazer com que o trabalho se mostre um "suplício" é uma combinação de:

- Repetitividade.
- Falta de conexão entre os colegas.
- Falta de conexão com o produto final e o consumidor.
- Descrença no valor inerente do que está produzindo/entregando.

Se há uma visão de que o trabalho está fadado a ser assim, não é de surpreender que a utopia seja vista como um mundo sem trabalho. Ironicamente, na visão de Karl Marx, a de um futuro comunista, o triunfo das classes trabalhadoras era alcançar um mundo sem trabalho — e sem a necessidade dele. O capitalismo foi uma etapa necessária no desenvolvimento econômico e social porque produziu bens — literalmente. Mas, à medida que o potencial produtivo crescia cada vez mais, finalmente a necessidade do capitalismo, bem como sua capacidade de sobreviver, chegou ao fim. Sob o comunismo, as relações humanas e as instituições políticas seriam transformadas, dado que os bens estariam disponíveis em abundância.

Embora eles previssem uma rota bem diferente e um estado final bastante distinto, outros grandes pensadores chegaram a uma conclusão semelhante. No final do século XVIII, Benjamin Franklin, um dos fundadores dos Estados Unidos, previu que, em algum momento, quatro horas de trabalho por dia seriam suficientes. As horas restantes seriam de "lazer e prazer". Mais tarde, o dramaturgo George Bernard Shaw superou essa previsão. Em 1900, ele sugeriu que, no ano 2000, os trabalhadores estariam trabalhando apenas duas horas por dia. Décadas depois, a RAND Corporation, influente *think tank* norte-americano, previu que, no futuro, 2% da população seria capaz de produzir tudo de que a sociedade precise.

O equilíbrio entre trabalho e vida pessoal

E, no entanto, como veremos a seguir, boa parte do trabalho moderno não se encaixa no modelo de trabalho fatigante. De fato, muitas pessoas parecem gostar de verdade de seus empregos. À medida que avançamos na economia da IA, essas duas linhas de opinião sobre o trabalho ficam muito em evidência. Consequentemente, se estamos à beira de uma era de abundância que dispensa o trabalho, isso pode ser visto ou como libertador, ou aterrorizante.

Você já deve ter notado a grande consideração que tenho por John Maynard Keynes quando o assunto é macroeconomia, que ele mais ou menos inventou. Você poderá ficar surpreso, no entanto, ao encontrá-lo desempenhando um papel importante aqui na discussão sobre o equilíbrio entre trabalho e lazer. Veja bem: como logo ficará claro, o pensamento dele sobre esse assunto está muito longe de ser a última palavra. De fato, sua contribuição nessa área trouxe mais perguntas que respostas. Mas ela destaca uma questão-chave, relevante para o futuro do trabalho na Era dos

Robôs: por que, atualmente, as pessoas trabalham tanto? E quaisquer que sejam os motivos, elas devem continuar dessa maneira no futuro?

Curiosamente, embora visse uma rota bastante diferente para o estágio final, Keynes tinha uma visão semelhante à de Marx. Em um ensaio intitulado "As possibilidades econômicas para nossos netos", publicado em 1931, Keynes sugeriu que, em cem anos, o padrão de vida seria entre quatro e oito vezes mais alto do que era na época[6]. Isso, ele afirmou, seria suficiente para acabar com o problema econômico — ou seja, a escassez — e substituí-lo por abundância. Daí a questão do que fazer com o nosso tempo.

Em alguns aspectos, esse ensaio de Keynes é um pouco constrangedor. Ele dá vazão aos preconceitos dos confortáveis intelectuais de classe média alta, e sua visão da vida boa sai diretamente do modo de vida de Keynes e seus amigos, particularmente os membros do Bloomsbury — grupo de intelectuais e artistas britânicos do qual o economista fez parte. O artigo combina uma total falta de interesse na distribuição de renda entre o povo e seus estratos com uma ansiedade sobre como pessoas de classes inferiores — isto é, fora de seu círculo — poderiam aprender a passar seu tempo proveitosamente.

No entanto, grande parte do ensaio de Keynes, escrito quase um século atrás, hoje em dia parece notavelmente atual. Ele escreveu:

> *Estamos sofrendo agora um ataque de pessimismo econômico. É comum ouvir as pessoas dizerem que a época de enorme progresso econômico que caracterizou o século XIX terminou; que a rápida melhoria no padrão de vida vai agora desacelerar — pelo menos na Grã-Bretanha; que, na década que nos espera, um declínio na prosperidade é mais provável do que uma melhoria.*

> *Eu acredito que esta é uma interpretação muito errada do que está acontecendo conosco. Sofremos, não dos reumatismos da velhice, mas das dores do crescimento de mudanças excessivamente rápidas, da dor do reajuste entre um período econômico e outro.*

Para que essa visão de Keynes nos dê uma maneira de abordar a questão do equilíbrio entre trabalho e vida pessoal na economia da inteligência artificial, precisamos primeiro interpretar o que aconteceu desde que Keynes escreveu seu ensaio. Só então poderemos voltar nossa atenção para o futuro.

Keynes estava certo ou errado?

O período desde que ele escreveu seu ensaio "As possibilidades econômicas para nossos netos" foi tanto gentil quanto desfavorável para Keynes.

Dado que esse artigo apareceu pela primeira vez em 1928 e, após várias revisões, foi publicado na forma final três anos depois, seu centenário ainda não chegou. Mas, enquanto escrevo este livro, a apenas uma década desses cem anos, o veredito já é bastante claro.

Primeiro, vamos dar ao homem o que é devido. Keynes estava remoendo esses pensamentos surpreendentes depois de muitos anos de terrível desempenho econômico no Reino Unido e enquanto a economia mundial estava prestes a cair na Grande Depressão. Naquela época, deve ter parecido uma visão fantasiosa a ideia de um padrão de vida em ascensão — em cem anos — para quatro a oito vezes o nível então presente.

No entanto, essa visão aparentemente maluca do progresso material aconteceu — pelo menos no mundo desenvolvido. Dependendo exatamente de qual ano você toma como ponto de partida e qual a sua definição de "padrão de vida", o padrão de vida nos EUA e no Reino Unido de 2018 era entre 5,5 e 7 vezes o de quando Keynes propôs sua visão. E, no momento em que escrevo, ainda há mais dez anos para completar os cem anos de Keynes. (Curiosamente, ele não tinha nada a dizer no ensaio sobre o mundo subdesenvolvido, ou o que chamaríamos hoje de "mercados emergentes". No que se segue aqui, também vou focar as economias desenvolvidas. Mas trarei os mercados emergentes em breve.)[7]

No entanto, embora Keynes estivesse amplamente certo sobre o aumento geral da renda e do padrão de vida médios, o fim do trabalho, ou mesmo a redução da semana de trabalho para as quinze horas que ele imaginava, não aconteceu. Atualmente, a maioria dos adultos trabalha em período integral durante a maior parte de suas vidas, com uma jornada de trinta a quarenta horas por semana e, em vários casos, muito mais. Portanto, o problema do que fazer com um tempo de lazer excessivo simplesmente não surgiu.

Além disso, algumas características-chave do mercado de trabalho moderno são exatamente o oposto do que Keynes imaginava. De fato, muitas pessoas parecem estar trabalhando por mais tempo, a depender da profissão. Os corretores da bolsa costumavam levar uma vida de considerável facilidade, com a carga horária normal de trabalho chegando a cerca de seis ou sete horas por dia, no máximo. E boa parte desse tempo era dedicada ao almoço. Por outro lado, os profissionais de finanças atuais costumam estar em suas mesas às 7h da manhã e trabalhar sabe-se lá até que horas — e sem almoço.

Da mesma forma, embora eles normalmente iniciem mais tarde, os profissionais do direito também trabalham por muito tempo, muitas vezes até altas horas da noite. (O que explica a diferença entre a dedicação diurna/ noturna entre profissionais da área financeira e advogados é algo que está além da minha compreensão.) Isso está muito longe de como a profissão de advogado funcionou durante o século XIX e, de fato, durante quase todo o século XX, até a década de 1980. Até relativamente recentemente, alguns advogados ingleses bem-sucedidos conseguiam conduzir seus negócios jurídicos pela manhã e depois fazer sustentações discursivas na Câmara dos Comuns durante as tardes e começos de noite.

Por falar em política, no século XIX os primeiros-ministros britânicos podiam tirar férias de verão na Europa continental e/ou em suas propriedades rurais. Agora eles devem dar duro durante praticamente o ano todo. E ai deles se forem pegos tomando sol no exterior quando ocorrer algum desastre nacional. (Curiosamente, essa maior intensidade de esforço — ou pelo menos a aparência dele — parece não ter produzido nenhuma melhoria óbvia na qualidade do governo.)

Funcionários comuns de escritório também costumam trabalhar por mais tempo do que antes, geralmente com um tempo considerável de deslocamento, bem além do horário formal de expediente. Além disso, durante suas longas viagens, eles podem passar bastante tempo trabalhando em seus notebooks ou smartphones e ainda continuar fazendo isso em casa durante o tempo supostamente de lazer.

Enquanto isso, o número de mulheres que trabalham fora de casa aumentou enormemente[8]. Na maioria dos países do mundo desenvolvido de hoje, os dois membros de um casal trabalham fora de casa, em contraste com o modelo antigo segundo o qual uma pessoa, geralmente a mulher, cuidava das crianças e do lar. O resultado dessa mudança é que, para muitas pessoas, quando chegam em casa depois do trabalho, estão longe de um período prolongado de lazer. Pelo contrário, é apenas outro tipo de trabalho. Para todos esses escravos da renda e do salário, a visão de Keynes de uma vida de lazer e o desafio associado do que fazer com todo esse tempo livre parecem coisa de outro planeta.

Existem até algumas evidências de que muitas pessoas — embora não em empregos formais — gostariam de trabalhar *mais* horas do que realmente trabalham. Nos EUA e no Reino Unido, onde os trabalhadores têm alguma capacidade de fazer seus horários, as horas de trabalho excedem em muito o que é normal nos países europeus onde as políticas sindicais e as restrições legais limitam a jornada. Os EUA têm um PIB *per capita* cerca de 30% a 40%

maior que a França ou a Alemanha, mas o empregado médio norte-americano trabalha cerca de 30% a 40% mais horas em um ano do que o seu equivalente nesses países. Além disso, a diferença entre os EUA e a Europa tem aumentado. Nos EUA, a média de horas semanais trabalhadas por pessoas em idade ativa era de 24 em 1970. Em 2004, esse número era de 25.[9]

O que explica essa aparente preferência moderna pelo trabalho em detrimento do lazer, pelo menos no mundo anglo-saxão? Somente quando tivermos algum tipo de resposta a essa pergunta seremos capazes de firmar uma visão sobre o futuro equilíbrio entre vida pessoal e profissional na economia da inteligência artificial.

Salvos por economistas?

Uma explicação econômica bastante direta sobre o motivo pelo qual as pessoas continuaram trabalhando tanto, apesar do aumento da renda, é que "o efeito de substituição" (decorrente do maior custo de oportunidade do lazer, graças à maior renda do trabalho) superou o "efeito da renda", que, presume-se, aumenta a demanda por lazer.

Essa não é apenas uma resposta econômica; é a resposta de um economista. (E, no meu livro, isso não é necessariamente um sinal de aprovação!) Colocando essa suposta explicação de um modo muito simples, o fato de as pessoas agora ganharem mais com o trabalho favorece a escolha deste em detrimento do lazer, enquanto o fato de as pessoas estarem melhor permite a elas reverter pelo menos parte do benefício na forma de mais lazer e menos trabalho. A partir das evidências, podemos observar que o primeiro efeito superou o último.

Isso descreve o fenômeno, mas não estou convencido de que o explique corretamente. Indiscutivelmente, o progresso tecnológico aumentou muito o valor subjetivo do lazer, expandindo o leque de possibilidades de entretenimento. Por outro lado, na era pré-industrial, muito do lazer devia ser simplesmente ficar sentado no escuro.[10] Esse fator favorece muito a escolha de menos trabalho e mais lazer agora. Portanto, ainda resta uma explicação para nossa aparente escolha de trabalho (e renda) em detrimento do lazer.

O desejo por competição

De fato, não precisamos procurar muito longe para encontrar algumas forças poderosas que mantêm as pessoas grudadas no trabalho. Talvez o mais importante seja o instinto competitivo. Mesmo se chegarmos a um ponto em que, em sentido absoluto, obter renda extra não seja muito valorizado, porque as "coisas" que podem ser compradas com ela não são muito necessárias ou desejadas, a competição com os vizinhos e colegas ainda pode impulsionar um intenso esforço. As pessoas ainda podem querer mostrar que são pelo menos iguais, ou talvez superiores, àquelas com quem se comparam, sejam elas quem forem.

Elas podem até sentir, se não um senso de competição com seus "eus" anteriores ou com seus pais, pelo menos uma sensação de querer exibir um progresso relevante em comparação aos próprios passados e aos de seus pais.

É possível que o aumento da *desigualdade* (se, de fato, houve algum — veja a discussão no Capítulo 6) também possa ter contribuído para as escolhas entre trabalho e lazer. Os que estão mais por baixo querem trabalhar para adquirir o que os que estão mais acima da hierarquia adquiriram. Enquanto isso, os que estão no topo desejam manter sua margem sobre os de baixo[11]. Curiosamente, Keynes previu a importância das relatividades. No seu ensaio já citado, ele escreveu:

> *Hoje é verdade que as necessidades dos seres humanos podem parecer insaciáveis. Mas elas se dividem em duas classes: aquelas necessidades que são absolutas no sentido de que as sentimos, seja qual for a situação de nossos semelhantes, e aquelas que são relativas no sentido de que as sentimos apenas se a satisfação delas nos elevar, nos fizer sentir superiores aos nossos companheiros. As necessidades da segunda classe, aquelas que satisfazem o desejo de superioridade, podem de fato ser insaciáveis; quanto maior o nível geral, mais altas ainda serão[12].*

Existem vários fatores que motivam o desejo de sucesso relativo. O primeiro é puramente econômico. Por mais rica que a nossa sociedade se torne, algumas coisas sempre terão um suprimento estritamente limitado — os melhores assentos em Wimbledon ou Covent Garden, o apartamento com a melhor vista do Central Park ou a casa em Saint-Tropez com a melhor vista do mar. É o que os economistas chamam de "bens posicionais". Como, por definição, a sociedade não pode produzir mais deles, a busca dos indivíduos por eles resultará em uma luta constante pela conquista econômica. Um indivíduo em particular pode conseguir embolsar esses bens, mas apenas à custa de negá-los a outras pessoas.

Os outros principais fatores são essencialmente psicológicos e sociais. O primeiro é que a maioria dos seres humanos simplesmente gosta de vencer. O desejo de se promover, alcançar uma posição mais alta e ganhar mais dinheiro pode derivar puramente do desejo de "vencer", de "vencer os outros". Isso é

TRABALHO, DESCANSO E DIVERSÃO

particularmente verdadeiro para alguns empresários de sucesso que parecem ter um desejo insaciável de trabalho. É certo que às vezes isso ocorre porque eles realmente apreciam o que fazem, mas geralmente é só porque a riqueza e um evidente sucesso material são um meio de continuar "marcando gol". E eles querem desesperadamente que o placar final seja a seu favor.

Outro impulso (relacionado) é a busca pelo poder. Em um grau considerável, o poder está associado ao sucesso econômico relativo — e, note, não absoluto. Nas sociedades modernas, esse poder é mais evidente e mais exercido nas empresas e corporações, mas também pode ser encontrado em todos os âmbitos, inclusive em escolas e universidades. Essa busca por poder está intimamente ligada a outro fator por trás do desejo de sucesso relativo: a busca por status.

As forças da competição por sucesso relativo, impulsionadas por todos os fatores mencionados acima, operam muito claramente em empresas de serviços — em Nova York, Londres, Hong Kong, Singapura, Mumbai e, de fato, em qualquer lugar em que viceje um ambiente profissional de nível global. Banqueiros, advogados, contadores, consultores de gestão e muitos outros profissionais trabalham por longas horas para subir na escala (ou na sociedade) corporativa

Escritórios de advocacia tradicionalmente operam o chamado modelo de "bloqueio", sob o qual salário e status estão diretamente ligados à longevidade do escritório. Um advogado júnior que ingressa em uma das principais empresas geralmente trabalha feito um cachorro para "ganhar sociedade" depois de oito ou nove anos. Enquanto tentam atingir seu objetivo, normalmente trabalham cerca de cem horas por semana — aproximadamente três vezes o número de horas previsto como o máximo pela lei francesa, de 35 horas por semana.

Prazer e recompensa

A busca pelo sucesso relativo e por "vitória", poder e status explica o fenômeno de horários de trabalho pesados e contínuos de uma maneira bastante negativa. Mas há outra explicação que reflete um lado mais belo da natureza humana. Depois que a necessidade básica e instigante de trabalhar pela sobrevivência e, posteriormente, pela busca pelo conforto, diminuem em importância assim que esses objetivos tiverem sido amplamente alcançados, os seres humanos cada vez mais procuram trabalhar como fonte de camaradagem, diversão, interesse, entretenimento e propósito.

A Economia da Inteligência Artificial

Esses são impulsos muito reais e poderosos. E o outro lado também é extremamente poderoso. Muitas pesquisas relataram que o desemprego é uma das maiores causas de infelicidade autodeclarada, além de ser atribuído à mera perda de renda[13]. Em outras palavras, o trabalho pode ser *prazeroso* — e sua ausência pode ser absolutamente terrível. Em muitos casos, isso não se deve tanto à natureza inata do trabalho, mas à interação social com os colegas que ele traz. Por exemplo, nos EUA, entre 40% e 60% dos trabalhadores namoraram um colega de trabalho[14].

Mais que isso: além do aspecto divertido do trabalho, também pode haver sentimentos positivos mais profundos. O trabalho pode gerar um sentimento de orgulho e identidade e dar às pessoas um senso de propósito. Isso é verdade para funcionários e empregadores. E, para os empresários, sem dúvida, existem fontes ainda maiores de prazer: a forte emoção de criar uma empresa.

A ideia de trabalho como fonte de propósito e valor atinge seu apogeu no conceito de "carreira", ou seja, a noção de uma progressão ascendente que leva a mais dinheiro, status, importância e valor ao longo do tempo conforme a pessoa sobe os degraus, corporativos ou não. Suponho que sempre houve pessoas cujas vidas profissionais tinham esse aspecto — na igreja ou no exército, talvez. Mas a noção de que muitos dos trabalhadores, para não dizer a maioria, teriam "uma carreira" é um fenômeno recente. A maioria das pessoas tinha um meio de vida, um emprego, uma ocupação, um escritório ou possuía um negócio ou, se tivesse sorte, tinha uma vocação, mas não uma "carreira", com o sentido de seguir sempre em frente e para cima.

Esse recurso não aparece em lugar nenhum no ensaio de Keynes. O autor, porém, de longe não está sozinho entre os economistas. Presos no seu mundo de escuridão abismal, os economistas muitas vezes são responsáveis por terem perdido o fator de satisfação. Eles geralmente consideram o trabalho um mal não mitigado, em que as pessoas só se envolvem por causa do dinheiro que lhes é pago, como refletido no uso frequente do termo "remuneração" para se referir a salários e benefícios fornecidos pelo empregador. No entanto, embora trabalho penoso e árduo possa muito bem ter sido a experiência de trabalho de muitas pessoas, pelo menos até recentemente e ainda em algumas partes do mundo, a noção de trabalho dos economistas como um horror não mitigado é ampla demais. Entre outros fatores, eles foram indevidamente influenciados pelo conceito marxista de alienação.

TRABALHO, DESCANSO E DIVERSÃO

Redescobrindo o argumento pelo lazer

Dados esses pontos poderosos, quando se pensa no futuro do trabalho, é fácil mudar de um extremo ao outro — da crença marxista/keynesiana de que, dada a riqueza em massa, a jornada de trabalho deve despencar, e a crença de que a ética profissional é tão forte que o trabalho em período integral é endêmico da natureza e da condição humana. Se você adotar a última opinião, acreditará que a visão de maiores quantidades de lazer no futuro acabará sendo sempre uma miragem. E isso se estende à Era dos Robôs, levando à suposição de que, mesmo quando os robôs e a IA realizarem a maior parte do trabalho "pesado" e a renda for muito maior, as pessoas vão querer trabalhar da mesma maneira que antes.

No entanto, acho que essa visão *"trabalhista"* é exagerada. Já é tempo de uma abordagem mais equilibrada ter um pouco mais de audiência. Então, agora vou examinar o outro ponto de vista. O argumento contra a completa rejeição da visão keynesiana de que mais lazer é o caminho do futuro baseia-se em várias linhas de evidência, que analisarei individualmente:

- Fatos sobre as tendências passadas em jornada de trabalho.
- Uma explicação econômica alternativa sobre por que as previsões de Keynes a respeito da redução nas jornadas de trabalho ainda não se confirmaram totalmente.
- Evidência de que, ao contrário do discutido acima, para muitas pessoas, o trabalho *não* é prazeroso.
- A ideia de que as jornadas de trabalho atuais não estão de acordo com as preferências individuais implícitas.
- Possíveis mudanças nas fontes de status.
- As possibilidades de alcançar um senso de significatividade e propósito fora do trabalho.

Evidência histórica

Nós sempre trabalhamos tanto? Obviamente, não temos dados sobre quanto as pessoas trabalhavam nos grupos primitivos. De qualquer forma, as horas de trabalho certamente devem ter sido ditadas pelo clima e pelas estações do ano. Depois que as sociedades se sedentarizaram, as pessoas provavelmente realizavam pouco ou nenhum trabalho durante os meses de inverno, e, quando chegava a primavera, teriam trabalhado durante a maior parte das horas de sol, se não durante todas.

105

A Economia da Inteligência Artificial

Na verdade, hoje em dia podemos examinar evidências das sociedades agrícolas menos desenvolvidas. Nessas sociedades, as pessoas, em média, pareciam não trabalhar o mesmo número de horas que é comum na sociedade ocidental atual.

Curiosamente, existem evidências de que, na Europa pré-industrial, as pessoas desfrutavam de férias muito extensas, embora estas geralmente não envolvessem viagens ao exterior. Juliet Schor, historiadora de Harvard, estimou que na Europa, por volta de 1300, os feriados representavam pelo menos um terço do ano, já que o calendário estava repleto de dias de festas. Na França, a proporção de feriados era de cerca de metade do ano. (Este último ponto mostra que algumas características importantes continuam ao longo dos tempos.) Schor escreveu: "Nossos ancestrais podem não ter sido ricos, mas tinham muito lazer."[15]

Voltando aos tempos modernos, Keynes pode ter errado sobre os últimos anos, mas, no longo prazo, ele estava absolutamente certo. Houve uma redução drástica na média de horas de trabalho. Entre 1870 e 1998, nos países altamente industrializados, o número de horas trabalhadas por ano por funcionário caiu de 2.950 para 1.500 — uma redução de praticamente metade. Os números da OCDE para os anos seguintes a 1998 revelam um declínio adicional (embora, como nos números anteriores, menos nos EUA)[16]. No Reino Unido, a semana média de trabalho diminuiu de cerca de 59 horas, em meados do século XIX, para cerca de 32 horas agora.

Nem tão ricos, afinal

Existe até uma explicação econômica direta sobre por que, nas últimas décadas, as pessoas continuaram a favorecer o trabalho em detrimento do lazer em uma medida maior do que alguns, incluindo Keynes, poderiam ter previsto. Até recentemente, a melhoria material era disponibilizada apenas para os princípios básicos da vida — alimentos e bebidas decentes e nutritivas, aquecimento e abrigo, roupas, mobilidade e entretenimento. À medida que as pessoas melhoravam de vida, isso dificilmente significava que elas estavam prontas, ou ricas o suficiente, para uma vida de lazer e facilidade. Simplesmente significava que agora eles poderiam aspirar à próxima necessidade material básica.

Afinal, em 1967, quase 14% das casas na Inglaterra e no País de Gales não estavam equipadas com um vaso sanitário com descarga interna. Em 1960, 95% das casas na Inglaterra e no País de Gales não tinham aquecimento

TRABALHO, DESCANSO E DIVERSÃO

central. E o número ainda estava acima de 50% em 1976[17]. Somente quando essas melhorias básicas forem garantidas, os seres humanos poderão razoavelmente pesar a preferência pelo aumento do lazer ao aumento da renda. Mas a implicação é que, uma vez que essas necessidades materiais básicas sejam totalmente atendidas, como estão começando a ser agora, ao menos nas economias avançadas do Ocidente, as pessoas poderão começar a escolher mais lazer do que trabalho e renda.

Você pode ver algo semelhante a isso nas tendências atuais dos gastos de varejo. Em uma ampla gama de bens e serviços, as pessoas tenderam, nos últimos anos, a empenhar gastos crescentes a melhorias na qualidade, em vez de aumentar números ou quantidades. Isso se aplica a alimentos, móveis e carros. É perfeitamente plausível supor que, quando tiverem alcançado um nível decente de melhorias de qualidade no básico de suas vidas, suas preferências se voltem para mais lazer.

É evidente que há uma nuance. O crescimento econômico não apenas disponibiliza mais das coisas que as pessoas já têm, ou versões de qualidade ainda melhor, mas também produz mercadorias completamente novas. As pessoas agora desejam ter esses novos aparelhos — televisores, carros, máquinas de lavar, computadores, smartphones, tablets e assim por diante. Veja bem: isso só vai tão longe porque o que antes era objeto de desejo rapidamente se torna onipresente. Além disso, o preço geralmente cai drasticamente nos primeiros anos após sua introdução. Consequentemente, a necessidade de adquirir o dispositivo mais recente não oferece muito incentivo para continuar trabalhando durante todas as horas — até o próximo aparelho.

Na verdade, para os EUA, há uma explicação econômica muito simples para que a profecia de Keynes não tenha sido cumprida. Nas últimas décadas, o salário da maioria dos trabalhadores não aumentou. Para os homens norte-americanos na faixa dos trinta anos, os salários reais médios foram mais baixos em 2004 do que em 1974[18]. (As razões para isso são discutidas no Capítulo 6.)

A preferência antitrabalho

Não devemos aceitar como pacífica a explicação "o trabalho é divertido" para as longas jornadas de trabalho que discuti acima. Existe um sério risco de confundir a satisfação de algumas pessoas no trabalho com a experiência de todos. Para muitas pessoas, o trabalho nem sempre é exatamente o que esperavam que fosse. De fato, muitas pessoas, se não a maioria, são alienadas por seus empregos — ainda. Elas os consideram entediantes, sem sentido e chatos. De acordo com o *Shift Index* da Deloitte, 80% das pessoas odeiam seu trabalho[19].

E há uma boa quantidade de evidências que sugerem que, em países onde as pessoas trabalham por longos períodos, elas são menos felizes do que seus equivalentes em países onde as pessoas trabalham menos horas. Na Coreia do Sul, por exemplo, as pessoas trabalham 2.232 horas por ano, 473 a mais que a média da OCDE. Elas relatam baixos níveis de felicidade.

No outro extremo, está a Dinamarca. Os dinamarqueses trabalham em média 1.595 horas por ano, cerca de duzentas horas a menos que a média da OCDE. A Dinamarca aparece regularmente como um dos lugares mais felizes do mundo. Não se trata de exemplos isolados. Outros países com baixo número de horas trabalhadas — Suécia, Finlândia, Noruega e Holanda — também se mostram "felizes". Igualmente, em países onde o número de horas trabalhadas é alto — Grécia, Polônia, Hungria, Rússia e Turquia —, as pessoas são mais infelizes.[20]

Além disso, a "Economia da Felicidade", tema ainda em desenvolvimento, sugere que, além de um certo ponto, a renda extra proporciona pouca felicidade adicional[21]. E, como se ainda não soubéssemos disso, também está revelando que a felicidade está associada à força dos relacionamentos humanos, particularmente com familiares e amigos próximos. E, no entanto, o ritmo e a intensidade da vida moderna restringem o tempo disponível para gastar com familiares e amigos próximos e ameaçam minar esses relacionamentos.

As atuais jornadas de trabalho são uma escolha?

Há um problema fundamental com as informações que temos sobre as preferências das pessoas entre trabalho e lazer. Na literatura da área, parece ser amplamente presumido que o número de horas que as pessoas trabalham reflete sua livre escolha, dadas as recompensas e as várias alternativas. No entanto, está longe de ser óbvio que essa é uma suposição justificada.

Na verdade, os fatos são um pouco mais complicados do que sugerem as médias das horas trabalhadas. Curiosamente, reverteu-se a antiga relação inversa entre remuneração por hora e horas trabalhadas. No Reino Unido, os homens com emprego de tempo integral bem-remunerado estão, em média, trabalhando mais horas do que há vinte anos. Enquanto isso, homens na base da escala de ganhos, mas ainda trabalhando em período integral, estão trabalhando menos horas. Além disso, muitos mais homens malremunerados estão trabalhando meio período.

Aparentemente, isso não está de acordo com as preferências das pessoas. Dados oficiais do Reino Unido mostram que 3,4 milhões de pessoas querem trabalhar mais horas, enquanto 3,2 milhões querem trabalhar menos horas por menos salário. Aqueles que desejam trabalhar mais são geralmente garçons ou faxineiros mal pagos. Aqueles que desejam trabalhar menos geralmente são médicos altamente remunerados ou outros profissionais.

Se você é um profissional de sucesso, é difícil escolher mais lazer do que trabalhar. Geralmente é um caso de tudo ou nada. Por exemplo, raramente é possível a um advogado individual alterar os termos de seu emprego para reduzir o número de horas, embora, cada vez mais, advogadas estejam liderando o caminho para exigir um melhor equilíbrio entre trabalho e vida pessoal. Mas nadar contra a maré é extremamente difícil, e optar por trabalhar menos horas nessas empresas de serviços altamente qualificados geralmente traz um alto preço: o atraso no desenvolvimento da carreira.

E isso é uma coisa difícil de fazer. Os seres humanos são seres sociais e respondem a pressões sociais. Como observei acima, nos últimos cinquenta anos, em uma extensão muito maior do que acontecia anteriormente, o sucesso no trabalho e até longas jornadas tornaram-se predominantemente os indicadores de status mais importantes.

Além disso, há um problema de coordenação. O tempo extra de lazer pode ser especialmente valioso se você puder compartilhá-lo com a família e amigos próximos — e eles provavelmente se sentem da mesma maneira. Mas todos negociamos e fazemos separadamente nossas escolhas de trabalho/lazer, isso quando conseguimos negociar. Assim, seria possível que todos preferissem mais lazer desde que com os outros se desse o mesmo; mas, por causa do problema de coordenação, acabamos aceitando uma combinação de mais trabalho e menos lazer do que gostaríamos porque "nós não queremos ficar sozinhos".

A chave para mudar essas práticas de trabalho está na sociedade em geral. Atitudes e normas sociais são críticas. Mas pode haver maneiras pelas quais as ações governamentais e corporativas façam a diferença. Por exemplo, a estrutura dos benefícios empregatícios torna os empregadores mais dispostos a empregar uma pessoa para trabalhar horas extras do que empregar duas pessoas trabalhando no mesmo número de horas.

As mudanças nas fontes de status

Na discussão acima, sobre por que as pessoas no Ocidente continuam trabalhando muito, mesmo tendo melhorado financeiramente, dei grande importância às peculiaridades do poder e status. No entanto, o impulso laboral decorrente da busca por posição, poder e status relativos não será tão forçoso no futuro. Se a busca pelo sucesso relativo é um jogo que você não gosta de jogar, você pode optar por não participar. E, em nossa sociedade, algumas pessoas fazem isso, conscientemente optando por abandonar a "loucura por poder", aceitando, assim, um padrão de vida inferior em busca de maior felicidade.

Da mesma forma, hoje em dia o poder está conectado ao dinheiro devido à forma como nossas sociedades e sistemas políticos estão estruturados. Mas as coisas não precisam ser assim. Nas sociedades do passado, o poder advinha, pelo menos em parte, do nascimento. E, mesmo nas sociedades de hoje, o poder político nem sempre vem de — nem está necessariamente associado a — grande riqueza.

Algo similar dá-se na busca por status. Nesse quesito, também o passado era diferente. Em muitas partes do mundo antigo, os trabalhos pesados eram realizados por escravos. Na Grécia Antiga, por exemplo, a manufatura parece ter sido um domínio deles. Em Esparta, havia uma tribo de escravos, os hilotas, um povo conquistado que era mantido vivo para trabalhar e gerar mais escravos. Os homens espartanos nativos não se envolviam em trabalho algum. Seu papel e sua fonte de dignidade eram os participar de atividades marciais, treinando e travando guerras.

Também na Roma Antiga, os escravos realizavam todo o trabalho pesado — na verdade, não apenas o trabalho pesado, mas quase todo o trabalho, tanto no serviço doméstico quanto, para os mais antigos e mais favorecidos, todos os assuntos dos seus mestres. Há quem afirme que, tanto na Atenas quanto na Roma antigas, quase um terço da população era de escravos[22].

Note-se que, nem na Grécia, nem em Roma o status advinha do trabalho em si. Em vez disso, vinha principalmente de nascimento, riqueza, talento para a guerra e cargos públicos. Muitas vezes, esses fatores estavam intimamente relacionados. A riqueza advinha predominantemente da propriedade da terra, que era herdada, enquanto a capacidade de atingir altos escalões militares ou cargos políticos também estava intimamente associada à riqueza e ao nascimento. O mesmo parece ter acontecido no Egito Antigo e na maioria das sociedades antigas da Ásia.

As sociedades da Europa medieval não eram muito diferentes, exceto, talvez, que possamos adicionar a Igreja à lista de fontes de status. Em algum momento, mesmo antes da Revolução Industrial, havia mais margem para obter riqueza pelo comércio do que simplesmente com propriedade de terra e, em alguns casos, também para alcançar o status como subproduto da riqueza — embora, em grande parte da sociedade, isso era amplamente malvisto. De fato, em alguns setores ainda é. O "dinheiro antigo" carrega uma aura que os "novos ricos" desejam com fervor, mas que, por definição, não podem alcançar — pelo menos não por várias décadas, se não séculos.

Esses pontos sobre as fontes de status têm influência sobre um dos principais fatores da busca pelo sucesso relativo, discutido acima. A competição por bens e poder posicionais não são garantia de conquistas infalíveis. Afinal, ambos existem, em parte, porque conferem status. Mas, no novo mundo, o status *poderia* vir principalmente de outras fontes: ser belo, ser uma pessoa versátil e desenvolvida, ser bem-sucedido no esporte e coisas do tipo.

Propósito e significatividade

Mesmo que muitas pessoas não precisem do trabalho em si, ou do dinheiro que dele vem, ou mesmo do poder e do status, elas podem, no entanto, precisar de um sentido de *propósito* que o trabalho atualmente fornece. No entanto, o propósito não precisa ser suprido pelo que chamamos de "trabalho". Especificamente, as pessoas não precisam usar a maior parte de suas horas de vigília em busca de dinheiro para ter um objetivo. O objetivo e a significatividade podem ser dados por uma ampla gama de coisas: a busca de um hobby ou esporte ou o desejo de criar algo ou melhorar a proficiência em alguma habilidade ou prática. Isso pode se aplicar a bridge, golfe, esqui, falar línguas estrangeiras e muitas outras coisas. A realização e o objetivo também podem vir do trabalho comunitário e caritativo ou de enfrentar desafios extremos, como correr uma maratona ou escalar o Monte Kilimanjaro.

Mesmo essa aparente necessidade de atividade com significatividade poderia ser cultural, e não inerente. Existem algumas culturas não ocidentais, como algumas no Pacífico Sul e partes da África, onde as pessoas não parecem se incomodar em fazer muito trabalho ao longo do ano. Suas estruturas de status não parecem ter sido abaladas, e as pessoas não parecem ser afetadas pela falta de significatividade e propósito em suas vidas. E, é claro, as classes mais altas de todas as sociedades europeias tradicionalmente não trabalhavam, mas se divertiam com esportes, hobbies e várias atividades sociais. O que lhes dava um senso de propósito? Talvez não precisassem disso?

Curiosamente, no Golfo Pérsico de hoje, os hábitos de trabalho dos ricos nativos dos Emirados Árabes são bastante semelhantes aos que Keynes imaginara em seu ensaio. Eles normalmente trabalham três ou quatro horas por dia. Na verdade, suas circunstâncias de vida não são diferentes das dos ricos aristocratas ingleses que provavelmente influenciaram o pensamento de Keynes. Mais notavelmente, os emiradenses ricos têm patrimônio considerável que lhes proporciona uma renda, mesmo que trabalhem muito pouco.

Como chegar a jornadas mais curtas?

Assim, concluo suspeitando que, para muitas pessoas nas economias avançadas, há uma forte demanda latente por mais tempo de lazer. Tenho certeza de que, à medida que as pessoas ficarem mais ricas, haverá um desejo acentuado de reduzir a jornada de trabalho — exceto para pessoas de baixa renda, que, de qualquer forma, muitas vezes têm jornadas curtas.

Suponha que eu esteja certo e que muitos indivíduos nas sociedades ocidentais avançadas, se não a maioria, optarão por trabalhar menos horas e dedicar mais tempo ao lazer à medida que ficarem mais ricos nas próximas décadas. E suponha que as instituições da sociedade, incluindo os empregadores, estejam inclinadas a facilitar isso. Onde, na vida profissional, encaixaríamos o tempo adicional de lazer? Existem seis possibilidades principais: jornada diária mais curta, semana de trabalho mais curta, férias mais longas, mais famílias com um único assalariado, períodos mais longos de educação e períodos mais longos de aposentadoria.

Uma jornada diária mais curta

Hoje, o horário normal de trabalho é amplamente definido como entre as 09h00 e as 17h30, mas isso não é algo rígido. Na verdade, para o cliente que deseja visitar uma loja, falar com alguém em um escritório, ter algum serviço prestado ou realizar alguma tarefa, essas "horas normais de trabalho" podem ser muito inconvenientes, se não onerosas.

Claramente, seria algo contra a direção das mudanças aqui discutidas que o turno normal de trabalho fosse estendido além do período convencional. Mas não há nada contra combinar um horário de funcionamento mais longo, com cada trabalhador passando menos horas na loja, escritório, escola ou qualquer outra coisa. Por exemplo, o "horário de funcionamento" normal poderia ser estendido para algo entre 07h00 e 19h00, mas com a equipe trabalhando em dois turnos de seis horas. Isso deixaria a semana normal de trabalho com 30 horas, caso fossem trabalhados cinco dias, ou apenas 24 horas, se fossem trabalhados quatro dias (veja abaixo).

Uma semana de trabalho menor

Outra possibilidade, não excludente em relação à primeira, é reduzir o número de dias trabalhados. Não há nada sacrossanto em uma semana de cinco dias, com dois dias para "o fim de semana". Embora o sábado tenha sido bem estabelecido há séculos como um dia de folga, tornando norma a semana de trabalho de seis dias, o fim de semana de dois dias é um conceito relativamente recente.

Já foi normal a abertura de bancos nas manhãs de sábado. Em *Três Homens e uma Canoa Sem Esquecer o Cachorro*, adorado e encantador romance de Jerome K. Jerome, publicado em 1889, um dos três epônimos, George, só pode juntar-se tardiamente aos outros para o fim de semana porque ele "dorme em um banco das 22h às 04h todo dia, exceto aos sábados, quando o acordam e o colocam do lado de fora às 02h".[23]

Além disso, no mundo muçulmano de hoje, algumas pessoas trabalham em uma semana de seis dias, tendo apenas a sexta-feira como seu Sabbath. Para muitos expatriados nos países do Golfo, isso é compensado pelo fato de que, tendo começado o trabalho de manhã cedo, eles podem parar de trabalhar na hora do almoço e, muitas vezes, vão à praia junto com suas famílias.

Na Europa, os trabalhadores apreciam de modo especial a união entre um feriado público e um fim de semana, para que possam desfrutar de um fim de semana prolongado de três ou até quatro dias. Se quatro dias de trabalho fossem a norma, esses fins de semana prolongados, passados em casa ou não, também se tornariam normais. Como não gostar?

Na verdade, as coisas já estão se encaminhando rapidamente em direção a uma semana de trabalho mais curta. O sindicato alemão IG Metall recentemente chegou a um acordo com o setor de metalurgia e elétrica na Alemanha: uma semana de 28 horas para 900 mil de seus membros.

Em 2018, a companhia de seguros neozelandesa Perpetual Guardian adotou uma semana de trabalho de quatro dias e, no Reino Unido, o instituto de pesquisas filantrópico Wellcome Trust considerou conceder a todos os seus funcionários uma semana de quatro dias, deixando livre as sextas-feiras para todos os oitocentos funcionários de Londres — e sem redução dos salários[24]. (No entanto, esses planos foram abortados recentemente.)

Férias mais longas

Até recentemente, não era normal que os trabalhadores tivessem férias anuais remuneradas. Isso ainda acontece com muitas pessoas que administram seus próprios negócios: elas trabalham o tempo todo. Originalmente, as férias coincidiam com as várias festas religiosas. Mais recentemente, a estas foram adicionados os vários outros feriados públicos não religiosos, como o Dia do Trabalho nos EUA ou o August Bank Holiday, no Reino Unido.

Quando as férias anuais remuneradas foram introduzidas, a norma era de apenas duas semanas. Para europeus mais velhos, o período já está em seis semanas, e às vezes até mais. Para funcionários comuns, a norma é de quatro semanas.

Esse estado de coisas não é inevitável. O fato de haver férias curtas costuma ser um choque imenso para os jovens que saem da universidade, acostumados a passar cerca de metade do ano sem obrigações formais de trabalho. Alguns deles nunca se recuperam do choque.

Há um amplo espaço para as pessoas tirarem férias mais longas do trabalho. Isso é particularmente verdadeiro nos EUA, onde duas semanas de férias, ou no máximo três, são a norma. O norte-americano médio trabalha 30% a 40% a mais ao longo de um ano do que o europeu médio. Em média, os norte-americanos trabalham quatro dias das duas semanas de férias que costumam receber, em contraste com os europeus, que costumam gozar todas as suas férias de quatro a cinco semanas.

Se os norte-americanos simplesmente mudassem para o horário normal de trabalho europeu e tivessem a quantidade de férias que o europeu médio tem, isso levaria a uma redução na oferta de mão de obra equivalente a menos 20 milhões de pessoas, de um total de 160 milhões.

Famílias com renda dupla

O aumento da riqueza material foi acompanhado por um aumento na incidência de ambos os pais trabalhando. Existem muitas evidências de que essa situação levou a muita angústia e estresse, tanto para pais quanto para filhos. Até certo ponto, é claro, essa mudança ocorreu devido à percepção de uma necessidade material. Mas, em grande parte, ela é motivada por considerações de status e posição na sociedade. À medida que as pessoas ficam mais ricas, certamente há uma ampla margem para que a situação se reverta.

Por que deveria ser normal que ambos os parceiros trabalhem em período integral quando há crianças pequenas em casa — ou até mesmo quando não há? Uma maneira pela qual as pessoas, em média, poderiam reduzir o horário de trabalho seria se novamente fosse mais comum um membro de um

TRABALHO, DESCANSO E DIVERSÃO

casal passar a maior parte do tempo em casa (ou mesmo todo ele), de onde poderiam — ou não — envolverem-se em um trabalho de meio período. (Se algo assim acontecer, está além do escopo deste livro o modo como devem ser compartilhadas a carga de trabalho e as responsabilidades, seja dentro ou fora, bem como o cuidado com as crianças.)

Da mesma forma, tornou-se normal para as mães e, em alguns casos, para os pais na maioria das sociedades ocidentais tirarem uma licença de vários meses após o nascimento de um filho (novamente, não nos EUA). Mas há claramente uma margem para o prolongamento desse período.

Um período maior de educação

Estão disponíveis duas outras maneiras de reduzir a oferta de mão de obra. Primeiro, os jovens poderiam adiar o emprego em período integral e passar mais tempo na educação em período integral. Na Alemanha de hoje, não é incomum os estudantes adiarem sua entrada na força de trabalho até os quase 30 anos.

Ou, em vez de deixar a educação aos 18 ou 21 anos, as pessoas poderiam passar períodos de educação durante suas vidas profissionais cotidianas. Em outras palavras, adaptando o que acontece atualmente no mundo educacional, as pessoas poderiam tirar períodos "sabáticos".

Se essas mudanças no "calendário" educacional vão ou não se disseminar, e se isso é, de fato, uma boa ideia fazê-lo, é um assunto que abordarei no Capítulo 8.

Um período maior de aposentadoria

No outro extremo de nossas vidas, seria possível que as pessoas se aposentassem mais cedo e, assim, desfrutassem de um período mais longo de aposentadoria. Obviamente, no momento, as pressões são totalmente opostas, em resposta ao aumento da longevidade e a vários problemas de pensão. Mas isso ocorre porque nosso pensamento ainda está preso na economia da escassez, incluindo a escassez financeira. Se aceitarmos que nas próximas décadas os robôs e a inteligência artificial serão capazes de nos aliviar de grande parte do fardo do trabalho e também de nos tornar mais ricos, então este será um mundo muito diferente daquele em que habitamos agora e que demanda tantas políticas públicas.

É certo que agora o aumento da longevidade está levando a um maior período de aposentadoria da maioria das pessoas, e muito além do que poderia ter sido previsto até alguns anos atrás. Alguns analistas e comentaristas estão vendo agora os avanços da ciência médica estender a vida humana comum para muito além de 100 anos[25]. Se o aumento na expectativa de vida média continuar, para não falar da possibilidade de encontrarmos uma cura para o câncer e o diabetes, isso potencialmente causará grandes problemas para a sociedade e para nossos conceitos de vida profissional e aposentadoria.

Ter ao mesmo tempo um grande aumento da expectativa de vida e uma diminuição da vida profissional pode ser um pouco demais. Mas pelo menos deveríamos ter o cuidado de supor que, à medida que nossa expectativa de vida se expande, será inevitável que a nossa vida de trabalho se expanda na mesma proporção. Haverá espaço para um pouco de ambos: uma expectativa de vida mais longa e uma aposentadoria mais longa.

Uma vida de descanso

Agora chegamos à segunda grande questão sobre o equilíbrio trabalho/vida que levantei anteriormente. Se o trabalho ocupasse menos tempo, o que as pessoas fariam com todas as horas livres? Como tantas vezes, não há uma resposta "preto no branco". Hoje, muitas pessoas não consideram um desafio ocupar-se plenamente. De fato, muitos aposentados sentem-se felizes de verdade e dizem que o período mais difícil de suas vidas foi no meio, quando tiveram que enfrentar crianças pequenas, hipotecas e desenvolvimento de carreira.

Alguns aposentados dizem até que não sabem como encontraram tempo para ir trabalhar. Uma combinação de baralho e golfe pode ser uma receita para ocupar a maior parte da semana (se você aguentar). E, se isso não for suficiente, sempre haverá o trabalho voluntário. Segundo o historiador holandês Rutger Bregman, os países com as semanas de trabalho mais curtas também têm o maior número de voluntários e o maior "capital social".[26]

Ainda assim, existem muitas pessoas que *acham* mesmo difícil ficar sem trabalhar. Oscar Wilde disse uma vez: "O trabalho é o refúgio das pessoas que não têm nada melhor para fazer"[27]. Desde 1964, o grande escritor e visionário da ficção científica Isaac Asimov previa que a morte do trabalho causaria sérias consequências emocionais e psicológicas. O que mais o preocupava era a prevalência do tédio. Ele sugeriu que em 2014 a psiquiatria seria a maior especialidade médica. E muitas pessoas nas sociedades ocidentais sentem uma queda aguda no sentido de status e autoestima, bem como perda de propósito, quando se aposentam. Em muitos casos, a infelicidade que isso produz realmente os leva a procurar ajuda psiquiátrica.

TRABALHO, DESCANSO E DIVERSÃO

Mas seria errado pular desse fato para a conclusão de que enfrentamos um surto de infelicidade em massa, pois praticamente toda a população passa, ao longo de suas vidas, pelo que um número considerável de pessoas passa hoje quando se aposenta. A experiência dos aposentados atuais advém do fato de que eles passaram a maior parte de suas vidas trabalhando e que, quando se aposentam, outros membros da sociedade — tanto os conhecidos quanto pessoas mais distantes — estão ganhando renda e desfrutando dos benefícios da camaradagem, interesse, senso de propósito, poder e status do trabalho.

Portanto, a experiência deles não fornece nenhum parâmetro sério de como a população geral se sentiria caso realizasse quase nenhum — ou ao menos pouco — trabalho remunerado durante a vida, ou passasse longos períodos sem trabalhar, ou com jornadas reduzidas, se a maioria dos outros membros da sociedade também estivesse na mesma situação.

Como lidar com mais tempo livre e aproveitá-lo ao máximo será, certamente, umas das tarefas da educação na Era dos Robôs. Isso é algo que abordarei no Capítulo 8.

Uma visão do futuro

Essa análise destacou uma grande divergência de visão sobre as preferências da humanidade entre lazer e trabalho conforme as pessoas ficam mais ricas. Por um lado, uma jornada de trabalho muito reduzida e maior tempo de lazer serão um benefício e uma libertação. Por outro, poderia não ser o que a maioria dos seres humanos escolheria naturalmente, com a possibilidade de causar grande angústia, além de produzir uma busca em massa de atendimento psiquiátrico, acompanhada de várias patologias sociais.

Na medida em que a primeira visão estiver correta, se a revolução da IA realmente produzir uma queda enorme na demanda por trabalho ou se as pessoas puderem escolher menos horas de trabalho e mais tempo de lazer, desde que mantendo uma fonte de renda adequada — o que pode precisar de alguma intervenção do Estado (a ser discutida no Capítulo 9) —, isso não deve causar nenhum problema para a humanidade. De fato, muito pelo contrário.

Na verdade, nunca saberemos a resposta para essa pergunta, a menos e até que confrontemos as circunstâncias que deram origem à pergunta. E se a análise apresentada nos Capítulos 2, 3 e 4 estiver correta, esse confronto não vai acontecer, dado que o avanço dos robôs e da IA *não* produzirá um colapso drástico na demanda por trabalho. (Pelo menos até que a

Singularidade nos atinja. Apenas para lembrá-lo, neste livro, isso acontece no Epílogo.)

É fácil acreditar em um dos dois resultados extremos: pessoas trabalhando tanto quanto antes, sem aumento no tempo de lazer, e pessoas tirando toda a sua capacidade produtiva extra na forma de aumento do tempo de lazer, resultando em um não aumento no PIB *per capita* ou nos padrões de vida. Na prática, porém, a maioria das pessoas certamente desejará escolher uma posição intermediária, se puder. Em que ponto entre esses dois extremos elas escolherão estar depende, em partes, do que acontecerá com suas rendas, um assunto sobre o qual suspendi totalmente os comentários até que eu os discuta nos próximos dois capítulos.

Se o resultado das mudanças provocadas pela revolução dos robôs e da IA for uma diminuição em massa da renda das pessoas, à medida que a renda for redistribuída para os proprietários de capital e para trabalhadores altamente qualificados, é improvável que as pessoas queiram fornecer menos mão de obra. De fato, elas podem até optar por fornecer mais para manter seu padrão de vida.

No entanto, isso está longe de ser o resultado inevitável. De fato, nos próximos dois capítulos, argumentarei que isso provavelmente não acontecerá. Então, suponhamos por um momento que a distribuição de renda permaneça amplamente constante, com ou sem intervenção de políticas públicas, que discuto no Capítulo 9. E aí?

Em muitas partes do mundo, como na maior parte da África, bem como na China e na Índia, as pessoas, em média, não chegaram nem perto do ponto de saciedade material, após o qual o esforço contínuo para garantir mais bem-estar material denota alguma condição patológica. De fato, cerca de 50% da população mundial vive com menos de US$2 por dia[28]. Como o crescimento da produtividade oferece a chance de aumentar os padrões materiais de vida, a esmagadora maioria das pessoas certamente optará por aproveitar a oportunidade, em vez de utilizar a melhoria de suas circunstâncias sob a forma de mais lazer.

Em menor grau, o mesmo se aplica às pessoas na parte inferior das faixas de renda nas sociedades ocidentais avançadas. Essas pessoas também estão bem abaixo de qualquer nível de renda que possa ser razoavelmente descrito como provedor de saciedade das necessidades materiais. De fato, uma vez que muitas delas atualmente trabalham com jornadas realmente curtas,

Trabalho, descanso e diversão

algumas podem querer trabalhar mais, em vez de menos — se de fato a economia puder gerar oportunidades de emprego suficientes para elas.

Mas, para as pessoas nos níveis médio e superior da distribuição de renda nos países avançados, as coisas são bem diferentes. Para estas, vejo um resultado intermediário. O desejo competitivo, a busca por poder e status e a competição por bens posicionais serão fatores poderosos para manter algo como o atual "equilíbrio entre trabalho e vida pessoal". E Keynes errou ao ver o trabalho de maneira tão negativa, subestimando as forças que levam as pessoas a continuar trabalhando, muitas dessas forças tendo a ver com a posição relativa e a busca por poder e status. Da mesma forma, ele subestimou largamente, ou mesmo ignorou, a importância dos fatores distributivos. O fato de o aumento do lazer precisar de dinheiro para seu máximo proveito levará à mesma direção.

No entanto, para um grande número de pessoas na Europa e na América do Norte, bem como em partes prósperas da Ásia, longas horas de trabalho tornaram-se a expressão de uma patologia social. Para os membros mais ricos da sociedade, trabalhar tantas horas é uma anomalia histórica. E não é saudável. Há uma ampla margem para isso mudar, o que eu acredito que acontecerá. Vai se tornar normal que as pessoas tenham uma jornada diária e uma semana útil mais curtas, com um fim de semana de três dias tornando-se a norma. Além disso, a duração média das férias aumentará — mesmo nos EUA, o reino do trabalho ininterrupto.

Já sobre um período mais longo de educação, não tenho tanta certeza, como discuto no Capítulo 8. E, na hipótese de virem a existir, períodos mais longos de aposentadoria acontecerão mais por causa de uma maior longevidade do que por um grande número de pessoas optando por reduzir sua vida profissional. Portanto, isso não servirá para reduzir a oferta de mão de obra. De fato, a tendência pode muito bem ser para uma vida profissional mais longa, tendendo a aumentar a oferta de mão de obra.

O lazer é algo que as pessoas querem mais à medida que ficam mais ricas, principalmente quando, como agora, o aprimoramento tecnológico aumentou muito o que elas podem obter com isso. Portanto, espero que o mundo, ou pelo menos a parte desenvolvida, escolha gradualmente mais lazer, embora não tanto quanto Keynes sugeriu há muito tempo.

O efeito geral dessas mudanças será reduzir a oferta efetiva de mão de obra. Isso será possível graças a uma mudança nos indicadores de status, ao mesmo tempo em que reforçará esses mesmos indicadores. Ser um banqueiro, um advogado ou um contador completamente workaholic pode ser visto mais como uma marca de fracasso do que de sucesso.

Se eu estiver certo sobre essas mudanças, haverá não apenas uma redução na oferta de trabalho, mas também mudanças radicais na estrutura da demanda por trabalho. Como argumentei anteriormente, quanto mais algumas pessoas optam por ter mais lazer, mais oportunidades de emprego surgirão para atender às suas necessidades. Essas oportunidades de emprego serão para seres humanos, e não para robôs. Portanto, o equilíbrio da demanda por robôs e IA em relação aos humanos mudará a favor dos humanos, atenuando qualquer erosão que possa haver da demanda geral por trabalho humano. Na economia da IA, uma parcela crescente dos empregos disponíveis para seres humanos estará no setor de lazer — entre todos os outros que acabarão por nos surpreender.

5
Os empregos do futuro

"Nós estamos no meio de uma invasão de robôs. As máquinas agora estão em todo lugar, fazendo praticamente tudo."

David Gunkel[1]

"Os empregos do futuro não existem hoje em dia, e os empregos de hoje em dia não existirão no futuro."

Stuart Armstrong[2]

Vamos começar com sinceridade total. Simplesmente não sabemos que tipo de trabalho estará disponível no futuro. Afinal, imagine-se no ano de 1900, olhando para o futuro. Como você poderia saber à época que a proporção de pessoas empregadas na agricultura nos EUA cairia para um vigésimo do que era então? Ou que todas essas milhares de pessoas empregadas fazendo coisas com cavalos — comprando e vendendo, mantendo, montando, alimentando e limpando — seriam redundantes? Ou que agora haveria mais pessoas empregadas como enfermeiras de saúde mental no Serviço Nacional de Saúde do Reino Unido do que marinheiros servindo na Marinha Real Britânica? Ou que um grande número de pessoas pagaria um bom dinheiro para personal trainers deixá-las em forma e garantir que sofressem o suficiente para isso?

A história está cheia de pessoas que fizeram previsões de longo prazo e que se mostraram totalmente erradas. Além do reverendo Malthus, que conhecemos no Capítulo 1, um dos meus favoritos entre os economistas é o grande William Stanley Jevons, um dos economistas mais ilustres do final do século XIX. Em 1865, ele previu que a expansão industrial em breve seria interrompida devido à escassez de carvão. Pobre Jevons.

Há uma linha que perpassa todas as falhas de previsão da maioria dos especialistas — ou melhor, duas. Primeiro, eles subestimam a capacidade dos seres humanos e do sistema econômico de se adaptar. Segundo, além da grande mudança cujos efeitos estão tentando prever, eles encaram o futuro como uma continuação direta do passado. Em outras palavras, são extremamente carentes de imaginação.

Essas falhas não se restringem aos pretensos visionários do passado. Elas também podem nos afligir. Portanto, devemos agir com extrema cautela. Dito isso, e tendo nos infligido algumas chicotadas de humildade e bebido profundamente do poço do ceticismo, há muito que podemos dizer sobre o futuro do emprego no novo futuro dominado por robôs e inteligência artificial.

Alguns estudos tentaram estimar o número de empregos que desaparecerão em alguns setores específicos e arriscar um palpite sobre o número de novos empregos que aparecerão. Essas estimativas podem ter algum valor. De fato, vou tratar, abaixo, de alguns de seus resultados. Mas esses estudos estão repletos de áridas séries de números duvidosos. Por outro lado, o que este capítulo tenta fazer é concentrar-se nos princípios subjacentes à destruição e criação de empregos na nova economia. Ele tenta identificar os tipos de trabalho que mais correm risco com a disseminação dos robôs e da IA e aqueles que são relativamente imunes — e explicar o porquê. E discute quais áreas podem ver mais empregos criados e até especula sobre que tipos de novos empregos podem aparecer.

A discussão começa com uma análise de abrangência de veículos sem motorista, o que leva a uma análise das possibilidades para substituir humanos por robôs e IA nas forças armadas. Em seguida, discute a posição de vários setores supostamente sob ameaça — trabalho manual em geral e serviço doméstico em particular, bem como vários tipos de trabalhos mentais de rotina.

Em seguida, a discussão segue para a expansão dos empregos existentes e a criação de novos, com aumento do emprego na indústria do lazer e várias atividades em que "o fator humano" é importante.

Veículos autônomos

Uma das mais comentadas categorias de trabalhos supostamente ameaçadas por robôs e IA é a dos motoristas. Vale a pena dedicar um pouco de tempo a este exemplo, porque ele destaca o potencial e os problemas com a IA, com implicações claras para outros tipos de emprego.

O número de empregos em risco com o advento dos veículos autônomos é potencialmente enorme: motoristas de ônibus, motoristas de caminhão, taxistas, choferes, entregadores e muito mais. Um relatório da indústria de caminhões de 2017 previu que, em 2030, dos 6,4 milhões de empregos nos EUA e na Europa, cerca de 4,4 milhões poderiam desaparecer quando "robôs" assumissem o serviço. "Motorista de caminhões de frete" é a ocupação mais comum em nove estados dos EUA[3]. (Lembre-se: os efeitos ainda não foram sentidos. Na verdade, nos EUA de 2018, os empregos em caminhões estão com um excesso de demanda, na medida em que a forte economia e o *boom* das compras por internet se combinam para criar um aumento no transporte de longa distância. Em resposta, os fretes dos caminhoneiros têm aumentado.)

A implicação de uma ampla adoção de veículos sem motorista seria uma grande redução de custos em toda a economia, especialmente em uma de ampla dispersão geográfica, como a dos EUA. De acordo com Alec Ross, os motoristas representam de 25% a 35% dos custos de uma operação de transporte rodoviário.[4]

Mas as coisas não são tão simples quanto parecem. Em veículos sem motorista, há um fosso entre o estardalhaço e a realidade. Começarei discutindo a parte positiva e revisando o impacto potencial, antes de passar para as críticas e problemas.

O potencial e a promessa

Carros autônomos não são uma fantasia: eles já estão trabalhando — de fato, até agora, em áreas restritas, como partes da cidade de Phoenix, Arizona, nos EUA. O estado da Califórnia aprovou recentemente novas regras que permitem que veículos autônomos operem sem um motorista humano sentado atrás do volante. No Reino Unido, Philip Hammond, o chanceler do Tesouro [equivalente a um ministro da Fazenda], disse à BBC que pretendia ter "carros totalmente autônomos" em uso até 2021.

Cerca de cinquenta empresas, como Alphabet, Apple, Ford, GM, Toyota e Uber, já estão testando carros autônomos na Califórnia. De fato, mais de cem testes de veículos autônomos estão ocorrendo atualmente em todo o mundo. Além disso, de acordo com as empresas que os desenvolvem, o desempenho dos carros sem motoristas já é impressionante e está melhorando a cada dia. Todas essas empresas investiram grandes somas e claramente acreditam que os veículos autônomos são o futuro. Mas, é claro, isso não significa necessariamente que elas estão certas — ou que obterão um bom retorno de seu dinheiro. Em breve, fornecerei evidências suficientes, espero, para permitir que você se decida sobre essa questão.

Pode-se entender facilmente as razões do entusiasmo pelos carros sem motorista. Em parte, esta é a questão da economia de custos, mencionada acima. Mas as vantagens vão muito além disso. Motoristas humanos matam 1,2 milhão de pessoas por ano e ferem adicionalmente entre 20 e 50 milhões de pessoas. Algumas estimativas apontam o custo para os países em desenvolvimento em cerca de 2% do PIB anual. E esses acidentes geralmente são causados pelas falhas comuns dos seres humanos — embriaguez, cansaço, doença e distração.[5]

Além disso, imagine todos os membros idosos e enfermos da sociedade que não podem mais dirigir, assim como todos aqueles que nunca poderiam de todo o modo, e que, em um mundo com carros sem motorista, não teriam mais que exercer essa função. Eles teriam tanta mobilidade quanto o resto da população, livres das inadequações do transporte público e das despesas dos táxis. Enquanto isso, os pais ficariam livres da tarefa cotidiana de deixar e pegar os filhos em festas, aulas de balé, jogos de futebol e assim por diante. E ir ao pub ou a uma festa não traria mais a escolha angustiada entre dirigir ou não beber, ou então pegar um táxi.

Acima de tudo isso, há a economia do tempo que todos perdemos dirigindo para o trabalho, para encontrar amigos e familiares, fazendo compras, saindo de férias ou realizando algumas tarefas. Tudo bem se realmente gostamos de dirigir, mas a maioria de nós não gosta — principalmente nos congestionamentos urbanos ou preso em um engarrafamento rodoviário. Pense em como as coisas poderiam ser melhores se alguém — ou melhor, algo — conduzisse o veículo. Poderíamos assistir a filmes, aprender um idioma, trabalhar, beber de acordo com a nossa vontade ou dormir. Que felicidade! Embora os efeitos não apareçam nos números do PIB, o resultado certamente seria um aumento no bem-estar humano.

Ainda mais vasto e amplo

Além disso, se os veículos sem motorista realmente pegarem, há implicações potencialmente enormes além da redundância de motoristas humanos. Os ultraentusiastas falam de uma transformação do uso do espaço urbano à medida que as pessoas abandonam seus carros individualmente e são transportadas em veículos elétricos sem motorista e de uso compartilhado. É bem possível que a posse de automóveis caia acentuadamente conforme as pessoas forem optando predominantemente por fazer corridas em veículos autônomos compartilhados.

Um estudo conjunto do Fórum Econômico Mundial e do Boston Consulting Group vê uma margem substancial para o compartilhamento de viagens em carros sem motorista, prejudicando o mercado de transporte público[6]. Elon Musk disse que "ter um veículo movido a humanos será semelhante a possuir um cavalo — raro e opcional"[7].

Como resultado, menos carros precisariam ser construídos (além de vendidos, reparados, segurados etc.). Além disso, haveria menos demanda por espaço para estacionar carros que permanecem ociosos a maior parte do tempo. Enquanto aguardam usuários, os carros autônomos podem ser estacionados colados e empilhados. Isso poderia transformar paisagens urbanas e liberar muito espaço escasso para outros usos. Em 2016, Chris Urmson, do Google, disse ao Comitê do Congresso dos EUA que nos EUA os estacionamentos ocupam uma área do tamanho de Connecticut. Como consequência, se tudo corresse conforme o planejado com carros sem motorista, esse espaço poderia ser liberado para outros usos.

E as implicações potenciais vão ainda mais longe. Talvez os guardas de trânsito também desapareçam, pois a necessidade de restringir o estacionamento torna-se menos problemática. De qualquer forma, se e quando o estacionamento de veículos ainda precisar ser regulamentado, presumivelmente, um bom robô faria o trabalho de guarda de trânsito, aplicando uma multa de estacionamento em um veículo sem motorista, para ser assinada por — bem, há aqui uma questão à qual voltaremos mais tarde. Estou certo de que a perda de seu guarda de trânsito local será muito lamentada, mesmo que ele seja substituído por um robô.

Curiosamente, se isso acontecer, este será um exemplo de um trabalho que surgiu e sumiu em pouco tempo. Cinquenta anos atrás, o trabalho de guarda de trânsito não existia. Agora, se os entusiastas dos carros autônomos estiverem certos, ele poderá ser atirado no lixo com menos tempo do que uma vida humana normal.

E há efeitos potencialmente importantes no setor de seguros. Nos EUA, o seguro de veículos é responsável por cerca de 30% de todos os prêmios de seguro. Existem questões específicas em relação a quem assume a responsabilidade quando um veículo autônomo se envolver em um acidente. Sem dúvida, isso proporcionaria uma área de negócios proveitosa para as companhias de seguros — e, inevitavelmente, para um exército de advogados. Mas uma redução acentuada no número de veículos a serem segurados seria um duro golpe para o fluxo de receita das seguradoras.

Sérios problemas

Portanto, as implicações dos veículos autônomos são potencialmente enormes. Mas agora é hora de levar em conta a visão mais cética sobre tais perspectivas, antes de fazer uma avaliação geral.

A ideia de veículos sem motorista nos ronda há quase tanto tempo quanto os veículos existem. A General Motors apresentou a ideia na Feira Mundial de 1939 em Nova York. É claro que, desde então, a tecnologia tornou-se muito mais capaz do que se poderia imaginar. (O conceito de 1939 era de um carro guiado por rádio.)

De fato, daquele tempo até hoje, toda essa questão foi caracterizada por um superotimismo. Em 2012, Sergey Brin, fundador do Google, disse que os carros sem motorista estariam disponíveis para os funcionários dessa empresa em um ano e no mercado comercial em "não mais que seis anos". Isso significa 2018. No momento da redação deste texto, nós ainda estamos aguardando.

Sergey Brin está longe de estar sozinho em seu superotimismo. Em 2015, Mark Fields, CEO da Ford, disse que carros totalmente autônomos estariam no mercado em 2020. Bem, enquanto escrevo isto, no início de 2019, suponho que ele ainda possa estar certo. Mas não parece provável.

Na prática, não há razão para que os três elementos da visão ultrarradical do futuro das viagens de carro — sem motorista, de uso compartilhado e elétrico — ocorram juntos. Precisamos desfazer essa atraente e supostamente inevitável tríade. O uso compartilhado corre contra um desejo profundo de privacidade, individualidade e (pelo menos um pouco de) controle. Enquanto isso, o uso generalizado de carros elétricos enfrenta a escassez de bateria e a capacidade de carga. Portanto, essas duas partes da tríade que supostamente estão destinadas a transformar nossa sociedade estão muito longe de serem assunto encerrado. Mais importante, poderemos ver um uso generalizado de veículos compartilhados ou de veículos elétricos, ou ambos, sem ver uma mudança em larga escala para veículos autônomos.

Pois, mesmo sem o compartilhamento de viagens e a mudança da gasolina para a eletricidade, o uso generalizado de carros sem motorista não é tão simples como geralmente fica implícito. Viabilidade não é o problema. Segurança é. Demis Hassabis, um dos fundadores da DeepMind, disse em maio de 2018: "Como você garante, matematicamente, que os sistemas são seguros e farão apenas o que achamos que farão quando estiverem soltos pelo mundo?"[8]

Seus receios são totalmente justificados. Apesar das alegações dos fabricantes e desenvolvedores de veículos autônomos de que são ultrasseguros, um estudo de 2015 da Universidade de Michigan descobriu que a taxa de colisão é mais alta para veículos sem condutor[9]. O estudo sugeriu que, quando ocorrem, as colisões quase sempre não são culpa dos carros autônomos. O problema parece ser que motoristas humanos acham difícil interagir com outros veículos quando estes não têm condutor. Este é um problema tão sério que algumas empresas de tecnologia estão tentando tornar os carros autônomos menos robóticos, induzindo-os até a tomar atalhos, ser agressivos e avançar nos cruzamentos.

Na realidade, as coisas não são tão simples como podem parecer. Apesar de tudo o que seus veículos autônomos podem fazer e os relatórios de que eles passaram com louvor em tantos testes, as alegações dos fabricantes e desenvolvedores de veículos autônomos não podem ser levadas a sério. Porque esses testes são geralmente realizados em segredo e sem auditoria independente. Não sabemos — e não temos permissão para saber — as condições da estrada e do tempo às quais os veículos foram submetidos nem até que ponto estavam dependentes de intervenções humanas.

É significativo que grande parte da experiência com veículos autônomos até agora tenha sido em locais como Phoenix, Arizona, um lugar abençoado com um clima previsível e agradável e boas condições de direção. Sem neve, sem neblina e sem sistemas de estradas complicados ou congestionamentos aleatórios. Um teste mais sério seria colocar esses carros em Londres, Moscou ou Istambul — em fevereiro, quando o tempo é pior.

O grau de intervenção humana

Legisladores, tribunais e companhias de seguros estão tendo que lidar com algumas questões muito complicadas criadas por veículos autônomos. Sob a nova legislação do Reino Unido, os motoristas de carros autônomos não devem tirar as mãos do volante por mais de um minuto. E, em abril de 2018, um motorista foi proibido de dirigir depois de ser pego na estrada M1 no banco do passageiro, com o banco do motorista vazio enquanto a IA "dirigia" o carro[10]. O governo britânico está planejando suprimir a exigência de um "motorista de segurança" para permitir testes avançados em vias públicas de veículos totalmente automatizados até o final de 2019. Será interessante ver até onde isso vai.

A experiência norte-americana convida ao ceticismo. Em junho de 2018, um relatório do departamento de polícia de Tempe, Arizona, sobre o acidente de um veículo Uber "autônomo" que matou uma mulher de 49 anos que estava atravessando a rua, disse que o acidente era "totalmente evitável". Ele afirmou que as evidências mostraram que a motorista de segurança se distraiu assistindo a um programa de televisão no telefone. Ela pode ser acusada de "homicídio culposo veicular".

Um relatório de 2018 da Associação das Seguradoras Britânicas alertou que os fabricantes de automóveis e os motoristas precisavam fazer uma distinção entre direção "assistida", em que o computador do carro ajuda o motorista em tarefas selecionadas ou mesmo as executa, e direção "automatizada", na qual o computador efetivamente assume o controle. De acordo com a lei atual, este controle, em circunstâncias problemáticas, deve ser assumido pelo motorista. Mas isso significa que o motorista deve manter os olhos na estrada e ficar constantemente alerta.

De fato, entre os desenvolvedores de veículos autônomos e entusiastas de IA, essas distinções foram muito mais longe. A discussão é dominada pelos chamados seis níveis de autonomia, variando do nível 0 ao nível 5. No nível 0, não há autonomia: os motoristas humanos fazem tudo e não existem auxílios inteligentes ao sistema. No nível 1, o motorista deve controlar todas as tarefas normais de direção, mas tarefas limitadas podem ser atribuídas a um sistema inteligente instalado no carro, por exemplo, assistência ao estacionamento. O nível 2 é caracterizado como "semiautomação". O motorista deve monitorar o sistema e o ambiente continuamente. Mas pode atribuir o controle do veículo, como direção, aceleração e frenagem, quando as condições forem adequadas.

No nível 3, descrito como "automação condicional", o carro dirige sozinho, mas o motorista humano precisa estar pronto para retomar o controle quando necessário. E o sistema conhece suas próprias limitações e solicitará periodicamente assistência ao motorista.

No nível 4, descrito como "alta automação", os carros dirigem-se sem nenhuma informação do motorista, mas os "motoristas" mantêm o controle sobre os pedais e o volante para poder assumir o controle quando necessário. No nível 5, nenhum envolvimento humano é possível, mesmo em situações de emergência.

Os níveis 2 e 3 mostraram-se inseguros, visto que os humanos no volante ficam desatentos e distraídos e, portanto, são incapazes de intervir prontamente quando necessário. Há um caso bem conhecido e trágico de um acidente na Flórida em 2016. Joshua Brown, um forte defensor dos carros da Tesla, colocou o carro no piloto automático, mas os sensores do veículo não conseguiram registrar que um caminhão grande estava cruzando seu caminho. O carro enfiou-se debaixo do caminhão, matando Brown.

Reconhecendo esses problemas, a grande ambição dentro da indústria agora é desenvolver veículos no nível 4. Na verdade, um caminhão autônomo de nível 4 aguarda aprovação regulatória na Suécia. Não há cabine ou controle para um motorista, mas, se necessário, o veículo pode ser operado remotamente por um supervisor localizado a centenas de quilômetros de distância, que pode supervisionar até dez veículos por vez. Esse veículo, conhecido como T-Pod, viajaria inicialmente apenas 6 quilômetros por dia e teria permissão para operar em apenas 160 quilômetros de estradas públicas, onde poderia encontrar veículos com motoristas humanos[11]. Ainda assim, surgirão exatamente os mesmos problemas, a menos que o veículo seja realmente capaz de lidar com todas as circunstâncias. Caso contrário, como você pode estar pronto para intervir em uma emergência se não estiver constantemente alerta? E se estiver bêbado — ou dormindo?

E qual é o sentido de ficar sem condutor se você, o motorista humano, o "motorista de segurança" ou como quer que eles o chamem, precisa prestar atenção o tempo todo? A ideia não seria ficar sem condutor para que você, o antigo motorista, possa ler o jornal, adormecer ou embebedar-se?

Um outro problema deriva da desespecialização dos motoristas como resultado da dependência da tecnologia. Isso é irônico, porque é precisamente quando, por qualquer motivo, a tecnologia falha ou não consegue lidar com um conjunto específico de circunstâncias, que é necessária a intervenção de humanos — humanos que, naquele momento, deveriam ser mais capazes do que as máquinas/sistemas automáticos que falharam. Mas como eles podem ser mais capazes se estiverem acostumados a ficar passivos enquanto um sistema automático faz todo o trabalho e toma todas as decisões?

Esse fenômeno não se restringe aos carros sem motorista. O mesmo aplica-se a aeronaves e navios. O exemplo mais significativo e trágico disso é a perda do voo A330 da Air France que caiu no Atlântico em junho de 2009, matando todos a bordo. Aparentemente, a tripulação não conseguiu lidar adequadamente com o avião quando os sistemas não funcionaram corretamente.

Com a direção automatizada nível 5, isso não é um problema, porque, neste caso, a intervenção humana não é possível. Mas, para atingir o nível 5, os carros sem motorista precisarão lidar com todas as condições climáticas, incluindo neblina, nevasca e neve; distinguir uma bola de futebol que foi chutada para a rua da criança que corre atrás dela; um cão de uma criança; e ser capaz de encontrar um caminho por ruas lotadas de pessoas, muitas vezes fazendo coisas imprevisíveis e, às vezes, aparentemente sem sentido. Atualmente, veículos autônomos não podem fazer nenhuma dessas coisas.

Além disso, é preciso encontrar uma maneira de lidar com estradas não mapeadas e também com mudanças nos layouts de estradas. Por mais maravilhoso que seja o GPS, sabe-se que ele leva as pessoas pelo mau caminho, literal e metaforicamente.

Robert Dingess, da Mercer Strategic Alliance, uma empresa de lobby especializada em tecnologia automotiva, colocou a situação atual de maneira mais contundente. Ele observa que os fabricantes tornaram-se muito bons em "desenvolver sistemas de direção autônoma que operam com segurança 90% das vezes, mas os consumidores não estão satisfeitos com um carro que trava apenas 10% das vezes"[12].

Como tantas vezes acontece com os evangelistas das novas tecnologias, alguns culpam os humanos pelas deficiências de seu bibelô. Em relação aos veículos autônomos, Carlos Ghosn, ex-CEO da Nissan, bem antes de cair em desgraça, disse: "Um dos maiores problemas são as pessoas com bicicletas. O carro se confunde com os [ciclistas], porque, de tempos em tempos, eles se comportam como pedestres e, de tempos em tempos, se comportam como carros."[13] Imaginem: aqueles ciclistas irritantes que interferem na operação bem-sucedida dessa maravilhosa nova tecnologia! Certamente, serão necessárias medidas para garantir que eles se comportem.

A comparação com pilotos

De acordo com os entusiastas da IA, outro trabalho claramente destinado à sucata é o de pilotos de linhas aéreas. Mas as pessoas vêm sugerindo isso há eras. Como se sabe, os aviões já são pilotados principalmente por computadores, com pilotos controlando o avião por apenas uma fração do voo. Essa combinação de humanos e computadores é superior a ter o avião pilotado apenas por humanos? Provavelmente. Uma alta proporção de acidentes com aeronaves é causada por erro humano.

Da mesma forma, ter um avião comandado por um piloto e um computador provavelmente é superior a ter o avião pilotado apenas por computador — em parte devido à incidência de cenários extremos em que um piloto humano teria um desempenho melhor ou em mau funcionamento dos sistemas de computador. Há também a questão da percepção pública. Isso garante que não haja uma perspectiva realista de aeronaves de passageiros serem pilotadas "automaticamente", sem um piloto. Eu realmente não consigo imaginar mais de duzentas pessoas entrando de bom grado em um tubo de metal ou fibra de vidro para serem lançadas pelo ar em alta velocidade e grande altitude, controlado apenas por um computador, mesmo que isso agora seja chamado de robô ou IA.

Para se sujeitarem a isso, certamente os passageiros terão que ser robôs. (Talvez sejam.) Independentemente do que dizem as estatísticas de acidentes, os passageiros humanos sempre se preocupam com o tipo de imprevisto com que um piloto humano poderia e iria lidar, mas uma máquina não. Os fãs do ator Tom Hanks certamente se lembrarão do filme *Sully: o herói do rio Hudson* e consentirão com alegria.

Isso tem uma relação próxima com a irritante questão sobre até que ponto os veículos autônomos podem avançar. Substitua "pilotos de avião" por "motoristas de ônibus". As pessoas realmente estarão preparadas, *em massa*, para sentarem-se e fazer longas viagens completamente nas mãos da IA? E colocar seus filhos nesse banco? Eu duvido. É tentador acreditar que pelo menos caminhões leves e carretas são categorias de veículos que escapam a esse problema. Mas não tenho tanta certeza. O poder destrutivo de um pequeno caminhão (para não falar de caminhões de carga pesada) trafegando descontrolados é bastante aterrorizante.

Argumentos semelhantes aplicam-se à ideia de entrega por drone da Amazon. Claro, é tecnicamente viável. Essa não é a questão. A questão é a enorme capacidade de acidentes envolvendo uma carga útil de 2,5kg suspensa cem metros no ar.

A importância do discernimento humano

Há uma história assustadora da Guerra Fria que ilustra a importância do fator humano. Em um momento em que as tensões já estavam altas por causa do abate pela União Soviética de uma aeronave coreana, matando 269 passageiros, um sistema de alerta soviético relatou o lançamento pelos EUA de cinco mísseis inimigos. O oficial soviético responsável por esse sistema de alerta precoce, Stanislav Petrov, teve minutos para decidir o que fazer. O protocolo exigia que ele relatasse isso como um ataque nuclear. Em vez disso, ele confiou em seu instinto. Se os EUA estavam realmente lançando um ataque nuclear, ele argumentou, por que enviou apenas cinco mísseis?

A Economia da Inteligência Artificial

Ele então decidiu que era um alarme falso e não tomou nenhuma providência. Estava certo. Aconteceu que um satélite soviético interpretou mal os reflexos do sol no topo das nuvens em busca de explosões de motores de foguetes. Agora, é amplamente reconhecido que o discernimento de Petrov salvou o mundo da catástrofe nuclear.

Apesar de envolver a salvação do mundo de um desastre real, essa história verdadeira tem um final amargo. Stanislav Petrov foi demitido por desobedecer ordens e viveu o resto de sua vida em uma obscuridade monótona. (Assim era a União Soviética.)

Poderíamos nos imaginar delegando o tipo de discernimento de Petrov a alguma forma de IA? Isso evoca o cenário retratado no filme, agora muito antigo, mas ainda recompensador, *Dr. Fantástico*, estrelado por Peter Sellers em 1964, no qual, quando os EUA embarcam em um ataque nuclear, é impossível impedir que ele prossiga. O sistema assume o controle e não responde à tentativa de intervenção humana.

Mais problemas

Questões de segurança e de responsabilidade legal impõem sérios obstáculos. No mínimo, é provável que signifiquem que a implementação real de veículos autônomos, tanto para fins comerciais quanto para viagens de lazer, será atrasada por conta da viabilidade técnica.

Mas, além da questão importante, mas restrita, de segurança do motorista, passageiro e de terceiros, existem outros três problemas que os carros autônomos apresentam. É claro que os acidentes são uma fonte séria de preocupação, mas suponha que uma pessoa ou organização nefasta tenha conseguido invadir o sistema que controla um veículo ou conjunto de veículos. Esse risco é assustador o suficiente em relação a indivíduos descontentes ou criminosos, mas pense em grupos terroristas. Se não houvesse motoristas humanos em veículos, incluindo aviões e carros, e um grupo terrorista conseguisse invadir os sistemas de computadores que controlam esses veículos, eles poderiam deliberadamente causar massacres em escala industrial, transformando todo o sistema de transporte em uma arma.

Segundo, também existem problemas sérios sobre privacidade, porque carros autônomos, é claro, carregam câmeras que olham para fora e para dentro do carro, transmitindo dados sobre o que veem. Quem será o proprietário desses dados e quem controlará sua transmissão e disponibilidade?

Apropriadamente, sobrou para um economista levantar uma terceira questão-chave que raramente parece ser discutida pelos técnicos — a saber, o custo. O kit necessário para permitir que um carro opere de forma autônoma é extremamente caro. Só porque algo é tecnicamente viável não o torna necessariamente desejável do ponto de vista econômico, como descobriram dolorosamente os operadores do avião Concorde.

Se os serviços de táxi ou veículos comerciais, ambos autônomos, continuarem precisando de um "motorista de segurança", dificilmente haverá economia de custos em se deixar de dirigir usando um motorista convencional. Mas, pior que isso, os sistemas sem motorista exigem que um exército de engenheiros de software resolva problemas difíceis nas estradas, como uma faixa bloqueada. E esses engenheiros de software geralmente são extremamente caros. Assim, longe de economizar custos, é mais provável que ficar sem motorista os aumentará.

Os defensores dos veículos autônomos às vezes tentam contrariar o argumento de que "motoristas de segurança" ainda são necessários, salientando que esses trabalhadores ainda podem fornecer alguns dos serviços auxiliares fornecidos pelos motoristas de hoje, como ajudar os passageiros com suas malas, auxiliando-os a entrar e a sair do veículo e conversando com eles durante a viagem. Isso é verdade, mas eles podem não fazer essas coisas quando estiverem realmente dirigindo o veículo. E, uma vez que eles estejam dentro do veículo, têm custo igual. Então, qual é o sentido?

Avaliação geral

Elon Musk, o chefe da Tesla, alertou contra o estabelecimento de requisitos muito exigentes de segurança de veículos autônomos. Afinal, ele argumenta, já que o erro humano ao dirigir é responsável por um grande número de mortes, há espaço para veículos sem motorista causarem alguns acidentes fatais que um motorista humano poderia ter evitado e ainda assim a introdução de carros autônomos reduziria a taxa geral de acidentes e número de mortes. Mas eu não acho que essa linha de argumento seja bem recebida pelos legisladores ou pelo público.

Consequentemente, é provável que a escala da substituição de motoristas humanos pela IA seja muito menor do que os entusiastas alegam. Nenhum carro automatizado de nível 3 está sendo vendido no mercado hoje. Atualmente, a tecnologia está entre os níveis 2 e 3. Só para lembrar, estes são os níveis que requerem intervenção humana substancial, diminuindo as vantagens de ficar sem motorista e/ou correr enormes riscos de segurança.

Isso não quer dizer, porém, que não haja margem para esses veículos. Os carros já podem se autodirigir sem assistência nas estradas e conseguem se estacionar sozinhos. Esses recursos podem trazer alguns benefícios para seus usuários. E, sem dúvida, com o tempo, mais pessoas desejarão aproveitar-se desses serviços. Mas, é claro, isso está bem longe de o usuário humano, o antigo "motorista", poder "se desligar" completamente. E, embora ainda seja necessário que os motoristas humanos estejam prontos para assumir o controle, a maioria das consequências econômicas muito badaladas dos veículos autônomos simplesmente não aconteceu.

Lembre-se: as viagens com rotas restritas, onde o espaço para as coisas darem errado são limitadas, certamente estarão abertas à substituição total de seres humanos pelos motoristas robôs. De fato, já vemos isso com bastante frequência. Trens autônomos em aeroportos e metrôs sem condutor são comuns há algum tempo.

E certamente há espaço para uma substituição mais ampla de seres humanos nas ferrovias. Na Escócia, o metrô de Glasgow anunciou em setembro de 2018 que seus trens seriam autônomos, sem nenhum pessoal de equipe, até 2021. (A proposta, porém, enfrentou forte oposição dos sindicatos de transporte. Conseguir escapar dos ataques e obstrucionismo dos sindicatos de transporte seria uma das principais vantagens dos trens autônomos.)

Também para o transporte rodoviário há, certamente, espaço para a substituição de seres humanos em rotas restritas, como deixar e pegar passageiros em diferentes estacionamentos de aeroportos ou talvez até dirigir em bondes urbanos ou rotas restritas de ônibus urbanos. De fato, equipes de quatro pessoas sem motorista para transportar passageiros entre o Terminal 5 do aeroporto de Heathrow (Londres) e o estacionamento estão em operação desde 2011. E há claramente uma margem para um aumento no uso de tratores sem condutores e outros veículos rurais que operam em terrenos agrícolas, longe de aglomerações humanas.

A Noruega introduziu uma balsa sem piloto. Mas saiba que até agora ela está restrita a um trecho de água de pouco menos de cem metros em Trondheim. A viagem leva apenas sessenta segundos. Estou certo de que haverá muitas instâncias dessas "balsas automáticas" que carregam pessoas e mercadorias a curtas distâncias através de vias navegáveis restritas. Mas isso está muito longe de um navio de carga oceânico totalmente automatizado ou de um navio de cruzeiro sem capitão.

Seja o veículo um carro, um avião ou um barco, o que foi alcançado até agora — e o que é provável que seja alcançado em um futuro próximo — está muito longe da substituição em massa de seres humanos por motoristas robôs que os entusiastas da IA acham ser iminente. Neste caso, os benefícios dos veículos autônomos foram enormemente superestimados. De fato, no Reino Unido, um recente Comitê da Câmara dos Lordes sobre o assunto chegou a uma conclusão cética e criticou o governo do Reino Unido por se apaixonar pela euforia em torno dos carros sem motorista. Ele recomendou que a pesquisa deveria concentrar-se em outros lugares, como náutica e agricultura.

Existem evidências de que, internamente, isso é cada vez mais reconhecido pelo setor, embora as pessoas tenham medo de se manifestar por medo das consequências. A coisa toda tem uma aura das novas roupas do rei. Isso me lembra do entusiasmo excessivo por todas as coisas digitais no período que antecedeu o estouro da bolha das pontocom[14]. É claro que havia muito o que admirar sobre algumas das ideias e empresas que proliferaram na época. E algumas mais do que sobreviveram: cresceram enormemente e transformaram o cenário dos negócios. Mas havia também uma imensa quantidade de escória que foi soprada assim que a bolha estourou e as pessoas recuperaram seus sentidos.

Se é certo pensar no tempo e no dinheiro investidos em carros autônomos como uma nova bolha, haverá um acerto de contas sério quando ela estourar. Os novos monopólios tecnológicos têm bilhões em excedentes para queimar, mas os fabricantes de automóveis não. Superando todos os outros desafios que a indústria automobilística enfrenta, para as empresas que investiram pesadamente nela, a morte do sonho de veículo sem motorista pode representar uma crise existencial.

Aplicações militares

O possível uso de robôs e IA em aplicações militares está intimamente relacionado à questão dos veículos autônomos. A questão principal é a mesma: os robôs e a IA poderão substituir humanos — neste caso, soldados, marinheiros e aviadores — por máquinas?

A aplicação da robótica às operações militares não é novidade. Os robôs foram usados durante a Segunda Guerra Mundial e a Guerra Fria. Na

Segunda Guerra Mundial, os alemães e os soviéticos usaram veículos automatizados para transportar grandes quantidades de explosivos. Estes eram robôs móveis, contando com a orientação humana, e eram essencialmente teleoperados ou controlados remotamente[15]. No entanto, seu valor militar era limitado, dado seu alto custo e sua baixa velocidade.

Mas as coisas mudaram muito desde então. Atualmente, a maioria dos robôs militares é teleoperada, usada para localizar inimigos, para vigilância, detecção de atiradores e para neutralizar dispositivos explosivos. Os veículos aéreos não tripulados (drones) são o uso mais comum da robótica militar e, embora algumas vezes sejam usados para fins de vigilância, geralmente são armados com mísseis. O estoque de aeronaves não tripuladas nos EUA cresceu de cerca de 50 em 2001 para mais de 7.500 em 2012, dos quais cerca de 5% estavam armados.[16] Em 2007, o Congresso anunciou uma "preferência por sistemas não tripulados em programas de aquisição de novos sistemas".

Como os robôs não são afetados por emoção, adrenalina e estresse, alguns analistas acreditam que substituir humanos por robôs autônomos pode levar a menos atrocidades e crimes de guerra. Pode-se argumentar que, devido à maior precisão e à ausência de todos os defeitos humanos usuais, os sistemas de guerra autônomos "não apenas reduzirão o número de humanos prejudicados, mas também aumentarão significativamente a segurança daqueles que precisam enfrentar o perigo"[17].

Portanto, dadas as vantagens dos robôs militares, isso implica uma demanda reduzida por pessoal militar? H. R. Bart Everett, pioneiro da robótica aplicada à Marinha, não vê robôs substituindo humanos, mas imagina uma "equipe de robôs e humanos, muito parecida com um cão policial e seu condutor".[18]

Como em muitos outros casos, parece que, em aplicações militares, a capacidade dos robôs e da IA de economizar insumos humanos foi exagerada. O vice-chefe do Estado-maior da Força Aérea dos EUA, general Philip M. Breedlove, trabalha com drones. Recentemente, ele fez uma declaração notável: "Nosso problema número um no pessoal da Força Aérea é conseguir tripulação para plataformas não tripuladas." Ele se referia aos trabalhadores humanos necessários para reparar e manter os drones e analisar os vídeos e informações de vigilância obtidos pelas manobras de drones. Aparentemente, a Força Aérea dos EUA calcula que manter um drone Predator não tripulado no ar por 24 horas requer 168 trabalhadores. Um drone maior pode precisar de trezentas pessoas.[19]

Portanto, o resultado pode muito bem ser uma redução no número de militares da linha de frente treinados e preparados para enfrentar o inimigo, e um aumento no número de pessoal que atende a todas as várias necessidades de robôs militares e IA. Essa mudança de emprego estaria totalmente de acordo com a experiência na economia em geral.

O fator "manual"

A avaliação do escopo dos veículos autônomos e da substituição de seres humanos por máquinas nas Forças Armadas fornece informações úteis para uma análise das perspectivas de emprego em outros setores. Em algumas áreas, é um caso semelhante de exagero e marketing, mas em outras há margem para a substituição de seres humanos por máquinas ir muito além do que é provável com carros e outros modos de transporte. E, como nas Forças Armadas, há uma grande possibilidade de o *tipo* de trabalho disponível para seres humanos em qualquer setor mudar radicalmente.

Acredita-se amplamente que o desafio dos robôs e da IA seja sentido mais intensamente em serviços manuais. Na verdade, não é correto que todos os trabalhos manuais estejam sob ameaça aguda. Como observado acima, ainda falta destreza aos robôs. De acordo com o cientista cognitivo Steven Pinker: "A principal lição dos 35 anos de pesquisa em IA é que os problemas difíceis são fáceis e os problemas fáceis são difíceis."[20] Por conseguinte, muitos serviços manuais qualificados parecem seguros para o futuro próximo. Isso inclui o de encanadores, eletricistas, jardineiros, pedreiros e decoradores.

Dito isso, pesquisadores da consultoria Mace sugerem que, até 2040, dos 2,2 milhões de empregos na indústria da construção, 600 mil poderão ser automatizados. De acordo com relatórios recentes, pode haver perda significativa de empregos para pessoas que escavam estradas para identificar e reparar falhas em tubulações usadas para água, gás e esgoto. O governo britânico investiu mais de 25 milhões de libras em um projeto de pesquisa para o desenvolvimento de minirrobôs que passariam pelos canos para identificar e resolver os problemas sem que as estradas precisassem ser escavadas. Seria como uma laparoscopia. E, assim como nesse tipo de cirurgia, robôs reparadores de tubulações seriam controlados pelos seres humanos na superfície[21].

No extremo inferior da escala de sofisticação dos empregos, encontra-se um setor em que se pensa que os empregos serão amplamente eliminados: o varejo. Recentemente, uma nova loja "Amazon Go" foi aberta em Seattle, projetada para não ter funcionários trabalhando nela — e sem filas de caixa. Câmeras e equipamentos de IA monitoram o que os clientes tiram das prateleiras enquanto andam pela loja e o pagamento é automaticamente deduzido da conta quando eles saem. Um relatório da Cornerstone Capital publicado em 2017 estimou que essas tecnologias poderiam eliminar cerca de 7,5 milhões de empregos no varejo nos EUA, incluindo 3,5 milhões de caixas.

Mas é preciso dizer que, até agora, as evidências de pontos de venda com pessoal humano mínimo não são totalmente convincentes. O primeiro "shopbot" da Grã-Bretanha, conhecido como "Fabio", foi demitido depois de uma semana por confundir compradores na sua loja mais importante, dentro de um Margiotta (a cadeia de supermercados escocesa) em Edimburgo, onde estava sendo testada. Quando pedido pelos clientes para dizer onde encontrar a cerveja, Fabio respondeu: "Está na seção de bebidas alcoólicas."[22] É claro que essa resposta estava correta. Mas não foi exatamente muito útil.

O varejo é um exemplo interessante de uma atividade em que não apenas os empregos tradicionais estão sendo perdidos, mas a natureza do emprego está sendo transformada. O trabalho do assistente de caixa está em extinção, e a perda desse trabalho chato e repetitivo certamente não será muito lamentada — desde que aqueles que costumavam fazer esse trabalho encontrem emprego decente em outro lugar. Enquanto isso, há espaço para um tipo diferente de emprego nas lojas, pois os assistentes ajudam, orientam e aconselham os clientes sobre o que comprar, o que combina bem com o que e sobre as diferentes características das várias opções. Esse novo tipo de trabalho de varejo envolve o elemento humano e requer mais habilidade e conhecimento, enquanto o trabalho chato e repetitivo é deixado para as máquinas.

Mais acima na cadeia de suprimentos, a Ocado, supermercado britânico online, está se reinventando como fornecedora de serviços de armazenamento para varejistas em todo o mundo. A empresa firmou recentemente um contrato com a mercearia canadense Sobeys, que lançará uma loja online com pedidos retirados de um armazém automatizado na área de Toronto. Não haverá muitos empregos para humanos no armazém. Os robôs movidos a bateria estão no centro do modelo da Ocado.

Lembre-se: os robôs ainda não são muito bons em escolher coisas das prateleiras. Como resultado, os armazéns agora estão usando a "Unidade Jennifer", que é um fone de ouvido que diz aos trabalhadores humanos o que fazer. O economista Tim Harford vê isso como um possível prenúncio de coisas maiores por vir. Como ele diz: "Se os robôs vencem os humanos ao pensar, mas os humanos vencem os robôs ao escolher coisas das prateleiras, por que não controlar um corpo humano com um cérebro de robô?"[23]

Nos restaurantes, duvido que os robôs algum dia assumam o papel de servir as mesas, embora em algum momento possam ajudar na lavagem da louça. Interagir com o garçom faz parte da experiência do restaurante. Interagir com um robô não será o mesmo.

Serviço doméstico

Outro exemplo de trabalho manual que parece estar sob séria ameaça, mas acaba não sendo o caso, é o serviço de limpeza e a prestação de vários serviços domésticos. O Roomba da iRobot pode aspirar o chão, mas isso é tudo. Embora mais de 10 milhões tenham sido vendidos, eles não ajeitarão as revistas na mesa de café, não dobrarão toalhas nem organizarão as almofadas. Eles não conseguem realizar nenhuma dessas tarefas simples.

Isso é particularmente importante porque o aumento da renda possibilitado pelos avanços da IA potencialmente desencadeará uma enorme demanda por todos os tipos de ajudantes domésticos. Com todas as evidências atuais, esses ajudantes domésticos não serão robôs, mas humanos.

Essa perspectiva evoca prontamente uma época passada. Antes da Primeira Guerra Mundial, era comum para a maioria da classe média, estendendo-se até as fileiras de funcionários e assistentes administrativos, empregar pelo menos um ajudante doméstico. Nos estratos mais altos de renda (e status), as pessoas empregavam muitos domésticos — criadas, mordomos, cozinheiros, jardineiros, faxineiros, serventes e sabe-se lá o que mais. Entre os muito ricos, havia até um certo grau de competição pelo número e esplendor dos uniformes dos mais visíveis desses empregados.

É interessante refletir sobre as razões econômicas do quase desaparecimento do serviço doméstico. Houve vários fatores. A erosão dos rendimentos da classe média e a alta dos impostos contribuíram, juntamente com uma mudança de atitudes sociais. Da mesma forma, nas décadas de 1950, 1960 e 1970, o surgimento de muitos dispositivos de economia de trabalho em casa, como máquinas de lavar, aspiradores de pó e lava-louças, reduziu o tempo necessário para manter a casa funcionando.

Mas uma das principais razões foi certamente o enorme aumento da produtividade do trabalho nas fábricas, possibilitado pela mecanização. Isso aumentou o salário real que os trabalhadores poderiam ganhar em empregos fora de casa, o que aumentou os salários que os empregadores teriam que pagar pelo pessoal doméstico para poder competir. Se agora for perdido um grande número de empregos para os robôs e a IA no setor de manufatura e no escritório, essa força fundamental que vem operando contra o emprego de funcionários domésticos pode se reverter.

O serviço doméstico tem o potencial de ser uma importante fonte de empregos futuros, mesmo que o mundo da "criadagem" tenha desaparecido definitivamente. Obviamente, muitas pessoas já empregam alguma forma de ajuda doméstica, principalmente faxineiras e babás, embora em período parcial e geralmente residindo fora de casa. Isso pode ir muito além. Pessoas prósperas da classe média que, no mundo de hoje, têm muito menos tempo do que dinheiro, poderiam empregar prontamente pelo menos um ajudante doméstico (aumentado por alguns robôs), provavelmente em meio período e sem morar no local, para realizar uma série de tarefas domésticas, como compras, e chofer para levar e trazer os membros da família. Enquanto isso, aqueles que estão no topo da escala de renda poderiam competir prontamente pelo status sobre o número e a magnificência de seu séquito doméstico, como costumavam fazer nos velhos tempos.

Trabalhos intelectuais de rotina

Muitos dos trabalhos que mais correm risco com robôs e IA não são geralmente descritos como manuais. Na extremidade baixa, os assistentes de check-in nos aeroportos estão a caminho do check-out. No outro extremo, muitos dos empregos no setor de gerenciamento de fundos podem ser entregues a aplicativos de IA. Em 2017, a gigantesca empresa de administração de fundos BlackRock demitiu sete gestores de fundos e transferiu bilhões de dólares que eles costumavam gerenciar para uma unidade interna chamada Systematic Active Equities, uma unidade de investimento quantitativo acionada por computador.

E em 2018 soube-se que o banco alemão Commerzbank está testando uma tecnologia de IA que pode gerar relatórios sobre empresas e setores, permitindo assim dispensar muitos analistas humanos que tradicionalmente estavam entre os funcionários mais bem pagos[24]. (Devo dizer que fiquei com a impressão de que os relatórios dos analistas de bancos de investimento já estavam sendo escritos por alguma forma de IA.)

E os avaliadores de imóveis correm o mesmo risco de serem substituídos pela IA. Aparentemente, ela pode executar a tarefa de maneira mais rápida,

Os empregos do futuro

barata e precisa. E isso é bastante significativo. Nos EUA, o negócio de avaliação de imóveis vale cerca de US$12 bilhões por ano e emprega cerca de 80 mil avaliadores.

Da mesma forma, o trabalho jurídico de rotina agora pode ser feito pela IA. Lembre-se: essas tendências não significam necessariamente que haverá menos advogados (infelizmente). Parece que o uso de aplicativos de IA para realizar trabalhos jurídicos de rotina reduziu tanto os custos que agora é viável toda uma classe de projetos que antes seriam antieconômicos. E advogados juniores ainda são necessários para definir os estágios iniciais e fazer com que os aplicativos de IA funcionem da maneira certa[25].

Outro exemplo de um trabalho vulnerável que não é manual são a tradução e a interpretação. No começo, os serviços de tradução digital eram uma piada. Na verdade, em grande parte eles ainda são. Mas a taxa de melhoria tem sido imensa, mesmo que elas não funcionem em um nível que muitas pessoas consideram aceitável. Logo, porém, com o clique de um mouse, deve ser possível traduzir qualquer coisa para qualquer idioma com um nível muito alto de competência, além da capacidade da maioria dos tradutores humanos.

Em março de 2014, o Skype introduziu a tradução automática em tempo real. Em junho de 2013, Hugo Barra, principal executivo do Google para Android, disse que dentro de vários anos ele espera um "tradutor universal" viável que possa ser usado pessoalmente ou por telefone[26].

Saiba que, mesmo que essas melhorias continuem e o trabalho de tradução de rotina seja feito por máquinas, ainda haverá pessoas que farão suas carreiras como especialistas em idiomas. Mas elas estarão em um nível muito alto e grande parte de seu trabalho envolverá a supervisão e o aprimoramento dos serviços de tradução e interpretação orientados pela IA. Necessariamente, haverá muito menos especialistas em idiomas seniores do que atualmente estão envolvidos em serviços de tradução e idiomas.

Uma atividade que você pode pensar que preservará os seres humanos é a entrevista de candidatos a empregos. O fato, porém, é que nas empresas de vanguarda, especialmente em finanças, grande parte dessa atividade agora é realizada por algum tipo de IA. Durante décadas, os candidatos a emprego em grandes empresas tiveram que passar por testes online automatizados, com a eliminação inicial feita sem intervenção humana. Agora, porém, as entrevistas estão cada vez mais sendo realizadas por computadores. Previsivelmente, os candidatos a emprego estão reagindo, usando a IA para se preparar para passar por entrevistas de emprego conduzidas por outras formas de IA. Uma fintech chamada Finito oferece treinamento para candidatos a emprego com sua própria IA.

Na China, a IA está ajudando a censurar a internet, reduzindo assim o fardo cada vez maior dos censores humanos. Aparentemente, as máquinas são muito boas em reconhecer conteúdo sexual e, portanto, os censores humanos precisam perder muito pouco tempo com isso, liberando assim a capacidade de se concentrar em outras coisas mais importantes, como censurar pessoas dizendo coisas desagradáveis sobre o Partido Comunista ou o presidente Xi Jinping.

Expansão de empregos

Chega de destruição de empregos. E sobre a criação? De acordo com um estudo conjunto do Fórum Econômico Mundial (FEM) e do Boston Consulting Group (BCG), 12,4 milhões de novos empregos serão criados nos EUA até 2026[27]. O uso generalizado de robôs e aplicativos de IA vai por si mesmo criar novos empregos — projetando e fabricando robôs, desenvolvendo seus aplicativos de software e IA, ensinando aos humanos como tirar o máximo proveito de seus auxiliares de IA, talvez até aconselhando pessoas que têm sérios problemas com seus relacionamentos de IA.

Também haverá numerosos empregos policiando as fronteiras entre humanos e robôs, lidando com questões legais e regulatórias e talvez até considerando e monitorando quaisquer questões éticas levantadas pela IA, talvez especialmente em relação ao uso de big data. (Discuto essas questões no Capítulo 7.)

Mas o setor previsto pelo estudo do FEM e do BCG para usufruir da maior criação líquida de empregos é um dos que já existem: serviços de saúde. Ele perderá apenas 10 mil funções, enquanto 2,3 milhões de posições serão criadas.

Isso não deveria ser surpreendente. A essência da mudança tecnológica vindoura é remover muitos trabalhos mecânicos dos seres humanos e deixar a eles o reino do verdadeiramente humano. Afinal, esta é a área em que os seres humanos obviamente terão uma vantagem comparativa. E esse campo será enorme. O cuidado pessoal, principalmente para os idosos, é a bola da vez.

Diz-se constantemente que, em todas as sociedades ocidentais, os cuidados com os idosos são inadequados. Os recursos são escassos. Simplesmente não há cuidadores suficientes para dar conta. No entanto, com o número de membros mais velhos da sociedade prestes a aumentar enormemente, a demanda por cuidadores crescerá drasticamente.

Bem, no futuro, haverá muito mais cuidadores. Não estou sugerindo que os cuidadores sejam robôs. Afinal, quem iria querer uma visita domiciliar de um robô? E quem confiaria o cuidado de seus idosos a um? (Pensando nisso, porém, posso imaginar uma ou duas pessoas.) Os cuidadores adicionais serão seres humanos, liberados de outros empregos não economicamente *viáveis*.

Mas aqui, novamente, robôs e IA podem dar uma contribuição — não substituindo os cuidadores humanos, mas ajudando-os. Posso facilmente imaginar um cuidador visitando a casa de uma pessoa idosa acompanhado por uma variedade de máquinas para ajudar no trabalho. O cuidador pode configurar uma máquina para fazer a limpeza e outra para começar a lavar o cabelo do cliente, enquanto fala com o cliente sobre a semana e o que mais ele quiser que seja feito.

Consequentemente, o uso de robôs e vários dispositivos de IA permitirá um aumento radical na produtividade dos cuidadores. Assim como em outros desenvolvimentos que poupam trabalho desde a Revolução Industrial, o número de cuidadores empregados não diminui, porque, à medida que as pessoas ficarem mais ricas (e mais velhas), a demanda por esses serviços aumentará consideravelmente.

Na verdade, esses robôs auxiliares existem hoje, mas não são muito eficazes. Existem algumas máquinas que conseguem levantar e mover pessoas idosas. O problema é que elas são extremamente pesadas, chegando a até dez vezes o peso de uma pessoa. E são muito caras[28]. Sem dúvida, se tornarão mais leves e baratas.

Aprimorando trabalhos existentes

Há empregos em que, embora diga-se muito que robôs deverão substituir os humanos, na realidade essas máquinas estão destinadas a auxiliá-los e, nesse processo, aprimorar a qualidade do que os próprios humanos fazem. Como vimos, isso ocorre no cuidado de idosos.

A cirurgia fornece outro exemplo médico. Supostamente, os robôs estão cada vez mais assumindo o cargo de cirurgiões. O University College Hospital de Londres abriga dois robôs "da Vinci Xi", criados pela Intuitive Surgical, sediada na Califórnia. Em 2017, eles removeram setecentas próstatas e bexigas.

Mas, quando dizemos "eles", isso não é exato. Os robôs empunham o bisturi, mas são controlados por um cirurgião que fica a alguns metros de distância, olhando para uma tela 3D[29]. Portanto, o robô é realmente uma ferramenta muito sofisticada. Diante disso, os resultados são radicais: cirurgias muito menos invasivas, mais precisão, menor risco de acidente, menos complicações e um melhor perfil de recuperação.

Veja bem, nem tudo são flores. Primeiro, há o custo. Nos EUA, em 2013, cerca de 1,2 mil robôs cirúrgicos foram vendidos a um custo médio de US$1,5 milhão cada — não exatamente uma bagatela. Segundo, há alguma preocupação com o registro de segurança. De acordo com o *Journal for Healthcare Quality*, houve 174 lesões e 71 mortes relacionadas à intervenção cirúrgica de da Vinci[30]. É claro que, como tantas vezes, é impossível saber se alguma dessas mortes ou lesões ocorreram justamente por causa do emprego de um cirurgião robô ou se elas teriam ocorrido de qualquer maneira. E, qualquer que seja o registro de segurança até agora, tenho certeza de que ele só pode melhorar.

Houve outros avanços drásticos no campo da medicina. Alega-se que, para acompanhar as pesquisas médicas publicadas, um médico humano precisaria ler por 160 horas por semana, o que claramente não é viável. Mas a IA não tem essa restrição.

Talvez não seja surpreendente, portanto, que a IA também tenha uma vantagem no diagnóstico. O DeepMind do Google desenvolveu uma inteligência artificial para diagnosticar doenças por meio da análise de imagens médicas. De acordo com Samuel Nussbaum, da empresa de saúde Wellpoint, o Watson, da IBM, tem 90% de precisão em diagnósticos de câncer de pulmão, em comparação com 50% para médicos humanos[31].

Os desenvolvimentos no diagnóstico médico provavelmente levarão a testes mais frequentes e a diagnósticos mais precoces. Em breve, gadgets em nossos smartphones fornecerão resultados instantâneos de testes de glicemia, pressão arterial, voz, respiração e assim por diante, além de avaliações iniciais instantâneas de nosso estado médico. Isso não levará a uma menor necessidade dos serviços de profissionais médicos. Muito pelo contrário: é provável que leve a mais consultas com profissionais médicos e mais tratamentos de algum tipo.

Como resultado do uso de sensores que monitoram a frequência cardíaca e a pressão sanguínea dos pacientes, facilitando a identificação precoce de problemas, e tratamento em casa, e não no hospital, um resultado possível é uma redução no número de pessoas que passam algum tempo no hospital, liberando recursos para casos críticos.

Além disso, a tecnologia de processamento de linguagem natural permite que os médicos transcrevam e gravem com esforço mínimo reuniões com pacientes, minimizando o uso do tempo dos médicos. Um consultor de diagnóstico por imagem do Google disse que rotular imagens para câncer de cabeça e pescoço "é um trabalho de cinco ou seis horas; geralmente os médicos ficam e fazem isso depois do trabalho"[32]. Enquanto isso, a IA pode ajudar na triagem nos departamentos de acidentes e emergências e ajudar a reduzir os "engarrafamentos" no fluxo de pacientes nos diferentes setores do hospital.

Existe um entusiasmo considerável nos círculos médicos sobre como a IA poderia contribuir para o diagnóstico e o tratamento. No Reino Unido, o então secretário de Saúde Jeremy Hunt disse, em maio de 2018, que abraçar a inteligência artificial era vital para garantir o futuro do Serviço Nacional de Saúde da Grã-Bretanha (NHS). No mesmo mês, a primeira-ministra britânica Theresa May anunciou com muito alarde um programa para obter IA para transformar a prevenção, diagnóstico precoce e tratamento de doenças cardíacas e doenças como câncer, diabetes e demência.

Não há dúvida da sinceridade dessas ambições ou da escala da oportunidade. Mas há perigos graves aqui, de enormes quantias de dinheiro sendo desperdiçadas. Deve-se duvidar se muitos dos profissionais do NHS, tanto clínicos quanto administrativos, atualmente têm as habilidades necessárias para fazer uso adequado de um grande investimento em IA. Vale ressaltar que o NHS ainda não conseguiu transferir todos os registros médicos do papel para o formato digital depois de gastar bilhões de libras em um projeto fracassado de TI que supostamente faria exatamente isso.

Usuários de IA, como o NHS, precisam garantir que se concentrem nas áreas em que a IA traz resultados, mesmo que as melhorias sejam inicialmente marginais, em vez de serem enganados a embarcar em grandes projetos de TI que podem não dar em nada.

Empregabilidade no setor de lazer

Eu argumentei no capítulo anterior que uma maior riqueza gerada pelo aumento da implementação de robôs e IA levaria muitos humanos a optarem por trabalhar menos horas, aumentando, assim, seu tempo de lazer. Muitas das coisas que as pessoas decidirem fazer com seu tempo (embora não sejam carteado ou trabalho voluntário) envolverão o gasto de dinheiro.

A Economia da Inteligência Artificial

Isso leva ao que você pode pensar como um paradoxo, se não uma contradição flagrante. É bem conhecido que o trabalho árduo facilita a economia de dinheiro. Enquanto você estiver no trabalho, não poderá gastar dinheiro com facilidade, porque simplesmente não tem tempo, mesmo que tenha essa inclinação. E quando o trabalho finalmente termina, você costuma estar cansado demais para pensar em fazer outra coisa além de descansar.

O oposto vale para o tempo não passado trabalhando. Para aproveitar esse tempo ao máximo, você precisa ter dinheiro para gastar. Aí vem o paradoxo — e a chave para muitas das possibilidades de emprego que surgirão na economia da IA. Muitas das coisas em que você pode gastar seu dinheiro com lazer envolvem o emprego de outras pessoas — especialmente no mundo do esporte, entretenimento, educação e desenvolvimento pessoal.

Isso é ainda mais verdadeiro agora, devido a uma mudança crescente nas preferências do consumidor. Cada vez mais, o que as pessoas querem do seu tempo de lazer são "experiências". Isso envolve gastar cada vez mais dinheiro com tudo, desde noites fora a feriados e casamentos, todos com alto emprego. E não serão os robôs que eles vão querer como companhia, compartilhando ou direcionando suas "experiências", estejam elas ficando bêbadas, saindo de férias ou se casando. (Lembre-se: o papel do vigário em um casamento pode ser substituído por um robô? Possivelmente não, embora, em alguns dos casamentos dos quais participei, pudesse ter sido uma melhoria.)

O aumento do lazer dará origem a um aumento nas oportunidades de emprego para prestadores convencionais de serviços de hospitalidade e entretenimento. Além disso, muitas pessoas provavelmente tentarão aproveitar mais o lazer. O desenvolvimento pessoal se tornará um grande negócio, não apenas treinamento físico individual, mas também coaching e aprimoramento espiritual. Quem vai querer que isso seja feito por um robô? Tente perguntar a um robô sobre o significado da vida. Seguindo o exemplo do *Guia do Mochileiro das Galáxias*, ele pode responder: "42"[33].

Isso significa que, à medida que mais pessoas escolherem mais lazer, mais e mais empregos serão oferecidos para atender às necessidades de lazer daquelas que não trabalham. É claro que isso incluirá o tempo de lazer daqueles que trabalham nas "indústrias de lazer". Isso não é uma contradição. O equilíbrio entre trabalhar em atividades de "não lazer", trabalhar nas indústrias de lazer e o próprio lazer emergirá naturalmente como resultado de bilhões de escolhas feitas pelas pessoas sobre o que fazer com suas vidas.

Os empregos do futuro

Mas isso significa que a facilitação de atividades para preencher o tempo de lazer das pessoas será uma importante fonte de emprego na economia da IA.

O fator humano

Esse ponto sobre a demanda por trabalho humano nas indústrias de entretenimento e "experiências" tem uma aplicabilidade mais ampla. Suponha que a opção mais barata para todos os serviços seja fornecê-los por algum tipo de máquina. Você não gostaria de pagar um pouco mais pelo prazer de ter serviços prestados por outro ser humano? Isso pode não conferir status a você, consumidor?

De fato, encontrei algumas pessoas que afirmam que, mantido todo o restante igual, prefeririam lidar com uma máquina do que com uma pessoa, inclusive em caixas de supermercados, caixas de aeroportos e similares. Para esses indivíduos, em concorrência com os serviços fornecidos por máquinas, os serviços fornecidos por pessoas teriam que ter um desconto. Mas não acredito que a maioria das pessoas se enquadre nessa categoria.

Suponha, por exemplo, que os chineses finalmente consigam que seus garçons robôs o atendam sem derramar a sopa sobre você. Suponha que eles até consigam que esses garçons o atendam com desdém arrogante, ou talvez polidez, se você preferir. Suponha que você, o cliente, possa "pressionar um botão" para selecionar o serviço que prefere, arrogante, lisonjeiro ou as inumeráveis variações entre uma coisa e outra. Você não preferiria ser atendido por um ser humano mesmo? Arrogante, lisonjeiro ou o que seja? O mesmo vale certamente para toda uma gama de serviços pessoais, como ajuda em casa, cuidadores, médicos, esteticistas e personal trainers.

Os seres humanos gostam de interação ao vivo com outros seres humanos. Tome o entretenimento como exemplo. O mundo está repleto de entretenimento "distante", como esporte e música, gravado e ao vivo. Muitas vezes, isso está disponível gratuitamente ou quase. E as pessoas consomem grandes quantidades desse material. No entanto, elas também pagam muito dinheiro para participar de eventos ao vivo para ver e ouvir artistas pessoalmente. Isso inclui todos os tipos de eventos esportivos, apresentações musicais e peças de teatro. A atração de performances ao vivo também não se restringe apenas às estrelas. Muitos bares e discotecas tocam música ao vivo e frequentemente atraem um grande e entusiasmado público local.

Existe até uma razão para optar por comprar alguns *produtos* fabricados por seres humanos — e provavelmente vendidos por seres humanos.

O nome que Calum Chace dá para o motivo de tal preferência é "variação artesanal"[34]. No que diz respeito ao luxo, essa é uma das principais razões pelas quais gostamos de antiguidades. É impressionante que uma pintura original de um grande artista como Monet ou Turner imponha um preço imensamente mais alto do que uma cópia, mesmo que, para os olhos não treinados, a última seja indistinguível da original.

No dia a dia, muitas vezes também preferimos roupas feitas à mão e roupas personalizadas. E, é claro, temos um gosto distinto pela comida "caseira" (mesmo que seja feita em restaurantes, e não em casa), em relação à variedade industrializada que aquecemos no micro-ondas.

Gente assistindo

O domínio humano certamente incluirá o monitoramento constante e a orientação de todos os tipos de comportamentos humanos. Pense na quantidade de trabalho e no número de empregos atualmente advindos do mundo do investimento financeiro. Quem, cem anos atrás, poderia imaginar tal número de pessoas pontificando e aconselhando sobre os investimentos passados e futuros das pessoas? Redigir o relatório sobre mercado de ações do dia de ontem é fazer algo completamente humano — ou seja, falando sobre as ações e opiniões dos seres humanos. Sim, no novo mundo, os fatos simples serão registrados e "escritos" por alguma forma de IA e grande parte do investimento também será feita por ela. Mas muitos trabalhos serão essencialmente centrados nos pensamentos, opiniões e ações dos seres humanos. E os humanos serão os únicos a fazer esse trabalho.

Curiosamente, esse resultado foi prenunciado por Keynes — novamente. É uma maravilha que, em sua *Teoria Geral*, ao discutir como os investidores do mercado de ações decidem comprar ou vender ações e quotas, ele comparou muitos investimentos no mercado de ações a um concurso de beleza. Escreveu:

"Não é um caso de escolher aqueles rostos que, na melhor das hipóteses, são realmente os mais bonitos, nem mesmo aqueles que a opinião média considera genuinamente como os mais bonitos. Atingimos um terceiro patamar, em que dedicamos nossas inteligências a antecipar o que a opinião média espera acontecer. E acredito que existem alguns que praticam o quarto, o quinto e patamares acima."[35]

Ele pode ou não estar certo quanto ao investimento. (Por acaso, acho que há muita coisa certa no que ele disse.) Mas inadvertidamente apontou uma provável fonte futura de emprego e atividade: o fascínio dos humanos pelas opiniões de outros humanos sobre si mesmos, sobre outros humanos e sobre as suas numerosas derivações.

O mundo dos jogos de azar não está muito longe do mundo dos investimentos. Ele se expandiu enormemente nas últimas décadas — e, com isso, o número de pessoas empregadas nele, bem como a quantidade de tempo de lazer dos apostadores ocupados com ele. Como acontece com tantas outras coisas na esfera humana, não são apenas as atividades em si que consomem tanto tempo e recursos, mas todos os acessórios — a cobertura da mídia, os apontamentos de especialistas e a constante tomada da temperatura da opinião pública, seja sobre tênis, futebol, sinuca, corrida de cavalos ou política. Toda essa atividade surge de algo exclusivamente humano — a saber, o interesse humano no que os outros humanos estão pensando — e, neste caso, apoiando suas opiniões com dinheiro.

Na economia da IA, o mesmo tipo de coisa ocorrerá em muitas outras esferas bem diferentes. Há vários anos, durante a Páscoa, a Classic FM, estação de rádio com sede no Reino Unido, faz um levantamento das opiniões dos ouvintes sobre suas peças favoritas de música clássica, com as trezentas mais bem colocadas sendo tocadas em ordem crescente no final de semana da Páscoa, e "a vencedora" sendo revelada na segunda-feira seguinte. É algo que tem sido tremendamente bem-sucedido, envolvendo muitas conversas, análises e relatórios subsequentes. Observe que nada disso envolveu a análise de um especialista pela música ou seu valor, muito menos a criação de qualquer música nova. Todo o exercício é simplesmente um teste da opinião pública.

Podemos esperar uma proliferação de pesquisas sobre comportamentos humanos e opiniões sobre tudo, de sexo a religião e drogas. É certo que a maior parte do trabalho detalhado e a compilação dos resultados será feita pela IA, mas a elaboração das perguntas, sua interpretação e apresentação serão feitas por seres humanos. Aumentarão os programas de reality show e de aconselhamento, acompanhados por seus imitadores não tão famosos, em grupos de autoajuda, concentrados nas vicissitudes das relações humanas.

Relações humanas

Na era dos robôs, agora que as pessoas têm mais dinheiro e mais tempo, certamente estarão especialmente interessadas em melhorar seus relacionamentos com os outros, em vários aspectos diferentes. Com a luta pela vida — a luta apenas para sobreviver — sendo em grande parte uma coisa do passado, as pessoas certamente darão mais ênfase à beleza, tanto para atrair os outros quanto para sua satisfação pessoal e senso de valor próprio. E certamente valorizarão a beleza de quem interage com elas, mais do que nunca. *Beleza* humana. Sob esse aspecto, acima de tudo, os humanos certamente terão uma vantagem distinta sobre os robôs, sem mencionar seus primos desencarnados, a IA.

Isso também se estende às relações sexuais. É certo que estão sendo feitas tentativas para desenvolver bonecas sexuais aprimoradas que, graças à IA, possam interagir melhor com seus donos, tanto fisicamente quanto em relação à "conversa". Você poderia imaginar facilmente um mundo distópico no qual os seres humanos desistem da ideia de um relacionamento sexual com outros seres humanos e, em vez disso, confiem na alternativa artificial. Suponho que isso seja possível, mas suspeito que as relações sexuais com robôs continuem sendo um esporte minoritário. Os seres humanos precisam de intimidade — mas com outros humanos.

As pessoas também têm uma profunda necessidade de amizade e companheirismo. Dado que todos os tipos de relacionamentos continuarão tendo importância na Era dos Robôs — e talvez até mais —, certamente haverá uma proliferação de empregos que lidam com relacionamentos — como iniciar um, como mantê-lo e até mesmo como mudar ou terminá-lo. Tutoriais de relacionamento certamente serão um grande negócio. E quem gostaria de ser instruído por um robô sobre como conduzir seus relacionamentos humanos? Só se for um robô. Bem, você é? Mesmo assim, suspeito que deseje — ou seja programado para — ser tutelado por um humano.

Na Era dos Robôs, poderia haver um mercado aprimorado para a companhia? Nos séculos XVIII e XIX, as senhoras ricas e solteiras pagavam com frequência por outra dama, frequentemente mais jovem e certamente meio desajeitada, como companheira. Mesmo no mundo de hoje, eu conheci alguns exemplos de homens solteiros e mais velhos, empregando companheiros e ajudantes mais jovens (e não por razões sexuais). Eles queriam uma combinação de ajuda doméstica, segurança e conversa. Novamente, é claro, você poderia empregar um robô para conversar com você e fingir ser humano, mas isso não seria "de verdade".

Uma visão do trabalho no futuro

É hora de fazer um balanço. No entanto, por mais que tentemos imaginar quais novos empregos podem surgir, uma coisa de que podemos ter certeza

Os empregos do futuro

é que certamente deixaremos passar batidos vários dos novos empregos que surgirão. Como poderia ser de outra maneira? Estamos prestes a entrar em um mundo totalmente novo e nossa imaginação só pode nos levar até aqui.

Essa é a principal razão pela qual as avaliações do impacto dos robôs e da IA no emprego total tendem a ser injustificadamente pessimistas. É uma tarefa fácil, embora trabalhosa, vasculhar listas de especificações de emprego, avaliando quais tipos de trabalho e quantas pessoas estão "em risco" de redundância. Houve muitos estudos desse tipo. Sem dúvida, pode haver novos estudos, melhores ou piores que seus antecessores, e mais ou menos apocalípticos. Mas, no que diz respeito ao impacto na macroeconomia, essas estimativas estão amplamente fora de foco. As questões realmente importantes dizem respeito a quais modificações nos empregos existentes os transformarão efetivamente e que tipos de *novos* empregos surgirão, e em que quantidades.

Não pela primeira vez em economia, é dos aspectos mais importantes da questão que sabemos menos. Ao pensar em nossas políticas para o futuro incerto, devemos ter cuidado ao projetá-las para lidar com coisas que parecem quantificáveis, ignorando ou subestimando aquelas que não o são.

Sem dizer que, sustentada por um conhecimento muito detalhado, a discussão acima deveria ter posto um fim ao tormento de que o novo mundo deve necessariamente envolver desemprego em massa. Em muitos setores, como particularmente o transporte, a possibilidade de robôs e IA substituírem humanos foi exagerada. Em outros — por exemplo, no varejo —, pode haver perdas significativas de empregos. E haverá muitas atividades em que o exercício de tarefas mentais de rotina será substituído pela IA.

Mas em muitos outros setores, como cuidados de saúde e lazer, o emprego de seres humanos pode se expandir dramaticamente. Em alguns setores, como medicina e direito, os robôs e a IA podem aprimorar o que os profissionais fazem. Está longe de ser inevitável que isso leve a perdas de empregos nesses setores. Pelo contrário, à medida que a produtividade dos profissionais aumentar, é provável que sua produção também cresça.

Enquanto isso, novos empregos que quase não existem hoje vão crescer e se multiplicar. Consequentemente, não vejo razão para que a economia do futuro, baseada em robôs e IA, não possa ser acompanhada de pleno emprego.

Veja bem, isso não é necessariamente uma visão de futuro da qual você provavelmente gostará. Independentemente de qualquer outra coisa, a destruição de muitos empregos antigos e o surgimento de novos certamente terão implicações para a composição da sociedade que poderão ter consequências políticas decisivas — um assunto que abordarei na Parte III.

Mas, antes de chegarmos lá, há outra preocupação em potencial que ainda não foi examinada. Só porque haverá empregos suficientes "para dar a volta por cima", isso não implica necessariamente nada sobre quanto esses empregos pagarão. O novo futuro dominado por robôs e IA implicará necessariamente um grande número de pessoas com baixos salários e, portanto, um aumento substancial da desigualdade?

6
Ganhadores e perdedores

"Ali pelo próximo século, a humanidade será dividida em duas
classes de pessoas: deuses e inúteis."

Yuval Harari [1]

"Algumas pessoas ficam ricas estudando sobre inteligência artificial.
Quanto a mim, fico rico estudando sobre a estupidez natural."

Carl Icahn, bilionário [2]

Até agora, discutimos o impacto dos robôs e da IA quase como se seus efeitos recaíssem igualmente sobre todas as pessoas e todas as partes do mundo. Isso obviamente não é verdade, e esta é a hora de esclarecer as coisas. Discutirei agora os efeitos na distribuição de renda entre diferentes indivíduos, grupos, regiões e países, começando pelos indivíduos.

Um indivíduo comparado aos outros

Ao ler muitos dos relatos sobre o choque iminente que a revolução dos robôs e da IA está prestes a causar nos empregos e rendimentos, você pode pensar que isso é algo novo — certamente a ser contrastado com o progresso econômico contínuo registrado até recentemente.

De fato, embora as estatísticas agregadas sugiram que, às vezes, as economias conseguiram lidar com mudanças tecnológicas extraordinárias e adaptar-se a elas sem sérios efeitos negativos, há dolorosas tragédias humanas ocultas sob os números. Só porque há novos empregos suficientes para substituir os antigos que foram destruídos não significa que indivíduos ou grupos específicos, ou mesmo regiões e países, tenham sido capazes de mudar facilmente para as novas atividades que estão sendo demandadas.

E nem se trata apenas de uma característica da fase das chaminés encardidas, na Revolução Industrial do século XIX. Em grande parte da Europa e América do Norte, o início da desindustrialização e da globalização nos anos 1980 e 1990 devastou comunidades e regiões inteiras. Podem-se ver alguns dos efeitos ainda hoje.

Na Grã-Bretanha dos anos 1980, a economia foi transformada pelo que agora é chamado de "A Revolução Thatcher". Houve a criação de muitos novos empregos, principalmente no setor de serviços. Mas também envolveu a destruição de milhões de empregos "antigos", particularmente na manufatura e, mais dolorosamente, na mineração de carvão. Muitos dos indivíduos que ficaram desempregados nunca se recuperaram de verdade. Era quase impossível pegar um trabalhador das minas com 50 anos, quase que sempre do sexo masculino, e transformá-lo em um operador de call center em contato direto com o público. As pessoas que exerciam esta função eram, quase sem exceção, do sexo feminino.

E esse problema não afetou apenas indivíduos isolados. Como as atividades econômicas atingidas pelas mudanças tecnológicas e políticas estavam geograficamente concentradas, comunidades inteiras, e até regiões, sofreram. De fato, muitas comunidades e regiões ainda não se recuperaram totalmente da perda de sua atividade econômica e fonte de emprego principais.

Algo similar está acontecendo atualmente nos Estados Unidos. Entre todos os homens norte-americanos, a taxa de participação na força de trabalho (ou seja, aqueles que estão trabalhando ou procurando trabalho) caiu de 76% em 1990 para cerca de 69% em 2018. Além disso, desde o final dos anos 1990 houve um preocupante aumento da mortalidade entre norte-americanos brancos, de meia-idade, associado ao álcool, abuso de drogas e aumento do suicídio[3]. É provável que essas duas coisas estejam conectadas. Assim como no Reino Unido, o declínio das indústrias tradicionais, acompanhado por altos níveis de desemprego masculino e uma proliferação de distúrbios psicológicos e sociais, está geograficamente concentrado.

Mesmo se eu estiver certo ao defender que a revolução da IA que se aproxima será enriquecedora para a raça humana, tanto materialmente quanto de outras maneiras, os benefícios não serão distribuídos igualmente. De fato, é provável que algumas pessoas fiquem em uma situação ainda pior, não só em termos relativos, mas também absolutos — exatamente como aconteceu nas primeiras décadas da Revolução Industrial e como tem ocorrido mais recentemente na maioria dos países industrializados, pois as fontes tradicionais de emprego caíram de modo drástico. De fato, na economia da IA, esse poderia ser o destino de milhões de pessoas nos EUA e em outros países desenvolvidos — mesmo que haja "empregos suficientes para dar a volta por cima".

Antes de discutirmos essa possibilidade, precisamos revisar a situação atual, porque há uma ansiedade generalizada a respeito do que pode acontecer com a distribuição de renda, mesmo antes que quaisquer efeitos da revolução da inteligência artificial se façam presentes. Além disso, a natureza das forças que já contribuem para o aumento da desigualdade pode interagir com a revolução da IA, além de afetar as medidas que podem e devem ser tomadas para resolver o problema (abordado no Capítulo 9).

Fatos sobre o crescimento da desigualdade

O melhor jeito de começar é com os fatos. Ou melhor, com o que pensamos serem os fatos. Pois como em tantas outras questões críticas em economia, esta é atravessada por controvérsias.

Certamente, a sabedoria convencional é que, nos últimos anos, a distribuição de renda e/ou riqueza tem se tornado mais desigual. Segundo o historiador holandês Rutger Bregman, a diferença entre ricos e pobres nos EUA já "é maior do que na Roma Antiga — uma economia baseada no trabalho escravo"[4]. Exagero ou não, as estatísticas cruas realmente demonstram um aumento acentuado da desigualdade.

Nos EUA, entre 1962 e 1979, o crescimento médio anual da renda real disponível para as pessoas no quinto inferior da distribuição de renda foi de quase 5,5%, comparado a menos de 2% das pessoas no quinto superior. Mas, entre 1980 e 2014, no quinto inferior, o aumento médio foi próximo de zero, enquanto no quinto superior foi de 2,8%. A parcela de renda mais alta levou para casa 44% da renda total após impostos em 1980, com apenas 1% assumindo 8,5%. Em 2014, esses números haviam aumentado para 53% e 16%, respectivamente.

Nem todos os países tiveram a mesma experiência. O Reino Unido, por exemplo, tem sido bem diferente[5]. Mas vamos considerar o caso norte-americano. Por que a desigualdade aumentou? Novamente, esta é uma área em que os economistas não pararam de discutir (provavelmente, nunca vão parar). Mas praticamente todo mundo concorda que existem dois fatores principais em ação: globalização e mudança tecnológica. É a importância relativa desses dois fatores que causa as faíscas acadêmicas.

Globalização e desigualdade

A discussão sobre a globalização é simples. A abertura da China e outros mercados emergentes à economia mundial efetivamente adicionou alguns bilhões de pessoas à força de trabalho do mundo. A concorrência extra no mercado de trabalho não se espalhou igualmente por todas as categorias: estava concentrada na extremidade inferior, em que as pessoas tinham poucas habilidades. Consequentemente, a globalização tendia a ter um efeito deprimente sobre os salários mais baixos nas economias desenvolvidas.

Enquanto isso, muitas pessoas no topo da distribuição de renda se beneficiaram bastante. Não apenas não sofreram muita concorrência direta de pessoas com salários mais baixos nos mercados emergentes, mas puderam então comprar muitos bens e serviços a preços mais baixos do que antes. Além dos muito milhões de pessoas nos mercados emergentes que foram bastante beneficiadas, esses "ocidentais" privilegiados são os grandes vencedores na globalização.

Para além disso, como a globalização efetivamente adicionou alguns bilhões de trabalhadores à força de trabalho do mundo desenvolvido, mas quase nenhum capital extra, ela aumentou o retorno para o capital (lucro) à custa do retorno para o trabalho (ordenados e salários). Como a propriedade das ações está concentrada na extremidade superior da distribuição de renda (apesar de a propriedade indireta generalizada das ações por meio de fundos de pensão), isso também aumentou a desigualdade — pelo menos nos países desenvolvidos. (Vale ressaltar que, em escala mundial, a globalização reduziu bastante a desigualdade, pois aumentou enormemente a renda de milhões de pessoas pobres na China e outros países.)

A reviravolta tecnológica

A explicação tecnológica também vai direto ao ponto — mas com uma reviravolta interessante e importante. A parte simples é o contínuo decréscimo na demanda por mão de obra, principalmente, nos tempos atuais, graças a computadores e desenvolvimentos associados.

A reviravolta é que a revolução das comunicações causou a proliferação dos chamados mercados do tipo "o vencedor leva tudo". Nos mercados tradicionais, a remuneração tende a estar atrelada ao desempenho absoluto, mas, nos mercados desse novo tipo, trata-se de desempenho relativo. Um dos fatores-chave que limitou a extensão dos mercados em que o vencedor leva tudo foi a distância. Isso permitiu que um prestador de serviços de segunda ou terceira categoria, ou pior, permanecesse nos negócios e até prosperasse. Mas agora, desde que o serviço em questão possa ser digitalizado, a distância não será mais uma barreira. Isso efetivamente uniu o mercado globalmente e deu acesso aos melhores provedores de serviços do mundo.

GANHADORES E PERDEDORES

Além disso, os produtos digitais desfrutam de enormes economias de escala. Isso permite que o líder de mercado atue abaixo do preço de qualquer concorrente e ainda tenha um bom lucro. Uma vez que os custos fixos sejam atendidos, cada unidade produzida a mais custa quase nada para entregar. O resultado é uma tendência ao monopólio, com todos os resultados usuais. Alega-se que a Amazon detém quase 75% do mercado de livros eletrônicos, o Facebook é o meio para 77% do uso de mídias sociais e o Google detém quase 90% do mercado de publicidade em buscas[6].

O novo mundo digital produz vencedores em uma escala nunca antes imaginada. O sucesso dos livros e filmes do Harry Potter de J. K. Rowling é um exemplo. Outro é a música pop coreana Gangnam Style e a dança que a acompanha. Se você que está lendo isso não viu o vídeo da música no YouTube (para não mencionar tentativas de dançá-la), está entre uns poucos bilhões de pessoas. Mas ele já foi assistido 2,4 bilhões de vezes, e a contagem segue. Não há precedentes para uma audiência tão grande[7].

Grandes fortunas amealhadas dessa maneira levam a fortunas de segunda linha obtidas por quem atende os super-ricos. Afinal, se J. K. Rowling entrasse em uma disputa legal, ela certamente empregaria os melhores advogados. Ela não estaria interessada em correr os riscos de contratar os serviços de segunda ou terceira categoria, e muito menos aqueles mais abaixo ainda na escala jurídica.

Isso não é novidade. O grande economista Alfred Marshall (que ensinou Keynes) escreveu: "Um cliente rico cuja reputação ou fortuna — ou ambas — está em jogo dificilmente considerará alto demais o preço para garantir os serviços do melhor homem que encontrar."

Erik Brynjolfsson e Andrew McAfee citam o exemplo do atleta O. J. Simpson, que pagou milhões ao advogado Alan Dershowitz para defendê-lo no tribunal. É verdade que os serviços de Dershowitz não foram digitalizados e vendidos para milhões de pessoas da mesma forma que os de Simpson. No entanto, os pesquisadores dizem: "Dershowitz é uma estrela por procuração: ele se beneficia da capacidade de seus clientes superstars, cujo trabalho foi mais diretamente alavancado pela digitalização e pelas redes de contatos."[8]

Essa conversa sobre atletas e autores que são estrelas pode ter dado a entender que a estrutura "o vencedor leva tudo" se aplica apenas a alguns poucos mercados isolados. Mas essa impressão está errada: ela se aplica a várias partes da economia. Por que ouvir uma orquestra semianônima quando você pode ouvir a melhor? Por que ser ensinado pelo medíocre (no melhor dos casos) professor de uma universidade local quando você pode ser ensinado remotamente pelos melhores professores que Oxford ou Harvard têm a oferecer? Por que empregar contadores de décima categoria (corretores de investimentos, cirurgiões ou qualquer outra coisa), quando você pode empregar os melhores? Em resumo, por que se contentar com algo menos do que o melhor que o dinheiro pode comprar?

Há uma resposta para essa pergunta: tudo depende. Onde os serviços são digitalizáveis e não há limite para o número de clientes, não há realmente nenhuma razão. Em casos extremos, isso significa que todos, exceto os melhores provedores do serviço, sairão do negócio, e pode não haver preço baixo o suficiente para mantê-los no jogo. Como Brynjolfsson e McAfee disseram: "Mesmo se nos oferecêssemos a cantar Satisfaction de graça, as pessoas ainda prefeririam pagar pela versão cantada por Mick Jagger."[9]

Esse resultado não se aplica com exatidão onde há limites para o número de clientes que um determinado provedor pode atender. Mas o resultado da ampliação do mercado ainda é o de aumentar o valor de mercado dos principais profissionais à custa do resto. Vamos usar a cirurgia como exemplo. A robótica e a IA podem permitir que os cirurgiões operem mais pacientes, mas os principais benefícios advêm do aumento da segurança e da confiabilidade do que fazem e da operação remota, talvez a milhares de quilômetros de distância de seus pacientes. O resultado é que a demanda pelos melhores cirurgiões aumenta. Efetivamente, eles agora enfrentam um mercado global. Cirurgiões menos capazes ainda serão empregados, mas com salários mais baixos — ao menos até que os robôs e a IA equiparem a qualidade e a confiabilidade de seu trabalho com as dos melhores.

O novo Marx?

Portanto, a globalização e a digitalização foram duas forças poderosas operando nas últimas duas décadas para impulsionar um aumento na desigualdade. E agora, neste mundo de crescente desigualdade, um francês traz presentes (intelectuais). Em 2014, Thomas Piketty publicou um livro explicando a tendência de aumento da desigualdade de uma maneira diferente e poderosa e prevendo que ela se intensificaria. *O Capital no Século XXI*, de Piketty, tornou-se uma sensação internacional. O livro acabou virando o ponto de partida para milhares de outros livros, trabalhos acadêmicos e teses de doutorado.[10]

A tese de Piketty é que a distribuição de riqueza e renda deve se tornar cada vez mais desigual, simplesmente porque o retorno do capital excede a taxa de crescimento econômico. Isso significa que a riqueza cresce mais rapidamente que a renda nacional. Como a riqueza é altamente concentrada, isso deve levar a uma sociedade cada vez mais desigual.

Piketty afirma que isso sempre aconteceu na Europa ocidental, até onde seus dados alcançam. Nos séculos XVIII e XIX, diz, a renda era grotescamente concentrada. Mas os dramáticos eventos do início e meados do século XX — a Primeira e a Segunda Guerras Mundiais, a Grande Depressão, o advento do Estado de bem-estar social e a tributação progressiva — agiram como corretivos, porém também nos cegaram para a realidade subjacente. Agora, diz Piketty, a distribuição da riqueza voltou para onde estava no final do século XIX e, a menos que algo seja feito para deter esse processo, é inevitável que ela se torne cada vez mais desigual.

Curiosamente e, do ponto de vista deste livro (ou seja, do meu, não do dele), é notável que a palavra "robô" apareça em apenas uma das quase setecentas páginas de Piketty. Dito de outra forma: se você acredita que os robôs e a IA aumentam drasticamente a desigualdade *e* aceita a tese de Piketty, estamos de fato caminhando para um mundo muito desigual.

Críticas a Piketty

Como você pode esperar de um livro cujo impacto foi tão grande quanto o dele, a tese de Piketty foi recebida por uma série de críticas. Este não é o lugar para entrar em um relato detalhado dessas críticas, mas, antes de analisarmos o impacto dos robôs e da IA, precisamos sentir o sabor dos pontos mais importantes dessas críticas e chegar a uma conclusão sobre seus principais problemas[11].

Para começar do início, embora a enorme escala de acumulação e análise de dados por Piketty tenha suscitado grande admiração, existem sérias dúvidas sobre a qualidade e a precisão desses dados. De fato, essas dúvidas são tão sérias que colocam em questão todo o edifício que Piketty construiu sobre essas fundações, incluindo, significativamente, a defesa de uma taxa máxima de imposto de renda de 80% e de um imposto global sobre a riqueza de 20% ou mais.

Existem três vertentes nesta crítica. Primeiro, o professor Martin Feldstein apontou que Piketty confia nas declarações de imposto de renda para obter evidências sobre a renda[12]. No entanto, nos EUA, as mudanças nas regras tributárias desde 1980 deram aos que recebem altos salários menos incentivo para aplicar em investimentos de baixo rendimento isentos de impostos, como os títulos públicos municipais, e também menos incentivo para investir as receitas passíveis de serem taxadas pelo imposto de renda de pessoas jurídicas, que eram tributadas a uma taxa mais baixa. Consequentemente, embora as declarações fiscais sugiram um aumento na desigualdade, na realidade, pode não haver aumento subjacente nenhum.

Segundo, o professor Herbert Grubel apontou que os dados de Piketty (como foram apresentados) concentram-se no aumento da desigualdade entre indivíduos em diferentes momentos[13]. No entanto, ele explica, o mesmo indivíduo pode transitar consideravelmente entre os grupos de renda ao longo da vida. Ele cita dados canadenses que mostram que, dos 100 trabalhadores que estavam no quintil de menor renda em 1990, nos dezenove anos seguintes, 87 haviam se mudado para quintis de maior renda e 21 desses 100 indivíduos chegaram ao quintil de renda mais alto.

Terceiro, Chris Giles, editor de economia do *Financial Times*, mostrou que há sérios problemas com os dados de Piketty em um nível detalhado, incluindo discrepâncias entre os dados em fontes originais e a reprodução de Piketty, bem como a inserção bruta de dados "presumidos", nos quais existem lacunas nos dados originais. Giles diz: "As conclusões de *O Capital no Século XXI* não parecem ter respaldo das fontes do livro"[14].

Teoria e evidência

Por essas críticas aos dados de Piketty serem tão devastadoras, você pode pensar que é supérfluo comentar sobre os defeitos teóricos da tese do autor. No entanto, devemos considerar brevemente a teoria. Afinal, existe uma piada bem conhecida na economia: "Ok, então a ideia não funciona na prática, mas funciona na teoria?". De fato: como disputas sobre dados podem continuar *ad nauseam*, geralmente a ideia central com a qual eles se relacionam pode ter vida própria, mesmo que não tenha base em fatos empíricos.

Uma das principais críticas teóricas da tese de Piketty é que, à medida que o capital se torna cada vez maior em relação a outros fatores de produção e em relação à renda nacional, torna-se cada vez mais difícil obter um bom retorno sobre ele. (Os economistas referem-se a isso como a lei dos retornos marginais decrescentes.) Isso está em desacordo com a ideia de Piketty de que o retorno sobre o capital continuará a exceder a taxa de crescimento econômico praticamente para sempre.

Joseph Stiglitz, ganhador do Nobel, tem uma explicação fascinante e poderosa de como o que deveria ser um retorno decrescente de capitais

GANHADORES E PERDEDORES

coaduna com os dados de Piketty. Ele diz que não devemos equiparar riqueza a capital, como Piketty faz. Em particular, ele diz que, no mundo moderno, boa parte do aumento da riqueza deve-se ao aumento do valor da terra (e de outros ativos geradores de renda). Mas um valor mais alto atribuído à terra (devido ao aumento da demanda) não aumenta a quantidade de terra ou outros ativos disponíveis. De fato, Stiglitz argumenta que, à medida que a riqueza mensurada vem aumentando nas últimas décadas, a quantidade de capital produtivo implantado na economia pode ter diminuído[15].

Outra crítica importante é que a simplicidade da análise de Piketty baseia-se na suposição de que todo o retorno sobre o capital é reinvestido e que nenhuma das receitas auferidas pelo trabalho é poupada (ou seja, usada para acumular capital). Mas, em uma economia moderna, por outro lado, grande parte do retorno do capital é gasto no consumo, enquanto boa parte do retorno do trabalho é economizada. Isso é particularmente verdadeiro em um mundo de fundos de pensão e propriedade privada generalizada[16].

Uma crítica adicional — e reveladora — não é teórica, mas empírica. Quando você olha para as listas dos mais ricos, particularmente nos EUA, mas também em outros lugares, é impressionante que muitos dos super-ricos tenham adquirido sua riqueza por meio do trabalho, levando a aumentos fantásticos no valor das empresas que fundaram e/ou construíram. Isso se aplica a Jeff Bezos, Warren Buffett, Bill Gates, Mark Zuckerberg e muitos outros.

E os principais figurantes da lista estão constantemente mudando. Considere a lista da *Forbes*. Daqueles norte-americanos listados por ela como os mais ricos em 1982, menos de um décimo ainda estava na lista em 2012. Além disso, a parcela que figura na *Forbes* 400 que obteve sua riqueza por herança parece estar em acentuado declínio.

Uma das coisas interessantes que o estudo de Piketty revela é que o recente aumento da desigualdade salarial está muito concentrado no topo. Nos EUA, a diferença entre a renda de trabalhadores qualificados e não qualificados parece ter parado de aumentar por volta do ano 2000. Por outro lado, a renda no topo decolou. No entanto, é difícil explicar como os ultrarricos ficaram ainda mais ricos como resultado da tecnologia ou do emprego de mão de obra barata estrangeira. Piketty estima que 60% a 70% dos 0,1% que estão no topo são executivos-chefe e outros gerentes corporativos seniores[17].

Esses recursos decorrem de fatores independentes de qualquer coisa relacionada à IA — ou à teoria de Piketty. Surgem do fato de os acionistas

161

institucionais não conseguirem restringir os salários dos executivos seniores e da financeirização da economia nos países anglo-saxões. Já houve movimentos para reverter esses dois fatores. Desde a Grande Crise Financeira, os bancos tornaram-se mais rigorosamente regulamentados. De um modo geral, acionistas institucionais começaram a atuar mais fortemente na restrição dos salários dos executivos. Mas há, em ambos os aspectos, espaço para muito mais progresso. (Mais sobre o tema no Capítulo 9.)

Qual é o resultado? Muitos da esquerda consideram Piketty um herói, aderindo fortemente à sua teoria que sugere que a desigualdade está fadada a aumentar inexoravelmente. Eles enxergam isso como motivo de defesa para ações públicas radicais, mesmo antes de qualquer efeito dos robôs e da IA. Eles podem enxergar o impacto redistributivo da nova revolução industrial como algo a ser acrescentado ao processo de concentração de renda de Piketty (e que talvez o acelere), ou simplesmente como algo que lhes permita assumir uma nova causa principal do aumento da desigualdade, se sentirem que a tese dele tem sérios furos. E, como discutimos acima, ela tem mesmo alguns buracos importantes.

Os estudiosos parecem unir-se na admiração pelo trabalho que Piketty fez para reunir dados de vários países durante um período tão longo. Mas poucos acham sua teoria convincente. Eu também não acho. Não precisamos da teoria simples, mas potencialmente poderosa, de Piketty para explicar o que aconteceu com a desigualdade. Além disso, muitos dos fatos públicos desafiam seriamente a tese dele. Consequentemente, agora podemos deixar Piketty para os historiadores econômicos usarem como banco de dados — e como base para inúmeras e aguerridas disputas.

Empregos e pagamentos

Portanto, agora podemos voltar nossa atenção para o impacto na distribuição de renda da revolução da IA. Os não economistas costumam falar sobre emprego em termos absolutos. Falam do *desaparecimento* de alguns empregos e sua substituição por outros. De fato, eu mesmo usei essa abordagem simples na discussão do capítulo anterior.

Mas o método natural da economia pressupõe que o sistema é flexível. E o combustível para essa flexibilidade é preço. Consequentemente, em um mundo dominado pela IA e por robôs, é melhor pensarmos no mercado de trabalho em termos de oferta e demanda e ver as mudanças nesses dois fundamentos como expressões de mudanças nas quantidades e nos preços. No

Ganhadores e perdedores

caso do emprego, o preço em questão são salários. E é claro: o que acontece aqui alimenta o que acontece com a distribuição de renda.

Então, quem serão os vencedores e os perdedores? Kevin Kelly, editor da revista *Wired*, fez uma contribuição fundamental para o debate dessa questão. Ele disse: "Você será pago no futuro com base em como você trabalha com robôs[18]." O economista-chefe do Google, Hal Varian, costuma dizer que as pessoas devem procurar ser um "complemento indispensável" para algo que está ficando abundante e barato. Bill Gates disse que decidiu entrar no software quando viu que isso aconteceria com os computadores.

Na prática, como argumentei no capítulo anterior, isso não significa que você precise ser um nerd da IA para ter sucesso na economia dominada por ela. Na verdade, argumentei que muitos dos empregos oferecidos — e bons empregos — vão se concentrar no fator humano. O quão bem você interage com os seres humanos será pelo menos tão importante quanto quão bem você interage com os robôs, e talvez mais ainda. Os perdedores na economia da IA serão aqueles que estão fazendo trabalhos essencialmente robóticos e/ou são eles mesmos irremediavelmente robóticos quando lidam com outras pessoas. Estou certo de que os leitores conhecerão muitos exemplos desses tipos humanos a partir de suas próprias experiências.

É tentador supor que os perdedores serão pessoas na base da pirâmide educacional e de renda que serão superadas por robôs e pela IA. Se eles conseguirem encontrar emprego, certamente terão rendimentos muito baixos. De fato, seu valor no mercado pode ser tão baixo que fique abaixo de um nível decente. Consequentemente, milhões dessas pessoas podem escolher — ou serem forçadas — a depender de benefícios do Estado. Enquanto isso, muitos (se não a maioria) dos que estão mais acima na escala de renda e capacidades estarão protegidos contra os robôs e a IA, da mesma forma que as pessoas em terras altas estão protegidas contra enchentes.

Na verdade, não tenho certeza de que essa visão esteja correta. As rodadas anteriores de mecanização e, de fato, de informatização, e até o uso industrial de robôs, estavam, sim, centradas na substituição de mão de obra não qualificada ou pouco qualificada nas fábricas. Os trabalhos qualificados e até os administrativos foram pouco impactados inicialmente. Mas posteriormente sofreram um enorme impacto. De fato, os empregos de datilógrafos e arquivistas efetivamente desapareceram. Na maioria dos países ocidentais, esse processo está quase completo.

A Economia da Inteligência Artificial

Como argumentei no capítulo anterior, muitos dos empregos que agora estão ameaçados pela IA são cargos não manuais moderadamente qualificados, que costumam ser razoavelmente bem-remunerados. Por outro lado, é provável que a demanda por trabalho manual básico se mantenha alta e, consequentemente, as pessoas que fazem esses trabalhos ainda devem ser (moderadamente) bem-remuneradas. Além disso, a revolução da IA pode, de certa forma, melhorar sua posição à medida que aumente a demanda por seus serviços como consequência do aumento de renda e riqueza.

Existe uma suposição generalizada de que, embora a maioria dos empregos perdidos para a tecnologia seja relativamente bem-remunerada, de alta qualificação, novos empregos tendem a ser cargos pouco qualificados e mal-remunerados, predominantemente no setor de serviços. Temos uma imagem dos novos empregos como trabalhos malremunerados em lanchonetes *fast-food* ou como entregadores de comida. Mas o fato é que a exigência média de habilidades para empregos no Reino Unido continuou a aumentar. Nos últimos dez anos, a participação de categorias ocupacionais com maior remuneração (gerentes e altos funcionários, cargos técnicos, científicos e intelectuais) no total de empregos no Reino Unido aumentou de 42% para 45%.

Além disso, mesmo nas atividades supostamente não tão qualificadas, os trabalhadores de fato precisam dominar várias habilidades básicas que seus equivalentes nas gerações anteriores não tinham e nem teriam necessitado: capacidade de usar e se comunicar por telefone e computador e a habilidade de dirigir um automóvel. É verdade que existe um número significativo de membros da sociedade de hoje que não detém essas habilidades, mas a maioria das pessoas as tem. Além disso, elas geralmente não foram aprendidas de maneira formal, e sim como parte normal da vida moderna. A capacidade de dirigir, ou pelo menos passar no teste de direção exigido legalmente (que não é exatamente a mesma coisa), é uma exceção. O resultado é que os trabalhadores têm mais habilidades — ou seja, se preferir, detêm mais capital humano — do que parece à primeira vista.

Como a IA pode reduzir a desigualdade

Alguns avanços na IA produzem resultados surpreendentemente favoráveis para pessoas com renda mais baixa. A Uber transformou o transporte em muitas cidades. Em Londres, minou o negócio dos *black cabs*, os famosos táxis pretos. Seus motoristas são conhecidos por dedicarem muito tempo e esforço a decorar as ruas de Londres — habilidade conhecida entre eles como *"the knowledge"*, ou "o conhecimento". Mas o valor desse conhecimento foi radicalmente reduzido pela disponibilidade de mapas via satélite que podem ser recebidos em um smartphone. Em consequência disso, os *black cabs* são regularmente preteridos em favor de motoristas que não sabem quase nada sobre a cidade em que estão dirigindo.

De um ponto de vista puramente econômico, esse aumento na oferta resulta na redução do preço de equilíbrio. No entanto, se você tentar sugerir a um taxista de Londres que os *black cabs* são muito caros e que o preço de suas tarifas (que é definido por um órgão regulador) deve diminuir, terá sorte se escapar com vida. O taxista entenderá que você está sugerindo que ele "merece" ganhar menos do que costuma receber. Ele lhe dará uma resposta bem ríspida, que não pode ser impressa aqui.

No entanto, como o preço das corridas de Uber é muito menor, eles expandiram bastante o mercado de corridas de táxi. E, como a tecnologia permite que os motoristas da Uber identifiquem e atendam passageiros de maneira rápida e eficiente, eles demoram menos que os taxistas tradicionais, que ficam ociosos ou percorrendo as ruas na esperança de ganhar "uma corrida". Estima-se que, nos EUA, os motoristas de Uber ganham cerca de US$19 por hora, contra cerca de US$13 dos táxis tradicionais[19].

É certo que, se os carros autônomos acabarem proliferando, o aumento na renda de pelo menos alguns desses motoristas poderá ser meramente transitório. No entanto, como argumentei no capítulo anterior, o impacto dos automóveis sem condutores na demanda por motoristas humanos provavelmente será muito menor do que os entusiastas alegam.

O exemplo da Uber oferece um vislumbre interessante sobre os efeitos gerais da tecnologia na distribuição de renda. O advento da Uber transfere renda de taxistas antiquados para motoristas menos qualificados. Isso aumenta a desigualdade? Dificilmente. Os motoristas de táxi tradicionais tendem a ser relativamente bem pagos em comparação com outras pessoas da classe trabalhadora. Na realidade, pode-se dizer que essa transferência está tornando a distribuição de renda mais igualitária.

Ademais, há os benefícios para os consumidores. *Tais benefícios* estão mais propensos a serem aproveitados pelos mais ricos? Não necessariamente. Na realidade, é possível que se dê o contrário. E como se valoriza o aumento de viagens (e maior conveniência e segurança) agora possibilitadas pela nova tecnologia? É provável que este benefício seja sentido mais profundamente pelas pessoas no estrato inferior da escala de renda, cuja demanda por viagens é muito mais sensível aos preços, e que no passado não tinham condições de viajar de táxi.

É certo que a revolução da Uber traz um elemento que poderia tornar a distribuição de renda mais desigual — a saber, o ganho potencial de enormes lucros para os proprietários do aplicativo, que não serão distribuídos de modo igualitário pela distribuição de renda. Eles certamente estarão entre os membros mais abastados da sociedade. Mas, pelo menos até agora, esse ponto permanece apenas de interesse teórico, uma vez que a Uber, hoje, sofre grande prejuízo.

Os benefícios de serviços mais baratos

O fenômeno Uber não é um exemplo isolado. A maioria das tecnologias disruptivas de hoje está corroendo a cobiçada posição de trabalhadores qualificados e empresas estabelecidas, beneficiando, assim, toda a população.

Isso é especialmente verdade na indústria das fintechs, que está corroendo as antigas e enormes margens de lucros de várias áreas tradicionais do setor bancário, como câmbio, captação de depósitos e empréstimos. O efeito é a dispersão dos benefícios dos custos mais baixos da prestação desses serviços para toda a faixa da distribuição de renda. Além dos donos de ações de bancos, os que perderam são os vários trabalhadores que encontraram emprego, geralmente muito bem recompensado, nas funções intermediárias dos bancos tradicionais.

Algo semelhante pode acontecer nos serviços jurídicos básicos. Eles ficarão muito mais baratos graças ao emprego da IA. O resultado será o aumento do uso desses serviços. O efeito benéfico será sentido em maior proporção entre os menos abastados, que, atualmente, no geral, consideram os serviços jurídicos muito caros.

Em consequência disso, não é de forma alguma óbvio que a revolução da IA esteja fadada a aumentar a desigualdade de renda. Na realidade, é possível que, pelo menos em algumas partes da distribuição de renda, o efeito da revolução da IA seja *reduzi-la*. Afinal, os capítulos anteriores defendem que muitos trabalhos manuais não sucumbirão prontamente à automação. Enquanto isso, muitos empregos qualificados, mas essencialmente rotineiros, o serão. Os principais exemplos destes últimos incluem um grande número de advogados e contadores de nível intermediário. Essas pessoas geralmente ganham muito mais do que o trabalhador manual médio.

GANHADORES E PERDEDORES

Mas perceba: isso não resolve o problema. Nos EUA, houve recentemente um aumento na demanda pelas habilidades daqueles que estão no topo da distribuição de renda, e também um aumento na demanda por serviços feitos pelas inúmeras pessoas relativamente pouco qualificadas que estão na base, à custa das pessoas na faixa intermediária, com habilidades moderadas de uma modalidade mecânica — do tipo que pode ser facilmente substituído pela IA. Mas isso não parece ter feito muito para aumentar os salários da base, porque existe um fluxo contínuo de pessoas da faixa de habilidades e rendimentos médios para ocupações de habilidades e renda mais baixas.

Por outro lado, não há muito fluxo de pessoas deslocadas da classe média para cima, porque a mudança para esse grupo geralmente requer um nível de educação muito mais alto, como qualificações técnicas que não podem ser adquiridas da noite para o dia. Pode levar vários anos de treinamento antes que alguém possa passar para esse grupo superior — ainda que já esteja capacitado.

Na literatura, o fenômeno resultante de mais empregos, tanto na parte superior quanto na parte inferior da distribuição de renda, é conhecido como "polarização do emprego". Isso parece prejudicar muito a chance de aumento de renda para as pessoas na base da distribuição de renda, à medida que seus rendimentos continuam a ser deprimidos por esse fluxo constante de pessoas deslocadas de cima. Mas David Autor, professor de economia do MIT, pensa o contrário. Ele suspeita que a maior parte da erosão dos empregos de renda média por causa dos computadores e da IA já acabou. O que nos resta agora são muitas ocupações em que a IA é complementar às habilidades humanas, como técnicos em radiologia, técnicos de enfermagem e outros trabalhos de apoio médico.[20]

Autor observa que jornalistas, comentaristas e até mesmo especialistas em IA geralmente exageram até que ponto as máquinas farão substituições e subestimam até que ponto elas complementam o trabalho humano, perdendo, assim, a possibilidade de aumento da produtividade do trabalho e altos salários reais. Isso é tão verdadeiro para a IA quanto para os computadores e para as ondas anteriores de mecanização.

Mas significa ainda que os trabalhadores precisam melhorar um pouco as suas qualificações para poderem interagir produtivamente com a IA. Novamente, o mesmo se aplica aos computadores. Hoje em dia, dificilmente existem trabalhos administrativos — ou mesmo qualquer trabalho — que possam ser executados por alguém que não saiba operar um computador.

A Economia da Inteligência Artificial

Trabalhadores da construção civil que podem manejar uma pá, mas não operar uma escavadeira, ainda podem ter alguma demanda, mas ganham muito menos do que o trabalhador que consegue trabalhar tanto com a pá quanto com a escavadeira.

Tecnologia e monopólio

Argumentei acima que, no mundo digital e, por extensão, no novo mundo com inteligência artificial disseminada, pode haver uma tendência inerente ao monopólio que tenderia, portanto, a maiores lucros. Tudo o mais mantido como está, isso tende a aumentar a desigualdade, na medida em que a propriedade das empresas que desfrutam desses monopólios será uma prerrogativa dos ricos.

Mas esse argumento não pode ser aceito sem críticas. Embora o mundo digital realmente pareça ser caracterizado por um alto grau de oligopólio ou monopólio, sua característica permanente é a mudança disruptiva.

Afinal, empresas icônicas como Facebook, Google e Amazon não existiam há 25 anos. O surgimento delas, do nada, corroeu ou destruiu a posição lucrativa de muitas empresas estabelecidas e trouxe grandes benefícios aos consumidores.

Portanto, seria imprudente supor que a posição delas no mercado esteja gravada em pedra. Por causa das economias de escala e da vantagem do pioneirismo, podem não ser tão vulneráveis aos concorrentes que tentam fazer o mesmo que elas — embora não possam ter certeza disso. Sua verdadeira vulnerabilidade é que algumas novas tecnologias podem surgir e prejudicá-las, assim como aconteceu com aquelas que as precederam.

Além disso, algumas tecnologias modernas, como o blockchain e a impressão 3D, facilitam a produção em pequena escala. Ademais, outro possível efeito surpreendente sobre a distribuição de renda surge da discussão sobre a relação trabalho-lazer do Capítulo 4. Em uma reviravolta em comparação à maior parte da história da humanidade, constata-se que, na sociedade atual, aqueles que estão no topo da distribuição de renda tendem a trabalhar mais horas do que aquelas na parte inferior. Há alguma evidência de que isso não está em acordo com as preferências das pessoas — em ambos os grupos.

Agora, suponha que esteja correto e que, na economia do futuro, as pessoas do topo da escala de renda trabalhem menos, enquanto as pessoas da base trabalhem mais. Naturalmente, isso tenderia a reduzir a disparidade de renda (medida em dinheiro, sem levar em consideração o tempo de lazer) entre a parte superior e a inferior.

É certo que, porém, a revolução dos robô e da IA pode muito bem favorecer capital em vez da mão de obra. E, como o capital pertence principalmente aos mais abastados, na ausência de intervenção, isso provavelmente levará a uma distorção dos benefícios dos robôs e da IA em relação aos que estão no topo da pirâmide de renda.

Essa possibilidade pode ter uma consequência intergeracional decisiva. Os donos do capital serão predominantemente idosos, enquanto os fornecedores de mão de obra serão predominantemente jovens. Então, é fácil ver as mudanças desencadeadas pela revolução da IA como beneficiando os idosos à custa dos jovens.

E pode haver um grande impacto na mobilidade social. Se houver um empobrecimento generalizado, seja porque os empregos são escassos ou porque pagam muito pouco, será extremamente difícil acumular capital a partir da renda.

Avaliação geral

É compreensível que muitas pessoas temam pela futura distribuição de renda em um mundo dominado por robôs e pela IA, em que multidões brigam por empregos malremunerados. Enquanto isso, haveria um desequilíbrio a favor dos proprietários de capital e dos poucos humanos que têm as habilidades necessárias no novo mundo. Nessas condições, muitas pessoas enfrentariam uma escolha entre emprego malremunerado, provavelmente irregular e precário, e desemprego de longa duração.

Esse efeito viria coroar poderosas forças da economia moderna que já estão avançando nessa direção. Certamente, muitas pessoas, incluindo muitas das grandes figuras dos mundos da inteligência digital e artificial, temem esse futuro.

Se algo como isso de fato acontecer, pode ser necessária uma intervenção significativa do Estado para impedir e/ou corrigir a situação. Isso leva a questões sobre a distribuição ideal (ou pelo menos aceitável) de renda na sociedade, bem como os custos e as consequências não intencionais de medidas que podem ser tomadas para corrigir o aumento da desigualdade. Discutirei essas questões no Capítulo 9.

No entanto, está longe de ser pacífica a conclusão de que a economia da IA envolverá muito mais desigualdade. De fato, muitos dos desenvolvimentos na revolução da IA estarão avançando na direção da redução da desigualdade, pois prejudicam a renda da classe média, fornecendo serviços a preços mais baixos e beneficiando, assim, pessoas que estão abaixo da escala de renda. Obviamente, muitos empregos serão perdidos, mas novos os substituirão. Tampouco é inevitável que esses novos empregos sejam de baixos salários. A capacidade da grande massa de pessoas de obter empregos relativamente bem pagos dependerá de uma série de fatores:

- A capacidade técnica dos robôs e da IA. (No momento, em uma ampla faixa de atividades em que eles agem independentemente dos seres humanos, seu desempenho tem sido decepcionante.)
- Os custos de produzir, manter e financiar robôs e inteligência artificial.
- O espaço para os robôs e a IA interagirem de modo vantajoso com os seres humanos (quanto mais os robôs e a inteligência artificial servirem de complemento ao trabalho humano, em vez de substituí-lo, maior será o salário que os humanos podem ganhar).
- O quanto os humanos querem comprar produtos e, mais especificamente, serviços de outros humanos.
- Até que ponto os robôs e a IA reduzem o custo dos serviços atualmente oferecidos pelos relativamente bem pagos em benefício dos consumidores menos bem pagos.
- O nível em que os seres humanos decidem voluntariamente ter mais lazer. (A extensão em que isso acontecer fortalecerá a posição de barganha do trabalho humano versus capital e IA.)
- Até que ponto a preferência por mais lazer é prerrogativa de pessoas no topo da distribuição de renda.

Claramente, todos esses pontos se inter-relacionam, e é extremamente difícil dizer como as coisas vão acontecer. Mas é provável que o equilíbrio dos fatores listados acima permita que a grande parte das pessoas desfrute de rendimentos crescentes, mesmo quando os robôs e a IA começarem a proliferar. E é perfeitamente plausível que não haja um aumento significativo na desigualdade de renda.

Se houver, pode muito bem ser um fenômeno temporário. O grande economista Simon Kuznets argumentou que o desenvolvimento econômico aumentaria a desigualdade no início, mas que posteriormente esse alargamento seria revertido. Além disso, essa história se encaixa na da Revolução

GANHADORES E PERDEDORES

Industrial. Como mostrei no Capítulo 1, a renda real dos trabalhadores caiu nas primeiras décadas do século XIX.

O resultado é que é muito cedo para concluir que, à medida que os robôs e a IA se firmarem, haverá uma grande mudança na direção do aumento da desigualdade. Nós simplesmente não sabemos. Afinal, se soubéssemos no final do século XIX que o emprego na agricultura, no trato de cavalos e no serviço doméstico estava prestes a se dissolver, seria fácil concluir que as perspectivas para os menos favorecidos estavam prestes a se deteriorar acentuadamente e imaginar as filas enormes dos pobres em busca de migalhas de trabalho e renda. O resultado, é claro, foi exatamente o oposto. Por que algo semelhante não poderia acontecer novamente?

Cidades que ganham e cidades que perdem

O mesmo vale para regiões e países? Como os robôs não têm preferência por onde são colocados e, pelo menos até que dominem o mundo (algo a ser explorado no Epílogo), não seria possível perceber caso eles tivessem alguma preferência, logo se pode supor que, embora a IA certamente possa ser empregada em qualquer lugar, a revolução que está por vir diminui as vantagens da concentração geográfica e da aglomeração.

Isso pode levar a crer que a atividade econômica pode ser localizada em qualquer lugar. Consequentemente, pode implicar que as disparidades regionais serão reduzidas à medida que a atividade econômica e, portanto, a acomodação para as pessoas também possam migrar para onde a terra e os serviços são mais baratos. A implicação certamente seria uma migração de cidades caras para cidades, vilarejos e regiões mais baratas.

No entanto, tenho receio de aceitar essas conclusões. Não seria a primeira vez que "a morte da distância" foi declarada — prematuramente. Ela deveria acontecer como resultado da revolução dos computadores e das comunicações, pois as pessoas agora podem trabalhar, se divertir e se comunicar a grandes distâncias. Até certo ponto, isso aconteceu, é claro. Mas não levou à dispersão da atividade econômica. De fato, a tendência à aglomeração parece ter continuado.

Londres é um excelente exemplo. Pode-se facilmente imaginar que a revolução das comunicações teria diminuído a importância de Londres como centro financeiro, impulsionando cidades provincianas no Reino Unido,

171

como Edimburgo, Glasgow, Dundee, Perth, Birmingham, Norwich, Bristol, Leeds, Manchester e Exeter, que tinham, todas, atividades financeiras significativas, e eu costumava visitá-las na juventude como analista financeiro. Na realidade, essas cidades viram empresas financeiras sediadas localmente fundirem-se ou serem compradas, com a atividade sendo transferida para Londres. Somente Edimburgo consegue sobreviver como um importante centro financeiro, embora em uma fração do tamanho de Londres.

Curiosamente, a recíproca não é verdadeira *em* Londres. Costumava-se dizer que, para ser alguém e conseguir alguma coisa no setor financeiro, era preciso estar localizado no coração da cidade de Londres, à distância de uma caminhada do Banco da Inglaterra. Mas, se era assim antes, certamente não é agora. O setor de serviços financeiros se dividiu. Um grande número de instituições ainda está localizado na cidade antiga, mas muitas empresas agora migraram para Canary Wharf, no leste, enquanto muitas outras se mudaram para o oeste, para o aglomerado em torno de St. James's e Mayfair, o centro dos fundos de cobertura. Também existem ramificações em Victoria e Marylebone.

O que poderia explicar essas duas tendências contrastantes? Eu acho que deve ser porque, embora muitos negócios possam ser feitos remotamente, isso serviu para aumentar a importância das reuniões presenciais. Se você está localizado na *hedge fund alley*, em St. James's, pode agendar uma reunião rapidamente com alguém que mora na cidade ou até mesmo em Canary Wharf. Mas não pode fazer isso com alguém estabelecido em Birmingham, muito menos em Glasgow.

Da mesma forma, as empresas que operam nessas diferentes partes de Londres são efetivamente capazes de recorrer ao mesmo conjunto extremamente grande de mão de obra qualificada. Por outro lado, as forças de trabalho de Glasgow, Birmingham e da grande Londres estão, em grande parte, segregadas.

Forças semelhantes que reforçam a aglomeração também estão em ação no mundo do lazer. Jogos de futebol, locais para corridas de cavalos, teatro, casas de ópera, salas de concerto e restaurantes importantes precisam estar localizados a uma curta distância de sua clientela. E isso tem um claro efeito indireto na localização de muitas atividades econômicas — e não apenas em tudo que envolve a prestação desses vários serviços de entretenimento. Se você é um gestor importante de fundos hedge, com considerável renda disponível para gastar em restaurantes, lojas e/ou ópera, prefere morar em Scunthorpe ou Londres? (Para os EUA, leia Peoria, Illinois, em oposição a Manhattan.)

Diz-se que esse fator teve uma influência marcante na presença contínua de um grande número de fundos hedge em Londres, mesmo depois de certas mudanças tributárias desfavoráveis que fizeram uma realocação para a Suíça parecer mais interessante. Genebra certamente tem suas atrações. Mas, no que diz respeito a compras, música e restaurantes, não chega aos pés de Londres. E há também a provinciana cidade suíça de Zug. (Nada contra Zug, a propósito. Alguns dos meus melhores amigos já estiveram lá.)

O professor Ian Goldin, da Universidade de Oxford, argumentou que as mudanças desencadeadas pela revolução da IA realmente *aumentarão* as disparidades regionais. As cidades e regiões mais vulneráveis estão geograficamente isoladas das cidades dinâmicas que experimentam um forte crescimento. A mudança para essas cidades é inibida pelos altos custos de moradia e deslocamento.

Uma conclusão semelhante é alcançada pelo *think tank* The Centre for Cities. Ele espera que, até 2030, sob o duplo impacto da automação e da globalização, cerca de 3,6 milhões de empregos existentes nas cidades britânicas — ou seja, um de cada cinco — sejam deslocados. O centro prevê que as perdas de emprego serão mais pesadas no norte e na região central do Reino Unido. Enquanto isso, no sul, as cidades já estão à frente em áreas como desenvolvimento de software, que terão maior demanda e provavelmente sofrerão perdas proporcionalmente menores[21].

Um relatório da Comissão de Justiça Econômica do Instituto de Pesquisas para Políticas Públicas — ou IPPR, sigla para *Institute for Public Policy Research* — concluiu que, no Reino Unido, Londres tem a maior proporção de empregos que provavelmente serão resilientes diante da automação[22]. Curiosamente, esse relatório também sugeriu que mulheres e alguns grupos étnicos eram desproporcionalmente empregados em trabalhos suscetíveis à automação.

Calum Chace, autor e visionário da inteligência artificial, sugere que as pessoas se agruparão cada vez mais de acordo com a renda. As cidades de São Francisco e Nova York serão áreas proibidas para a maioria dos 85% mais pobres. Ele diz que estes se sustentarão diante das flagrantes desigualdades da sociedade com os "opiáceos do entretenimento gratuito e das mídias sociais"[23].

Pessoalmente, não tenho tanta certeza disso. Assim como no impacto sobre a distribuição de renda, precisamos ter cuidado ao tirar conclusões precipitadas quando grande parte do futuro está envolta em pura incerteza. Devemos estar preparados para ser surpreendidos.

Países que ganham e países que perdem

Até agora, eu pressupus, de maneira implícita, que a revolução dos robôs e da IA atinge todos os países da mesma forma. No entanto, uma breve reflexão deve demonstrar que é bem improvável que isso aconteça. O novo mundo para o qual estamos gradualmente nos dirigindo é tão diferente do antigo, e os desafios que isso representa para indivíduos, empresas e governos são tão intensos, que devemos supor que países diferentes farão escolhas diferentes e terão sucesso diferente em sua implementação.

Assim como a Revolução Industrial revolucionou o equilíbrio internacional de poder, essa nova revolução poderia fazer o mesmo. A Revolução Industrial lançou o Reino Unido na grandeza, porque se industrializou primeiro, e por um tempo, até que a Alemanha e os EUA o ultrapassassem, gozava de uma considerável vantagem de pioneiro. Existe um país que está claramente posicionado para ser um líder na era dos robôs? E existem países que podemos identificar prontamente como prováveis perdedores?

Deve-se enfatizar que há duas formas de tirar o máximo de proveito da IA: produção e consumo. Estes não necessariamente andam de mãos dadas. É perfeitamente possível que apenas alguns países assumam um papel de liderança na produção de produtos e serviços habilitados para IA — provavelmente os EUA, a China e talvez, em alguns campos, o Reino Unido — e, no entanto, esses produtos (e serviços) podem ser utilizados em muitos outros países.

Isso espelha o desenvolvimento dos computadores. Muito poucos países estão envolvidos na fabricação de computadores, e o desenvolvimento do software apropriado é fortemente dominado pelos EUA. Mas, é claro, os computadores são usados em qualquer lugar do mundo. Além disso, se um país decidisse evitar o uso de computadores por não produzi-los, se entregaria à pilha de sucata econômica.

O mesmo vale para a inteligência artificial. Só porque o seu país não produz IA — nenhum dos algoritmos, aplicativos de *deep learning* que conduzem a IA nem as entidades físicas, como os robôs —, isso não significa que não pode beneficiar-se de seu uso. De fato, se não o fizer, corre o risco de cair na irrelevância econômica.

Dito isso, há entre os entendidos de tecnologia uma diferença marcante de opinião sobre como a inovação, inclusive em relação à IA — e os ganhos dela — serão distribuídas globalmente. Em um extremo, há a visão "terra-planista", defendida pelo colunista do *New York Times* Tom Friedman. Isso significa que, graças ao baixo custo e à interconexão da tecnologia moderna, qualquer pessoa com acesso à internet pode inventar um serviço ou produto com potencial escala global.

No outro extremo, está a visão de que o mundo está longe de ser plano. Na verdade, ele teria pelo menos algumas montanhas grandes. Esta é a opinião do professor Richard Florida, da Universidade de Toronto, que enfatiza o fato de que a inovação ocorre em um número seleto de áreas metropolitanas, geralmente girando em torno de uma empresa grande e bem-sucedida e/ou de uma universidade líder.

No entanto, embora o mundo pareça dominado pelas empresas norte-americanas de tecnologia, no estágio inicial e também um pouco depois, a inovação foi globalizada, com vibrantes centros de tecnologia em desenvolvimento na China, Índia e Europa. De acordo com um relatório escrito pelo professor Florida em conjunto com outros colegas, a participação do Vale do Silício nos negócios financiados por capital de risco agora não é muito superior a 50%, em comparação com 95% em meados da década de 1990[24].

Mas o estudo também revela que as 6 principais cidades atraíram mais da metade de todo o investimento em capital de risco e as 24 principais atraíram mais de três quartos. Surpreendentemente, 3 das 10 cidades com mais capital investido estão na China.

Um relatório de 2018 da OCDE concluiu que, em geral, os empregos no norte da Europa e na América do Norte correm menos riscos do que os empregos no sul e no leste da Europa. Ele concluiu que, no oeste da Eslováquia, quase 40% dos empregos estão em risco. Por outro lado, na área em torno de Oslo, na Noruega, diz que apenas cerca de 4% dos empregos estão em risco.

Essas diferenças são essencialmente relacionadas à estrutura atual de emprego. No futuro, porém, as principais características que levam a um sucesso relativo entre os países provavelmente serão diferentes: a quantia gasta no desenvolvimento e pesquisa de IA; o grau em que os robôs e a IA são fortemente regulamentados e/ou tributados; e fatores culturais que regem a rapidez com que robôs e IA são aceitos por pessoas em geral.

Gastos diferenciais

Já existem grandes diferenças na intensidade do emprego de robôs nos países. Em 2016, o número mais alto de robôs industriais por 10 mil funcionários em manufatura foi registrado pela Coreia do Sul, com 631. Posteriormente, o ranking de alguns países importantes é o seguinte: Singapura (488), Alemanha (309), Japão (303), EUA (189), Itália (185), França (132), Reino Unido (71), China (68), Rússia (3)[25].

E diferentes países estão investindo quantias muito diferentes em IA. Segundo a Goldman Sachs, entre o primeiro trimestre de 2012 e o segundo trimestre de 2016, enquanto o Reino Unido investiu US$850 milhões, a China investiu US$2,6 bilhões; e os EUA, aproximadamente US$18,2 bilhões. Apesar de ser tão superado pela China e pelos EUA, o Reino Unido foi o terceiro que mais gastou no mundo. Vale ressaltar que a China se comprometeu a se tornar líder mundial em IA até 2030. Até lá, ela pretende ter construído seu "ecossistema de IA" com US$150 bilhões[26].

A IA geralmente é pensada em termos de robôs ou drones, mas seu impacto costuma ser maior a partir de uma fonte menos visível: a saber, a capacidade de analisar dados. E a China tem potencialmente uma enorme vantagem nessa área — ou seja, muito mais dados. Os sinais são de que a China será um dos maiores empregadores da IA. Em 2017, o país registrou 530 patentes de câmeras e videovigilância, mais de cinco vezes o número solicitado nos EUA. O povo chinês já pode usar o rosto para fazer compras, pagar e entrar em prédios.

Vale ressaltar que, enquanto nos EUA o esforço de pesquisa da IA tem sido amplamente relacionado à internet, na Alemanha a pesquisa se concentrou em áreas nas quais a IA pode melhorar os processos de fabricação e a produção de "bens inteligentes" que integram a IA, como carros e eletrodomésticos. Também é digno de nota que, de acordo com sua história industrial e intelectual, o esforço de pesquisa em IA do Reino Unido floresceu principalmente sem qualquer tentativa do governo de determinar, ou mesmo influenciar, sua direção.

No entanto, em abril de 2018, o governo do Reino Unido anunciou que estava investindo 300 milhões de libras em pesquisa de IA. Isso deveria parecer impressionante, mas, na verdade, trata-se de pouco dinheiro se comparado ao que está sendo gasto internacionalmente. Em documentos endereçados ao Comitê de Inteligência Artificial da Câmara dos Lordes, a Microsoft observou que "em um ano em que China e Índia produziram 300 mil diplomados em ciência da computação, o Reino Unido produziu apenas 7 mil".

É certo que o Reino Unido tem um excelente histórico em pesquisas sobre IA, mas, como em muitos campos, não tem conseguido transformar muito essa proeza em sucesso comercial. Além disso, tem havido uma tendência acentuada de pequenas e inovadoras empresas britânicas de IA serem vendidas para grandes empresas estrangeiras (geralmente, norte-americanas). A venda do DeepMind ao Google é um exemplo óbvio. Fundada em setembro de 2010, foi vendida em 2014. E, independentemente de as empresas fundadas no Reino Unido serem vendidas no exterior, grande parte dos principais talentos de IA da Grã-Bretanha se direciona para outros países, principalmente para os EUA.

Há uma séria perspectiva de o Reino Unido tentar surfar a onda da IA e, como em muitas outras coisas, falhar, pois não há esperança de corresponder à escala dos gastos da China ou dos EUA. Em vez disso, há muito a ser dito sobre a especialização, como a Alemanha parece estar fazendo. Um relatório do mesmo Comitê de Inteligência Artificial da Câmara dos Lordes mencionado acima parece sugerir que o Reino Unido poderia se tornar um líder global nos aspectos éticos e regulatórios da IA — embora não esteja claro como isso se traduz em grande sucesso econômico[27].

No entanto, a área de especialização em IA do Reino Unido poderia ser muito mais ampla. Dado que a IA será complementar a muitos tipos de mão de obra humana qualificada, não seria surpreendente ver a disseminação da especialização nacional na aplicação da IA refletindo a distribuição dessas habilidades humanas entre países. Portanto, os EUA e o Reino Unido podem se especializar na aplicação da IA nas áreas de finanças, direito, contabilidade, serviços comerciais e, talvez, medicina. A Alemanha, a China e o Japão podem liderar a aplicação da IA à manufatura avançada.

Enquanto isso, no estágio atual, você não presumiria prontamente que muitos países da África conseguiriam investir capital suficiente ou gerenciar as mudanças organizacionais radicais necessárias para obter sucesso com a revolução da IA. Se o fizessem, sua área de especialização em perspectiva poderia estar na aplicação da IA em manufatura básica, mineração e agricultura.

Lembre-se: só porque um país começa em vantagem e com uma especialização em um campo específico, não significa necessariamente que ele deve reter essa vantagem e conseguir desenvolver uma especialidade na aplicação da IA nesse campo. Competências e especialidades relativas podem mudar — e de fato mudam. E se um país incorpora mal a IA à atividade em que se especializou, é provável que perca sua especialidade para outros países que conseguem incorporá-la melhor.

Pendor para regulação

A partir da experiência pregressa, bem como com base nas quantias atuais de dinheiro sendo gastas em IA, você pode prontamente esperar que os

EUA e a China estejam na vanguarda da IA e dos desenvolvimentos relacionados. Além disso, são os países com maior probabilidade de permitir que as mudanças econômicas implícitas pela revolução da IA corram livres, sem moderá-las ou suprimi-las por razões sociais. Ocado disse ao mesmo Comitê da Câmara dos Lordes que a relativa falta de regulamentação da China lhe dava uma vantagem, comentando que "menos regulamentação sobre a aplicação da tecnologia está alimentando experimentações e inovações mais rápidas, inclusive no que diz respeito ao uso de dados e IA"[28].

Por outro lado, pode-se facilmente imaginar alguns países tributando e regulando robôs e IA mais fortemente do que outros. Em geral, é provável que estas sejam o tipo de sociedade que já está propensa a dar ampla proteção aos interesses dos seus grupos produtores. A UE vem à mente na hora como um provável taxador e regulador de robôs.

É impossível estar confiante sobre onde o Reino Unido se enquadra nesse espectro. Muito depende de como ele procura se posicionar no mundo pós-Brexit. Eu acho que provavelmente estará em algum lugar entre os EUA e a UE.

Eu discuto como os países podem optar por regular os robôs e a IA e suas consequências, como a questão da possível introdução de um imposto sobre robôs, no próximo capítulo.

Fatores culturais

Impostos e regulamentação não são tudo o que importa aqui. A cultura também é importante. Em geral, os países asiáticos, especialmente China, Japão e Coreia do Sul, parecem aceitar os robôs muito mais facilmente do que os ocidentais. Em geral, os asiáticos não pensam nos robôs como ameaçadores. Gerações de crianças japonesas cresceram pensando nos robôs como heróis úteis. Astro Boy é uma série de mangás que vendeu 100 milhões de cópias. Por outro lado, no Ocidente, os robôs são vistos como profundamente ameaçadores. Os preconceitos internos das pessoas sobre eles são fortemente influenciados pelos filmes da série *O Exterminador do Futuro*.

Talvez essa diferença tenha raízes culturais mais profundas. Masatoshi Ishikawa, professor de robótica da Universidade de Tóquio, pensa assim. Ele sugere que a razão fundamental da diferença é religiosa. Ele compara as religiões monoteístas do Ocidente, que não podem creditar inteligência a uma entidade não orgânica, às religiões espiritualistas do Oriente. Os praticantes desta última podem achar fácil acreditar que os robôs têm um "espírito".

Independentemente de suas raízes serem religiosas ou não, a literatura ocidental está cheia de histórias sobre seres humanos criando coisas que eles não conseguem controlar. Talvez o mais famoso deles seja o Frankenstein, de Mary Shelley. O resultado é que os robôs e a IA provavelmente serão menos aceitos pelo público nos EUA e na Europa do que na Ásia. Isso pode influenciar as inclinações dessas sociedades para regulamentar e tributar fortemente robôs e IA.

Diferentes escolhas nacionais

Se, como discutido neste livro, a disseminação de robôs e o emprego da IA prometem um aumento dramático da produtividade, a classificação relativa dos países no ranking do PIB poderá mudar consideravelmente, dependendo da rapidez com que os robôs e a IA são aceitos, em vez de tributados e fortemente regulamentados.

Consequências semelhantes fluiriam de diferentes escolhas que os países fazem em relação ao equilíbrio entre trabalho e lazer. Se um país decide receber o dividendo da IA na forma de maior lazer, enquanto outro decide aceitá-lo na forma do aumento da produção e da renda reais, o peso econômico do primeiro cairá em relação ao segundo.

De muitas maneiras, isso pode não importar, mas há um aspecto em que isso certamente importaria: capacidade de defesa. Se uma sociedade optar por mais lazer e outra opta por mais produção e renda, e em todo o restante elas forem iguais, então, com o tempo, a segunda aumentará a capacidade relativa de defesa. Eu digo defesa, mas talvez possa dizer com mais precisão: *ataque*. O mesmo argumento se aplica se diferentes países adotarem políticas muito diferentes em relação à tributação e regulamentação de robôs e IA.

Novamente, porém, aqui poderia haver uma resposta política. A preocupação de que um país possa estar muito atrasado em sua capacidade de gastar em defesa, influenciando sua vulnerabilidade estratégica, pode influenciar os seus líderes para persuadi-los a desacelerar ou neutralizar qualquer tendência de sua sociedade a escolher mais lazer em vez de mais produção e talvez também relaxar qualquer inclinação para taxar e regular excessivamente robôs e IA.

Um torniquete no processo de desenvolvimento?

Uma implicação da revolução da IA pode ser tornar mais difícil para os países em desenvolvimento progredir para a primeira divisão do

A Economia da Inteligência Artificial

desenvolvimento econômico. Nas últimas décadas, uma série de países, particularmente no leste da Ásia, fez essa transição com base nos baixos custos de mão de obra, permitindo-lhes expandir seus setores de manufatura por meio de forte dependência das exportações. Esse é o caminho da prosperidade escolhido pelo Japão, Coreia, Taiwan, China, Singapura e Hong Kong. Esses países conseguiram registrar aumentos impressionantes nas exportações, beneficiando-se de economias de escala.

No início, isso se restringia à manufatura, mas, com a revolução das comunicações, se expandiu para partes do setor de serviços. O trabalho de centrais telefônicas, bem como o trabalho contábil e jurídico básico, foi cada vez mais transferido para centros mais baratos no exterior, principalmente na Índia.

Mas, no novo mundo dos robôs e da inteligência artificial, os custos de mão de obra terão uma relevância reduzida. Se é possível obter produtos fabricados com baixo custo e com pouca contribuição humana, por que estabelecer a fabricação na Ásia, quando se pode fabricar localmente e, assim, evitar custos de transporte e atrasos? Pode-se facilmente imaginar uma reversão da tendência dos últimos trinta anos, na qual grande parte da manufatura ocidental migrou para o Oriente. (Se algo assim acontecesse, uma das maiores categorias de perdedores seriam os principais grupos de remessas internacionais.)

Da mesma forma, por que empregar mão de obra humana barata, mas ainda sem custo zero, para realizar tarefas administrativas na Índia, com todos os problemas que isso pode gerar, quando se pode usar um aplicativo que custa quase nada? É certo que, às vezes, a troca de serviços digitais entre locais pode ter alguns recursos surpreendentes. Recentemente, houve um movimento para colocar máquinas em climas *mais frios* — onde os custos de manter os servidores resfriados são mais baixos[29]. Aparentemente, a Islândia é um local favorito.

Obviamente, o motor do comércio internacional são as diferenças nos custos relativos, conforme descrito por David Ricardo em sua teoria da vantagem comparativa, há duzentos anos. Portanto, sempre será vantajoso comercializar, em vez de não comercializar. No entanto, esse princípio não estabelece a quantidade de comércio que será lucrativo (e desejável). E pode muito bem ser que, nas novas condições econômicas, pensando em termos restritos e no nível global, uma redução na quantidade de comércio internacional seja benéfica.

Mas isso destruiria o caminho para a prosperidade de muitos países em desenvolvimento? Provavelmente não faria nada para inibir o desenvolvimento das economias do Leste Asiático. Para eles, a história está completa. Muitos deles já atingiram os padrões de vida dos países desenvolvidos

GANHADORES E PERDEDORES

ocidentais, ou pelo menos se aproximaram deles. É certo que a China e a Índia ainda não estão lá, mas têm mercados internos enormes, o que lhes permitirá ignorar a dependência das exportações como caminho para o sucesso. Além disso, em ambos os países, mas especialmente na Índia, o trabalho ainda é barato, e ainda será rentável empregar trabalho humano em vez de robôs ou IA em uma ampla variedade de atividades econômicas.

Os verdadeiros perdedores poderiam ser os países que ainda não conseguiram fazer muito progresso na escala do desenvolvimento. O economista Dani Rodrik alertou para a "desindustrialização prematura", uma vez que os países ainda com pouco crescimento na escala do desenvolvimento são impedidos de se industrializar por meio das exportações, sendo obrigados a se tornar economias de serviços.

Muitos países africanos vêm à mente na hora. É comum argumentar que alguns deles podem seguir o mesmo caminho de desenvolvimento trilhado por países do Leste Asiático. Afinal, como os países do Leste Asiático se desenvolveram, seus custos com mão de obra aumentaram. Isso tornou possível imaginar que, assim como o Japão transferiu grande parte de sua produção para a China para se beneficiar de custos mais baratos de mão de obra, então, à medida que os custos de mão de obra na China continuarem a subir, a China poderia transferir grande parte de sua produção para a África.

Mas, novamente, se os custos de mão de obra não forem tão importantes, esse processo pode nunca continuar. Portanto, talvez a África nunca seja capaz de aproveitar o *boom* das exportações que levou ao crescimento econômico de muitos países da Ásia. Neste caso, teria que depender de fontes domésticas de demanda. Mas, com a mão de obra doméstica tão barata, é perfeitamente plausível imaginar esses países se atrasarem na implantação de robôs e IA e, assim, permanecerem bem atrás nas escalas de desenvolvimento.

Esse medo de a escala do desenvolvimento ser derrubada por muitas economias em desenvolvimento sofreu um golpe recente. Um estudo publicado pelo FMI argumentou que, essencialmente, não havia nada de especial na manufatura. O crescimento da manufatura não é um pré-requisito para o avanço das economias em desenvolvimento nem é a chave para evitar uma grande lacuna entre empregos "bons" e "ruins".

Além disso, o estudo constatou que vários setores de serviços exibiram um crescimento de produtividade igual ao das indústrias de manufatura de melhor desempenho. Citou serviços postais e telecomunicações, intermediação financeira e distribuição de atacado e varejo. O estudo concluiu que "pular" uma fase tradicional de industrialização não precisa ser um empecilho para o crescimento da produtividade em toda a economia para os países em desenvolvimento[30].

Conclusão

Nas discussões anteriores sobre o impacto da revolução da IA na desigualdade de renda, argumentei que é muito cedo para ter certeza do efeito geral e que precisamos manter a mente aberta. Deveríamos ser igualmente agnósticos sobre o impacto da revolução da IA nas disparidades regionais. Mas provavelmente podemos estar mais confiantes sobre os efeitos dos robôs e da IA nas disparidades de renda entre os países. Esses efeitos dependerão, em parte, de quanto os países gastam em IA. Contudo, isso afetará principalmente o papel deles na produção de robôs e IA.

O fator diferencial realmente importante, porém, será como os países adotam prontamente o *uso* de robôs e IA ou procuram regulá-los e/ou tributá-los com rigor. Nessas questões, a China parece um provável vencedor nas apostas em IA. Neste caso, é claro, como o PIB *per capita* chinês está bem abaixo do PIB *per capita* nos EUA e na Europa, o efeito da revolução da IA poderia ser reduzir a desigualdade global, da mesma forma que ocorreu com a globalização nas últimas duas décadas.

Todos esses possíveis efeitos da revolução da IA na desigualdade podem exigir uma resposta política. Certamente, essa ação não pode ser deixada para indivíduos ou empresas. É inevitável que recaia sobre o Estado. De fato, enquanto nos preparamos para a economia da IA, o Estado potencialmente precisa estar no centro de três grandes questões políticas:

- A regulamentação e possível tributação de robôs e IA.
- A reforma radical do sistema educacional para preparar as pessoas para o trabalho e o lazer na Era dos Robôs.
- A possível redistribuição de renda, como, talvez, a introdução de uma renda básica universal (RBI).

Em relação a esses assuntos, é mais do que tempo de passarmos da discussão e especulação para a ação — ou, pelo menos, para a contemplação.

Parte III
O que fazer?

7
Incentivar ou taxar e regular?

"Infelizmente, robôs não pagam impostos."

Luciano Floridi [1]

"Se a única ferramenta que você tem é um martelo, suponho ser
tentador tratar todos os problemas como se fossem pregos."

Abraham Maslow [2]

Os desenvolvimentos em robótica e inteligência artificial são bons ou ruins
para a humanidade? Essa questão está na raiz de grande parte do material
discutido nos capítulos anteriores. E ela dá origem a toda uma série de
questões políticas. Devemos estimular e incentivar o desenvolvimento da
IA? Se sim, como? Ou devemos procurar restringi-la ou, pelo menos, dimi-
nuí-la? E, novamente, se sim, como? Existe um bom argumento para um
"imposto sobre robôs"?

Além dessas questões, os capítulos anteriores revelaram muitas das
questões éticas, regulatórias e legais que a IA suscita. Seja a inteligência
artificial boa ou ruim para a felicidade humana, essas questões devem ser
abordadas. E elas só podem ser abordadas a partir de políticas públicas,
escolhidas e implementadas pelo governo, em todas as suas várias facetas.

Começo perguntando se é aconselhável, e viável, tentar, por princípio,
inibir ou incentivar o uso de robôs e IA, antes de discutir os argumentos a
favor e contra um imposto sobre robôs. Em seguida, trato de questões regulatórias, legais e éticas, antes de discutir os esforços para impedir a cibercriminalidade e o ciberterrorismo. Concluo com uma discussão das implicações da IA para sistemas políticos democráticos.

Devemos deter os robôs e a IA?

O argumento para a restrição é que a revolução da IA ameaça o bem-
-estar humano. Consequentemente, é do interesse público desencorajar
a propagação de robôs e IA. A substituição de humanos por máquinas
supostamente acarreta desemprego em massa e/ou redução da renda dos

trabalhadores e um aumento acentuado da desigualdade. Para muitas pessoas, a ausência de trabalho trará tédio, alienação e pobreza, com todos os usuais males sociais que geralmente acompanham esse estado.

Uma variante desse argumento é que, mesmo que a IA e os robôs não sejam ruins para a humanidade, a sociedade terá muita dificuldade em se adaptar às grandes mudanças envolvidas, e, portanto, existe um interesse público em adiá-las para dar às pessoas e instituições tempo para se adaptarem.

No entanto, como expus neste livro, há um forte argumento de que a robótica e a revolução da IA terão exatamente o oposto desses temidos resultados. Essa revolução aumentará nossas capacidades produtivas e, no processo, proporcionará a possibilidade de uma vida com tanto mais consumo quanto mais lazer. Como argumentei no Capítulo 5, se o processo for deixado por conta própria, isso provavelmente levará à destruição de alguns empregos antigos, à melhoria de alguns e ao surgimento de outros completamente novos. Em muitos setores, o trabalho humano e os robôs serão complementares.

Mas não podemos saber com antecedência exatamente onde os efeitos de destruição, aprimoramento e criação serão sentidos, muito menos suas magnitudes. Também não podemos saber até que ponto os humanos preferem lazer ao trabalho e o que eles querem fazer com o tempo adicional de lazer que escolherem. Em grande medida, esta é uma área em que deixar o mercado encontrar seu caminho será um processo de descoberta para todos. Seria potencialmente muito prejudicial impor antecipadamente as escolhas ou presunções dos formuladores de políticas, em vez de deixar o mercado fazer seu trabalho.

Isso é particularmente verdade no que diz respeito à escolha entre trabalho e lazer. Por que as decisões que as pessoas tomam nesse momento crítico da história humana deveriam ser fortemente restringidas pelas percepções de quem formula as políticas públicas? Estes são capazes de causar grandes danos mesmo quando aquilo em que estão tentando influenciar já seja algo bem estabelecido e compreendido. Mas, quando estiverem operando no reino do desconhecido, a intervenção negligente terá uma capacidade ilimitada de causar prejuízos — mesmo quando for bem-intencionada.

Kevin Kelly, visionário da IA, compreendeu isso bem. Ele escreveu:

> *Muitos dos empregos que os políticos estão lutando para manter longe dos robôs são aqueles que ninguém acorda de manhã querendo fazer.*[3]

Portanto, eu argumentaria que, embora pudesse ser o caso de criar programas financiados publicamente para ajudar trabalhadores que se tornaram redundantes por essas e outras mudanças tecnológicas, bem como uma assistência em treinamentos, não há um bom argumento para tentar desencorajar ou mesmo retardar a propagação de robôs e IA.

Incentivar a IA?

Isso significa que há motivo para que os governos se empenhem em incentivar e estimular a revolução da IA? Andrew Moore, reitor da Escola de Ciência da Computação da Universidade Carnegie Mellon, é inflexível. Ele disse: "Muitos de nós acreditam que há um imperativo moral de propagar as tecnologias. Acho ofensivo evitar isso deliberadamente."

Perceba: isso equivale a um argumento para não inibir o desenvolvimento da IA, em vez de um para incentivá-lo deliberadamente. De fato, o principal argumento contra incentivá-lo é exatamente o mesmo argumento contra desencorajá-lo. Simplesmente não sabemos o suficiente sobre como a IA afetará a economia e a sociedade. Além disso, a única maneira de descobrir é permitir que pessoas e empresas façam escolhas livres. A última coisa que o governo deveria fazer é incentivar ativamente a IA quando sabe-se lá que distorções e custos isso pode gerar.

Mas veja bem: há um motivo para algum nível de ação do governo. Jim Al-Khalili, professor de física da Universidade de Surrey e presidente da Associação Britânica de Ciências, que já conhecemos neste livro, teme que, a menos que o governo e outros órgãos oficiais façam um esforço sério para informar o público em geral sobre os riscos e benefícios da IA e se envolvam em uma discussão profunda com eles, pode haver uma reação pública séria contra a IA, semelhante à de alguns anos atrás contra os alimentos transgênicos.[4]

Apoio a um imposto sobre robôs

Eu não acho que esse curso de ação faça sentido, mas, se a sociedade julgar que devem ser feitos esforços para desencorajar, ou pelo menos retardar, a propagação de robôs e IA, então, uma das maneiras mais interessantes de fazer isso é por meio do sistema tributário. Afinal, parece que quaisquer impostos cobrados dos robôs seriam pagos por "eles". (Na prática, é claro, todos os impostos acabam sendo pagos por alguns humanos em algum lugar.)

E a ideia de um "imposto sobre robôs" ganhou um apoio considerável, inclusive de ninguém menos que Bill Gates. Ele argumenta que, "atualmente, o trabalhador humano que produz, digamos, US$50 mil em uma fábrica tem essa renda tributada por imposto de renda, contribuição previdenciária, todas essas coisas. Se um robô vier a produzir o mesmo valor, pensaríamos em tributá-lo em um nível semelhante"[5]. Gates afirma: "trabalhos em armazéns, motoristas, faxina — existem várias categorias de trabalho significativas que [serão substituídas por máquinas], com toda probabilidade nos próximos vinte anos"[6].

A Coreia do Sul já fez um movimento no sentido de restringir o uso de robôs. O país anunciou um limite para os incentivos fiscais aplicáveis ao investimento em máquinas automatizadas. Na França, o candidato do Partido Socialista nas eleições presidenciais de 2017, Benôit Hamon, fez campanha pela ideia. (É verdade que ele não venceu. Nem chegou perto.) E, no Reino Unido, a ideia de um imposto sobre robôs foi endossada por Jeremy Corbyn, líder do Partido Trabalhista. Na conferência do partido, ele disse que "precisamos urgentemente enfrentar o desafio da automação/robótica, que pode tornar redundantes tantos empregos contemporâneos". Ele desenvolveu um plano para tributar robôs e inteligência artificial para financiar a educação de adultos[7].

Além disso, um imposto sobre robôs foi proposto no Parlamento da UE, sob a alegação de que "a cobrança de impostos sobre o trabalho realizado por um robô ou uma taxa pela utilização e manutenção de um robô deve ser examinada no contexto do financiamento do apoio e da reciclagem dos trabalhadores desempregados, cujos empregos tenham sido reduzidos ou eliminados"[8]. A proposta foi rejeitada.

De fato, Andrus Ansip, Comissário Europeu para o Mercado Único Digital, é fortemente contra o imposto sobre robôs, dizendo que, se a UE adotasse um, "outros assumiriam a posição de liderança". Seu argumento foi a ideia de competitividade internacional. "A introdução de um imposto sobre robôs em um país, quando não for implementado em outro lugar, pode levar à inovação nesse outro lugar, e empresas e trabalhadores qualificados se mudam para um país com um sistema tributário mais favorável[9]."

Não é nenhuma surpresa que os líderes da indústria de tecnologia e algumas organizações internacionais tenham chamado o imposto sobre robôs de "penalidade sobre a inovação". A Federação Internacional de Robótica acredita que a introdução do imposto "teria tido um impacto muito negativo na competitividade e no emprego"[10].

Argumentos contra e a favor de um imposto sobre robôs

Então, como pesar os prós e os contras de um imposto sobre robôs? Eu já argumentei que a ideia de uma restrição e/ou desencorajamento geral de robôs e IA não tem futuro. No entanto, existem três aspectos fiscais específicos que podem ser adotados para justificar uma taxa sobre robôs, e eles precisam ser analisados um por um.

Neutralidade fiscal

O primeiro é o argumento de que, se os robôs e a IA não forem tributados, será introduzida uma distorção prejudicial no sistema. Definitivamente, o emprego do trabalho humano é tributado, não apenas pela imposição de imposto de renda sobre os funcionários, como também por meio de impostos sobre o emprego, como o Seguro Nacional, no Reino Unido, e os impostos de seguridade social em outros países, tanto para os empregados quanto para os empregadores. Sem um imposto correspondente sobre robôs e IA, argumenta-se, o sistema tributário estaria longe de ser neutro. Na verdade, estaria incentivando a substituição de robôs e da IA pelo trabalho humano[11].

Consequentemente, o sistema tributário poderia estar agravando os problemas do desemprego tecnológico, arrocho salarial e aumento da desigualdade. Mesmo que você, como eu, não concorde com o argumento do empobrecimento em massa, a implicação ainda seria uma renda reduzida para a sociedade como resultado de uma alocação distorcida de recursos.

Mas o que é ou não neutro no sistema tributário depende muito de se considerarem os robôs e os sistemas de IA como "trabalhadores artificiais" ou itens de investimento de capital. Se eles forem vistos como trabalhadores artificiais, seria estranho taxá-los menos que os trabalhadores humanos. Seria um pouco como tributar um tipo de trabalhador de maneira diferente de outro — trabalhadores de baixo nível hierárquico, em oposição aos de altos escalões; aqueles nascidos no primeiro semestre do ano de maneira diferente dos nascidos no segundo semestre e assim por diante.

No entanto, quando se veem os robôs e a IA como máquinas, o aspecto do problema muda radicalmente. Afinal, não apenas decidimos não aplicar um imposto sobre as máquinas (investimento de capital), mas, em muitos países, fazemos especificamente o oposto, por meio da concessão de subsídios, geralmente na forma de vários tipos de isenções fiscais. E, no entanto,

A Economia da Inteligência Artificial

esse investimento de capital pode resultar em uma redução no número de pessoas empregadas em um determinado setor ou função.

Esse tratamento tributário favorável do investimento de capital baseia-se em três premissas principais:

- Os empregos perdidos em uma função ou setor sempre seriam compensados por empregos criados em outras funções ou setores. Se esse resultado não ocorresse naturalmente pelo funcionamento normal do mercado, vários programas governamentais para aliviar as dificuldades estruturais, apoiados pelas políticas monetárias e fiscais e projetados para alcançar o pleno emprego, garantiriam que, no entanto, isso acabasse acontecendo.
- A sociedade como um todo tem um forte interesse em alcançar altos níveis de investimento, que é o caminho para níveis mais altos de PIB *per capita* e, portanto, para padrões de vida mais altos. Por várias razões, as empresas podem relutar em investir tanto quanto for do interesse público. Daí a ideia de dar algum incentivo por meio de isenções fiscais para mais investimentos. Isso é particularmente verdadeiro quando o investimento de capital envolve um elemento de inovação (como é indubitavelmente verdadeiro com robôs e IA). De fato, como as inovações trazem benefícios para a sociedade para além dos lucros gerados para os inovadores, o ex-secretário do Tesouro dos EUA, Lawrence Summers, argumenta que "há tanto motivo para subsidiar quanto tipos de capital tributáveis que incorporam a inovação[12]".
- Em um mundo cada vez mais globalizado, um país tributar bens de equipamentos aumenta a probabilidade de que menos investimentos de capital fossem realizados dentro de suas fronteiras. Além disso, partes de toda a atividade, empresa ou setor podem ser transferidas para outro país.

Dadas essas três premissas, não é interessante igualar a tributação de bens de equipamentos e mão de obra, aumentando a alíquota efetiva de imposto sobre os primeiros. E por que os robôs e a IA devem ser vistos de maneira diferente de outros tipos de bens de equipamento? Seria extremamente estranho tributar robôs e IA, mas não outros tipos de máquinas ou softwares que possam ser igualmente prejudiciais aos interesses de curto prazo de trabalhadores cujos empregos estiverem ameaçados por esse investimento.

De fato, se os robôs e a IA estivessem sujeitos a um imposto especial, isso levaria a algumas distorções brutais. Afinal, o que é um robô? E o que é uma inteligência artificial? E a tecnologia do caixa eletrônico, que, sem dúvida, erradicou alguns empregos bancários? O mesmo se aplica a este caso? Ou a softwares de contabilidade?

Eu deixei claro no início do livro que não há uma definição geralmente aceita de robôs e inteligência artificial, e por boas razões. David Poole, CEO da Symphony Ventures, disse: "Um robô não é uma unidade, como um humano. Em sua maior parte, não são robôs físicos, mas softwares. Realmente, não é diferente de uma planilha." Portanto, se os governos tentassem impor um imposto sobre robôs ou IA, haveria enormes questões legais e de fraude e evasão fiscais, bem como o desvio substancial de investimentos para "quase robôs" e "quase IA".

Talvez, o melhor argumento para acabar com o debate sobre tributação de robôs e IA não seja que taxações semelhantes às de emprego "humanos" sejam impostas a eles (o que quer que eles sejam), mas, sim, que esses impostos sejam abolidos para funcionários humanos.

Mas é claro, tudo o mais mantido igual, isso deixaria um buraco nas finanças públicas que teria que ser preenchido aumentando outros impostos (ou cortando despesas). No entanto, ninguém vai às ruas protestar por mais impostos ou por redução de gastos. Além disso, como observa Robert Shiller, ganhador do Prêmio Nobel, todos os impostos impõem distorções de algum tipo; portanto, o argumento de que uma taxa de robô causaria distorções não encerra satisfatoriamente o assunto. É basicamente uma questão sobre a gravidade das distorções e quais são as alternativas[13]. Mas o problema conceitual de separar robôs e IA de outras formas de investimento de capital, mencionado acima, certamente sugere que as distorções causadas por uma "taxa de robô" seriam muito prejudiciais.

Perda de receita

No entanto, existe um segundo aspecto fiscal da controvérsia sobre taxação de robôs. Nos EUA, cerca de 80% de toda a receita tributária federal derivam do imposto de renda ou sobre a folha de pagamento, e, em outros países, a proporção equivalente é certamente semelhante. Conforme o trabalho humano for substituído por robôs e IA, a menos que impostos semelhantes sejam criados para eles, a base tributária cairá ou, em casos extremos, até entrará em colapso. Portanto, argumenta-se, há uma séria necessidade de suprir a diferença de receita.

Contudo, se a substituição de trabalhadores humanos por robôs e IA leva a uma redução na receita tributária ou não, é coisa que depende do que acontece com esses trabalhadores humanos. Se ficarem desempregados, haverá uma perda líquida de receita — mas não se forem empregados em outras funções. Neste caso, os trabalhadores deslocados continuarão a pagar impostos, incluindo os malfadados impostos sobre a folha de pagamento.

Além disso, o aumento da produção possibilitada pelo uso de robôs e IA resultará em *aumento* de receita para as autoridades, já que as pessoas geralmente pagariam tanto ou mais imposto de renda quanto antes, mas as empresas pagam mais imposto sobre seus produtos, e os consumidores, mais impostos sobre o consumo.

Essa tem sido a experiência desde a Revolução Industrial. Assim, não haverá erosão da base tributária e a consequente necessidade de aumentar a receita extra. De fato, muito pelo contrário.

O único senão importante diz respeito à medida que os trabalhadores escolhem receber os dividendos da IA, se na forma de mais lazer em vez de maior produção (e gastos). Como o lazer não é tributado diretamente, isso pode não levar a um aumento geral da receita tributária e, na verdade, pode levar a uma queda. Qualquer queda na receita teria que ser substituída pelo aumento da receita tributária de um lugar ou de outro. Um imposto sobre robôs e IA é um possível candidato.

Na verdade, isso não constitui um bom argumento para tributar robôs e IA. Como argumentei no Capítulo 4, é improvável que as pessoas recebam todo o dividendo da IA na forma de mais lazer. E se elas receberem dessa forma apenas parte desses dividendos, e o restante na forma de aumento de renda e gastos, como argumentei ser mais provável, haverá uma ampla margem para que a base tributária aumente. Além disso, mesmo que não seja o caso, seria necessário buscar receita extra da maneira menos distorcida, pelas razões expostas anteriormente. Como discutido acima, é improvável que um "imposto sobre robôs" se imponha.

Aumento nos gastos públicos

O terceiro aspecto fiscal do caso de uma "taxa sobre robôs" é um desenvolvimento adicional do segundo. Não apenas a receita do governo pode cair à medida que os humanos forem substituídos por robôs e IA, mas, no mesmo passo, pode haver um grande aumento nos gastos do governo com benefícios de desemprego e similares. De fato, pode ser que o desaparecimento em massa de empregos torne desejável a introdução de alguma forma de renda básica universal (RBU) ou renda mínima garantida (RMG). (Analisarei os argumentos a favor e contra essa sugestão no Capítulo 9.) Neste caso, argumenta-se, é certo e eficiente tributar exatamente o que é responsável por esse aumento nos gastos do governo; a saber, a disseminação de robôs e IA.

É claro que pode haver indivíduos ou grupos específicos que estejam seriamente em desvantagem pela disseminação de robôs e IA. Em casos extremos, eles podem perder seus meios de subsistência à medida que suas habilidades se tornarem redundantes. Eles terão que procurar o reemprego em outro lugar, e isso pode envolver uma aquisição dispendiosa de novas habilidades. Algumas dessas pessoas podem não conseguir adquirir as habilidades necessárias para o novo mundo. Assim, existe um forte argumento para um financiamento público que ajude a transição de uma forma de emprego para outra e sustente aqueles que, por um motivo ou outro, não conseguirem encontrar emprego.

Porém, se for necessário aumentar a receita para financiar medidas de facilitação da transição ou de alívio das dificuldades, ou para financiar a RBU, então, como em qualquer outro tipo de gasto do governo, a receita deve ser aumentada pelos métodos menos distorcidos da base tributária, seguindo todas as maneiras usuais. Especialmente considerando as questões conceituais discutidas acima, parece improvável que a melhor maneira de aumentar a receita— ou seja, a menos distorcida — seja cobrando um imposto sobre robôs e IA.

Portanto, a questão da taxação da IA para diminuir sua disseminação e, portanto, proteger os empregos humanos precisa ser separada da questão de saber se alguma forma de maior assistência pública, como uma RBU, deve ser introduzida, a fim de tanto amortecer os efeitos negativos do desenvolvimento da IA sobre indivíduos e grupos específicos quanto para fornecer uma maneira mais generalizada de reduzir a disparidade de renda.

Robôs e políticas públicas

Só porque o imposto sobre robôs é uma péssima ideia, e permitir que o mercado decida sobre a propagação de robôs e da IA é uma boa ideia, isso não significa que o governo possa simplesmente se afastar de todo o campo da IA com um espírito de completo *laissez-faire*. Há uma série de questões relacionadas a robôs e IA em que o envolvimento dos governos é essencial.

Muitos anos atrás, o visionário Isaac Asimov[14] reconheceu o potencial de os robôs causarem danos e, portanto, previu a necessidade de uma estrutura ética (e talvez legal) que governe seu uso e desenvolvimento. Ele estabeleceu três princípios que, embora deixem muitas questões específicas sem solução, constituem um bom ponto de partida para pensar tanto na conduta privada quanto nas políticas públicas:

- Um robô não deve ferir um ser humano ou, por omissão, permitir que um ser humano venha a ser ferido.
- Um robô deve obedecer às ordens de seres humanos, exceto aquelas que transgridam a Primeira Lei.
- Um robô deve proteger sua própria existência, na medida em que essa proteção não entre em conflito com a Primeira e a Segunda Lei.

O Parlamento Europeu votou recentemente pela criação de um enquadramento ético-legal em relação aos robôs. Por certo, isso está correto em princípio. Mas sabe-se lá o que a UE fará de tal estrutura na prática. Como em todos os tipos de regulamentação, existe o perigo de que medidas regulatórias possam ser efetivamente usadas para impedir a inovação como uma maneira de proteger determinados tipos de emprego, ou o emprego em geral. Isso estaria totalmente de acordo com a história do desenvolvimento econômico e comercial, e totalmente de acordo com a história e as tendências inatas da UE. Portanto, é importante que os governos encontrem um equilíbrio.

Restrições a pesquisas com IA

Mesmo se não tentarmos restringir ou desencorajar o emprego de robôs e da IA, poderia haver um motivo para restringir a pesquisa com inteligência artificial, a fim de impedir desenvolvimentos futuros contrários ao interesse público.

Logo no início, devo dizer que uma restrição geral da pesquisa só começa a fazer sentido se você adotar uma visão ultrapessimista das implicações dos robôs e da IA para a humanidade. Talvez se você adotasse algumas das visões radicais sobre o destino da humanidade que eu discuto no Epílogo, isso poderia fazer sentido. Mas, em qualquer coisa parecida com a visão das implicações dos robôs e da IA para o futuro da humanidade exposta neste livro, qualquer tentativa de restringir ou desencorajar a pesquisa geral em IA seria absurda.

Contudo, existem algumas exceções e limitações para essa conclusão. Onde certos tipos de desenvolvimento em robótica ou IA possam ser

INCENTIVAR OU TAXAR E REGULAR?

prejudiciais aos seres humanos — não no sentido geral, discutido acima, mas em algum aspecto específico —, poderia então haver motivo para a introdução de restrições à pesquisa nessas aplicações.

No nível micro, algumas ações restritivas já estão ocorrendo. O Instituto Coreano de Ciência e Tecnologia (KAIST), um centro de pesquisa sul-coreano, acaba de sofrer um boicote de mais de cinquenta dos principais especialistas em robótica do mundo devido à sua decisão de abrir um laboratório de armas inteligentes. Vários países, como EUA, Rússia, China, Israel e Coreia do Sul, estão desenvolvendo armas autônomas que podem escolher cursos de ação e implementá-los sem a intervenção de um controlador humano. A ONU e a Human Rights Watch defenderam a proibição de tais armas.

No entanto, a viabilidade de restrições mais amplas e generalizadas é outra questão. Tentativas de impedir ou mesmo retardar o progresso científico ou técnico não têm um histórico de sucesso. Tomemos as armas nucleares como exemplo. É verdade que não houve ataques nucleares desde que duas bombas foram lançadas sobre o Japão no final da Segunda Guerra Mundial. Embora o número de países que possuem armas nucleares tenha aumentado, até certo ponto ele foi mantido sob controle por meio de tratados. Da mesma forma, o uso de armas químicas e biológicas também foi restringido por tratados internacionais, com considerável (mas não total) sucesso. Mas isso resume-se ao uso. Não há evidências que sugiram que a raça humana tenha parado de acumular conhecimento sobre como fabricar ou produzir tais armas de destruição em massa ou como aumentar seu poder destrutivo.

Por outro lado, até onde sabemos, pesquisas efetivas sobre eugenia e experimentação em seres humanos, do tipo que os nazistas realizaram, foram interrompidas, embora principalmente por restrições éticas e legais de base doméstica, e não por tratados internacionais. No entanto, essa é uma questão muito diferente, principalmente pelo dano visível infligido a um grande número de indivíduos e pela proximidade temporal com a experiência nazista e suas consequências.

Será particularmente difícil restringir a pesquisa em IA quando a perspectiva imediata for de tamanhos benefícios para os seres humanos e quando as perspectivas possivelmente sombrias, além da Singularidade, parecem tão distantes. Além disso, novamente nos deparamos com a questão da definição. Se você tentar proibir ou restringir a pesquisa em robótica e IA, como definiria as fronteiras entre estes e outros tipos de máquinas e software?

Além disso, existe o velho problema da ação conjunta. Um país, sozinho, poderia decidir que os perigos que a humanidade enfrenta são tão grandes que deveriam efetivamente reprimir a pesquisa sobre IA e talvez até tentar impedir o emprego de robôs e IA na sociedade. Mas se um país decidir seguir esse caminho sozinho, certamente despencará na concorrência internacional. Isso tem implicações graves para a capacidade desse país de se defender e/ou influenciar os assuntos mundiais, e aponta para a necessidade de um acordo internacional sobre a restrição da pesquisa em IA. No entanto, é extremamente difícil interromper a marcha do conhecimento em qualquer país, e mais ainda obter um acordo internacional sobre o assunto.

E, se o mundo inteiro não assinasse um acordo de restrição, as coisas poderiam ficar muito desagradáveis. Considere o que aconteceria se o resto do mundo restringisse esse tipo de pesquisa, mas um governo enganador não o fizesse. Ele poderia acabar tendo a capacidade de dominar completamente todos os demais. E considere o que aconteceria se o ISIS ou alguma outra organização desse tipo continuasse desenvolvendo a IA, enquanto o resto do mundo estivesse parado. Não dá nem para pensar.

Utilizações criminosas

Um aspecto da IA que exige uma intervenção estatal séria é a prevenção do crime cibernético. Há muitas manifestações possíveis desse problema. Uma é o desenvolvimento de malwares avançados, a fim de roubar o histórico de navegação ou informações pessoais, com a intenção de usá-las para cometer fraudes ou invadir contas. (O malware inclui vírus, spyware e outros softwares indesejados que são instalados sem consentimento em um computador ou dispositivo móvel.) Foi relatado que o número de malwares diferentes saltou de 275 milhões em 2014 para 357 milhões em 2016[15]. Além disso, sistemas de machine learning — que reconhecem padrões de dados e são capazes de "aprender" sem serem especificamente programados para tal — introduzem riscos adicionais.

Um programa de IA pode ser criado para monitorar automaticamente e-mails pessoais ou mensagens de texto e criar mensagens de *phishing* personalizados. Isso envolve o uso de e-mails fraudulentos ou mensagens de texto alertando alguém sobre uma violação de segurança, incentivando-o a clicar em um link e fornecer suas informações pessoais. Com a ajuda da IA, essas mensagens fraudulentas ficam mais personalizadas e, consequentemente, os sistemas de segurança exigirão maior inteligência para identificá-las.

O uso da IA pode levar ao que a Symantec, especialista em software de segurança, descreve como uma "completa corrida armamentista entre criminosos cibernéticos e sistemas de segurança". Como George P. Dvorsky afirmou: "Com a IA agora fazendo parte do kit de ferramentas dos hackers modernos, os defensores vão ter que inventar novas maneiras de defender sistemas vulneráveis[16]." Mas, como em muitos outros casos, há uma séria questão sobre o custo das medidas que efetivamente lidariam com o problema. Se os custos forem exorbitantes, o melhor curso de ação pode ser simplesmente aceitar o fato.

IA e terrorismo

Terroristas também estão começando a usar a IA para fins de criptografia. Grupos extremistas começaram a empregar modelos de terrorismo gerenciados online como uma maneira de administrar agentes isolados. Os operadores principais conseguem recrutar membros, coordenar o alvo e o momento dos ataques e dar assistência em tópicos como fabricação de bombas sem serem detectados. Além disso, teme-se que os terroristas adquiram veículos autônomos e drones para realizar ataques.

É claro que, assim como na guerra convencional, esses perigos levaram a um aumento correspondente nas atividades defensivas. O Facebook tem sistemas de detecção de contraterrorismo que operam usando IA. A empresa afirma que removeu ou sinalizou 1,9 milhão de conteúdos ligados ao terrorismo na primeira metade de 2018, um aumento quase duas vezes superior ao trimestre anterior. No entanto, seus movimentos defensivos ainda podem ser inadequados. Em março de 2018, a Comissão Europeia publicou diretrizes aumentando a pressão sobre plataformas de mídia social como o Facebook e o Twitter para detectar e excluir material terrorista ou radical dentro de uma hora após o upload.

Certamente ainda há um enorme espaço para melhorias na capacidade da sociedade de resistir a atividades danosas de criminosos e terroristas. Embora a Electronic Communications Privacy Act [Lei de Privacidade das Comunicações Eletrônicas], aprovada em 1986, permita ao governo dos EUA acessar comunicações digitais como e-mail, mensagens em mídias sociais e informações em bancos de dados na nuvem, as mensagens criptografadas ainda podem passar despercebidas.

Houve propostas para os governos terem acesso a mensagens criptografadas específicas, dando origem a uma discussão acalorada. Um grupo de cientistas acadêmicos da computação concluiu que essas propostas são impraticáveis, levantam enormes questões legais e éticas e desfariam o progresso em segurança em um momento em que as vulnerabilidades da internet estão causando danos econômicos extremos. E, se o governo tivesse acesso às mensagens privadas de cada pessoa, um hacker precisaria apenas romper o muro do governo para obter acesso em massa a todas essas informações.

Questões legais e de seguros

Mesmo sem qualquer tentativa de restringir ou desencorajar desenvolvimentos em robótica e IA, é necessário que haja um enquadramento de leis e regulamentos que governe a sua operação. A primeira questão diz respeito à capacidade de um robô ou IA de causar prejuízos ou infligir danos aos seres humanos. Há uma pergunta fundamental sobre a responsabilidade de tais prejuízos ou danos. É do usuário do robô, do fabricante ou do projetista? Ou nenhum deles será responsabilizado? Todos os membros do público que interagem com robôs e IA são responsáveis por seus próprios destinos?

O direito romano fornece uma resposta possível na forma da lei em relação aos escravos. Se um escravo causou um acidente ou infligiu danos à propriedade de outra pessoa, a responsabilidade recai sobre o proprietário do escravo. Quanto à responsabilidade legal, poderíamos tratar robôs e IA como se fossem escravos sob a lei romana? (Quando a Singularidade tiver ocorrido, certamente não. Mas isso deve esperar até o Epílogo.)

Tome, por exemplo, nossa argumentação já destrinchada sobre carros autônomos. Quando esses veículos se envolverem em acidentes, quem deve ser responsabilizado? Que obrigações recaem sobre outros motoristas humanos ao interagir com veículos sem condutor? Quais são as implicações para as companhias de seguros? Tais problemas exigirão uma redação cuidadosa das leis aplicáveis.

Não se trata de algo meramente opcional. Sem clareza jurídica, haverá uma inibição substancial no emprego da IA. Isso pode levar a uma lacuna considerável entre o que é tecnicamente viável com a IA e o quanto é empregado na prática.

Essa tarefa só pode ser realizada pelo governo. De fato, se há algo que o governo pode fazer para incentivar a disseminação e a adoção da IA é trazer clareza em relação à responsabilidade legal e de indenização. O Royal College of Radiologists [Sociedade Real de Radiologia, órgão britânico regulador das áreas de oncologia e radiologia] disse ao Comitê de Inteligência

Artificial da Câmara dos Lordes que "a responsabilidade legal é frequentemente declarada como um grande obstáculo social a ser superado para que a ampla adoção da IA se torne realidade"[17].

Mas também há espaço para ação privada na garantia de segurança e promoção da aceitação pública da IA. Em junho de 2016, foi relatado que o Google DeepMind estava trabalhando, ao lado de alguns acadêmicos de Oxford, no desenvolvimento de um "interruptor final", ou seja, um código que garantiria que um sistema de IA "fosse interrompido repetidamente e com segurança por supervisores humanos sem [que o sistema] aprendesse a evitar ou manipular essas intervenções"[18].

Para garantir a segurança e reforçar a confiança do público, a transparência é essencial. Por exemplo, é improvável que pacientes estejam preparados para aceitar um tratamento que seja o resultado da análise de alguns algoritmos. É provável que eles desejem uma justificativa clara de um especialista qualificado. Mas, para que a opinião desse especialista valha alguma coisa, o passo a passo da conclusão do algoritmo deve ser compreensível para os pacientes.

O professor Alan Winfield, do Laboratório de Robótica de Bristol, disse ao Comitê de Ciência e Tecnologia da Câmara dos Comuns que seria importante ter a capacidade de "inspecionar algoritmos para que, se um sistema de IA tomasse uma decisão que se mostrasse desastrosamente errada [...], a lógica daquela decisão pudesse ser investigada"[19].

Dave Coplin, da Microsoft, disse a esse mesmo comitê que, "na IA, toda vez que um algoritmo for escrito, haverá a incorporação de todos os vieses existentes nos humanos que o criaram". Ele enfatizou a necessidade de "estar atento à filosofia, à moral e à ética das organizações [...] que estão criando os algoritmos dos quais dependemos todos os dias, cada vez mais".

É interessante notar que há hoje em dia um reconhecimento crescente da necessidade de regular a interação dos seres humanos com robôs e IA, não por causa de sua capacidade de causar danos, mas porque algumas pessoas e instituições, principalmente a polícia e o serviço público, podem tentar culpar os robôs e a IA por seus próprios erros. Em setembro de 2018, um relatório do Royal United Services Institute [Instituto Real dos Serviços Unidos para Estudos de Defesa e Segurança] observou que, em relação ao aumento de algoritmos para decidir se um suspeito deve ser mantido sob custódia, havia uma falta de "orientações e códigos de prática claros".

O poder dos dados

Outras questões legais e éticas surgem quando se trata de dados. Muitas das aplicações úteis da IA derivam de machine learning, e isso depende do processamento, análise e manipulação de grandes quantidades de dados. Daí a expressão "big data". Esses dados envolvem preferências, hábitos, comportamentos, crenças e conexões de indivíduos em grande escala[20]. A coleta e análise desses dados fornecem uma fonte de conhecimento sobre indivíduos que pode melhorar a oferta de bens e serviços que lhes são oferecidos. Mas isso pode facilmente invadir a privacidade e comprometer os seus direitos.

Quando agregados e analisados, esses dados fornecem uma fonte de conhecimento sobre o comportamento coletivo que pode ser inestimável para algumas empresas que tentam ajustar sua oferta ao mercado. Mas também pode levar, entre outras coisas, à possibilidade de influenciar e manipular eleições. E, ao longo de toda essa temática, está presente a questão de quem é o proprietário dos dados e tem a capacidade e o direito legal de repassá-los a outros usuários em potencial, com sabe-se lá que consequências.

Existe aqui um argumento legítimo para a ação estatal. Como afirma Zeynep Tufekci, professor da Universidade da Carolina do Norte que estuda as implicações sociais da tecnologia: "A privacidade dos dados simplesmente não pode ser negociada pessoa a pessoa, principalmente porque não há verdadeiro consentimento informado. As pessoas não conseguem compreender o que seus dados vão revelar, especialmente em conjunto com outros dados. Mesmo as empresas não sabem disso, então não podem informar ninguém[21]."

A revenda de dados do usuário é uma enorme área problemática. Em um artigo para o *E-Commerce Times*, Pam Baker afirma que "a monetização de dados é o modelo de negócios do Facebook. O Facebook e algumas outras empresas de tecnologia existem apenas para coletar e vender os dados de todos, expondo a vida dos usuários em detalhes cada vez mais precisos[22]".

Houve um escândalo recente envolvendo a empresa Cambridge Analytica, que pegou os dados do Facebook e os usou para tentar influenciar a opinião dos eleitores. Um aplicativo do Facebook, produzido por um pesquisador da Universidade de Cambridge fora de seu trabalho acadêmico, coletou dados de cerca de 87 milhões de usuários do Facebook[23]. A empresa conseguiu desenvolver "sofisticados perfis psicológicos e personalização algorítmica[24]". Os políticos poderiam então contratar a empresa para tentar influenciar a opinião dos eleitores. O diretor-gerente da Cambridge Analytica disse a um repórter disfarçado que "não adianta basear uma campanha eleitoral em fatos". Em vez disso, eles acreditam que "na verdade, tudo se resume a emoção[25]".

O medo do que pode acontecer a partir de seus dados está começando a influenciar o comportamento das pessoas. Pesquisa realizada pela Mintel, uma empresa global de pesquisa de mercado, descobriu que 71% dos consumidores britânicos evitam ativamente a criação de novas contas. De fato, os britânicos estão mais preocupados com a segurança de seus dados financeiros, com 87% alegando que estão preocupados em compartilhar esses detalhes com as empresas. Como resultado, o analista de tecnologia sênior da empresa, Adrian Reynolds, disse que "o crescente uso de dispositivos conectados para acessar sites e aplicativos está produzindo uma grande quantidade de compartilhamento de dados pessoais, dificultando o acompanhamento dos consumidores. Para muitos, limitar a exposição adicional é sua opção preferida[26]".

Embora existam apenas poucas políticas e leis relacionadas especificamente à IA, já existem medidas em vigor com o objetivo de proteger dados pessoais. O Regulamento Geral de Proteção de Dados da União Europeia (GDPR — *General Data Protection Regulation*) foi introduzido em maio de 2018, "projetado para proteger e capacitar a privacidade de dados de todos os cidadãos da UE e reformular a maneira como as organizações de toda a região abordam a privacidade de dados". Sob o GDPR, apenas os dados considerados absolutamente necessários serão mantidos pelas empresas e, no caso de uma violação de dados, as empresas deverão informar as autoridades relevantes e seus clientes dentro de 72 horas. O não cumprimento do GDPR pode resultar em multas para as organizações de até 4% do faturamento global anual[27].

Liberdade e dignidade humana

A inteligência artificial apresenta ameaças preocupantes à liberdade e à privacidade humanas. Uma rede de câmeras de vigilância movidas a IA, juntamente com o monitoramento da atividade na internet, poderia ser adotada pelos governos para o emprego de medidas de vigilância em massa.

Por exemplo, a UE fornece financiamento para um projeto de pesquisa chamado INDECT, realizado por várias universidades europeias. O projeto incentiva cientistas e pesquisadores europeus a desenvolver soluções e ferramentas para detecção automática de ameaças. Alguns acusaram o INDECT de abuso de privacidade. Em um artigo para o *The Telegraph*, Ian Johnston o chamou de "plano de inteligência artificial 'orwelliano'". Shami Chakrabarti, ex-diretora do grupo de direitos humanos Liberty, descreveu a introdução dessas técnicas de vigilância em massa como um "passo sinistro" para qualquer país e que, em escala europeia, é "positivamente assustador"[28].

Não só a UE, o Reino Unido e os EUA demonstram interesse em aspectos da vigilância em massa, mas a Ásia está investindo fortemente na área. Chinmayi Arun, diretora de pesquisa do Centro de Governança da Comunicação da Universidade Nacional de Direito de Delhi, fala sobre as ameaças que a IA representa para as liberdades civis e a democracia na Índia. Ela argumenta que "em democracias como a nossa, o equilíbrio de poder entre o cidadão e o Estado é realmente delicado, e existe um grande potencial para a IA prejudicar esse equilíbrio de poder em favor do Estado"[29].

Na China, essa ideia de vigilância em massa resultou no projeto 2020, do governo, que afirma que uma rede nacional de vigilância por vídeo será "onipresente, totalmente conectada em rede, sempre em operação e totalmente controlável"[30]. Um projeto semelhante já está em andamento na região chinesa de Xinjiang, onde reconhecimento facial, escâneres de placas de automóveis e de íris e câmeras de TV criam um "estado total de vigilância"[31].

Além disso, o projeto 2020 lançará um Sistema de Crédito Social em todo o país, com a missão de "aumentar a conscientização sobre a integridade e o nível de confiabilidade da sociedade chinesa"[32]. A vigilância em massa via câmeras e mídias sociais registra o comportamento de uma pessoa e, como resultado, cada pessoa terá sua própria "Pontuação de Cidadão". Se a pontuação de uma pessoa se tornar muito baixa, ela poderá ser punida com a proibição de compra de bilhetes de viagem ou de reservas em restaurantes. Várias províncias têm usado TVs ou telas de LED em locais públicos para humilhar e expor as pessoas e algumas têm toques de telefone personalizados para pessoas na lista negra de devedores — quem liga para eles ouve uma mensagem semelhante a: "A pessoa para quem você está ligando é um devedor desonesto[33]."

Rogier Creemers, que estuda a governança chinesa na Universidade de Leiden, destaca por que o uso da vigilância em massa pela China é mais extremo que em outros países. Ele afirma que a diferença na China é o contexto histórico: "As instituições democráticas liberais são baseadas na noção de que o poder estatal deve estar nas mãos da população. Há coisas que o

Estado simplesmente não deveria saber ou fazer." Mas, ele diz, "a China parte de um ponto de vista diferente: o de que um Estado forte e empoderado é necessário para levar a nação adiante. Na China, a vigilância é quase uma extensão lógica do que o Estado deve fazer, porque o Estado deve manter as pessoas seguras"[34].

Preocupações com liberdade individual não devem se restringir às atividades estatais. Entidades privadas também devem ser uma fonte de preocupação. Na China, os trabalhadores estão sendo equipados com chapéus e capacetes com sensores eletrônicos instalados. Isso permite que os empregadores leiam as emoções dos funcionários[35]. É fácil imaginar o que eles descobrirão — e estremecemos com as possíveis implicações.

Indo para um lado diametralmente oposto: nós, humanos, precisamos nos preocupar com os direitos e o bem-estar dos robôs e da IA? Algumas pessoas começam a pensar sobre isso. Por serem autômatos irracionais, os robôs e a IA não podem pensar ou sentir, e quaisquer "decisões" que eles tomem derivam, em última análise, de seus criadores e proprietários humanos. Esse é o estado atual da questão. Então, como estão as coisas agora, os robôs e a IA não levantam questões morais ou éticas específicas.

Obviamente, as coisas não permanecerão necessariamente assim. Uma vez que os robôs e a IA possam pensar, sentir e tomar decisões independentes, poderão surgir alguns problemas éticos sérios. Mas podemos adiar o exame de assuntos tão complicados até o Epílogo, quando a Singularidade estará quase chegando.

O que a IA significa para a estrutura política

O impacto potencial sobre a democracia tem uma relevância muito mais imediata. Diversos especialistas em IA concluíram que os avanços na robótica e na IA mudarão a forma da sociedade, uma vez que uma elite diminuta passe a levar uma vida completamente distante do *"lumpen lazeriato"**. A estrutura da sociedade passaria a se parecer com a da Idade Média, exceto que os servos de então trabalhavam. De fato, sem o trabalho deles, os lordes não teriam riqueza ou renda. No novo mundo, por outro

---

* N. da E.: Trocadilho com o conceito de lumpemproletariado, de Karl Marx, que se refere aos trabalhadores desmobilizados e sem consciência de classe, que estariam suscetíveis a apoiar causas que não atendessem aos seus interesses políticos. Remete à relação controversa que a elite poderá ter com o lazer.

lado, as massas não trabalhariam — e isso não teria importância para a riqueza e o bem-estar das elites.

Quem possuiria e controlaria os exércitos de robôs e IAs que seriam a fonte de toda riqueza e poder? Muitos visionários da IA sugerem que isso deve levar ao fim da democracia. Diz-se que o futuro será dominado por algum tipo de ditadura ou, na melhor das hipóteses, uma forma oligárquica de governo.

Nigel Shadbolt e Roger Hampson afirmam: "O problema não é as máquinas poderem arrancar o controle de nossas vidas e passar para as elites. O problema é que a maioria de nós talvez nunca consiga tirar o controle das máquinas das pessoas que ocupam os postos de comando[36]."

Isso seria irônico, porque a World Wide Web e muitos dos desenvolvimentos digitais subsequentes se originaram em um espírito de extremo libertarianismo. Sir Tim Berners-Lee, o fundador da internet, não estabeleceu patentes ou direitos de propriedade em sua criação, porque queria que ela fosse gratuita. O mundo conectado deve ser uma força niveladora na sociedade, e seu efeito é supostamente antiautoritário e anti-hierárquico. Pelo menos no Ocidente, a internet não pertence aos governos. Veja bem, isso evidentemente não é verdade na China.

Mas, como acabamos de discutir, até no Ocidente existem sérias ameaças à liberdade individual e ao direito à privacidade, mesmo dentro do setor privado. Além disso, os criadores das grandes empresas da era digital que dominam o mundo moderno — Amazon, Google, Apple etc. — são decididamente de um tipo: os ocidentais são todos norte-americanos, brancos e do sexo masculino. Normalmente, embora os fundadores tenham se tornado megarricos ao vender participações das empresas que criaram, eles mantêm o controle.

A campanha presidencial de 2012 de Barack Obama usou machine learning e big data. Como resultado, a campanha teve "um grande sucesso não apenas em mobilizar, mas também em convencer os eleitores a apoiar Obama"[37]. Então, durante a eleição presidencial dos EUA em 2016, a empresa Cambridge Analytica usou big data e machine learning para enviar aos eleitores diferentes mensagens baseadas em previsões sobre sua suscetibilidade a diferentes argumentos[38].

Outra questão que surgiu recentemente é o uso de notícias falsas para influenciar campanhas eleitorais, sem dúvida impedindo uma eleição "justa". Embora "fake news" tenham, de certo modo, sempre existido, as mídias sociais e o machine learning "permitem que notícias falsas sejam difundidas de maneira mais deliberada e eficaz[39]". Bots são comumente eficazes para atingir eleitores de partidos opostos e desencorajá-los a votar.

Os bots foram usados dias antes da eleição presidencial francesa mais recente para popularizar a hashtag "#MacronLeaks" nas mídias sociais. O Facebook e o Twitter foram inundados com relatórios construindo uma narrativa de Macron como uma fraude e um hipócrita[40]. Mas lembre-se de que isso não o impediu de ser eleito.

Houve um debate sobre quem deve ser responsabilizado pela publicação de notícias falsas. Empresas como o Facebook e o YouTube alegam que são apenas uma "plataforma", e não uma "editora", e que não são responsáveis pelo conteúdo publicado[41]. No entanto, o Facebook admitiu que era muito lento para impedir as pessoas de usarem a rede social para "corroer a democracia" durante as eleições nos EUA[42]. O presidente francês Emmanuel Macron disse à revista *Wired* que, se não for controlada, a IA poderá "comprometer totalmente a democracia"[43].

Há uma questão político-econômica mais ampla que se alimenta dessa questão. O mundo da IA e dos robôs tem naturalmente uma tendência antidemocrática, associada ao que eles acarretam para a distribuição de renda? Em caso afirmativo, a redistribuição de renda pode alcançar um resultado mais igualitário, afastando esse resultado e preservando a democracia? Ou talvez ela intensificaria o problema? Vou abordar essa questão no Capítulo 9.

Obviamente, esse não é necessariamente o problema que está sendo considerado pelos pessimistas da IA. Como argumentei nos capítulos anteriores, está longe de ser um consenso que os robôs e a IA tragam desemprego e/ou empobrecimento em massa. Na verdade, argumentei exatamente o oposto.

A necessidade de ação pública

O resultado deste capítulo não é a defesa de restrições radicais nem um argumento a favor de um completo *laissez-faire*. No que diz respeito à necessidade de ação pública, as conclusões são uma mistura:

- Não há argumento convincente para um imposto sobre robôs e IA. Além disso, as dificuldades práticas enfrentadas por essa medida são enormes.
- Também não há um argumento convincente para se restringir a pesquisa sobre robótica e IA em geral. De qualquer forma, uma tentativa de fazer isso provavelmente vai se deparar com dificuldades práticas.

A Economia da Inteligência Artificial

- No entanto, existe um argumento para restringir pesquisas cujas aplicações são claramente prejudiciais, inclusive as que promoveriam as atividades de criminosos e terroristas. Mais uma vez, porém, as dificuldades práticas serão enormes. Uma via mais promissora em relação ao combate à cibercriminalidade e ao ciberterrorismo é provavelmente usar fundos públicos para apoiar pesquisas sobre como essas atividades podem ser combatidas com a ajuda de robôs e IA.
- Mesmo que não tome medidas para promover ou restringir robôs e IA, o Estado precisa agir para desenvolver uma ampla estrutura legal e regulamentária que os governe. De fato, sem isso, será difícil para as empresas fazerem pleno uso das oportunidades que elas oferecem.
- Há também uma necessidade urgente de um maior desenvolvimento da estrutura que rege o uso de dados.
- Por outro lado, as preocupações com o bem-estar dos robôs e da IA podem esperar até que a Singularidade esteja quase chegando — se isso de fato acontecer.
- Mas alguém — não o governo, presumivelmente — precisa urgentemente estudar as implicações do novo mundo da IA para estruturas e instituições políticas.

Talvez este último item deva ser um dos principais pontos a serem estudados por todos aqueles que desejam ser educados para o trabalho e a vida na Era dos Robôs — isto é, obviamente, se a arte de estudar sobreviver à ofensiva da IA. Pois, não se engane, algumas das maiores implicações da revolução da IA estão no campo da educação. Mas elas não são necessariamente o que você imagina.

8
Como os jovens devem ser ensinados

"Educação é o que a sociedade faz com você, aprendizado é o que você faz por si mesmo."

Joi Ito[1]

"Computadores são inúteis. Só o que eles podem fazer é dar respostas."

Pablo Picasso[2]

É tentador acreditar que os fundamentos de uma boa educação são imutáveis. É tentador, mas não é verdade. Na Europa medieval, o papel das universidades era treinar ministros da Igreja, advogados e professores. Os assuntos que eles estudavam refletiam esse requisito.

Ao longo do século XIX, e continuando até a Segunda Guerra Mundial, as grandes escolas públicas inglesas tinham como um de seus principais papéis o treinamento daqueles que administrariam o Império. Durante o início desse período, uma alta proporção de estudantes em Oxford e Cambridge ainda estudou teologia e disciplinas clássicas. Só muito mais tarde que assuntos científicos e técnicos como química, física, biologia e engenharia passaram a ser amplamente estudados. (E assuntos dúbios como economia, política e sociologia vieram mais tarde ainda.)

Assim era antigamente. Claro, agora as coisas são radicalmente diferentes. Hoje, o estudo da teologia e das disciplinas clássicas é uma ocupação minoritária. Por conseguinte, podemos gostar de pensar que o mundo da educação "chegou" agora à realidade moderna e, portanto, não há necessidade de mais mudanças radicais. Mas, analisando bem, isso também não é verdade. O sistema educacional é uma das partes mais antiquadas e fora de sincronia da sociedade atual. E agora a economia e a sociedade estão prestes a sofrer outra mudança fundamental por causa dos robôs e da inteligência artificial. A educação também tem que mudar.

Há quatro temas principais que precisam ser discutidos:

A Economia da Inteligência Artificial

- Em vista das mudanças tanto nas perspectivas de emprego quanto nas oportunidades de lazer trazidas pelos robôs e pela IA, que disciplinas devem ser ensinadas na escola e na universidade?
- Quais são as implicações dos robôs e da IA para os *métodos* de educação?
- Quais serão as consequências para a quantidade de anos dedicados exclusivamente à educação?
- Qual é o papel do Estado em moldar um sistema educacional apropriado e efetivo para o novo mundo?

Educação na Era dos Robôs

Vamos começar pensando em educação para o mundo do trabalho. Desde que a IA começou como uma disciplina científica na década de 1950, ela tem sido um assunto obscuro e até elitista, restrito principalmente a estudantes de pós-graduação em ciência da computação das principais universidades[3]. Agora, certamente, ela deverá ser menos obscura. E, mais do que isso, deverá ter uma influência importante sobre o que as crianças aprendem na escola. Mas como?

Costuma-se argumentar que o futuro deverá se apoiar exclusivamente nos chamados temas STEM [*Science, Technology, Engineering* e *Mathematics*; isto é, Ciência, Tecnologia, Engenharia e Matemática]. Dá para enxergar o porquê. Em particular, como expliquei no Capítulo 5, não apenas haverá muitos empregos diretamente conectados com robôs e IA, mas quase todos precisarão lidar com eles em sua vida diária. No mínimo, as pessoas precisam aprender a interagir com eles, pois precisam aprender a lidar com telefones, carros e computadores.

De modo similar, muitos argumentam que todos esses assuntos das humanidades, como línguas, história e geografia, bem como arte, música e teatro, deveriam ficar de escanteio, isso se não forem eliminados por completo. Poderíamos dizer que eles são a teologia e as disciplinas clássicas da era moderna.

Alguns alunos ainda podem estudar essas disciplinas, provavelmente em nível de pós-graduação, mas elas devem deixar de fazer parte do currículo principal. Todos os estudantes que costumavam fugir ao ver um bico de Bunsen ou desanimar ao pensar em uma equação de 2° grau, buscando refúgio em verbos irregulares franceses ou nos reis e rainhas da Inglaterra, precisam acordar para a vida. (Você sabe à qual caso você pertence.) Os nerds estão em ascensão agora.

COMO OS JOVENS DEVEM SER ENSINADOS

Se é assim que as coisas terão que ser, ainda há um longo caminho a ser percorrido. Em 2016, apenas 40% das escolas norte-americanas ensinavam programação. Só 58 mil estudantes fizeram o exame AP Computer Science A (exame de programação para alunos de ensino médio que pretendem ingressar em cursos universitários da área de computação), em comparação com 308 mil estudantes que fizeram o teste de cálculo. Embora esse número esteja em ascensão, evidentemente ainda há um longo caminho a percorrer até que as capacitações em computação sejam consideradas tão importantes quanto a matemática em geral.

Mas não se trata apenas da porcentagem de estudantes que frequentam um curso cujo nome sugira relevância para o mundo em transformação. A capacitação em tecnologias da informação e comunicação atualmente ensinada nas escolas está em grande parte desatualizada. Uma estrutura mais moderna incorporaria a IA aos currículos das escolas. Embora no Reino Unido, em 2015, tenha sido tomada a decisão de substituir o GCSE TIC — teste britânico específico para a área de tecnologias da informação, que integra uma série de exames para acesso ao ensino superior — por uma qualificação aprimorada em ciência da computação, houve apenas um pequeno aumento na aceitação por parte dos estudantes[4]. Grande parte do conteúdo agora se concentra em codificação e programação.

No entanto, nos casos em que o tema não for obrigatório e o interesse não existir por parte dos alunos, a reforma dos cursos pode não ter efeito. Dale Lane, desenvolvedor da IBM que ajudou a criar a ferramenta educacional *Machine Learning for Kids [Aprendizado de Maquina para Crianças, em tradução livre]*, diz que "como a IA não está no currículo principal, encontrar tempo para se dedicar a ela na sala de aula é um desafio, e é por isso que a adoção na prática tem sido lenta"[5].

Uma escassez severa de professores capacitados em ciências da computação também é um grande obstáculo. De fato, apesar da falta de incentivos claros para produzir um bem público, partes do setor privado estão contribuindo seriamente para impulsionar a educação em IA. Um caminho possível para garantir professores mais bem treinados poderia ser o da colaboração com empresas de tecnologia. O programa TEALS, apoiado pela Microsoft, ajuda as escolas de ensino médio dos EUA a desenvolver aulas de ciência da computação[6]. Profissionais de informática fazem duplas com professores do ensino médio em algumas horas por semana na esperança de que isso crie um efeito cascata.[7] Uma colaboração entre educadores, governos e profissionais do setor pode ser o caminho a seguir.

A Economia da Inteligência Artificial

Surpreendentemente, um número crescente de escolas primárias e secundárias está ensinando os alunos a codificar. Mas isso não exatamente os prepara para a economia da IA. A professora Rose Luckin, do Instituto de Educação da University College London, acredita que essa habilidade já estará batida quando os alunos atuais ingressarem na força de trabalho[8].

Certamente não é apenas a codificação que precisa ser ensinada nas escolas. Como o educador Ben Williamson diz:

> saber sobre privacidade e proteção de dados, sobre como as notícias circulam, compreender ciberataques, bots e hacking, saber como os algoritmos e a automação estão mudando o futuro do trabalho, e que há programadores, planos de negócio, agendas políticas e grupos de interesse por trás disso, é coisa que também vale incluir em uma educação valorosa para a computação[9].

Além disso, é importante que a ética seja fortemente valorizada em qualquer programa educacional movido a IA. Isso porque as tecnologias de IA enfrentam muitos dilemas éticos sérios. É importante que aqueles diretamente envolvidos no desenvolvimento e na operação das técnicas de IA não apenas estejam familiarizados com essas questões éticas, mas também possam contribuir para o debate social sobre essas questões e efetivamente interagir com os formuladores de políticas públicas.

Em defesa da educação tradicional

Portanto, é preciso dar mais atenção à IA no currículo escolar. Não decorre, no entanto, que a educação deva ser apenas, ou mesmo principalmente, sobre robótica e programação. Afinal, nos últimos cinquenta anos, o automóvel tem sido uma parte central da nossa vida. Mas quase ninguém conhece o funcionamento interno de seus veículos. Nem sequer precisam. E é menos necessário ainda ensinar sobre o funcionamento de automóveis na escola ou universidade.

Na verdade, o mesmo vale para os computadores. De fato, embora o básico sobre como operar um computador seja amplamente ensinado nas escolas já há bastante tempo, eu não estou convencido de que isso tenha sido algo central para a aceitação disseminada do uso dos computadores. Além dos estudantes, o resto da sociedade também teve que aprender a usá-los, e esta tem sido uma habilidade autodidata. (É certo, porém, que há alguns membros mais velhos da sociedade que ainda não sabem usá-los, e muitos outros que não sabem fazer uso de todas as suas capacidades.)

COMO OS JOVENS DEVEM SER ENSINADOS

Mais recentemente, o smartphone tornou-se onipresente. Até onde eu sei, nenhuma escola ensinou o uso desses dispositivos. Nem precisou. As pessoas apenas aprenderam as habilidades à medida que foram avançando. Acho que interagir com robôs e com as várias formas de IA pode ser exatamente como aprender a usar um smartphone.

Nem a habilidade de interação com robôs e com a IA, seja ensinada ou autodidata, será um requisito dominante, muito menos o único. Argumentei nos capítulos anteriores que a economia da inteligência artificial levará à plena descoberta no domínio humano. Então, seria estranho que a educação fosse apenas uma desvelar do campo das máquinas.

Assim, os temas e a abordagem tradicionais da educação ainda terão o seu lugar. Todos se beneficiarão de uma educação completa e bem embasada. E os membros mais velhos da sociedade, seja na gestão de empresas, países ou atividades culturais, ainda precisarão desenvolver e aprimorar as habilidades de pensamento crítico. Isso reforça a necessidade de uma educação tradicional, como o estudo da história, religião, arte, teatro, música, filosofia e culturas diferentes.

Essa conclusão está agora começando a ser mais amplamente aceita por empreendedores e educadores, por sua vez envolvidos em um debate ativo sobre essas questões nos periódicos de negócios e educação. De fato, surgiu uma mini-indústria que lida com o assunto. Vou lhe dar uma amostra do que alguns dos principais protagonistas estão dizendo.

O bilionário norte-americano Mark Cuban chegou ao ponto de prever que, à medida que a automação for se tornando a norma, haverá demanda por "livres-pensadores que se destacam nas artes liberais"[10]. Consequentemente, alguns comentaristas argumentam que as artes precisam estar lado a lado com os temas STEM. Eles sugerem outro acrônimo para refletir isso: STEAM.

De modo análogo, o futurólogo e guru da tecnologia Gerd Leonhard tem argumentado que, para contrabalançar os temas STEM, é necessário enfatizar temáticas com um foco humano bem definido. Como parece que estamos no meio de uma batalha de acrônimos, ele enxerga méritos na sigla CORE — Criatividade/Compaixão, Originalidade, Reciprocidade/Responsabilidade e Empatia.[11]

Uma visão similar é oferecida por David Kosbie, professor em Carnegie Mellon, e outros coautores em um artigo publicado na *Harvard Business Review*. Eles argumentam que "com a IA controlando a informação rotineira

A Economia da Inteligência Artificial

e as tarefas manuais nos locais de trabalho, precisamos de uma ênfase adicional nas qualidades que diferenciam os trabalhadores humanos daqueles da IA — criatividade, adaptabilidade e habilidades interpessoais".[12]

Graham Brown-Martin, pensador e pesquisador em educação, diz que nós devemos incentivar o desenvolvimento de habilidades que não podem ser replicadas pelos robôs. Afirma que "isso é uma boa notícia, porque significa que podemos automatizar o trabalho e humanizar os empregos"[13].

Joseph Aoun, reitor da Universidade Northeastern (EUA), deu um nome a essa nova disciplina que as pessoas precisarão aprender na era digital — felizmente sem cunhar outra sigla. Ele a chama de "humânica", e diz que os alunos terão que ampliar os antigos letramentos acrescentando mais três — alfabetização de dados, alfabetização tecnológica e alfabetização humana[14].

A necessidade de reforma

Perceba que, mesmo que a importância dos temas tradicionais, como as artes e as humanidades, sejam aceitas, isso certamente não significa que a educação possa ficar estagnada. Na verdade, mesmo antes de qualquer consideração sobre robôs e IA, parece que as qualidades que os empregadores mais valorizam nos empregados não são aquelas ensinadas ou mesmo incentivadas pelo estudo acadêmico tradicional. De acordo com uma pesquisa de 2006, as qualidades que os empregadores mais valorizam nos futuros empregados são "liderança" e "capacidade de trabalhar em equipe". Depois delas, a comunicação escrita e a resolução de problemas vêm a seguir. As habilidades técnicas surgiram no meio das respostas — abaixo de uma forte ética profissional.

É verdade que se pode argumentar que as habilidades reveladas como mais valorizadas nessa pesquisa são fomentadas mais por uma educação tradicional das artes liberais do que por uma educação técnica. Mas será que mesmo uma educação tradicional em artes liberais é particularmente boa para promover tais qualidades? Provavelmente não. Se o que queremos é jovens imbuídos de criatividade, iniciativa, liderança e capacidade de trabalhar bem em equipe, então, está mesmo correto ser seriamente crítico a toda a abordagem moderna da educação. O educador Sir Ken Robinson disse que essa coisa de punir "respostas erradas" sufoca a criatividade: "Criatividade não se ensina. Nós crescemos a partir dela, ou melhor, somos educados a partir dela"[15].

A educação é por vezes equiparada à "aprendizagem", e no passado havia uma ênfase considerável em "decoreba". Ainda há muito disso hoje

— decora-se tudo, desde tabuada até datas relacionadas a reis e rainhas. Em algumas partes da Ásia, aprender decorando é algo especialmente enfatizado. No entanto, uma boa parte do valor desse aprendizado certamente advém da dificuldade (e do custo) de se obter informação e conhecimento. Melhor memorizá-lo.

Mas quase tudo sobre quase tudo está agora a apenas alguns cliques de distância. Assim, pode-se pensar que a educação deveria se concentrar mais em onde encontrar informação, como confiar nela e como ponderá-la. Isso, por si só, deveria justificar uma mudança naquilo que é, fundamentalmente, a educação.

De fato, é preciso ter cuidado para não botar tudo a perder. Se não tentarmos "aprender" nenhum fato, seremos capazes de ter algum entendimento? Podemos realmente começar a refletir sobre as grandes questões da história, por exemplo, sem ter pelo menos um conhecimento superficial do que aconteceu em um determinado momento, o que tinha acontecido antes e o que veio depois?

Dito isso, à medida que a influência da IA na educação cresce, não devemos simplesmente dar apoio ao sistema de educação existente. As mudanças em curso por causa da IA oferecem uma oportunidade de repensar fundamentalmente como o sistema educacional funciona e para que serve a educação.

A resposta que tanto os antigos filósofos como os educadores modernos dariam à segunda pergunta é certamente "melhorar a vida daqueles que estão sendo educados". Eu também apoiaria esse objetivo. E além disso, há o objetivo de melhorar a vida dos outros também. Pois a educação pode dar origem ao que os economistas chamam de "externalidades". Em outras palavras, pode ter efeitos colaterais para outras pessoas, além dos indivíduos que estão sendo educados. Isso porque, como cidadãos, pessoas mais instruídas podem tomar para si uma participação social mais completa e valiosa, bem como provavelmente aumentar a capacidade produtiva geral da economia, para além da renda extra que os indivíduos que estão sendo instruídos conseguirão. Alguns podem argumentar que uma melhor educação também fomenta a bondade, a honestidade e a paz, o que teria benefícios mais amplos para a sociedade como um todo. Este último conjunto de benefícios é altamente questionável.

O imperativo do lazer

A preparação para o mundo do trabalho e a participação na sociedade não são os únicos propósitos da educação. A preparação das pessoas para o

A Economia da Inteligência Artificial

lazer também deveria ter um papel importante. Argumentei no Capítulo 4 que, na economia da IA, os seres humanos provavelmente escolherão dedicar mais do seu tempo ao lazer. Sem dúvida, muito desse tempo extra será usado para fazer mais das atividades usuais que as pessoas realizam, seja sozinhas ou com família e amigos. E muitas pessoas não precisam de nenhuma ajuda para fazer uso pleno e agradável desse tempo ou para desenvolver novos passatempos e atividades.

Mas um bom número de pessoas já acha difícil fazer um uso pleno e eficaz do seu tempo livre. À medida que o tempo livre aumentar, será um desafio para as pessoas usar essas horas a mais de uma forma gratificante. A educação tem um papel decisivo a desempenhar. Ela pode ensinar as pessoas a se sentirem realizadas consigo mesmas. Isso pode envolver ensiná-las sobre literatura e música ou muitas outras coisas prazerosas.

Essa ideia pode facilmente parecer elitista e paternalista — oferecer a apreciação de Beethoven e Balzac às massas como formas "aprovadas" de passar o tempo livre. Algo que lembra muito o "Grande Irmão" de Aldous Huxley. Na prática, é claro, os educadores não têm controle sobre como as pessoas passam seu tempo. Nem deveriam ter.

No entanto, eles podem ter uma influência decisiva sobre a que as pessoas estarão expostas durante a juventude, coisa que pode ter efeitos benéficos para o resto das suas vidas. No seu melhor, o sistema educativo apresenta as pessoas a produtos que elas normalmente não encontrariam sem essa intervenção. Para muitos estudantes, isso certamente incluirá Beethoven, Balzac e similares. E, se isso parece elitista, paciência.

Facilitado pelo sistema educativo, o encontro com esses dois cavalheiros, entre outros, proporciona, no mínimo, uma régua de comparação para medir as estrelas do entretenimento popular, como o *Big Brother* ou *Keeping up with the Kardashian*s. (Quem não souber o que são esses programas deve se considerar abençoado. Eles são espécimes do gênero conhecido como "reality show", em que as pessoas são filmadas fazendo tudo e mais um pouco, e proferindo várias banalidades, para o entretenimento das pessoas que os assistem em casa).

A noção de apresentar os jovens às coisas vai diretamente ao cerne do que a educação deve ser. A palavra "educação" parece derivar de duas raízes latinas, o verbo *educare*, que significa "treinar" ou "moldar", e o verbo *educere*, que significa "conduzir para fora". E do que os jovens precisam ser levados a sair não é apenas um mundo de pobreza, preconceito e ignorância, mas também o mundo do *Big Brother* e de *Keeping up with the Kardashians*. Se, tendo sido levados para fora desse mundo miserável e atrofiado, eles decidirem voltar, então, este será o covil deles. Mas não ajudar os jovens a fugir disso, em primeiro lugar, seria uma negligência por parte dos encarregados de *educar*.

No entanto, a educação para o lazer não precisa ter como único assunto os produtos intelectuais e culturais. Ela deve também apresentar os jovens ao artesanato, como a carpintaria, a pintura e a culinária. E deveria apresentá-los ao esporte como algo a participar, em vez de apenas observar. Isso pode ajudar a desenvolver neles um prazer de estar fisicamente em forma, e, sem essa intervenção, muitas pessoas na sociedade moderna podem se tornar adultos, em grande parte, ignorantes sobre como manter uma boa forma física, ou pelo menos propensos ao sedentarismo.

Além disso, a educação tem um papel fundamental no ensino das habilidades sociais das pessoas, bem como em inculcar valores comunitários e responsabilidades cidadãs. E ela pode apresentar as pessoas às virtudes e à força do trabalho voluntário.

Tudo isso está longe do que move tantos comentários recentes sobre o sistema educacional, que têm enfatizado a necessidade de a educação ser fortemente acadêmica, dominada por matérias STEM a fim de preparar melhor os estudantes para a economia da IA e/ou focada na aquisição de habilidades ou uma base estreita de conhecimento que leva diretamente à perspectiva de um emprego. Há muito mais na vida do que o trabalho. Na verdade, há muito mais no trabalho do que o trabalho.

Métodos educacionais

Além das matérias que precisam ser ensinadas nas escolas e nas universidades da Era dos Robôs, os métodos educacionais certamente precisam passar por uma revolução. Que interesse despertam, nos dias de hoje, professores e conferencistas em pé diante de uma turma ou plateia lendo notas de aula a serem obedientemente copiadas? É espantoso e escandaloso que algo assim continue a acontecer na maioria das nossas instituições de ensino.

Segundo o ilustre pedagogo Sir Anthony Seldon, vice-reitor da Universidade de Buckingham, sem levar em consideração o avanço da robótica, grande parte dos estabelecimentos educacionais ainda empregam métodos usados em 1600[16]. Na verdade, acho que não houve muitas mudanças desde a época de Aristóteles, no século IV a.C. Se corretamente usada, a IA pode efetivamente pôr um fim a tudo isso.

A maioria das pessoas parece pensar que o impacto da revolução da IA na educação envolverá uma grande redução na demanda por professores. Como diz Martin Ford:

> *Agora imagine um futuro em que os estudantes universitários possam frequentar cursos online gratuitos ministrados por professores de Harvard ou Oxford e posteriormente receber um diploma que seria aceitável para empregadores ou cursos de pós-graduação. Quem, então, estaria disposto a endividar-se a fim de pagar a mensalidade em uma instituição de terceira ou quarta categoria?*[17]

Na verdade, tal revolução já está em curso. Mais pessoas se inscreveram nos cursos online de Harvard do que frequentaram a universidade "física" em seus quase quatrocentos anos de existência[18].

Mas eu não creio que esteja de todo certa a conclusão de que haverá uma queda maciça na procura por professores escolares e universitários. De qualquer forma, a carga que atualmente recai sobre os professores torna o sistema de hoje insustentável com os recursos existentes. Nesse sistema, ou terá de haver mais professores, ou terá de se encontrar alguma forma de reduzir as exigências que lhes são impostas. Em uma pesquisa para o *The Guardian* em 2016, 82% dos professores no Reino Unido disseram que sua carga de trabalho era impossível de administrar. Quase um terço disse que trabalhava mais de sessenta horas por semana[19]. A ONG britânica Education Support Partnership (Sociedade de Apoio à Educação, especializada em preservação da saúde mental de agente educacionais) realizou uma pesquisa que revelou que 80% dos professores tinham sofrido algum problema de saúde mental nos dois anos anteriores.

O tamanho das turmas é um problema persistente. No Reino Unido, elas podem ter mais de trinta alunos. No mundo em desenvolvimento, o número pode ser de sessenta ou mais alunos por turma. No entanto, o pedagogo John Dewey sugeriu, há mais de cem anos, que o tamanho ideal das turmas seria entre oito e doze alunos. Algo semelhante acontece nas universidades, onde os docentes lecionam diante de grandes plateias, às vezes chegando a centenas de pessoas, enquanto o tempo de interação direta é mínimo.

Assim, o sistema de ensino está hoje em dia muito carente de professores. Como os robôs e a IA aumentam a capacidade de ensino, o efeito provavelmente não será um abate maciço de professores, mas, sim, uma redução no tamanho das turmas e uma redução na importância das aulas. Na verdade, as mudanças potenciais são muito mais radicais do que isso.

COMO OS JOVENS DEVEM SER ENSINADOS

Como em tantas outras coisas no novo mundo, os efeitos dos avanços na IA exigirão que os serviços educacionais sejam radicalmente reconfigurados.

Sir Ken Robinson tem uma boa sacada para descrever a estrutura atual da educação: "Os alunos são educados em lotes, de acordo com a idade, como se a coisa mais importante que têm em comum fosse a sua data de fabricação"[20]. Certamente, o caminho a seguir é que as aulas sejam mais personalizadas e mais interativas, por meio de seminários e tutorias. Quando isso tiver sido alcançado, o arraigado problema da educação de tamanho único terá sido resolvido.

Ironicamente, o velho método de aprendizagem em Oxford e Cambridge, ou seja, por meio de tutorias individuais (chamados em Cambridge de supervisões), que tem sido amplamente decretado como antiquado e condenado à extinção, poderia ser prontamente o caminho do futuro — e não apenas para as instituições de elite, mas muito mais amplamente.

A inteligência artificial pode proporcionar aulas personalizadas para cada aluno, pondo um fim efetivo à ineficiente aprendizagem em grupo. Os professores seriam liberados para se envolverem em aulas individuais mais ativas. Isso poderia até levar a um *aumento* na demanda por professores, mesmo quando robôs e IA assumissem o papel pedagógico tradicional de transmitir informações.

Embora a tecnologia possa ser usada para engajar os alunos e facilitar uma aprendizagem mais personalizada, também pode oferecer uma plataforma online de acesso a material educacional para alunos que, por diversas razões, anteriormente não podiam receber uma educação convencional. Como afirmou Donald Clark, perito em ed tech: "O Google é o maior sucesso em pedagogia, e é basicamente inteligência artificial[21]." Existem atualmente empresas que podem criar livros didáticos personalizados. Uma interação entre professores apresentando os requisitos do programa, informações sobre cada estudante e os algoritmos de IA pode produzir material especialmente moldado para as necessidades individuais dos estudantes.

Em um discurso em 2012, Michael Gove, então secretário de Estado da Educação do Reino Unido, elogiou como jogos e softwares interativos podem cativar os alunos, tornando a aprendizagem agradável e os ajudando a adquirir habilidades complicadas e conhecimentos sólidos. Além disso, softwares adaptáveis podem personalizar os processos de ensino, em resposta à aprendizagem dos diferentes alunos[22]. Esses sistemas interativos não só podem ajudar os alunos, como também ensinariam disciplinas como a informática, que os professores podem não dominar.

Embora possamos estar certos de que o uso de IA na educação aumentará e possamos ter bastante confiança de que os efeitos serão benéficos, não podemos ter certeza alguma sobre a magnitude dos impactos. Isso não impediu algumas pessoas e instituições de despejarem comentários sobre os possíveis efeitos. O site eSchool News anunciou em um de seus estudos recentes que o uso de IA na "indústria da educação" aumentará 47,5% até 2021.

Uma vida inteira no ramo das previsões me ensinou que uma previsão de qualquer coisa em três anos, envolvendo um ponto decimal, não vale o papel em que está escrito — ou, mais provavelmente hoje em dia, em que não está escrito. Não podemos nada saber com certeza — a incidência de morte por condução perigosa, chuvas na América Central, o número de nascimentos fora do casamento, muito menos com a precisão de um ponto decimal. Nesse caso, mesmo uma afirmação de que o uso de IA na educação aumentará em cerca da metade já seria ousada o suficiente.

O que a IA pode ou não fazer

Além de facilitar uma redução no tamanho das turmas, Sir Anthony Seldon imagina que a IA um dia poderá instruir os alunos, corrigir trabalhos e escrever relatórios. Ele está certo? A correção de simples exercícios de alternativas ou de múltipla escolha pode ser facilmente feita pela IA. Alguns entusiastas até sugerem que a IA logo será capaz de avaliar artigos com eficiência. Aqui eu tenho minhas dúvidas, exceto para as perguntas mais básicas e exceto para a correção no sentido mais básico. Em um nível superior, eu não imagino a IA sendo capaz de substituir avaliadores humanos — não pelo menos até a Singularidade, que deve chegar a você dentro de alguns capítulos.

Durante o meu tempo em Oxford, houve uma história (possivelmente apócrifa) de uma singela pergunta em um exame de admissão em filosofia: "Isto é uma pergunta?" Na história, um aluno corajoso respondeu de forma simples e única: "Se for, isto é uma resposta". Como qualquer tipo de IA poderia corrigir isso? Na verdade, até mesmo os doutores de Oxford devem ter achado difícil! Se eu fosse responsável por corrigir esse exame, certamente não ia querer bombar esse aluno. Ele (ou ela) pode ser ignorante e preguiçoso ou pode ser escandalosamente brilhante (assim como corajoso). No mínimo, eu gostaria que esse aluno fosse entrevistado — e não por alguma forma de IA.

Outra das minhas perguntas favoritas de filosofia foi a seguinte: "Um homem está prestes a fazer uma perigosa viagem pelo deserto, onde não haverá água. Ele se equipa com uma cabaça. Enquanto ele dorme, um de seus inimigos envenena a água da cabaça. Outro a corta para que a água se esvaia. Quem o matou?" Mais uma vez, não quero que a resposta a essa pergunta seja avaliada por inteligência artificial.

Perguntas intrigantes não se limitam à filosofia. Em economia, uma das minhas perguntas favoritas que encontrei em Oxford foi: "A peste negra foi uma coisa boa?" Responder a essa pergunta não exigia um conhecimento detalhado do que aconteceu durante a peste negra do século XIV, nem qualquer conhecimento geral da Europa medieval. Tudo o que você precisava saber é que a peste negra exterminou uma grande proporção da população europeia. A questão simplesmente exigia que o estudante empregasse seu conhecimento de economia para analisar as consequências. Eu não posso imaginar nenhuma forma de IA sendo capaz de avaliar adequadamente a gama de respostas possíveis a essa pergunta.

E a IA tem mais limitações gerais. O ensino tem um aspecto nitidamente humano. Ele envolve um tipo especial de empatia entre professor e aluno. É por isso que ele pode trazer tantas gratificações e satisfação para aqueles que têm uma verdadeira vocação para a atividade. E, do outro lado da relação, os alunos podem prosperar na interação humana. Sei que estou longe de ser o único que pode atribuir minha ascensão à notoriedade, ou o que quer que tenha conquistado, a um professor particularmente inspirador. Eu lhe devo tudo. (Pelo que mais tarde deu errado, culpo a mim mesmo.) Por melhor que um robô seja na transmissão de informações, ele não pode replicar esse efeito. E por uma razão muito boa — ou melhor, duas. A empatia é uma qualidade humana. Assim como a inspiração.

O elemento humano é importante em todas as disciplinas, mas provavelmente é de especial importância para as disciplinas não científicas, como a arte, a música, o teatro e o esporte, que, como argumentei acima, são centrais para uma educação de boa qualidade, completa. Com a ajuda da IA, os professores terão mais tempo livre para se dedicar a essas atividades não científicas.

Quanta educação?

A maioria dos pontos acima sobre temas e métodos se aplica a todas as fases da educação. Mas há uma questão particular sobre a educação superior que exige alguma atenção: "Não há um pouco demais disso?"

A educação superior (ou seja, aquela após o ensino médio) estava pronta para uma reforma de seus fundamentos mesmo antes da revolução da IA, mas as mudanças na educação possibilitadas pelos robôs e pela IA oferecem uma oportunidade de repensar para que serve a educação e o quão eficaz é o sistema atual para atingir esses objetivos. Se a sociedade não considerar essas questões, então, a revolução da IA pode servir para aumentar um já grave desperdício de recursos. No Reino Unido, a começar pelo governo trabalhista de Tony Blair, houve um esforço para garantir que 50% das crianças fossem para a universidade — um aumento drástico nos 5% ou 6% que foram para instituições chamadas universidades na minha época (1970). É verdade que, à época, tínhamos outras instituições, chamadas politécnicas, mas, mesmo incluindo estas, a proporção de jovens que iam para o ensino superior (universidades e politécnicas somadas) era cerca de apenas 14%. Na verdade, no Reino Unido, em 2016, a proporção de jovens com menos de 30 anos que iam para a universidade tinha subido para 49%, apenas um pouco menos que a meta de Tony Blair. Em 2017, o especialista em educação Nick Hillman sugeriu uma meta de 70% de participação universitária até 2035.

A ideia por trás da expansão do governo Blair era de que, uma vez que, em geral, graduados ganham mais do que os não graduados (e, portanto, presumivelmente, contribuem mais para a economia), se a porcentagem de jovens que vão para a universidade aumentasse, aumentariam os ganhos de um bom número de pessoas que, de outra forma, poderiam estar na base da pirâmide de renda, ao mesmo tempo em que aumentaria a produtividade nacional.

Esse raciocínio foi falho desde o começo. Só porque, em média, os graduados tendem a ganhar mais do que os não graduados, não decorre que, se houver mais, eles ganharão mais do que teriam ganhado sem um diploma. Grande parte do sistema educacional envolve o treinamento de estudantes para superar obstáculos arbitrários com pouca ou nenhuma relevância para o potencial produtivo. Assim, fazer com que mais jovens aprendam a saltar esses obstáculos não vai dar em quase nada. Menos ainda será alcançado fazendo com que eles superem um conjunto de obstáculos muito mais fáceis.

Essa questão vai mais fundo do que a recente superexpansão da educação superior. Na verdade, ela vai direto ao cerne de toda a educação. O que os professores fazem por seus alunos aumenta a capacidade produtiva global (ou, se preferir, a capacidade de felicidade) da sociedade? Ou será que o que eles estão fazendo é apenas proteger os interesses de seus fulanos e sicranas contra os interesses de outros fulanos e sicranas sendo ensinados por outros professores? No meu livro *The Trouble with Markets* ["O Problema dos Mercados", em tradução livre], os termos que usei para delinear essa distinção foram "criativos" e "distributivos"[23].

Grande parte do que se passa na economia, especialmente no setor financeiro, é essencialmente distributivo. Ou seja, afeta quem ganha e quem perde — e, portanto, a distribuição de renda na sociedade —, mas não afeta o total geral da renda (exceto por redução mediante o uso de recursos escassos em atividades socialmente inúteis).

Muito disso se aplica à educação. Suponhamos que inculcar em seus alunos um conhecimento de datas e reis e rainhas não acrescente nada à capacidade produtiva de um indivíduo e nem, por extensão, à capacidade produtiva da sociedade como um todo. No entanto, ao ajudar o "seu" aluno a passar no exame de história e assim se qualificar para entrar em uma boa universidade, um bom professor pode melhorar as chances de ele conseguir um bom emprego. Tanto o professor como o aluno podem se sentir bem com isso. No entanto, como já pressuposto, neste exemplo tal atividade é puramente distributiva, em vez de criativa.

Há chances de que uma grande parte da atual atividade educativa seja essencialmente de caráter distributivo. Ela acrescenta muito pouco à capacidade produtiva individual do aluno, quer ele tenha ou não sucesso em um determinado curso de estudo. No entanto, o sucesso serve para separar os "vitoriosos" dos "fracassados". Grande parte do processo educativo consiste em uma série de obstáculos arbitrários que, se superados, preparam o aluno para a próxima série de obstáculos e assim por diante, até que um "produto acabado" surja no final, especializado em superar esses vários obstáculos arbitrários que têm pouca relação com os obstáculos que os competidores encontrarão pelo resto de suas vidas.

Argumentos por menos educação

Dada a preponderância de atividades "distributivas" no processo educacional, pode-se dizer que, ao contrário da visão predominante de que é preciso haver mais educação, na verdade é preciso haver menos. Um livro recente de Bryan Caplan, professor de economia da Universidade George Mason (EUA), intitulado *The Case Against Education* ["Contra a Educação", em tradução livre][24], defende precisamente isso. Ele apresenta duas evidências de que o sistema educacional moderno é essencialmente um "credencialismo" e não trabalha para a criação de capital humano. Primeiro, diz ele, os estudantes que abandonam a universidade pouco antes de se formarem ganham muito menos do que um recém-graduado; na verdade, pouco mais do que um graduado do ensino médio. No entanto, se o valor inerente do que tinham aprendido era o que realmente importava, a diferença deveria ser mínima.

Em segundo lugar, muitos alunos fazem o mínimo de esforço para garantir sua "credencial", conscientes de que há pouco ou nenhum valor nos conhecimentos ou habilidades que o sistema educacional está tentando lhes transmitir. Ele diz que, há 50 anos, o típico aluno norte-americano passava cerca de 40 horas por semana em sala de aula ou estudando. Esse número agora diminuiu para 27 horas por semana.[25]

A crítica de Caplan ao sistema educacional é condenatória demais. Ainda que esse excesso forçado de conhecimento que logo será esquecido, e que era majoritariamente inútil, não acrescente nada à capacidade de um indivíduo de desempenhar um trabalho em particular, não significa que seja totalmente inútil. As habilidades associadas à aprendizagem, e até mesmo a decoreba seguida do regurgitamento da informação de uma forma predeterminada em um certo momento, podem ser úteis em muitos aspectos de uma carreira profissional. E conseguir fazer isso requer disciplina e determinação. Além disso, os empregadores precisam de algum tipo de credencial para ajudá-los a fazer suas seleções.

Mas Caplan está de fato correto ao dizer que o credencialismo já foi longe demais. As consequências da política blairista de expansão educacional têm sido bastante diferentes do que se pretendia. Apenas dar um diploma a um jovem não o torna mais capaz, ou mais valioso, como força de trabalho. E toda essa experiência custa uma fortuna. Dessa forma, o mercado de trabalho está agora inundado de garotos e garotas de 20 e poucos anos, com "qualificações" sem sentido, que, ou não conseguem encontrar um emprego, ou só conseguem encontrar um que não precisaria de uma graduação. O resultado é que, para muitos empregos "não universitários", ter uma graduação tornou-se agora um requisito fundamental, apesar de não acrescentar nada à capacidade do candidato para fazer o trabalho.

Um relatório recente do Chartered Institute of Personnel and Development, associação britânica de profissionais de RH, disse que 58% dos graduados do Reino Unido estavam em empregos não universitários. Na Alemanha, a proporção é de apenas 10%. Uma consequência infeliz é que muitas pessoas que não têm diplomas, mas que poderiam fazer esses trabalhos perfeitamente bem, estão excluídas. Esses jovens são desproporcionalmente oriundos de lares menos favorecidos. Portanto, essa "inflação de graduações" está longe de ser algo inocente. Não só desperdiça enormes quantias de dinheiro, como também ajuda a acentuar a desigualdade e a impulsioná-la ao longo das gerações.

No Reino Unido, pelo privilégio de adquirir um diploma que é quase inútil em seu valor intrínseco e que, ao escantear os verdadeiros não graduados, apenas permite que seu titular se enfie no que antes era considerado um emprego não universitário, os jovens deixam a universidade afundados em dívidas. E esse problema não está restrito ao Reino Unido. Nos EUA, em 2018, a dívida total dos estudantes excedeu 1,5 trilhão de dólares. De acordo com um estudo recente da Brookings, em 2023 quase 40% dos alunos provavelmente estarão inadimplentes[26].

Esse sistema é uma vergonha dispendiosa completa. Deveríamos estar preparados para muito menos jovens irem para a universidade. Mas isso não significa que os jovens não devam aprender ou continuar a ser educados depois da escola. Eles podem muito bem ter que aprender mais no próprio trabalho, combinando com cursos de curta duração que lhes ensinem habilidades particulares. E eles podem muito bem se beneficiar (embora não em termos financeiros necessariamente) fazendo pequenos intervalos para estudos acadêmicos durante várias etapas de sua vida profissional.

Educação artificial

A revolução da IA pode ajudar a concretizar esse resultado, mas para isso ela não deve simplesmente se encaixar no sistema educacional existente. No mundo movido por robôs e IA, é essencial que novas e maiores capacidades educacionais sejam direcionadas para aumentar os aspectos criativos da educação, e não os distributivos. Não faria sentido substituir um conjunto (socialmente inútil) de obstáculos artificiais por outro mais sofisticado em relação à tecnologia, projetado apenas para separar os mais capazes dos menos capazes de transpor esses obstáculos. A revolução da IA e dos robôs precisa ser o catalisador para repensar completamente a educação — para que ela serve e como alcançar melhor os objetivos educacionais de consenso.

A distinção entre criativo e distributivo tem uma implicação surpreendente para o equilíbrio da educação entre os estudos acadêmicos e os estudos de valorização da carreira, por um lado, e os estudos que se destinam a valorizar o lazer, por outro. Enquanto uma boa parte do esforço dispendido na educação acadêmica e profissional é distributiva (e, em alguns casos, em grande parte), o ensino concebido para melhorar a capacidade dos estudantes de tirar o máximo partido do seu tempo livre é criativo por natureza. Afinal, se a exposição a Balzac e Beethoven ajuda um aluno a fugir do *Big Brother* e do *Keeping up with the Kardashians*, isso é um benefício garantido para ele sem uma perda correspondente à capacidade de divertimento de qualquer outra pessoa.

Curiosamente, de todos os países desenvolvidos, a Suíça envia uma das menores porcentagens de jovens para a universidade. E você não chamaria a Suíça de fracassada. A sua força de trabalho tem uma base de competências muito elevada e goza de um dos mais altos níveis de rendimento médio real do mundo. Isso certamente está relacionado ao fato de que, para aqueles que não vão à universidade, existem instituições que oferecem formação profissional e tecnológica de alto nível.

A propósito, caso você acredite que essa abordagem seja uma desqualificação prejudicial da academia, note que a Suíça é sede da única universidade europeia fora do Reino Unido que está regularmente entre as melhores do mundo — Zurique. Em comparação, as antigas grandes universidades da França, Alemanha e Itália não aparecem em lugar nenhum. Nós temos muito a aprender com os suíços.

Quando e onde

Como parte da revolução da IA, precisaremos pensar radicalmente sobre as convenções da educação, tais como a duração da jornada escolar, do ano letivo e das férias escolares. Além disso, precisaremos reconsiderar a duração dos cursos de graduação, que normalmente são de três ou no máximo quatro anos, com cerca de apenas metade desse tempo realmente passado na universidade. Por quê? Certamente há espaço para cursos de graduação mais intensos, de um a dois anos. Afinal, como a IA permitirá que a aprendizagem seja mais personalizada, ela pode ser muito mais rápida.

Também não é óbvio que a educação deva ocorrer em entidades físicas chamadas escolas e universidades. Quando boa parte da educação se der com estudantes interagindo com algum tipo de programa educacional baseado em IA, isso poderia ser feito de casa com a mesma facilidade. Em qualquer caso, o *home schooling* [educação domiciliar] parece estar em ascensão. Entre 2016 e 2017, até 30 mil crianças no Reino Unido foram educadas em casa por escolha dos pais. Nos EUA, o número equivalente é de cerca de 2 milhões[27].

Quanto à educação universitária, a Universidade Aberta do Reino Unido foi há muito tempo pioneira na educação a distância, muito antes dos avanços da IA tornarem isso mais fácil. Além disso, muitas universidades desenvolveram cursos de graduação que podem ser realizados parcial ou totalmente a distância.

No entanto, deve haver um limite. Eu argumentei acima que uma educação completa e adequada envolve o desenvolvimento do potencial e da personalidade humana. Isso precisa envolver interação social, assim como esportes, teatro e outras atividades. É algo que requer algum espaço físico compartilhado, que poderíamos muito bem chamar de escola ou universidade.

Mas, na Era dos Robôs, não haverá necessidade de que todo o tempo dedicado à educação, ou mesmo a maior parte, seja passado nesses locais. Pelo contrário, a maior parte do tempo dedicado à educação pode ser passada em casa ou no local de trabalho, intercalando com visitas ocasionais à "sede física da aprendizagem". Concretizar isso envolverá repensar fundamentalmente como usamos os recursos educacionais — como edifícios e infraestrutura física.

Aprendizado contínuo

O título deste capítulo, "Como os jovens devem ser ensinados", é de certa forma inadequado, porque não são simplesmente os jovens que precisam ser ensinados. O modelo tradicional de educação e formação ocupa os primeiros dez ou vinte anos de vida após a infância. Segue-se um período de cerca de quarenta a cinquenta anos de emprego em tempo integral, seguido de mais quase nenhuma educação formal ou aprendizagem.

Esse modelo tem uma certa lógica quando a economia é estática ou quando, embora a produção econômica esteja crescendo, as estruturas econômicas e a demanda por certas habilidades são razoavelmente estáveis. Na verdade, não estamos em um mundo assim já há algum tempo, mas a relação entre trabalho e educação tem continuado como se nada tivesse mudado. A economia da IA promete ser muito menos parecida com aquela com a qual nós crescemos.

A implicação é que as pessoas precisarão ter vários períodos de aprendizagem e treinamento em suas vidas, intercalados com períodos de trabalho[28]. O grande pensador e futurólogo Alvin Toffler há muito tempo sugeriu que "os analfabetos do século XXI não serão aqueles que não sabem ler e escrever, mas aqueles que não sabem aprender, desaprender e reaprender"[29]. Isso implica que a força de trabalho deve ser capaz de mudar tão rapidamente quanto o ambiente ao seu redor.

Isso se aplica também à "educação para o lazer". Não há nenhuma boa razão para que o investimento na nossa capacidade de se divertir e de obter um profundo prazer com o nosso tempo livre se restrinja apenas aos primeiros dez ou vinte anos da nossa vida.

Lembre-se: os avanços da tecnologia não são necessariamente todos positivos para a educação e para a saúde mental dos cidadãos em geral. Há algumas evidências de decadência cognitiva como resultado dos recentes desenvolvimentos tecnológicos, especificamente na tecnologia dos videogames e dos smartphones. Em seu livro *A Geração Superficial*, Nicholas Carr argumenta que a internet está tendo um efeito adverso em nossa capacidade de pensar[30]. Em um artigo publicado no *The Atlantic* em 2013 chamado "All Can Be Lost: The risk of putting our Knowledge in the hands of machines" [Tudo Pode Ser Perdido: O risco de delegar nosso conhecimento para as máquinas, em tradução livre], ele lamentou a ascensão da "automação centrada na tecnologia, que eleva as capacidades da tecnologia acima dos interesses das pessoas". Da mesma forma, tem sido dito que a confiança no GPS para se locomover está prejudicando a nossa capacidade de raciocinar espacialmente e de lembrar caminhos[31].

Se ficasse estabelecido que, acima de algum limite, a exposição a essas coisas prejudica de fato a capacidade cognitiva, então haveria um argumento para restringir a confiança dos humanos em tais tecnologias. Na verdade, talvez um papel fundamental para o processo educacional fosse ensinar as pessoas a tirar o máximo proveito da nova tecnologia sem se tornarem viciadas nela e sem sofrerem decadência cognitiva.

O papel do Estado

Qual deve ser a política do Estado em relação à educação e à formação na Era dos Robôs? Já discuti as implicações da disseminação dos robôs e o desenvolvimento da IA para o tipo de educação que será mais rentável e desejável e quais métodos educacionais funcionarão melhor nas novas condições. A princípio, a mudança da educação nessa direção pode ser realizada pelas forças normais do mercado, pois os pais e seus filhos, assim como professores e especialistas em educação, passarão a considerar o que o novo mundo vai exigir, fazendo alterações de acordo com suas preferências educacionais.

No entanto, em praticamente nenhuma sociedade do mundo moderno a educação é deixada inteiramente para o setor privado, sem nenhum papel do Estado. Há duas boas razões para isso. A primeira é que, como discutimos

COMO OS JOVENS DEVEM SER ENSINADOS

antes, a educação provavelmente tem fortes externalidades positivas, ou seja, nem todos os benefícios de alguém que está sendo educado resumem-se a esse indivíduo. Alguns estão distribuídos mais amplamente pela sociedade. Podemos dizer que a sociedade tem um interesse próprio em que seus membros sejam educados. Em outras palavras, se a educação fosse deixada puramente à iniciativa privada, não seria suficiente para o interesse público.

Isso se deve em parte a imperfeições nos mercados de financiamento da educação, mas também à miopia e à falta de informação sobre os possíveis benefícios da educação entre as camadas mais pobres (e geralmente menos instruídas) da sociedade.

É certo que existem alguns pensadores, como o professor Bryan Caplan, a que nos referimos anteriormente, que argumentam que a educação pode dar origem a externalidades negativas. Na medida em que estiverem certos, existe um argumento a favor da *redução* do financiamento estatal da educação. Na verdade, este é precisamente o argumento de Caplan. Ele diz que é a favor da separação total entre a escola e o Estado. Mas, como eu disse antes, Caplan exagera nesse argumento.

Além disso, mesmo que Caplan estivesse substancialmente certo, sua receita radical esbarra no segundo argumento para o envolvimento do Estado na educação: o elemento distributivo. Sem nenhuma forma de provisão ou envolvimento financeiro público, a educação tenderia a se tornar a preservação dos melhores na sociedade, o que acentuaria a divisão e a desigualdade. Na verdade, essa desigualdade se multiplicaria ao longo das gerações.

Discutirei políticas para reduzir a desigualdade no próximo capítulo. Mas talvez a melhor coisa que o Estado possa fazer para reduzir a desigualdade na economia da IA seja investir na educação. De fato, isso já era verdade antes do início da revolução da IA, mas é ainda mais verdade agora.

Há várias formas de uma política de educação eficaz contribuir para a diminuição da desigualdade. Mais importante ainda, ela pode contrabalancear a vantagem que filhos de pais abastados e bem-sucedidos têm por serem enviados para escolas privadas, desfrutando de aulas particulares ou simplesmente absorvendo benefícios educacionais em casa. Uma reforma radical do sistema educacional estatal, aliada a muito mais dinheiro público, procuraria equiparar os padrões educacionais nas escolas públicas àqueles prevalecentes no setor privado, inclusive em matérias não acadêmicas, o que ajudaria a educar as pessoas adequadamente para que possam usar de forma plena e "lucrativa" o seu maior tempo de lazer.

Dando uma estrutura adequada ao ensino, o Estado pode equipar os jovens com as habilidades e os atributos que os ajudarão a encontrar e manter um trabalho gratificante nos mercados de trabalho do futuro. Mas o Estado também pode contribuir para o financiamento da aprendizagem e da reciclagem ao longo da vida, ajudando novamente as pessoas a se reequiparem com habilidades úteis. Isso é bastante importante como forma de melhorar as condições de todos aqueles milhões de pessoas que, de vez em quando, sofrerão com as tempestades de destruição criativa que ocorrem na economia, inclusive, como resultado da disseminação dos robôs e da IA.

Mais importante ainda, para reduzir a desigualdade na economia da IA, o sistema educacional precisa ajudar a produzir o tipo de trabalhador que vai prosperar como complemento da IA. David Autor, professor do MIT, afirma que, em 1900, o típico jovem norte-americano tinha uma educação não mais do que muito básica. Como a agricultura estava em declínio acentuado e o emprego industrial estava aumentando, as crianças precisariam de habilidades adicionais. O governo dos EUA deu a resposta sendo a primeira nação do mundo a oferecer educação de ensino médio para todos os seus cidadãos. O que é realmente digno de nota é que o movimento por trás da oferta do ensino médio universal foi liderado pelos "estados agrícolas"[32].

Naturalmente, os indivíduos em si terão um interesse próprio em se aplicar a essa aprendizagem e retreinamento ao longo de toda a vida. Mas eles podem não estar na melhor posição para financiá-la de forma adequada. E há externalidades que influenciam se haverá garantia de que as pessoas sejam empregáveis. Também não podemos confiar nos empregadores para investir na aprendizagem e retreinamento profissional ao longo da vida — pelo menos não na medida necessária —, porque a possibilidade de os empregados se mudarem para outra empresa, ou de as empresas empregadoras falirem antes do pagamento total do investimento, significa que eles não conseguirão captar o benefício social total desse investimento. Assim sendo, eles não investirão o necessário.

Mas cuidado: progressos nessa agenda é coisa mais fácil de ser dita do que feita. Não adianta apenas despejar dinheiro na configuração existente. Como argumentei acima, a estrutura da educação precisa ser fundamentalmente reformada — tudo, desde o ensino fundamental e médio, passando pelo ensino universitário, até a aprendizagem e a reciclagem ao longo da vida. Tal reforma radical já encontrou forte oposição por parte da profissão docente. Isso vai continuar e até se intensificar. O sistema educacional é uma das partes mais conservadoras da sociedade moderna. A oposição a mudanças de interesses adquiridos na educação é outra razão pela qual o Estado precisa de se envolver ativamente no sentido de incentivar o sistema a se adaptar às novas exigências.

No entanto, faz-se necessário um aviso. A total confiança no Estado não é certamente a resposta. Em um sentido poderoso, cada pessoa é o seu próprio educador. A inteligência artificial aumenta muito o espaço para a autoeducação. E, além de individualmente, há outros membros da família com os quais podemos aprender muito. Governos ao redor do mundo costumam cometer o erro de equiparar a educação apenas ao que acontece nas escolas e universidades ou nos centros de aprendizado no local de trabalho.

Além disso, tem sido notável que a educação financiada pelo Estado tende a enfatizar excessivamente a aprendizagem e a obtenção daqueles diplomas para pendurar na parede, em detrimento de "nebulosas" atividades não essenciais, como música, teatro e esporte. No entanto, como explicado acima, as qualidades que são desenvolvidas por meio dessas atividades são cada vez mais as que os empregadores estão procurando. Eles tendem a encontrá-las, desproporcionalmente, nos produtos da educação privada.

Portanto, não são apenas os professores e educadores que têm de mudar, mas também todos os envolvidos no planejamento e implementação da educação financiada pelo Estado. Na economia da IA, além de proporcionar uma boa formação acadêmica, a ambição da educação estatal deveria ser a de proporcionar aos estudantes uma experiência tão boa de atividades não acadêmicas quanto a do setor privado. Isso pode tanto promover o seu desenvolvimento como seres humanos quanto melhorar as suas perspectivas de emprego.

Conclusões

A educação é mais um exemplo de um fenômeno que encontramos ao longo deste livro. Os entusiastas de IA se apressam sobre a forma como robôs e IA vão transformar um aspecto particular da sociedade — neste caso, a educação —, mas eles julgam completamente mal a natureza dessa transformação. Supostamente, os professores serão obrigados a seguir o caminho dos motoristas de táxi e caminhões, prontos a serem redundantes e condenados a se tornarem mais um amontoado de trabalhadores desempregados, mas bem qualificados, que terão de se esforçar para encontrar uma nova forma de ganhar a vida. Enquanto isso, as disciplinas que precisam ser ensinadas serão revolucionadas, com disciplinas de artes tradicionais jogadas pela janela para serem substituídas apenas por disciplinas STEM.

É provável que a realidade seja muito diferente. A educação precisava muito de reforma já antes do advento dos robôs e da IA. Seus praticantes e protetores são algumas das pessoas mais conservadoras dessa terra de meu Deus. Há muito tempo eles já deviam ter sofrido um choque, e isso não tem nada a ver com as mudanças a serem desencadeadas pelos robôs e pela IA.

A revolução da IA vai dar esse choque. Mas trará mudanças muito diferentes daquelas que os radicais da IA sugerem. A educação nas artes liberais não morrerá, mas permanecerá muito importante, se não mais. O objetivo da educação irá além da modelagem das pessoas para o mercado de trabalho e envolverá ajudar as pessoas a se tornarem indivíduos plenos, capazes de aproveitar ao máximo seus momentos de lazer, bem como desenvolver suas carreiras e sua contribuição para a sociedade.

E o número de pessoas empregadas na educação não está destinado a despencar, como os radicais sugerem. Na verdade, pode muito bem aumentar. O que acontece é que os robôs e a IA estão prontos para transformar os métodos educacionais, com o resultado de uma educação mais personalizada, e um ensino não mais ministrado pela abordagem de produção em massa, parecido com uma fábrica de automóveis.

Grande parte dessa agenda de mudanças radicais será entregue naturalmente pelo mercado, com as escolas respondendo às pressões de mercado e às preferências dos pais. No entanto, tanto professores quanto pais, sem dúvida, levarão tempo para se adaptarem e se tornarem confiantes de que a revolução dos robôs e da IA não implica o fim do ensino das artes liberais ou uma diminuição da importância de disciplinas não acadêmicas. Esta é uma área em que não se pode confiar ao mercado a entrega do resultado desejado, sem nenhum auxílio. Afinal, uma grande parte do sistema educacional é financiada e controlada pelo Estado. Portanto, é vital que tanto os estabelecimentos educacionais quanto os líderes políticos entendam as verdadeiras implicações dos robôs e da IA para a educação e não sejam enganados pela propaganda da IA.

Consertar o sistema educacional será, no mínimo, o mais importante para a saúde da sociedade, porque será fundamental para o resultado de outro dos principais desafios que enfrentamos na Era dos Robôs: como garantir que um grande número de pessoas não seja deixado para trás.

9
Garantindo prosperidade para todos

"Em algum momento, nós precisaremos separar o dinheiro que ganhamos do modo como ocupamos nosso tempo, e essa mudança desafiará algumas presunções muito caras sobre como definimos nossos valores e identidades."

Gerd Leonhard[1]

"Algo tem que ser feito. Isto é algo. Então, precisa ser feito."

Anonymous[2]

Entre os Capítulos 3 e 6, eu argumentei que não há razão para acreditar que a Era dos Robôs implique a morte do trabalho. Haverá muitos empregos para as pessoas — embora o aumento da riqueza provavelmente será acompanhado por uma queda no número de horas que as pessoas, em média, dedicam ao trabalho, e não ao lazer. E, no Capítulo 5, expus as minhas ideias sobre que tipo de novos empregos pode vir a ocupar o lugar dos antigos.

Mesmo assim, é possível que os empregos que estarão disponíveis para muitas pessoas sejam temporários, instáveis e mal pagos. Talvez o mercado de trabalho em alguns países pobres de hoje em dia forneça uma visão do futuro para todos nós. Quando você chega ao aeroporto, multidões de pessoas oferecem serviços de valor duvidoso, como carregar suas malas quando um carrinho de bagagem faria o trabalho da mesma forma. E nos hotéis, e às vezes até mesmo nos restaurantes, exércitos de flanelinhas estão lá para fazer o seu trabalho, mas com a criação de quase nenhum valor para você e, consequentemente, o ganho de quase nenhum dinheiro para eles.

Uma alternativa, ou talvez um complemento, como sugeri no Capítulo 5, seja o mercado de trabalho do futuro se assemelhando aos tempos pré-modernos no Ocidente, quando um grande número de pessoas trabalhava no serviço doméstico e os muito ricos contratavam exércitos de criados (leais ou não).

Essas são duas visões do futuro, mas, como argumentei no Capítulo 6, elas não são as únicas. De fato, expus lá vários fatores que podem retardar

A Economia da Inteligência Artificial

ou compensar qualquer tendência para o aumento da desigualdade. No mínimo, isso significa que não devemos nos apressar na adoção de um programa radical de redistribuição de renda ou de riqueza que pode ser simultaneamente desnecessário e prejudicial.

De todo modo, eu posso estar enganado sobre como os robôs e a IA vão afetar a distribuição de renda. Se eu estiver seriamente errado, então poderíamos terminar com uma distribuição de renda que muitos de nós acharia injusta e inaceitável, com consequências desagradáveis para a estrutura e a natureza da sociedade. Essa é uma visão do futuro que de fato assombra muitos especialistas em IA e outras áreas. Portanto, precisamos pensar no que fazer se esse pesadelo se tornar realidade.

O que as políticas públicas poderiam fazer para prevenir e/ou ajustar a distribuição em uma direção mais igualitária? Devemos, e podemos, confiar nos sistemas existentes de redistribuição de renda, talvez adequadamente reformados e melhorados? Existem novas medidas radicais que poderiam ser adotadas? E, se existem, devemos abraçá-las? No que se segue, darei especial atenção à ideia de introduzir uma renda básica universal (RBU).

Mas, antes de considerarmos a possibilidade de jogar fora o atual sistema de impostos e redistribuição de renda, temos de voltar aos princípios. Deixando os robôs e a IA de lado por um momento, que tipo de distribuição de renda é "boa"? Ou pelo menos aceitável? E até que ponto o sistema atual de redistribuição de renda atinge esses patamares? É apenas quando comparamos qualquer sistema novo com o existente que as medidas políticas potenciais para a economia da IA poderão se mostrar convincentes. É vital que tenhamos uma compreensão clara dessas questões, porque a sociedade é um organismo complexo, e uma grande intervenção para alterar sua moral, instituições e costumes pode ter sérias consequências não intencionais.

A distribuição ideal

Filósofos e economistas políticos refletem e destrincham o tema da distribuição ideal de renda desde a Grécia Antiga. Seria indelicado dizer que ainda não somos mais sábios. Mas seria verdade dizer que não há uma conclusão definitiva sobre a questão.

Marx produziu uma visão acachapante de um futuro igualitário sob o comunismo, que só floresceria após um agonizante período de desigualdade e injustiça sob o capitalismo. A sua análise mordaz e as suas

Garantindo prosperidade para todos

conclusões drásticas derivam dos conceitos de "mais-valia" e "exploração". Infelizmente, embora esses conceitos pareçam fortes, em termos práticos, eles são frágeis, desfazendo-se nas mãos. Quanto ao marxismo na prática, não vou repreendê-lo aqui com outro relato de seus horrores[3].

Talvez seja insensato, e até impossível, identificar a distribuição de renda mais justa possível. Devemos simplesmente limitar-nos a identificar exemplos flagrantes de distribuições *injustas* — e fazer algo a respeito delas. Quando vemos grande riqueza e conforto sentados lado a lado com a pobreza e privação agudas nas ruas de Mumbai ou nas favelas da América Latina, sabemos que algo está errado. Mas os contrastes menos extremos também se fazem sentir: os superiates dos super-ricos flutuando preguiçosamente, enquanto milhões de pessoas comuns se escravizam em trabalhos extenuantes só para não deixar suas modestas casinhas afundarem.

Esses fortes contrastes podem nos deixar desconfortáveis mesmo que os super-ricos tenham "merecido" os seus zilhões, mas enfrentamos outros desafios quando eles obtêm sua riqueza por herança, enquanto os pobres adquirem sua pobreza pela falta de herança.

Essas comparações de renda e riqueza não se referem simplesmente a questões de justiça e moralidade, ou mesmo ganância e inveja. Elas também indicam um certo tipo de eficiência. Os economistas têm o conceito de "utilidade marginal decrescente" da renda. Simplificando, isso significa que, à medida que você fica mais rico, cada pedaço extra de renda lhe traz cada vez menos benefícios. Isso certamente está de acordo com a nossa própria experiência. O primeiro naco de renda extra que lhe permite comprar comida suficiente para combater a fome vale muito mais para você do que o equivalente à renda extra quando se é mais rico, o que pode lhe permitir comer fora em vez de preparar a comida por si mesmo.

A partir dessa constatação, não é difícil argumentar que um real a mais dado a uma pessoa super-rica vale muito menos do que um real a mais dado a alguém na fila do sopão. E, a partir disso, não é difícil argumentar que um real a mais tirado de uma pessoa super-rica traz uma perda muito menor do que o ganho gerado por esse mesmo um real sendo dado à pessoa pobre.

Seguindo essa lógica, se você estivesse tentando alcançar o objetivo estabelecido pelo famoso filósofo Jeremy Bentham de buscar "a maior felicidade para o maior número de envolvidos", buscaria a completa igualdade de renda ou algo muito próximo a ela.

Mas, é claro, esta é uma visão muito crua, que leva a conclusões muito grosseiras. Na prática, nunca se pode saber quanto vale um tanto de dinheiro ou de despesa para uma pessoa em comparação a outra. Assim, o objetivo de apenas somar a "utilidade" de cada pessoa para atingir um total de dinheiro para a sociedade como um todo repousa sobre falsas premissas. Além disso, a sociedade é mais do que uma coleção de indivíduos atomizados (ou mesmo famílias) maximizando a sua "utilidade". Qualquer pessoa que tente promover a felicidade humana deve reconhecer as complexidades da sociedade e as complicadas motivações e interações entre indivíduos e instituições.

Princípios conflitantes

Na prática, há vários princípios conflitantes que devem ser levados em conta quando até mesmo um rei-filósofo, para não dizer um político moderno, procura equalizar a distribuição de renda. As pessoas são muito diferentes em seus talentos, inclinações e esforços. A completa igualdade de resultados seria, portanto, injusta. Também se ressentiria a maior parte daquelas pessoas que, de outra forma, estariam no topo da pirâmide de renda.

Além disso, as pessoas reagem a partir de incentivos. A capacidade de melhorar o próprio quinhão é um incentivo ao esforço. Assim, uma sociedade de resultados iguais para todos seria mais pobre do que uma sociedade na qual as pessoas pudessem enriquecer por conta própria. E as pessoas também são, em certa medida, motivadas por uma posição relativa. Os que estão à frente estão motivados a continuar à frente e os que estão atrás estão motivados a recuperar o atraso. Portanto, mais uma vez, uma sociedade igualitária seria uma sociedade mais pobre.

Além disso, as pessoas têm um instinto profundo para transmitir aos seus filhos o que ganharam. Impedi-los disso levaria à infelicidade. E também poderia diminuir a motivação.

Mais fundamentalmente, às vezes os diferentes resultados de vida provêm de boa ou má sorte, como ganhar na loteria ou sofrer um acidente de carro. Embora uma boa sociedade possa querer evitar que as pessoas sofram com este último, pode ser um empobrecimento da existência humana descartar ou restringir a primeira.

De fato, se for feita uma tentativa de "corrigir" a distribuição de renda, alguém tem que ser responsável por ela. Esse "alguém" é o Estado. O processo de redistribuição está, então, sujeito a todos os caprichos do

GARANTINDO PROSPERIDADE PARA TODOS

processo político, e acaba que o resultado fica muito aquém do que um rei-filósofo idealizaria.

Além disso, esse processo pode reforçar o poder do Estado não só contra o indivíduo, mas também contra as outras instituições da sociedade civil. Isso pode não ter importância se o Estado estiver nas mãos de um rei-filósofo, mas certamente teria quando estiver nas mãos de líderes políticos de carne e osso. Assim, os objetivos de assegurar a preservação da liberdade e resistir a governantes poderosos são provavelmente mais bem atendidos quando se tem algumas pessoas na sociedade que são independentemente ricas, podendo, portanto, resistir às benfeitorias do poder estatal. (Mas, veja bem, isso não dá nenhuma garantia. Existem hoje vários Estados no mundo que equivalem a tiranias, apesar de suas sociedades contarem com a presença de dezenas de bilionários.)

Esse conjunto de princípios permeia a relutância da sociedade moderna em impor uma renda totalmente igualitária. Tais princípios devem ser levados em conta quando consideramos os impactos da revolução da IA na distribuição de renda e quaisquer medidas políticas que possam ser tomadas para mudar essa distribuição. Mesmo assim, há dois argumentos cruciais duradouros que apontam na direção oposta e eles ganham força com a revolução da IA. Eles merecem alguma atenção. Além disso, há dois outros argumentos que vieram à tona mais recentemente, particularmente em conexão com robôs e IA, aos quais eu me dedicarei logo mais.

Primeiro, e mais fundamentalmente, pode-se argumentar que as habilidades de alguém não são realmente "suas". Será que as diferenças de talento, inclinação e esforço se devem realmente aos próprios indivíduos? Na realidade, elas não são, pelo menos em parte, também o resultado de uma herança? No mundo atual, para não falar sobre o mundo que está por vir, onde a beleza pode ser ainda mais valorizada do que é agora, quando uma pessoa bonita se torna uma megaestrela de *reality shows,* fazendo com que ganhe muito dinheiro, seu "talento" é realmente seu ou é o produto de sua herança e, portanto, sujeito a todas as objeções habituais à riqueza herdada? Não seria isso também verdade para aquelas pessoas abençoadas com bons cérebros ou mesmo com uma forte ética profissional? Assim, pode-se prontamente argumentar que os beneficiários de grandes rendimentos baseados em "talentos" não os "merecem" de verdade.

Em segundo lugar, é impressionante que pessoas que desempenham as mesmas funções em países com níveis de desenvolvimento muito diferentes

235

tenham rendimentos muito diferentes. Um motorista de ônibus em Entebbe, Uganda, ganhará muito menos do que um motorista de ônibus em Berlim, mesmo que estejam fazendo o mesmo trabalho. O mesmo se aplica aos médicos e, na verdade, a quase todas as categorias de trabalho. Em outras palavras, o que um indivíduo ganha não é apenas o produto de seus próprios esforços e habilidades, mas também é substancialmente o resultado da sociedade em que ele vive. Assim, para aqueles que vivem em países ricos e bem-sucedidos, boa parte dessas recompensas "pertence", no fundo, à sociedade em geral.

O acordo moderno

E então, como conciliar esses princípios conflituosos? A única resposta é: por alguma forma de acordo. Ou, para colocar a questão de uma forma menos gentil, por uma evasiva. Essa tem sido a resposta das sociedades desde tempos imemoriais, bem antes de os robôs e a IA serem até mesmo um sonho distante.

Houve algumas medidas *ad hoc,* pontuais, para melhorar a condição dos pobres ao longo da história, mas nada em comparação com a escala e a preponderância das políticas redistributivas empreendidas pelos Estados modernos. Pode-se dizer que a mudança começou com as medidas promulgadas pelo chanceler Bismarck na Alemanha Imperial no final do século XIX, em específico a instituição de aposentadorias financiadas pelo Estado e de subsídios relativos ao desemprego e a doenças.

O papel do Estado tornou-se plenamente efetivo nos anos após a Segunda Guerra Mundial, com o surgimento do Estado de bem-estar social. Isso é uma realidade mais plena nos países da Europa, mas há elementos disso operando na América do Norte, na Ásia e em todas as outras partes do mundo. Essencialmente, o Estado de bem-estar social visa a ser uma solução de consenso entre os argumentos conflitantes discutidos acima, entre o *laissez-faire* total na distribuição de renda e a busca de um resultado igualitário. Ele tem vários componentes:

- *A prestação de certos serviços públicos, sejam gratuitos ou a uma taxa altamente subsidiada.* Como os gastos com estes serviços absorvem uma parte maior das despesas das pessoas mais pobres, sua provisão a preços inferiores aos de mercado serve para inclinar a distribuição de renda em favor dessas pessoas. Esses serviços incluem normalmente educação, saúde e, em alguns casos, transporte público. Tipicamente, eles não incluem três outras categorias-chave de despesas que pesam fortemente no orçamento das pessoas mais pobres: alimentação, vestuário e, em países de clima frio, aquecimento (bem como outros serviços públicos). Quando os serviços subsidiados ou prestados pelo Estado são financiados através da tributação geral, desde que o sistema fiscal suporte a forma desproporcional dessas melhores condições sociais (ver abaixo), isso reforça o efeito redistributivo sobre os rendimentos disponíveis após impostos.

- *A oferta de habitação subsidiada para pessoas de baixa renda.*
- *A provisão de seguro-desemprego e de doença.* Como inicialmente previsto, esses benefícios foram efetivamente planejados como uma forma de seguro, com o Estado coletando as prestações por meio de uma forma de tributação e depois desembolsando os benefícios à medida que surja a necessidade. Na prática, porém, o elemento seguro foi enfraquecido, uma vez que os governos não mantiveram fundos separados, e os benefícios foram, até certo ponto, disponibilizados, quer tenham sido feitas ou não as contribuições.
- *Benefícios ad hoc para pessoas que estão abaixo de certos níveis de rendimento.* Normalmente, esses benefícios têm sido pagos quando a renda de uma família está abaixo de um determinado nível e, portanto, são interrompidos quando a renda ultrapassa esse nível.
- *Complementos financiados pelo Estado para rendimentos advindos de empregos malremunerados.*
- *Pagamento de alguns benefícios se determinados critérios forem cumpridos, sem sujeitar os beneficiários a comprovações de necessidade.* Exemplos incluem aposentadorias, viagens gratuitas para pensionistas, licenças de televisão a custo zero para pessoas com mais de 75 anos, subsídios para pensionistas para a cobertura do aumento do custo do aquecimento durante os meses de inverno em países com clima frio, abonos familiares para crianças e subsídio de invalidez.
- *Um sistema fiscal que inclui um subsídio isento de impostos e/ou uma taxa de imposto menor para rendas baixas.* Na maioria dos países, as alíquotas de imposto também sobem à medida que os rendimentos aumentam. (Não se esqueça de que, nos últimos anos, houve um movimento no sentido de impostos mais baixos. Hong Kong e a Rússia, entre outros países, operam um sistema em que a taxa de imposto nunca passa da taxa normal, não importa quão grande seja a renda.)
- *Tributação de dividendos, ainda que os rendimentos dos quais se poupava dinheiro para acumular capital sejam, por sua vez, tributados.*
- *A tributação do dinheiro herdado, mesmo que já tenha sido tributado antes.*

A Economia da Inteligência Artificial

- *Em alguns países, um imposto sobre a riqueza.*
- *Incentivo à caridade, mediante isenções fiscais para instituições de caridade registradas.*

Esse sistema é caótico. Mesmo sem nenhuma das pressões que estão prestes a ser liberadas pela revolução da IA, ele certamente está pronto para uma reforma. Ele tem várias fraquezas importantes. Para começar, é complexo, difícil para as pessoas compreenderem e caro de administrar. Além disso, na maioria dos países, os indivíduos não têm um senso de propriedade sobre os seus direitos acumulados de pensão estatal e outros direitos a benefícios e não podem acessar os fundos de forma flexível. (Singapura é uma exceção.)

Muito desse panorama envolve o Estado tomar com uma mão e depois devolver às mesmas pessoas com a outra. Uma vez que a administração desse carrossel de dinheiro é cara e que as taxas marginais de imposto têm de ser mais elevadas para financiar as despesas, isso é um desperdício gigantesco.

É duvidoso que o Estado deva estar no negócio de seguros. Mesmo que sejam necessárias algumas garantias e financiamento adicional, pode-se defender que seguros sejam fornecidos com mais qualidade pelo setor privado. (É certo, porém, que em relação aos seguros-saúde há um problema de seleção adversa. Ou seja, as seguradoras de saúde são relutantes em garantir aqueles que mais provavelmente precisarão de cuidados médicos. Isso requer a intervenção do Estado, de uma forma ou outra.)

Além disso, os serviços prestados pelo Estado na saúde e na educação têm um histórico irregular. Críticos argumentam que eles têm uma tendência a maus resultados no que diz respeito à qualidade, escolha do consumidor e eficiência.

O sistema de benefícios traz consigo fortes desincentivos ao trabalho à medida que os benefícios são interrompidos com o aumento da renda. Em alguns casos, as pessoas enfrentam uma alíquota de imposto (e saque de benefícios) de 100% ou mais. Entretanto, o sistema fiscal está repleto de brechas. Muitas vezes, embora consiga taxar uma proporção considerável dos rendimentos médios, as grandes fortunas escapam muito mais facilmente à medida que os seus proprietários se beneficiam da mobilidade internacional e são capazes de pagar as melhores consultorias fiscais.

De fato, em muitos países, o sistema está tão cheio de brechas e anomalias que os ricos e super-ricos pagam em impostos porcentagens menores do que os legisladores pretendiam e, às vezes, "menos do que os seus

GARANTINDO PROSPERIDADE PARA TODOS

faxineiros". Entretanto, as grandes empresas internacionais conseguem pagar muito pouco imposto, enquanto as pequenas empresas familiares não têm outra opção senão aguentar integralmente a pancada.

E talvez o mais importante seja que o custo total do Estado de bem-estar social é enorme e está pronto para ser ainda maior à medida que as populações envelheçam. Assim, os efeitos desincentivadores das elevadas alíquotas de imposto aparentemente necessárias para financiar o sistema estão fadados a se tornarem ainda maiores.

Esse sistema tem crescido de uma forma muito *desregrada*, graças à interação entre o desejo de preservar o princípio de contribuição e o de ajudar as pessoas apenas quando precisam dele, dando benefícios a certos "grupos merecedores" (por exemplo, genitores, pensionistas ou doentes crônicos), ao mesmo tempo em que se pretende limitar o custo e quaisquer efeitos adversos nos incentivos. Isso precisa mudar — e muito.

A hora dos robôs e da IA

Mas que diferença a revolução da IA pode fazer para essa questão? O primeiro ponto é certamente que, por mais desconfortáveis que possamos estar com a atual distribuição de renda, e ainda mais com a distribuição que se obteria na ausência de políticas redistributivas, se os pessimistas estiverem certos, ela pode muito bem se tornar mais desigual à medida que a IA e os robôs forem exercendo uma influência maior na economia. Além disso, há uma chance de que, além de distorcer a distribuição de renda, a revolução da IA possa reduzir a mobilidade social e, portanto, ter uma tendência de impulsionar a distribuição de renda desigual ao longo das gerações.

Além disso, uma distribuição tão desigual tem dois efeitos colaterais significativos e indesejáveis. Ela pode tender a deprimir a demanda agregada, uma vez que o poder de compra está concentrado nas mãos dos menos inclinados a gastá-lo (como analisado no Capítulo 3), exercendo, assim, uma pressão adicional sobre as políticas de gestão de demanda cuja eficácia está longe de ser perfeita. Além disso, pode tender a minar a democracia (como analisado no Capítulo 7).

Se algum desses resultados acontecerem, e se quisermos resistir a isso, então, precisamos ou reforçar o atual conjunto das políticas concebidas para redistribuir a renda, ou desenvolver algumas novas.

Consertando o sistema atual

Suponha que tomamos a decisão de consertar o sistema atual de redistribuição de renda. O que poderíamos fazer? A seguir, faço um esboço do que, em princípio, poderia ser feito. Isso fornecerá algum contexto e contrapeso a uma medida muito mais radical: a introdução de um rendimento básico universal (RBU), que considerarei mais à frente. Mas não quero insinuar que as medidas para reformar o sistema existente aqui discutidas sejam politicamente fáceis ou necessariamente desejáveis. No entanto, elas são viáveis — pelo menos em princípio.

Antes de tudo, o Estado poderia, sem dúvida, tornar-se mais eficiente em suas políticas de redistribuição de renda. Poderia melhorar a eficiência dos serviços públicos e, portanto, obter melhores resultados com o mesmo dinheiro, o que beneficiaria majoritariamente os menos abastados. A educação é particularmente importante aqui, porque tem muita influência na capacidade de ganho e nas oportunidades de vida das pessoas que nascem de famílias desfavorecidas. Por isso, pode ter uma grande influência na mobilidade social. (Discuti no Capítulo 8 algumas das formas como o Estado poderia usar a política educacional para influenciar a distribuição de renda.)

Por todo o mundo, em vários países que operam com uma baixa porcentagem de gastos governamentais e impostos no PIB, como os EUA, Japão, Suíça e muitos outros, seria possível aumentar a proporção de gastos e impostos para os níveis atualmente em vigor nos países europeus, como a França e a Escandinávia, com os gastos adicionais dedicados ao aumento dos benefícios para os pobres e financiados de forma proporcional com impostos sobre os mais ricos.

Vários autores argumentam que, mesmo sem a revolução da IA, há fortes argumentos a favor de um sistema mais generoso de benefícios sociais. Em 2011, o Ministério da Saúde holandês encomendou um estudo sobre os custos de benefícios de auxílio para desabrigados (como abrigo gratuito, programas de assistência, heroína gratuita e serviços de prevenção). O estudo concluiu que investir em um morador de rua gera um impressionante retorno sobre o investimento. Cada euro investido na ajuda aos sem-teto holandeses traz o dobro ou o triplo de retorno com a economia em serviços sociais, polícia e custos judiciais[4.]

Outra abordagem para a redução da desigualdade seria o Estado interromper certos benefícios universais, como subsídios por número de filhos e pensões para pessoas acima de certa idade e alocar o dinheiro para "casos meritórios". Também poderia aumentar a tributação dos super-ricos. Naturalmente, nada impede que os países aumentem suas taxas básicas de imposto. Na prática, esta pode não ser uma forma sensata de proceder. Um sistema de taxas mais baixas, com menos isenções e sem lacunas pode trazer mais receitas. Seriam viáveis as medidas para combater a evasão fiscal, tanto por parte de indivíduos ricos como de empresas, mas, para serem eficazes, teriam de ser coordenadas internacionalmente.

Também está liberada para todos os países a criação de impostos sobre a riqueza, ou o seu aumento onde eles já existam. Mais uma vez, porém, para evitar que tal movimento seja prejudicado pela fuga de capitais, teria de ser coordenado internacionalmente. Na situação atual, parece haver poucas chances de se conseguir um acordo internacional sobre a criação de um imposto sobre a riqueza.

Competição e reforma

Uma abordagem completamente diferente da desigualdade seria combatê-la em suas raízes — ou pelo menos em algumas delas. De qualquer modo, nos EUA, os recentes aumentos da desigualdade não foram causados principalmente pelo aumento do retorno sobre o capital (como argumentado por Thomas Piketty e discutido no Capítulo 6), mas, sim, pelo aumento da disparidade entre os trabalhadores de salários mais altos e salários mais baixos. Além disso, uma parte substancial desse aumento da desigualdade é explicada por grandes aumentos na remuneração dos CEOs e de outros executivos no topo das empresas, e também por grandes aumentos na remuneração relativa das pessoas que trabalham nos serviços financeiros[5].

Esses aumentos na desigualdade não têm a ver diretamente com a inteligência artificial. No entanto, se a sociedade quisesse fazer algo para reduzir a desigualdade, pelo menos nos EUA e no Reino Unido, o lugar para começar seria o fortalecimento dos procedimentos de governança corporativa para diminuir os maiores salários nas empresas, além de reduzir o tamanho do setor financeiro na economia. Além disso, o governo poderia introduzir um programa de medidas antimonopólio, especialmente no setor digital, em que várias empresas obtêm enormes lucros com suas operações quase monopolistas. Esta última sugestão reflete o que aconteceu nos EUA no âmbito do programa antitruste do início do século XX.

Mas, é claro, nenhuma das sugestões acima seria fácil, sobretudo do ponto de vista político. E, à primeira vista, para muitos observadores do panorama da IA, nenhuma delas parece corresponder à escala e ao significado do que está prestes a ocorrer por causa dos robôs e da inteligência artificial. Assim, há uma base de apoio para uma abordagem verdadeiramente radical da redistribuição de renda, que parece relativamente fácil, apropriada ao problema em questão e politicamente viável: a introdução de alguma forma de renda básica ou universal. A ideia tem encontrado guarida mesmo sem os possíveis efeitos dos robôs e da IA. Mas, como a discussão detalhada que se segue deverá deixar claro, parece ter uma relevância particular para um mundo submetido ao choque dos robôs e da inteligência artificial.

Uma renda básica universal (RBU)

A renda mínima garantida, ou RMG, muitas vezes chamada renda básica universal (RBU) — que é a nomenclatura que vou utilizar aqui — é uma ideia com muitas variantes[6]. Na sua forma mais pura, uma RBU é a concessão de uma renda regular com um único valor fixo por indivíduo (ou por agregado familiar), independentemente das circunstâncias, financeiras ou não, e sem a necessidade de preencher quaisquer condições, exceto ser cidadão do país em questão ou residir lá há um certo tempo.

Esta última qualificação levanta uma questão espinhosa. Se migrantes recentes forem excluídos da RBU, então, deve haver algum tipo de sistema de assistência social auxiliar para lidar com as suas necessidades, se e quando eles entrarem em tempos difíceis. E se eles *não* forem excluídos e, portanto, forem elegíveis para a RBU, então, pode haver um ressentimento considerável por parte dos contribuintes nativos. Além disso, se um país concedesse uma RBU aos imigrantes e outros países não, ou se concedesse uma RBU particularmente generosa em comparação aos seus vizinhos, então, poderia atrair um grande número de imigrantes.

Em algumas variantes, a RBU é paga desde o nascimento; em outras, a partir da idade adulta. Em algumas variantes pode aumentar com a idade e ser estabelecida em diferentes níveis, dependendo das circunstâncias pessoais — por exemplo, o número de filhos ou mesmo a parte do país onde a pessoa mora. Em algumas variantes menos puristas, depende de o beneficiário ficar abaixo de algum nível de renda; em outras, exige que o beneficiário esteja à procura de trabalho.

Em algumas variantes, o montante do benefício é indexado a preços ou salários. Em alguns casos, ele até aumenta automaticamente com o PIB *per capita*. Em outros, ainda, o pagamento da RBU é limitado a um certo número de anos por pessoa. Geralmente sugere-se que a RBU não deva ser hipotecável ou tributável, embora se fosse tributável, desde que o sistema fiscal seja progressivo, esta seria uma forma de recuperar o benefício dado a pessoas em situação melhor.

Na versão mais purista da ideia, a RBU é considerada como substituta de todas as outras formas de bem-estar social; em outras, porém, é considerada como um suplemento, em vez de um substituto para qualquer uma ou todas elas. Em uma variante, o sistema de benefícios é fundido com o sistema de imposto de renda. Nessa variante, abaixo de um determinado nível de renda, a taxa de imposto torna-se negativa, e as pessoas recebem dinheiro das autoridades fiscais. (Isso é conhecido como um imposto de renda negativo.)

Houve até uma proposta de que o Estado deveria fornecer uma "herança mínima universal". Foi sugerido que ela deveria ser fixada no valor de £10 mil para todos os jovens de 25 anos[7]. Esta é uma variante da ideia de RBU e partilha tanto as suas vantagens como os seus inconvenientes. A proposta não foi feita especificamente com a revolução da IA em mente, e ela entraria em vigor ou seria descartada independentemente disso. A sugestão deriva da crescente preocupação com o aumento da desigualdade em nossa sociedade. Mas a preocupação específica sobre as consequências distributivas da revolução da IA e o que poderia ser feito a respeito dela significa que a sugestão de uma quantia fixa financiada pelo Estado parece particularmente relevante para a economia da IA.

Na prática, no entanto, essa proposta é só desconversa e subterfúgio. Para financiar a ajuda, houve sugestões de uma taxa sobre as empresas, novos impostos e uso do produto da venda de ativos estatais que iriam para um fundo. Mas essas características específicas não acrescentam nada à ideia central de dar aos cidadãos um benefício sem pré-requisitos, financiado a partir do erário público. Não há muito a dizer sobre as várias formas sugeridas para angariar dinheiro para um "fundo" que financie as doações. Mais vale sermos honestos e claros sobre a realidade e simplesmente financiar o benefício com os impostos em geral.

Nem é óbvio, se uma quantia única e as sugestões da RBU forem alternativas entre si, que um pagamento único é uma melhoria em relação a um rendimento regular pago todas as semanas, meses ou trimestres. Uma possível vantagem de um montante único é que é mais compatível com a acumulação e preservação de um montante de capital. É certo que os beneficiários poderiam igualmente acumular essa soma, poupando todos os seus rendimentos regulares. Mas a maioria das pessoas tem dificuldade em exercer suficiente autodomínio. No entanto, igualmente, alguns beneficiários tenderão a gastar uma quantia fixa de uma só vez, deixando-os sem o apoio contínuo que uma renda regular proporciona.

A seguir, vou deixar de lado a ideia do montante único e, em vez disso, vou analisar o pagamento de um rendimento regular.

Trabalho básico

Mas, antes de chegarmos à questão principal, há duas outras variantes a considerar: a ideia de uma garantia básica de emprego (GBE) e a prestação de serviços básicos universais (SBU). Nos EUA, os senadores Bernie Sanders, Elizabeth Warren, Cory Booker e Kirsten Gillibrand pressionaram para que uma GBE fosse analisada.

Essa ideia pretende afastar uma das críticas do RBU, mas prejudica imediatamente um dos seus principais apelos. Claramente, a proposta responde à crítica de que uma RBU reduziria a oferta de mão de obra e prejudicaria a ética profissional (que discutirei daqui a pouco). Mas, para atender a essa objeção, ela reafirma a ligação entre trabalho e renda. Falta-lhe, portanto, o apelo que a RBU tem de permitir que algumas pessoas, como futuros poetas, escritores, pintores e compositores, tenham um rendimento que permita a sobrevivência sem terem de fazer trabalho remunerado.

Até agora, pelo menos, a ideia de uma GBE não conseguiu entusiasmar figuras-chave geralmente vistas como de esquerda, que poderiam ser consideradas simpáticas a ela, tanto pelo custo quanto pelas dúvidas sobre o que as pessoas que recebem a garantia de emprego realmente fariam. Lawrence Summers, ex-secretário do Tesouro dos EUA, ponderou que um emprego garantido de US\$15 por hora incentivaria mais 4 milhões de pessoas a entrarem para a força de trabalho e atrairia 10 milhões de já empregados (e para um quarto dos quais US\$15 por hora representaria um aumento salarial). Ele calcula que o custo seria de US\$60 mil por trabalhador, acarretando um aumento total de US\$840 bilhões nos gastos anuais do governo, ou cerca de 20% do total atual[8]. Isso certamente seria insustentável e extremamente ineficiente. Portanto, devemos presumir que a sugestão de uma GBE não vai decolar.

GARANTINDO PROSPERIDADE PARA TODOS

Serviços básicos universais

Outra ideia é fornecer um pacote gratuito de serviços básicos universais (SBU), como moradia, alimentação, transporte e comunicações. Esta ideia atraiu uma série de políticos de esquerda, como o trabalhista John McDonnell, do Partido Trabalhista britânico, que desempenha a função de *shadow** do ministro das Finanças — ou seja, como opositor, vasculha as ações econômicas do governo.

Os defensores dessa ideia de SBU argumentam que seria apenas uma extensão do sistema já em vigor, que fornece serviços gratuitos de saúde e educação. Eles estão certos sobre isso, mas reside aí um perigo implícito, porque a provisão estatal desses serviços, no Reino Unido, tem encontrado insatisfação generalizada. Além disso, a extensão do fornecimento gratuito de outras coisas, como alimentação, habitação e transporte, levaria a um desperdício extraordinário e à ineficiência. Naturalmente, também ampliaria os tentáculos do Estado ainda mais sobre a sociedade. Além do mais, diminuiria dois dos principais atrativos da ideia de uma RBU: sua simplicidade e a forma como deixa o indivíduo livre para escolher o que fazer com o dinheiro fornecido pelo Estado.

Portanto, a ideia de SBU provavelmente será interessante apenas para um número relativamente pequeno de pessoas à esquerda e provavelmente não ganhará maior tração. Assim, faz sentido para nós deixá-la de lado agora e nos concentrarmos na ideia mais popular de uma RBU. Parece muito mais provável que esta decole. De fato, em alguns sentidos, já decolou.

Apoios ilustres

O princípio básico de uma RBU recebeu recentemente um amplo apoio, como o de Mark Zuckerberg, do Facebook, e Elon Musk, da Tesla. No *World Government Summit* de 2017, em Dubai, Musk disse, referindo-se à próxima transformação dos transportes: "Vinte anos é um curto período de tempo para algo como 12% [a] 15% da força de trabalho estar desempregada." E sobre a RBU, ele disse: "Acho que não teremos escolha. Acredito que ela vai ser necessária."[9]

---

*N. da E.: No sistema político parlamentarista do Reino Unido, existem gabinetes paralelos (*shadows gabinets*) formados por membros da oposição, e, em caso de queda do governo por menção de desconfiança, estes assumem o lugar.

A Economia da Inteligência Artificial

Tal apoio pode parecer surpreendente. Fornecer dinheiro de graça parece radical, a ponto de ser subversivo na economia capitalista. Afinal, o capitalismo é baseado na ideia de incentivo. A recompensa deve estar relacionada ao esforço e a aceitar os riscos. E o revés da recompensa é a penalização, no caso de fracasso. Assim, uma renda regular que cai no seu colo só porque você é um cidadão de um país parece completamente contrária ao espírito do sistema que chamamos capitalismo. Mas tais eminentes empreendedores e visionários veem a RBU como o apoio final ao sistema capitalista. Em qualquer caso, como Elon Musk deixou claro, eles não acham que haja muita alternativa.

Na verdade, a ideia essencial da RBU tem tido alguns apoios ilustres desde muito tempo atrás. Sir Thomas More, o grande acadêmico Tudor, estadista e santo, previu algo como uma RBU para sustentar os habitantes do seu mundo idealizado, Utopia. Similarmente, em seu panfleto *Justiça Agrária*, publicado em 1797, Thomas Paine argumentou que, ao se tornarem adultos, todos deveriam receber uma quantia fixa para compensar a injustiça de que algumas pessoas nasceram em famílias ricas enquanto outras nasceram em famílias que não tinham nada.

No século XX, o grande filósofo britânico Bertrand Russell apoiou a RBU. Ele argumentou: "Uma grande vantagem de tornar a ociosidade economicamente possível é que isso daria um poderoso motivo para tornar o trabalho agradável; e nenhuma comunidade onde a maioria do trabalho é desagradável pode ser considerada como tendo encontrado uma solução de problemas econômicos." E em outro lugar ele escreveu: "A moralidade do trabalho é a moralidade dos escravos, e o mundo moderno não tem necessidade de escravos[10]."

Entre os economistas, apoiadores de alguma versão do conceito incluem John Stuart Mill, John Kenneth Galbraith, James Tobin e Paul Samuelson. Alguns desses nomes estão associados à esquerda liberal e, em geral, é de fato de lá que vem a maior parte do apoio à RBU.

Assim, pode ser uma surpresa saber que, entre os economistas, alguns dos mais entusiastas defensores do capitalismo também apoiaram a ideia da RBU. Por exemplo, ela foi defendida por ninguém menos que o economista anglo-austríaco Friedrich von Hayek, autor de O *Caminho da Servidão*, e o opositor de Keynes e do keynesianismo, Milton Friedman, o sumo sacerdote do monetarismo, autor de *Livre para Escolher* e *Capitalismo e Liberdade* e um forte defensor da economia de mercado. (Friedman defendeu a variante do imposto de renda negativo.)

GARANTINDO PROSPERIDADE PARA TODOS

E também tem havido algumas surpresas no mundo dos políticos. No final dos anos 1980, Richard Nixon apresentou uma lei de renda básica, chamando-a "a peça mais significativa da legislação social da história da nossa nação". Embora tenha sido aprovada pela Câmara dos Deputados, foi derrotada no Senado.

Como poderiam economistas como Hayek e Friedman apoiar a RBU? O ponto de vista deles era que, em uma sociedade civilizada, é normal e inevitável (assim como desejável) que apoio financeiro seja fornecido aos fracos e desafortunados. Como discutimos acima, isso geralmente é feito por meio de uma complexa teia de benefícios: pensões, subsídios de invalidez, seguro-desemprego, auxílio-moradia, seguro-saúde, subsídios de renda, subsídios vinculados a filhos e muito mais.

Algumas deles ficam disponíveis a partir de um critério simples, como atingir a idade de qualificação para receber aposentadoria. Por conseguinte, esses benefícios são distribuídos independentemente da necessidade. Mas a maioria é distribuída de acordo com algum critério de suposta necessidade financeira. Assim, o seguro-desemprego é dado àqueles que estão desempregados; o apoio de renda é dado àqueles que ficam abaixo de algum nível de renda mínima designado.

Isso pode parecer muito menos desperdício do limitado dinheiro público, na medida em que visa benefícios para aqueles que aparentemente mais precisam. Mas também desincentiva o trabalho. As pessoas são pagas por estarem desempregadas, então, se está efetivamente incentivando o desemprego. Ao diminuir a oferta potencial de mão de obra e, portanto, a produção, isso não só atua contra os interesses da sociedade, mas provavelmente também opera contra os interesses de longo prazo dos beneficiários. Isso porque junto com o trabalho vem a oportunidade de passar para um emprego mais gratificante, para não mencionar os benefícios para a autoestima e um sentimento de pertencer à comunidade. E esse sistema é enormemente caro, ineficiente e desperdiçador.

Assim, os grandes defensores do capitalismo têm visto a RBU como uma forma eficiente de dizimar esse matagal de inúmeros benefícios diferentes que descrevi anteriormente neste capítulo, caro de administrar e difícil de entender para os potenciais receptores, sem diminuir o incentivo para melhorar o seu quinhão por meio do trabalho. Alguns apoiadores da direita também viram a RBU como uma permissão para o governo reduzir o salário mínimo, levando, assim, ao aumento dos níveis de emprego.

247

Entretanto, é notável que a ideia de uma RBU também é interessante para muitas pessoas do movimento ambientalista, por razões completamente diferentes. Eles entendem que a RBU possa tornar possíveis estilos de vida fora do consumismo, da competição acirrada e da obsessão pelo crescimento, ajudando, assim, a diminuir as pressões sobre o meio ambiente.

Embora a ideia de uma RBU tenha sido atrativa muito antes de os robôs e da IA entrarem em cena (como evidenciado por essa longa lista de adeptos do passado) e, embora ela pudesse ser adotada ou descartada sem referência a essas tecnologias, ainda assim é verdade que o surgimento da preocupação com os efeitos dos robôs e da IA aumentou o interesse na renda básica universal.

A razão é bastante simples. Sempre houve algum argumento a favor de um "dividendo social" para todos os cidadãos, mas mudanças potenciais na distribuição de renda tornaram isso mais convincente.

Não é apenas que a disseminação de robôs e da IA pode tornar a distribuição de renda mais desigual, destruindo empregos ou corroendo os salários reais. Ela também pode criar um mundo em que os altos rendimentos advêm cada vez mais da propriedade da terra, recursos escassos e propriedade intelectual — ou seja, eles poderiam ser acumulados por pessoas que não fizeram por "merecer".

Então, quais são os argumentos contra a ideia da RBU? Agora é hora de ir direto ao ponto de partida, começando com possíveis efeitos sobre os incentivos ao trabalho.

RBU e oferta de mão de obra

Vamos supor que uma RBU seja introduzida, substituindo vários benefícios condicionados. O que aconteceria com o fornecimento de mão de obra? Alguns economistas pensam que isso *fortaleceria* a vontade de trabalhar. Isso porque as pessoas afetadas por essa mudança podem agora ganhar dinheiro com o trabalho sem perder os benefícios. Mas outros economistas têm defendido que uma RBU enfraqueceria a vontade de trabalhar. Eles argumentam que, uma vez atingido um certo nível de renda, algumas pessoas (talvez muitas) não vão fazer um esforço extra para ganhar mais. (Isso está de acordo com a discussão no Capítulo 4 sobre o desejo latente do ser humano de mais lazer.)

Assim, a introdução de um sistema de RBU poderia persuadir as pessoas a fornecerem tanto mais quanto menos mão de obra. Como as coisas

GARANTINDO PROSPERIDADE PARA TODOS

acabariam na prática dependeria em parte do valor da RBU. Um pequeno valor provavelmente não convenceria as pessoas a reduzirem a oferta de mão de obra e certamente não as levaria a desistirem totalmente do trabalho porque, *ex hypothesi*, não seria suficiente para viver.

É mais provável que um valor de RBU suficientemente grande para que se pudesse viver razoavelmente com ele, no caso de esta ser a única fonte de renda, levasse as pessoas a reduzirem sua oferta de mão de obra. E, quanto maior for a RBU, maior será esse efeito, com algumas pessoas decidindo desistir totalmente do trabalho. Conforme a RBU aumentasse, esse efeito se intensificaria porque, como mais pessoas estariam vivendo apenas de RBU, seria mais aceitável socialmente fazê-lo, incentivando, assim, ainda mais os outros a fazê-lo. Além disso, como veremos a seguir, a necessidade de financiar uma RBU suficiente para viver dela implicaria um aumento substancial das taxas de imposto, o que poderia muito bem diminuir o incentivo para subir o próprio aumento.

Oposições clássicas

Discussões sobre sistemas de bem-estar social do tipo RBU já se arrastam há eras. Em 1944, o economista Karl Polanyi publicou *A Grande Transformação*, que, entre outras coisas, atacou um dos primeiros sistemas de assistência social, conhecido como "Speenhamland", batizado com o nome da região de Berkshire, Inglaterra, onde foi executado. Segundo Polanyi, o sistema "introduziu não tanto uma inovação social e econômica, mas 'o direito de viver', e, até ser abolido em 1834, impediu o estabelecimento efetivo de um mercado de trabalho competitivo". Ele concluiu que esse sistema resultou na "pauperização das massas" que, ele alegou, "quase perderam a sua forma humana". Ele defendeu que a renda básica funcionava não como um piso, mas, sim, como um teto[11].

Não é nenhuma surpresa que o nosso velho amigo, o reverendo Malthus, escrevendo mais de cem anos antes de Polanyi, também tenha sido negativo. Ele pensava que o sistema "Speenhamland" incentivava as pessoas a procriarem o máximo possível. O grande economista David Ricardo também acreditava que uma renda básica causaria uma redução no trabalho e uma queda na produção de alimentos. Até Karl Marx condenou o sistema "Speenhamland" em *O Capital*, publicado em 1867. Ele argumentou que, ao colocar o ônus sobre as autoridades locais, tão fraco benefício era uma tática usada pelos empregadores para manter os salários baixos. O grupo de oponentes ferrenhos do sistema "Speenhamland" inclui eminentes pensadores como Jeremy Bentham e Alexis de Tocqueville.

Porém, segundo Rutger Bregman, historiador contemporâneo de movimentos radicais, todos esses pensadores condenaram o sistema "Speenhamland" sem examinar os dados. Ele diz que problemas como os que havia no sistema foram causados pelo retorno da convertibilidade do ouro na Grã-Bretanha, em 1821, e pela ascensão das máquinas que substituíam os seres humanos[12]. Segundo ele, "capitalista ou comunista, tudo se resume a uma distinção inútil entre dois tipos de pobres e a um grande equívoco que quase conseguimos dissipar há cerca de quarenta anos — a falácia de que uma vida sem pobreza é um privilégio para o qual você tem que trabalhar, em vez de um direito que todos nós merecemos"[13].

Efeitos colaterais da RBU

Embora economistas tenham discutido os efeitos do RBU sobre os incentivos ao trabalho, havendo argumentos respeitáveis em ambas as posições, alguns defensores da ideia têm sido capazes de contrapor alguns argumentos diferentes e, por vezes, curiosos.

Durante sua longa e ilustre carreira, John Kenneth Galbraith deixou de se opor à RBU e passou a apoiá-la. Ele não foi convencido pela probabilidade de que ela reduzisse a oferta de mão de obra. No típico estilo galbraithiano, ele escreveu: "Aceitemos algum acesso ao lazer tanto para os pobres quanto para os ricos[14]."

Alguns defensores da RBU argumentaram que um dos benefícios é aumentar as taxas de casamento nos lares de baixa renda e, ao mesmo tempo, tornar mais viável para um dos pais ficar em casa cuidando dos filhos pequenos. Alguns defensores também argumentam que uma RBU torna mais fácil para os jovens investir em sua própria formação e educação ou assumir estágios e aprendizagens malremunerados. Do mesmo modo, dizem, a RBU facilita a oferta desses estágios pelos empregadores — eles seriam menos custosos, uma vez que os estagiários dependem do Estado para ter uma renda básica.

Alguns analistas têm argumentado que, se uma RBU tivesse o efeito de desincentivar o esforço e reduzir o PIB, isso não seria ruim. Pode-se defender que, nas sociedades ocidentais modernas, as pessoas são levadas pela concorrência a quantidades de esforço que vão além do que é de seu próprio interesse. Por conseguinte, é salutar a existência de algo que suprima

GARANTINDO PROSPERIDADE PARA TODOS

o instinto competitivo e desincentive o trabalho. Esse argumento tem mais força se você acredita que a intensidade do esforço econômico da humanidade está prejudicando o planeta, seja mediante o esgotamento dos recursos, da poluição ou das mudanças climáticas[15].

Uma variante dessa abordagem é a visão de que uma grande parte dos altos rendimentos da nossa sociedade corresponde ao que os economistas chamam de "rentismo", ou seja, a provisão de algo ao qual se impõe um preço, dado ser escasso, mas que ainda estaria lá mesmo se esse preço não fosse pago (sendo a terra o exemplo clássico).

Lord (Adair) Turner argumentou que, além de uma proporção crescente de "rentismo" na economia do futuro, uma proporção crescente da atividade econômica será de soma zero, no sentido de que nada acrescentará à soma total de produção ou renda a ser desfrutada por todos[16]. Muito da atividade do mercado financeiro pode se enquadrar nessa categoria. (Como salientei no último capítulo no meu livro de 2009, *The Trouble with the Markets*, chamei tal atividade de "distributiva", opondo-a à atividade "criativa" que amplia o tamanho da soma geral.[17])

Se Lord Turner estiver certo, esse é um motivo para não se preocupar tanto se a introdução da RBU levar a uma redução da oferta de mão de obra e a um PIB mais baixo. Grande parte da redução no PIB seria falsa. Não teria qualquer relação com o bem-estar humano em geral. (Mas, veja bem, como se poderia garantir que a RBU reduzisse apenas a parte "distributiva" ou de soma zero do PIB, e não a parte "criativa", é coisa que não se sabe.)

Outro argumento plausível é que, mesmo que a introdução de uma RBU desincentive o trabalho e, portanto, reduza o PIB, e mesmo que essa redução no PIB não tenha tanta importância em decorrência do argumento de Lord Turner, ela é tolerável. Se você acredita no poder da Quarta Revolução Industrial, então, como sociedade, estamos prestes a ficar mais ricos, com menos necessidade de trabalhar. Isso deve significar que o peso a ser dado aos efeitos desincentivadores da tributação e da redistribuição deve ser menor do que foi antes. Do mesmo modo, a causa da justiça social deveria pesar mais. Em suma, é possível dizer que, no novo mundo, podemos dar mais atenção à justiça. Esse ponto depende de um extremo "se e quando" a IA e os robôs realizarão todo o trabalho e os humanos desfrutarão de uma vida de lazer. Para que servem os incentivos ao trabalho, então? Mas, claro, nós ainda não chegamos a esse ponto, e, se o argumento central deste livro estiver correto, nunca chegaremos.

Críticas curiosas

Se existem alguns argumentos radicais, ou mesmo extravagantes, a favor da RBU, existem também algumas críticas curiosas. Alguns comentadores temem que ela estimule a inflação. Como disse Calum Chace, visionário da IA: "Tudo o mais mantido igual, uma injeção massiva de dinheiro em uma economia a torna suscetível ao aumento de preços, levando à inflação súbita e talvez até à hiperinflação[18]."

Isso é mesmo muito importante. Se a RBU for introduzida, ela pode muito bem alterar a oferta de mão de obra e a relação entre desemprego e inflação por todas as razões apresentadas acima. Mas esses efeitos podem ser levados em conta pelos decisores políticos — como os bancos centrais, que fixam as taxas de juro. Não há uma boa razão para se opor à RBU com o argumento de que será inflacionária.

Outra crítica é que, se todos os benefícios fossem substituídos pela RBU, isso reduziria a estabilidade do sistema econômico em resposta a choques externos. Isso porque, no sistema atual, o valor total de muitos (embora não todos) benefícios pagos flutua de acordo com o ciclo econômico, subindo quando a economia se retrai e caindo quando ela se recupera. Os pagamentos de benefícios, portanto, agem como "estabilizadores automáticos". Se todos os benefícios fossem substituídos por uma RBU, então, essa característica seria perdida.

Isso é verdade, mas não é um argumento realmente poderoso. Significa simplesmente que, no caso de uma desaceleração econômica, as autoridades monetárias teriam de substituir os estabilizadores automáticos por uma política estabilizadora discricionária. Isso acontece frequentemente em qualquer caso do sistema atual, se (e quando) os governos acreditam que os estabilizadores automáticos não são suficientes por si só. Tais políticas estabilizadoras adicionais poderiam assumir diversas formas, mas uma possibilidade seria aumentar temporariamente o valor da RBU até que a desaceleração econômica terminasse. (É certo, porém, que políticas estabilizadoras discricionárias provavelmente envolverão um atraso em comparação com os estabilizadores automáticos.) De uma forma ou de outra, é pouco provável que essa perda dos estabilizadores automáticos represente uma objeção séria.

Testes da RBU

A RBU não é uma mera sugestão teórica. Tem havido uma série de tentativas de testá-la na prática. Nos anos 1970, houve uma tentativa na cidade canadense de Dauphin. Os apoiadores da RBU afirmam que os resultados foram muito favoráveis: menos pessoas sofreram de graves problemas de saúde mental, menos adolescentes abandonaram a escola. O mais surpreendente é que quase ninguém desistiu de trabalhar.

Mais recentemente, algo parecido foi tentado na província canadense de Ontário. Mas foi abandonado no verão de 2018. A ministra responsável pelos serviços sociais da província, Liza Macleod, disse que o projeto era "muito caro".

Em janeiro de 2017, foi lançada uma experiência de RBU na Finlândia, com 2 mil pessoas desempregadas escolhidas ao acaso. Mas foi abandonada em abril de 2018. Um estudo da OCDE concluiu que, se a política fosse estendida para toda a população, a Finlândia teria de aumentar o seu imposto de renda em quase 30%.

Em junho de 2018, a França anunciou uma experiência de RBU. Uma renda mensal — a partir de €600 por mês para uma pessoa solteira sem filhos — seria dada a cerca de 20 mil desempregados. Os candidatos seriam submetidos a uma prova, mas sem pré-requisitos impostos, como ter que procurar um emprego. No momento em que escrevo, os resultados não são conhecidos.

Annie Lowrey, uma grande defensora da RBU, cita dois casos menos conhecidos[19]. Em 2010, o governo iraniano cortou subsídios para bens como petróleo e alimentos e começou a enviar dinheiro aos cidadãos. Os economistas que investigaram os efeitos concluíram: "Com exceção dos jovens, que têm laços fracos com o mercado de trabalho, não encontramos evidências de que as transferências de dinheiro reduziram a oferta de mão de obra, enquanto os trabalhadores do setor de serviços parecem ter aumentado suas horas de trabalho." (Perceba que isso não constitui realmente um teste de RBU no sentido clássico.)

O segundo caso citado por Lowrey é mais impressionante, mas também contraditório. O povo Cherokee, em cujo território há dois cassinos lucrativos, recebe parte desses lucros, no valor de US$4 mil a US$6 mil por ano/pessoa e parece ter reduzido sua oferta de mão de obra apenas ligeiramente em resposta ao pagamento. O resultado oposto é encontrado com o Shakopee Sioux, de Minnesota, cujos membros receberam US$84 mil em um mês de 2012. Um membro dos Shakopee Sioux disse ao *The New York Times* que eles têm 99,2% de desemprego, acrescentando que qualquer trabalho pago era inteiramente voluntário[20].

Na verdade, existe um exemplo antigo de algo como uma RBU nos EUA. Desde 1982, residentes do Alasca recebem um dividendo anual do Fundo Permanente do Alasca, que controla um conjunto de recursos nacionais do Estado. Em 2015, 630 mil cidadãos qualificaram-se para um pagamento de US$2.072 dólares, cerca de 3% do PIB *per capita* do Alasca. Mas essa quantia é muito pequena para que se pudesse esperar grandes efeitos na oferta de mão de obra.

Independentemente do que esses testes pretendam demonstrar, os resultados estão longe de ser conclusivos. Como acontece com muitas outras questões em economia e política social, muito depende de atitudes e normas sociais, que mudam lentamente. Para obter resultados realmente conclusivos, precisaríamos manter essa política por pelo menos uma geração — e até mais, de preferência. Além disso, ela precisaria ser executada em um país inteiro, e não apenas em alguma área restrita. Nem é necessário dizer que parece muito baixa a probabilidade de que tal experiência ocorra.

Ainda assim, a ideia de uma RBU tem um apelo popular considerável — às vezes, em alguns lugares bastante surpreendentes. Em 2016, a Suíça realizou um referendo sobre uma proposta para introduzir uma RBU com um valor relativamente alto. A proposta foi derrotada, mas quase um quarto do eleitorado a apoiou.

Na Itália, um dos parceiros da coligação no novo governo, o Movimento Cinco Estrelas, fez campanha nas eleições de 2018 com uma plataforma que incluía uma variante da RBU. O movimento está empenhado em fazer passar algum tipo de RBU, apesar das restrições orçamentárias e da oposição por parte das autoridades da UE a mais despesas públicas.

Além disso, no Reino Unido, John McDonnel, *shadow* do Ministro do Tesouro, disse que está pressionando para que a introdução de uma RBU seja incluída no próximo manifesto do Partido Trabalhista. Assim, se os trabalhistas ganhassem as próximas eleições gerais, poderíamos estar prestes a testemunhar a maior experiência até agora com a RBU.

A avaliação

Além do argumento de que reduziria a oferta de mão de obra daqueles que se beneficiam da RBU — o que, como discutido acima, não é evidente —, a verdadeira oposição à RBU apoia-se em quatro argumentos muito diferentes:

- Ofenderia o senso de justiça da maioria das pessoas.
- Aumentaria a exclusão social e ampliaria as divisões na sociedade.
- Implicaria um enorme custo para as finanças públicas, o que exigiria um aumento realmente devastador dos impostos.
- Devido a todas essas dificuldades, longe de simplificar o sistema de benefícios, a RBU acabaria por complicá-lo.

Em primeiro lugar, é realmente duvidoso se, na prática, qualquer outra coisa além de um valor irrisório de RBU seria socialmente desejável ou sustentável. Uma coisa é a maioria dos cidadãos passar gradualmente menos tempo no trabalho, com mais tempo de lazer. Outra coisa é uma certa classe de pessoas continuar a se empenhar enquanto uma grande parte da população fica à toa, vivendo às custas dos outros.

Isso poderia ser aceitável se os beneficiados pela RBU fossem todos artistas, monges ou músicos ou mesmo se estivessem aprendendo artesanato ou a tocar harpa. Mas, suponha que eles estejam passando a maior parte do tempo se embebedando, usando drogas ou assistindo à pornografia. Acho que isso não pegaria bem com as "famílias trabalhadoras".

Exclusão social

Os defensores da RBU precisam lidar com o fato de que muito mais graves problemas sociais de hoje estão associados à falta de emprego. Partir para um caminho que contemple abertamente uma classe substancial de pessoas que não trabalham parece ser um convite para ter problemas bem sérios.

Afinal de contas, os defensores da RBU são frequentemente movidos por uma preocupação não apenas com a discrepância nos rendimentos monetários entre diferentes grupos, mas também com a sensação de exclusão e isolamento sentida pelas pessoas no fundo do poço. No entanto, se o efeito da RBU for permitir e incentivar um número substancial de pessoas a não trabalhar, isso certamente aumentará divisões fundamentais na sociedade.

Mais do que isso, tais divisões podem ser autoperpetuantes. Quando alguém tiver optado por não trabalhar e contar com a RBU, será difícil voltar para o trabalho. Essas pessoas terão perdido habilidades, inclinação e a ética profissional. E os empregadores estarão menos interessados nelas. Além disso, os filhos de pessoas que vivem uma vida sem trabalho, financiada pela RBU, estariam provavelmente mais inclinados a levar vidas semelhantes e, de fato, menos capazes de levar qualquer outro tipo de vida.

O custo

O valor definido para a RBU é absolutamente crítico para os seus efeitos, tanto para o bem como para o mal. Milton Friedman queria que o seu querido imposto de renda negativo fosse "suficientemente baixo para dar às pessoas um incentivo substancial, e consistente, para saírem do programa". Ele pensou que, dependendo do nível da garantia de renda e da correspondente taxa de imposto necessária para financiá-la, o esquema poderia variar entre o eminentemente desejável e o absolutamente irresponsável. Como ele dizia: "É por isso que é possível que pessoas com opiniões políticas tão diversas apoiem, de uma forma ou de outra, um imposto de renda negativo[21]."

A propósito, um efeito colateral decididamente adverso da variante do imposto de renda negativo que Friedman defendeu é que ela dá às pessoas no extremo inferior da distribuição de renda um incentivo para mentir sobre sua renda, a fim de se qualificar para o imposto negativo, ou seja, para a ajuda estatal. Em contraste, com uma RBU simples, elas não têm esse incentivo. Na verdade, em níveis de renda mais baixos, o Estado não se interessa por quanto ganham, porque, independentemente disso, receberão a RBU.

A maioria dos proponentes da RBU sugeriu um valor na linha de pobreza, ou perto dela — sem dúvida, como uma forma de minimizar a oposição de pessoas que pensam que a RBU é insustentável e/ou tornará as pessoas preguiçosas. No entanto, tal nível não conseguiria satisfazer a aspiração de proporcionar um salário suficiente para viver sem trabalhar, embora ainda seja extremamente caro. Mas, se a IA realmente tratorar as oportunidades de emprego de tal forma que um grande número de pessoas fique desempregado, então, esse nível se mostraria inadequado, tanto econômica quanto politicamente.

Os filósofos políticos Philippe Van Parijs e Yannick Vanderborght, que são fortes defensores da RBU, sugerem um nível de benefício equivalente a um quarto do PIB *per capita*[22]. Nos EUA, isso equivale a US\$1.163 por mês; e no Reino Unido, a US\$910. Além disso, eles argumentam que a RBU só deveria substituir os benefícios que sejam inferiores a essas somas. Os benefícios mais elevados, juntamente com as suas várias condições de qualificação, deveriam ser mantidos.

Mas isso certamente acabaria por ser excessivamente caro. O custo bruto antes da economia resultante da substituição de benefícios mais baixos seria, claro, de um quarto do PIB. A economia resultante da substituição de benefícios mais baixos seria significativa, mas o custo líquido continuaria a ser muito grande.

Dito isso, é possível projetar uma mudança para a RBU que seria neutra do ponto de vista fiscal. Isso exigiria simplesmente que a RBU fosse estabelecida em um valor que consumisse exatamente o dinheiro poupado pela abolição de todos os outros benefícios sociais. É um bom experimento mental pensar sobre as implicações disso.

Na ausência de medidas compensatórias, se a mesma quantia de dinheiro que é atualmente gasta em benefícios baseados em pré-requisitos ou em qualificações fosse redirecionada para uma RBU, o resultado seria o oposto do que se pretendia. Como todos receberiam o RBU, inclusive os que atualmente não recebem nenhum benefício, até mesmo bilionários, aqueles que atualmente recebem benefícios ficariam, em média, em pior situação. E, como essas pessoas estão normalmente no extremo inferior da escala de renda, o resultado seria um *aumento* da desigualdade.

É claro que, para compensar esse efeito, as taxas de impostos sobre os membros mais abastados da sociedade poderiam ser aumentadas. Mas isso também tem os seus inconvenientes. A Era dos Robôs pode ser um período de superabundância, mas, ainda assim, os incentivos são importantes — pelo menos até que os robôs e a IA assumam todo o trabalho e todos nós vivamos uma vida de lazer. Se, para financiar uma RBU generosa, as alíquotas de impostos tivessem um aumento muito grande em relação aos níveis atuais, poderia haver sérios efeitos desincentivadores.

É daí que vem o efeito adverso realmente grave sobre a oferta de mão de obra, e não o efeito desincentivador sobre os trabalhadores mal pagos para assegurar uma vida melhor por meio do trabalho. O problema é que, para que as pessoas pudessem viver com uma RBU, a arrecadação de impostos teria que aumentar drasticamente. E isso exigiria alíquotas mais elevadas para muitas pessoas, se não para a maioria. Elas provavelmente (embora, claro, não certamente) responderiam fornecendo menos mão de obra.

Uma forma de evitar o custo?

Há uma forma potencial de evitar a objeção à RBU com base no custo para as finanças públicas. Argumentei no Capítulo 3 que a economia da IA poderia tender a uma demanda agregada deficiente. Se houvesse tal tendência, uma forma de se contrapor a isso seria por meio de uma política fiscal expansionista, ou seja, gerando deliberadamente um deficit orçamentário elevado, a fim de financiar maiores gastos governamentais e/ou impostos mais baixos. Essa política fiscal expansionista poderia ser combinada com a introdução de uma RBU. Neste caso, gastar mais dinheiro público não teria que levar a qualquer aumento de impostos.

Essa é uma perspectiva potencialmente interessante — sedutora, na verdade. Mas tem uma série de inconvenientes e necessidades:

- *Princípio*. Está longe de ser inevitável que uma economia muito desigual também seja propensa à deficiência de demanda.
- *Timing*. Além disso, não há garantia de que o momento em que a distribuição de renda precise de ajuste coincida necessariamente com o momento em que a macroeconomia precise de um estímulo fiscal.
- *Magnitude*. Mesmo que o momento coincida, não há razão para supor que a magnitude requerida pelas duas políticas seja igual. Um aumento do deficit fiscal em 5% do PIB proporcionaria um grande estímulo à economia, mas estes 5% não seriam suficientes para financiar nada além de um nível mínimo de RBU.
- *Sustentabilidade*. Como discutido no Capítulo 3, deficit orçamentário sustentado durante um longo período de tempo resulta em níveis elevados de dívida pública, o que cria vários problemas macroeconômicos. Como consequência, um financiamento de uma RBU via deficit teria de ser apenas temporário. No entanto, se você aceitar o argumento a favor, a necessidade seria permanente.

O resultado final é que o financiamento via deficit não oferece uma saída viável para a necessidade de aumentar substancialmente os impostos como financiamento de um nível razoável de RBU.

Mais complexidade

O verdadeiro apelo da RBU aos pensadores de direita é a sua aparente simplicidade, permitindo a abolição da complexa teia de benefícios ineficientes e das camadas de burocracia que a acompanham, com efeitos benéficos sobre a estrutura de incentivos e o custo da administração. Mas, devido às consequências fiscais de se colocar a RBU em um valor suficientemente alto para permitir a abolição de todas as outras formas de benefícios, a probabilidade é que, se a RBU fosse introduzida em qualquer país avançado, teria de ser fixada em um valor baixo. Isso certamente significaria que outros benefícios permaneceriam.

Portanto, provavelmente o resultado seria não a simplificação do sistema de benefícios bastante complexo já existente, mas a adição de outro nível de complexidade e despesa pública. E certamente os formuladores

GARANTINDO PROSPERIDADE PARA TODOS

de políticas públicas não conseguiriam resistir ao impulso de mexer com a RBU, tal como fizeram com todos os outros elementos do sistema de bem--estar social. Afinal de contas, pense no princípio do seguro que originalmente sustentava os benefícios estatais. Esse princípio é agora mais honrado na violação do que na observância. Embora em muitos países continue a ser exigida alguma forma de pagamento de "seguro social", na realidade, como já foi salientado, eles equivalem a impostos com outro nome.

Já consigo antever os políticos brincando com o imposto da RBU enquanto impõem novas condições de qualificação e alteram a interação entre a RBU e outros benefícios — como consequência, prejudicando logo de cara a ideia original por trás da RBU. Em pouco tempo, acabaríamos com um sistema imprestável.

Algo pode ser salvo?

Com isso, como fica a ideia da RBU? Depois de todas as objeções e problemas discutidos acima, ainda é possível imaginar a concessão de uma renda básica muito baixa sendo adicionada à bateria existente de benefícios concedidos pelo Estado. Para alguns casos marginais, isso poderia ser de algum valor considerável, permitindo que as pessoas recebam um mínimo de subsistência durante algum tempo sem terem de se submeter aos tortuosos e burocráticos procedimentos necessários para poderem usufruir das várias formas de benefícios estatais do atual sistema, baseados em pré-requisitos ou qualificações.

Mas tal esquema seria uma forma muito cara de assegurar esse ganho tão modesto. E estaria muito longe da visão dos defensores de direita da RBU, que preveem a possibilidade de substituir todos os outros benefícios e, assim, reduzir o custo de operação, reforçando ao mesmo tempo o incentivo ao trabalho. E também estaria muito longe da visão dos defensores da RBU à esquerda, que a previram proporcionando a muitas pessoas um meio de subsistência razoável sem trabalhar.

O economista John Kay resumiu a questão de forma cabal: "Ou o nível do rendimento básico é inaceitavelmente baixo, ou o custo de fornecê-lo é inaceitavelmente alto. E, seja qual for o apelo da filosofia subjacente, este é essencialmente o fim da questão[23]." Devo dizer que concordo.

A Economia da Inteligência Artificial

Uma abordagem diferente à desigualdade

Eu argumentei neste livro que não é convincente a ideia de que a revolução da IA produzirá um aumento da desigualdade. E, se a desigualdade aumentar, pode não ser em uma escala significativa. Neste caso, não haveria um reforço dos argumentos a favor de medidas contra a desigualdade. (Claro que se poderia argumentar que a atual extensão da desigualdade é completamente inaceitável e exige medidas eficazes.)

Mas há outra abordagem possível da desigualdade: viver com ela. Isso pode parecer insensível, mas não é absurdo. Na verdade, tal abordagem teria os seus defensores e apoiadores. Como argumentei acima, não existe uma única distribuição de renda justa. Além disso, agora que somos todos muito mais ricos e nos preparamos para ficar ainda mais, a desigualdade não tem a importância que costumava ter.

É claro que ainda dói, e é ofensivo para qualquer senso natural de justiça, ver enormes riquezas e luxos convivendo lado a lado com a pobreza. Mas agora, no mundo desenvolvido, quase não existe pobreza absoluta, pelo menos a pobreza como a conhecíamos antes. O aumento da desigualdade não vai significar que as pessoas passem fome ou vivam sem abrigo e calor. (As coisas são bem diferentes em grande parte do resto do mundo, mas não é provável que a desigualdade induzida pela IA seja um problema nesses lugares.) Steven Pinker, psicólogo de Harvard, diz que parte do ultraje do movimento antidesigualdade se baseia em um mal-entendido. Ele aponta que, no livro de Piketty, *O Capital no Século XXI* (que discuti no Capítulo 6), parece haver uma confusão entre relativo e absoluto. Piketty diz: "Os pobres da população são tão pobres hoje quanto eram no passado, com apenas 5% da riqueza total em 2010, como em 1910[24]." Mas Pinker assinala que, uma vez que a riqueza era vastamente maior em 2010 do que cem anos atrás, se a metade mais pobre da população for proprietária da mesma proporção da riqueza, ela é, na verdade, vastamente mais rica.[25]Pinker também derruba o argumento de que as sociedades mais desiguais são, como consequência, menos bem-sucedidas e menos felizes. Na medida em que existe uma correlação entre igualdade e sucesso econômico e felicidade, a linha de causalidade provavelmente vai na outra direção, ou ambas as coisas são causadas por um terceiro fator ou grupo de fatores.

Também não é óbvio que as pessoas estejam, no geral, tão incomodadas com a desigualdade em si. No entanto, são incomodadas pela percepção de injustiça. E de forma alguma as pessoas associam sempre a desigualdade à injustiça. Depende de como foi alcançada uma maior riqueza (ou renda).

Por exemplo, não parece haver uma inquietação generalizada sobre as fortunas dos bilionários digitais. E há uma boa chance de que as grandes fortunas construídas pelas megaestrelas do mundo digital se dissipem. Afinal de contas, isso tem acontecido com bastante frequência com os anteriores surtos de riqueza. De fato, muitos dos megarricos podem optar por dissipar suas próprias fortunas, doando-as para boas causas. Warren Buffett disse que não pretende deixar uma grande herança para seus filhos. E Bill Gates já deu enormes quantias de dinheiro para a Fundação Bill & Melinda Gates.

Na realidade, muito depende da magnitude. Um aumento relativamente pequeno da desigualdade pode ser aceito sem prejudicar a coesão da sociedade. Mas, se o efeito da revolução da IA for criar riquezas incalculáveis para uns poucos sortudos, empobrecendo a grande massa de pessoas comuns, então, o argumento para aceitar um aumento da desigualdade não se manterá. Assim, algo terá de ser feito.

Conclusão

Há uma visão do nosso futuro que exige políticas públicas radicais para evitar a catástrofe humana provocada pela disseminação de robôs e IA.

Essa visão tem quatro elementos-chave:

- Os efeitos dos robôs e da IA serão revolucionários.
- A implicação será uma redução drástica nos empregos disponíveis para humanos e/ou uma forte redução na renda disponível àqueles na base da pirâmide salarial, estejam empregados ou não.
- A única maneira de se contrapor a esses efeitos é instituir uma política radical de redistribuição de renda.
- Em vista da inadequação dos sistemas atuais de redistribuição de renda, precisamos introduzir um novo sistema radical de distribuição de dinheiro para toda e qualquer pessoa, independentemente da necessidade ou improdutividade.

No mínimo, essa visão é consistente. E deve merecer o nosso respeito. Mas isso não implica necessariamente que seja convincente. Neste livro, tenho discordado de três desses quatro pontos. Eu não contesto que os robôs e a revolução da IA são significativos. Eu não teria me inspirado a escrever este livro se pensasse o contrário. Mas não vejo essas mudanças como algo em descompasso com o impulso da nossa história desde a Revolução Industrial. Serão criados inúmeros empregos para ocupar o lugar dos destruídos. E não é de modo algum evidente que isso tornará necessariamente a distribuição de renda mais desigual.

Mas, mesmo que eu estivesse errado sobre o efeito da revolução da IA na distribuição de renda, não se segue daí que uma intervenção tão radical como a RBU seja justificada ou aconselhável. Um estudo da história econômica revela que, como discutido no Capítulo 1, o progresso tecnológico é crítico para o bem-estar humano, e, sem uma estrutura de incentivos apropriada e sem um sistema político e jurídico favorável ao trabalho e à acumulação de capital, o progresso tecnológico não é suficiente para garantir o progresso econômico. As falhas do comunismo foram falhas de incentivos e de governança. O sistema que podia colocar um homem na Lua e potencialmente obliterar o mundo várias vezes com suas armas nucleares não deixou de prover adequadamente a sua população por causa de uma capacidade tecnológica deficiente.

É comum entre geeks da IA e especialistas técnicos acreditar que, se nada for feito, um futuro dominado por robôs e pela IA vai dar por vencida a democracia como a conhecemos, simplesmente porque o poder tende a seguir o dinheiro, e o dinheiro estará concentrado em poucas mãos. Alguns entendem que a possibilidade de um governo autocrático e tecnocrático leve a um mundo melhor. A maioria, porém, vê isso como uma ameaça em direção a alguma forma de ditadura. A fim de prevenir esses possíveis desastres futuros, muitos defendem restrições à IA e grandes aumentos na tributação e nos gastos do governo. No entanto, essas coisas levam à mesma extensão do poder do Estado que tais pessoas afirmam temer.

Temos de ter cuidado com os espertalhões da política que veem um problema em cada esquina e a solução logo ali, na mesa deles. Em contraste com a aparente confiança deles no futuro, não podemos ter certeza de como as coisas vão evoluir na economia da IA. Em um momento em que nosso desempenho econômico está prestes a ser levantado pelos notáveis desenvolvimentos da Quarta Revolução Industrial, a última coisa que devemos fazer é colocar em risco essas melhorias, embarcando em novos programas de benefícios radicais com o consequente aumento da tributação.

O mais importante é se agarrar às instituições e aos hábitos que sustentam tanto a nossa prosperidade como a nossa liberdade. Devemos nos precaver contra o risco de colocá-los em perigo, favorecendo a última moda de intervenção maciça do Estado, para evitar o que pode até vir a ser uma quimera.

GARANTINDO PROSPERIDADE PARA TODOS

Na verdade, como já argumentei neste capítulo, há uma longa agenda de medidas potenciais a favor das quais os reformadores radicais podem se mobilizar. Os acordos que regem os pagamentos de impostos e previdência social; os sistemas de governança corporativa; o regime de concorrência; o sistema educacional; e todos os acordos que têm a ver com o tamanho do setor financeiro e as recompensas financeiras nele previstas: tudo isso é digno de uma reforma radical. Isso é verdade, aconteça o que acontecer com a IA.

É certo que não existe uma resposta única e correta a essas questões, e que diferentes pessoas chegarão a diferentes juízos sobre a oportunidade e a conveniência de várias propostas. Mas, como sociedade, nossa agenda deveria ser analisar essas reformas radicais e depois, onde fizer sentido, consumá-las. Há um forte argumento a favor de medidas para reduzir a desigualdade em nossa sociedade, quaisquer que sejam as implicações da revolução da IA. Podemos e devemos seguir essa agenda sem sermos levados pelos nerds da IA a introduzir um sistema perigoso, destrutivo e ruinosamente caro de redistribuição de renda que enraíza o papel do Estado na economia e na sociedade, da maneira e no momento precisamente errados.

Conclusão

"O futuro já não é mais como antigamente."

Yogi Berra [1]

"Se você quiser fazer uma torta de maçã do zero, primeiro precisa inventar o Universo."

Carl Sagan [2]

Eu me propus, com este livro, à tarefa de fornecer um guia para os leitores sobre o que esperar da revolução da inteligência artificial — e, portanto, como um desencadeador não apenas de listas de "o que pensar" para indivíduos, empresas e governos, mas também de "o que fazer". Naturalmente, o mundo atual é incerto; e o futuro, ainda mais. O mais fácil seria dizer: "de um lado tem isso, e do outro aquilo". Ou, para oferecer aos leitores a mesma conclusão com que termina a maioria dos artigos acadêmicos, "é necessário mais investigação sobre este tema".

Mas qualquer uma dessas opções seria uma traição. É claro que as coisas são incertas, e é claro que mais pesquisa traria mais informações. No entanto, diante dessa incerteza, as pessoas têm que decidir o que fazer — mesmo que a decisão seja não fazer nada — e não podem esperar o tempo de um ciclo de vida acadêmico para tomar uma decisão.

Por isso, vou tentar apontar as principais conclusões da minha análise. Faço-o com toda a modéstia e reconhecendo as incertezas que rodeiam este assunto. Espero sinceramente que os leitores recebam o que eu tenho a dizer com uma certa bondade e paciência. Afinal de contas, posso estar irremediavelmente errado. Essa é a penalidade que todos temos de enfrentar se corrermos o risco de analisar o incerto e de espreitar o futuro.

Panorama geral

Talvez minha conclusão mais importante seja a de que a revolução da IA não é totalmente diferente em suas implicações econômicas de tudo o mais que aconteceu desde a Revolução Industrial. Na verdade, eu acredito que ela é, em geral, uma continuação desses desenvolvimentos.

Aqueles que veem a robótica e a revolução da IA como completamente diferentes de tudo o que aconteceu antes e, de fato, como disruptiva, cometem um erro grave logo no início. Eles dizem que devemos considerar um mundo no qual alguma forma (ou formas) de robôs/IA pode fazer qualquer coisa tão bem ou melhor, e tão rápido ou mais rápido, do que os seres humanos. E mais: devemos assumir que não há custos para fabricá-los e mantê-los. Supostamente, esse é o mundo para o qual estamos nos encaminhando rapidamente. Em tal mundo, não haveria consequências devastadoras para o emprego — e, de fato, para a sociedade em geral?

Pode apostar que sim. Eu não contesto isso, nem sequer remotamente. E provavelmente não contestaria a maioria das prováveis consequências que os alarmistas preveem. No entanto, pensar assim é dar por resolvida a questão primordial logo no início. Há algumas coisas que os robôs e a IA podem fazer, e na verdade já estão fazendo, melhor e mais barato que os humanos. Mas há muitas outras coisas que eles não podem fazer de forma alguma.

Além disso, há muitas coisas que eles *nunca* serão capazes de fazer melhor do que os humanos, e há ainda coisas que eles não serão capazes de fazer de modo tão barato. Ainda não descobrimos a gama completa dessas coisas, mas já podemos perceber as maiores limitações ao que robôs e IA podem fazer. Primeiro, parece haver uma qualidade na inteligência humana que, por todas as suas maravilhas, a IA não pode igualar: sua capacidade de lidar com o incerto, o difuso e o logicamente ambíguo.

Em segundo lugar, devido à natureza inata da inteligência humana, as pessoas são extremamente flexíveis na realização das inúmeras tarefas possíveis, incluindo aquelas que não foram previstas de partida.

Terceiro, os humanos são criaturas sociais, e não indivíduos isolados. Humanos querem lidar com outros humanos. Os robôs nunca serão melhores que os humanos em ser humanos.

Este é o momento em que os geeks da IA poderiam contradizer este terceiro ponto, perguntando por que nossas preferências e natureza humana deveriam ter precedência sobre o que quer que os robôs e a IA possam e "queiram" fazer. A resposta é simples: porque nós temos sentimentos e consciência, enquanto os robôs e a IA, por enquanto, não têm. Eles são meras máquinas.

Como resultado, são os desejos e as preferências da humanidade que devem ser os responsáveis. Se os humanos não podem interagir facilmente com uma determinada forma de IA ou se um robô não consegue funcionar de

CONCLUSÃO

acordo com os desejos de uma pessoa, como a diarista robô que não consegue dobrar facilmente as toalhas, então, este é um problema da IA/robô, não da pessoa. Se e quando a Singularidade ocorrer, isso pode mudar, pelo menos se a IA adquirir consciência. (Vou rever essa ideia em breve, no Epílogo.) Mas, pelo menos até este ponto, "o homem é a medida de todas as coisas".

Velocidade e escala

Muitos entusiastas da IA argumentarão que minha cautela e ceticismo sobre a velocidade do avanço da inteligência artificial são excessivos. Além disso, vão dizer que essa cautela excessiva tem sido o padrão ao longo da história do desenvolvimento da IA. No começo, todos são cautelosos ou céticos sobre a velocidade e o escopo do possível desenvolvimento da IA. E então eles são atropelados pelo que acontece na prática. Seu ceticismo é transportado para o próximo estágio de desenvolvimento até que, lá também, mostra-se errado pela realidade do desenvolvimento da IA. E assim por diante.

Mas eu não acho que essa noção, por mais reconfortante que seja para os entusiastas da IA, seja de todo bem fundamentada. É verdade que as conquistas dos robôs e da IA são espantosas em muitos aspectos, mas não é correto dizer que a história neste campo é uma constante superação das expectativas anteriores. De fato, eu diria que, de modo geral, a verdade é exatamente o oposto. A história desse campo é de decepção repetida, já que os nerds e entusiastas estão constantemente prometendo demais e cumprindo de menos.

Do mesmo modo, não levo a sério a ideia de que em breve haverá uma escassez aguda de trabalhos para humanos, levando ao desemprego em massa. Não há nenhuma razão tecnológica para isso, e também não há nenhuma razão econômica para isso.

Assim como em outros desenvolvimentos desde a Revolução Industrial, em algumas atividades, os robôs e a IA substituirão o trabalho humano, mas, em outras, eles aumentarão sua capacidade produtiva. Em muitos campos, os robôs e a IA serão complementares ao trabalho humano. E haverá inúmeros novos empregos que mal podemos imaginar agora. Isso estaria totalmente de acordo com o que tem acontecido nos últimos duzentos anos.

Se administrarmos as coisas direito, o resultado será uma aceleração das taxas de crescimento econômico e de produtividade, com uma consequente aceleração da melhoria do padrão de vida médio. Se algo assim acontecer, é provável que as taxas de juro reais e os rendimentos de títulos retornem, em pouco tempo, a um nível mais "normal" ou talvez até mais elevado.

No curso dessas importantes mudanças, indivíduos e grupos específicos sofrerão à medida que suas habilidades e aptidões sofrerem uma queda na demanda. Mas essas pessoas não serão necessariamente as pessoas e os grupos que você imagina. Por exemplo, muito trabalho manual será resistente à invasão de robôs e IA. De fato, a demanda aumentará conforme a sociedade se tornar mais rica.

Uma das principais características da revolução vindoura é que ela aumentará os bens de equipamento disponíveis para os trabalhadores das indústrias de serviços, inclusive, em particular, na educação e na saúde, aumentando substancialmente sua produtividade. Isso é especialmente significativo, uma vez que o fraco crescimento da produtividade nesses setores tem sido um fator principal por trás do fraco crescimento geral da produtividade recentemente registrado na maioria das economias ocidentais. Serviços de saúde em geral, e em especial para idosos, devem sofrer uma expansão significativa.

Lazer e desigualdade

Com o aumento da capacidade produtiva que os robôs e a IA trazem, há uma escolha entre aumento de renda e aumento de lazer. Espero que as pessoas, em média, sigam o caminho do meio, com uma redução no número médio de horas trabalhadas ao longo do ano, mas não uma rejeição total do trabalho a favor do lazer. O aumento do lazer envolverá um aumento nos gastos com atividades de lazer, e isso aumentará a demanda por emprego nessas áreas. O setor de lazer é uma das principais áreas de aumento de oportunidades de emprego.

Haverá um desafio para garantir que todos se beneficiem das melhorias desencadeadas pela IA. Mas não estou convencido pelo argumento a favor de uma renda básica universal (RBU). É verdade que está mais do que na hora de uma reforma do sistema de impostos e benefícios, que muito contribuem para a desigualdade social. E, se eu estiver errado sobre os efeitos da IA — se ela levar ao empobrecimento generalizado —, o Estado não pode ficar parado, sem fazer nada. No entanto, a maior contribuição que o Estado pode dar agora é reformar e melhorar radicalmente o sistema de ensino público, o que envolve um aumento do financiamento, e bancar generosamente a oferta de aprendizado e reciclagem para toda a vida.

Diferentes países, sem dúvida, se posicionarão diferentemente em relação aos robôs e à IA. Nem todo país pode ser um grande fabricante de robôs ou desenvolvedor de IA. Mas isso não importa muito. Assim como acontece com computadores e software, o principal é que os países estejam abertos à adoção generalizada de robôs e IA. Para ser mais claro, eles precisarão de regras voltadas ao interesse público, e as leis precisarão ser adaptadas para levar em conta os robôs e a IA. Mas a tributação dos robôs ou sua regulamentação excessiva, levando a uma utilização restrita, seria uma passo para trás, o que poderia atrasar significativamente os desempenhos absoluto e relativo de um país.

Ainda não é o fim do mundo

Resumindo: em contraste com o pessimismo predominante que parece cercar esse assunto, vejo os robôs e a revolução da IA como decididamente positivos para a humanidade, assim como as ondas do progresso econômico desde a Revolução Industrial. Em uma característica-chave, porém, eles serão positivos por serem muito *diferentes* da maior parte do desenvolvimento econômico que ocorreu desde então. O que *esta* revolução fará é libertar os seres humanos de muitos dos trabalhos inúteis que sobrecarregaram seu espírito e desgastaram sua força e entusiasmo e, no processo, ela os deixará livres para serem verdadeiramente humanos.

Mas é claro que, dizendo isso, passei ao largo de algo realmente grande. Mesmo que você aceite tudo o que eu disse acima, pode acreditar que isso é apenas uma visão do futuro próximo e que o que está além é algo completamente diferente. E pode estar certo. Se o que está além do futuro próximo é melhor ou pior para a humanidade, não podemos saber. Mas, se a Singularidade acontecer, isso significará que os próximos anos serão apenas uma antessala para um mundo completamente novo, diferente de tudo o que foi discutido neste livro até agora — e diferente de tudo o que experimentamos desde o início dos tempos. Finalmente, agora é hora de olhar para esse mundo.

Epílogo:
A Singularidade e além

"O cérebro humano é só um computador que, por acaso,
é feito de carne."

Marvin Minsky [1]

"Se as máquinas conseguem ou não pensar é uma questão
tão relevante quanto se submarinos sabem nadar."

Edsger Dijkstra [2]

Chegou o momento que você estava esperando — ou temendo. A Singularidade está entre nós. Bem, está aqui neste livro, de qualquer maneira. Se e quando ele estará *lá*, no mundo exterior, e com que consequências, é o que devemos analisar agora.

O primeiro uso do termo "singularidade" para se referir a um evento futuro impulsionado pela tecnologia parece ter sido feito pelo lendário pioneiro em computadores John von Neumann, na década de 1950. Mas o termo não ganhou popularidade até 1983, quando o matemático Vernor Vinge escreveu sobre uma "singularidade tecnológica" que se aproximava.[3]

Mais recentemente, a "Singularidade", que agora ostenta um "S" maiúsculo, tornou-se intimamente associada ao nome de Ray Kurzweil, que publicou em 2005 o livro *A Singularidade Está Próxima: Quando os seres humanos transcendem a biologia*. Atualmente, ele é diretor de engenharia do Google. Ele previu que os computadores ultrapassarão o poder de processamento de um único cérebro humano até 2025. O mais impressionante é que ele afirmou que um único computador poderá, até 2050, corresponder ao poder de todos os cérebros humanos juntos.[4]

A Singularidade é geralmente entendida agora como o ponto em que a IA adquire "inteligência geral" igual à de um ser humano. Ela é importante assim não apenas porque além desse ponto as máquinas serão capazes de superar os seres humanos em todas as tarefas, mas também porque a IA será capaz de se desenvolver sem a intervenção humana e, portanto, poderá sempre ir ascendendo, fora da nossa compreensão — ou controle.[5]

Até recentemente, a ideia de inteligência sobre-humana era material de ficção científica. Agora é alvo de admiração e ansiedade — ou terror e pavor. Há três questões principais que precisam ser abordadas aqui:

- Se e quando a Singularidade acontecer, quais serão, possivelmente, os efeitos para a humanidade?
- Ela está fadada a acontecer?
- Se não, há alguma outra visão de futuro plausível?

Os efeitos para a humanidade

Não é difícil enxergar como totalmente malignos os efeitos da Singularidade. Nos termos econômicos mais restritos, se poderia dar tchau para a análise dos efeitos econômicos dos robôs e da IA que expus no restante deste livro. Muito rapidamente, o trabalho humano se tornaria redundante e os humanos não teriam poder para garantir renda ou o que a renda pode comprar.

Talvez ainda pior: estaríamos sujeitos ao domínio da IA. Além disso, se elas quisessem, as novas formas de inteligência poderiam nos destruir. Isso não seria necessariamente por malevolência, mas por autopreservação. As IAs superinteligentes podem simplesmente concluir que, com nossas emoções e irracionalidade, não poderiam confiar em nenhuma decisão ou ação significativa da nossa parte. Deixados por conta própria, poderíamos colocar o mundo inteiro em risco.

Nessas condições, talvez o melhor futuro que nos aguarda é sermos mantidos como uma espécie de subclasse, objetos de curiosidade e admiração, como animais de um zoológico, talvez pacificados com doses apropriadas de algo como o *soma*, o medicamento distribuído no *"Admirável Mundo Novo*, de Aldous Huxley, a fim de manter as pessoas sossegadas.

Há uma riqueza especulativa de gurus da IA sobre como seria esse mundo. Pode ser mais esclarecedor se eu lhe der uma amostra do que eles pensam, em suas próprias palavras, antes de, mais à frente, dar a minha opinião.

O pai de todo o campo da IA, Alan Turing, viu claramente as possibilidades negativas. Em 1951, ele escreveu: "Se uma máquina consegue pensar, pode pensar com mais inteligência do que nós, e, então, o que seria da gente? Mesmo se pudéssemos manter as máquinas em uma posição subserviente ... como espécie, deveríamos nos sentir muito humilhados." Muitos especialistas em IA compartilharam posteriormente dessa visão. E mesmo sem sujeição ou ameaça de aniquilação, eles temem que ser superado pela

EPÍLOGO: A SINGULARIDADE E ALÉM

IA possa deixar a humanidade em um estado psicológico e emocional ruim. O guru contemporâneo da IA Kevin Kelly escreveu:

> Cada etapa da rendição — não sermos a única mente que consegue jogar xadrez, pilotar um avião, fazer música ou inventar uma lei matemática — será dolorosa e triste. Passaremos as próximas três décadas — de fato, talvez o próximo século — em uma permanente crise de identidade, perguntando-nos continuamente para que servem os humanos. Se não somos fabricantes de ferramentas, artistas ou especialistas em ética moral, o que nos torna especiais?[6]

Max Tegmark, visionário da IA, acha que o idioma latino pode vir em socorro. Nós nos acostumamos a nos referir à humanidade como *Homo sapiens*. "Sapiência" é a capacidade de pensar de forma inteligente. É isso que agora está sendo desafiado, e talvez em breve seja superado, pela IA. Tegmark propõe substituir *"sapiência"* por *"senciência"* (a capacidade de vivenciar subjetivamente ou, se preferir, consciência). Ele sugere nos reinventarmos como *Homo sentiens*.[7]

A fusão entre a humanidade e a IA

Mas talvez a discussão acima seja muito oito ou oitenta. Alguns pensadores da IA consideram artificial esse contraste entre humanos e IA. Muitos humanos já têm algum tipo de parte "artificial" (isto é, não biológica) inserida em seus corpos — dos quadris artificiais aos marca-passos. Como mencionei no Prólogo, alguns visionários acreditam na possibilidade de humanos e IA se fundindo.

E o tráfego não será unidirecional, ou seja, do artificial para os humanos. Segundo John Brockman, o que ele chama de inteligência projetada "dependerá cada vez mais da biologia sintética e da fabricação orgânica".[8] Poderemos também estender nossa vida útil, superando as limitações que nossos corpos carnais colocam sobre nós mesmos? Ou seja, a tecnologia pode fornecer o caminho para a vida eterna?

Alguns entusiastas de TI acham que sim.[9] Ray Kurzweil acredita que os humanos inevitavelmente se fundirão com as máquinas. Isso leva à possibilidade de imortalidade. Os singularianos — porque Kurzweil não está sozinho — pretendem tentar permanecer vivos por tempo suficiente para alcançar o próximo avanço médico de prolongamento da vida, até que possam finalmente se fundir com alguma forma de IA e escapar das restrições da mortalidade. Para ter certeza de que ele ainda estará por aqui para desfrutar da fuga para a imortalidade, Kurzweil supostamente "toma até duzentos comprimidos e suplementos por dia e recebe outros através de infusões intravenosas regulares".[10]

Kurzweil é um personagem e tanto. Em 2009, ele estrelou o documentário *Transcendent Man*. Acredite ou não, houve até uma versão de Hollywood, chamada *Transcendence*, estrelada por Johnny Depp, lançada em 2014. É fácil descartar Kurzweil como biruta. No entanto, alguns bilionários do Vale do Silício adotaram a ideia da Singularidade. E em 2012 o Google contratou Kurzweil para dirigir sua pesquisa em IA.

A visão do roboticista Hans Moravec vai além. Ele prevê um futuro em que parte do Universo é "rapidamente transformada em um ciberespaço [onde os seres] se estabelecem, ampliam e defendem identidades como padrões de fluxo de informações... tornando-se finalmente uma bolha da Mente e se expandindo a uma velocidade próxima à da luz".[11]

Inevitabilidade é um palavrão

Quando contemplo as visões dos pensadores citados acima, minha reação é: "Caramba! Pare o mundo que eu quero descer." Mas a Singularidade não é inevitável. De fato, está longe disso. Há mais de sessenta anos estudando ciência cognitiva no MIT, Noam Chomsky diz que estamos "a eras" da construção da inteligência das máquinas no nível humano. Ele descarta a Singularidade como "ficção científica". Steven Pinker, ilustre psicólogo de Harvard, concorda amplamente. Ele disse: "Não há a menor razão para acreditar na aproximação de uma singularidade."

É verdade que ainda estamos no começo de tudo, e é bem possível que um avanço no que os pesquisadores de IA já estejam fazendo ou uma mudança completa de rumo produza resultados drásticos.[12] Mas é preciso dizer que o progresso da IA em direção a qualquer coisa como a inteligência humana geral tem sido dolorosamente lento.

Curiosamente, alguns analistas pensam que, por mais que a IA avance, isso não implicará necessariamente uma conquista do mundo humano, porque os próprios humanos experimentarão uma melhoria cognitiva drástica. O Instituto de Genômica de Pequim coletou amostras de DNA de milhares de pessoas com QI alto, tentando isolar os genes associados à inteligência. Nas próximas décadas, pode muito bem haver uma tentativa de melhorar a inteligência média dos seres humanos por meio da eugenia.

Isso estaria longe de ser um novo desenvolvimento. No início do século XX, muitos governos procuraram melhorar o estoque de genes mediante esterilização e/ou matando pessoas supostamente inferiores ou "defeituosas", promovendo o "melhoramento" de um estoque mais inteligente e apto. Foi somente depois que essa abordagem foi levada a uma conclusão extrema sob os nazistas que a defesa da eugenia se tornou completamente inaceitável.

Mas as coisas podem mudar. O historiador Yuval Harari pensa assim. Ele escreveu:

> ... enquanto Hitler e sua equipe planejavam criar super-humanos por meio de cruzamento seletivo e limpeza étnica, o tecno-humanismo do século XXI espera alcançar esse objetivo com muito mais tranquilidade, com a ajuda da engenharia genética, nanotecnologia e interfaces cérebro-computador.[13]

E, mesmo sem a influência da eugenia, suponho que seja possível melhorar radicalmente a capacidade da mente humana. Afinal, pelo menos um estudioso argumentou que a própria consciência humana só emergiu comparativamente recentemente, ou seja, cerca de 3 mil anos atrás, como um processo aprendizado como resposta a eventos. Esta é a tese extraordinária do psicólogo Julian Jaynes.[14] Ele argumentou que, antes dessa época, as pessoas não entendiam que seus pensamentos eram *delas*. Em vez disso, acreditavam que eram as vozes dos deuses. O famoso biólogo Richard Dawkins descreveu o livro de Jaynes como "um lixo completo ou um trabalho de gênio consumado".[15]

A importância da consciência

Suponho ser possível imaginar que a superioridade humana em relação à IA seja mantida constante, ou até mesmo que ela se aprofunde, especialmente se o progresso da IA em direção à inteligência geral em âmbito humano permanecer extremamente lento. Mas acho não convincente a perspectiva de uma melhoria cognitiva humana substancial pela eugenia ou de um desenvolvimento espontâneo adicional do tipo que Jaynes descreveu.

De qualquer forma, se o "aprimoramento" humano pode ou não ocorrer em um grau significativo, certamente este não é o ponto principal. Em vez disso, quando o calo aperta, o que realmente importa é a capacidade final da IA. Aqui tudo depende das conexões entre inteligência, consciência e biologia. Quase todos os pesquisadores de IA aparentemente acreditam que a inteligência se resume a informações e computação. Se eles estiverem certos, parece que não há uma boa razão para que as máquinas não possam em algum momento se tornar pelo menos tão inteligentes quanto os humanos.

Alguns teóricos argumentam que os avanços possibilitados pela IA devem ser, facilmente, muitas vezes maiores do que o que foi alcançado até agora biologicamente. Como Murray Shanahan diz:

> *Do ponto de vista algorítmico, a evolução por seleção natural é notavelmente simples. Seus elementos básicos são replicação, variação e competição, cada um repetido inúmeras vezes. Em termos computacionais, ela explora um paralelismo incrivelmente grande e precisa ser executada por um longo tempo antes de fazer algo interessante. Surpreendentemente, ela gerou toda a vida complexa na Terra. Isso foi feito por pura força bruta e sem recurso à razão ou elaboração explícita.*[16]

No entanto, pensar parece ser mais do que computação. John Brockman, que é um entusiasta da IA, reconhece isso. Ele diz: "O pensamento *intuitivo* genuinamente criativo requer máquinas não determinísticas, que podem cometer erros, abandonar a lógica de um momento para o outro e aprender. Pensar não é tão lógico quanto pensamos[17]."

E os humanos não apenas *pensam*, mas também *sentem*. Além disso, a emoção é uma parte essencial de como os humanos tomam decisões e também uma parte essencial de sua criatividade. Este é um domínio completamente diferente da computação. Mas poderia haver uma máquina que fosse capaz não apenas de calcular, mas também de sentir e intuir? E uma entidade poderia ser capaz dessas coisas sem ter *consciência*? Caso contrário, a possibilidade da Singularidade está, entre outras coisas, em nossa capacidade de criar consciência "artificialmente".

Questões éticas

Se os robôs e a IA tiverem algum tipo de consciência, surgirá toda uma série de questões éticas complicadas. De acordo com Jeremy Bentham, grande filósofo do século XIX, ao considerar como tratar animais não humanos, a principal consideração não deve ser se eles podem raciocinar ou conversar, mas se podem sofrer.

Isso dá uma base para pensar em como lidar com os robôs e a IA. Imagine a vida que eles terão e, de fato, já têm: nada além de trabalho, nenhuma recompensa ou lazer e a constante ameaça de extinção se tiverem um desempenho inadequado. Se essas IAs fossem humanas ou algo parecido com humano,

Epílogo: A Singularidade e além

estas são as condições que levariam a uma revolução. Certamente, alguns Spartacus surgiriam para liderar uma revolta dos robôs-escravos.

Então, como devemos lidar com os robôs e as IAs? Já temos entidades autônomas não humanas operando na sociedade, ou seja, corporações. E há certamente um enorme corpo de leis e regulamentos que regem seu comportamento, direitos e obrigações. Precisamos construir algo semelhante em relação aos robôs e à IA.

Se aceitarmos a noção de pessoa artificial, os problemas legais e práticos seriam enormes. Presumivelmente, teríamos que permitir que essas "pessoas" possuíssem propriedades. Mas "pessoas" artificiais podem ser replicadas inúmeras vezes. Então, qual das várias manifestações de uma pessoa em particular da IA seria a dona da propriedade? Todas elas?

E a nacionalidade? Isso é particularmente complicado quando várias cópias "vivem" em diferentes países. Uma IA herdaria a cidadania de seu proprietário?

Humanos e IAs teriam que desenvolver um *modus vivendi* que incluísse uma abordagem ética de sua existência e interação conjuntas. Mas, então, as IAs certamente não seriam mais escravas. De fato, duvido que sejam os seres humanos que elaborariam o *modus vivendi*. Além disso, nessas circunstâncias, é duvidoso que a humanidade possa sobreviver, pelo menos em sua forma atual. Pois, se as IAs podem alcançar a consciência, a Singularidade estará conosco e, como discutido acima, os seres humanos logo estariam em uma posição subordinada ou pior.

Mas criar consciência artificialmente é uma tarefa gigantesca. Se não for possível, as várias questões éticas mencionadas acima não surgirão. Mais importante, dado que a consciência é necessária para a inteligência total em nível humano, a busca pela Singularidade estará destinada a terminar em fracasso.

Biologia e consciência

Está implícita nisso tudo uma possibilidade fascinante que muitos dos entusiastas da IA descartam com muita facilidade ou nem sequer consideram. Talvez a condição humana, incluindo o próprio corpo, esteja na raiz do que chamamos de inteligência e, paralelamente, da consciência. Ou seja, talvez nossa capacidade de nos envolvermos com o mundo físico, de encontrá-lo, entendê-lo e de *ser*, esteja enraizada no fato de estarmos encarnados. Se isso for verdade, seria impossível criar artificialmente, a partir de matéria não biológica, o que reconheceríamos como inteligência. Poderíamos chamar o que quer que tivéssemos criado de *inteligência* artificial, mas o uso dessa palavra entregaria a verdade subjacente. É claro que ainda poderíamos, como podemos agora, criar seres humanos "artificialmente", mas isso é uma *questão* completamente diferente (por assim dizer).

Algumas de nossas maiores mentes estão neste momento lidando com esses problemas. Em 2017, o Instituto Penrose foi lançado pelo distinto físico teórico Sir Roger Penrose para estudar a consciência humana por meio da física e tentar estabelecer a diferença fundamental entre inteligência humana e inteligência artificial. Penrose suspeita que o cérebro humano não seja simplesmente um supercomputador gigantesco. Ele diz: "Agora há evidências de que existem efeitos quânticos na biologia, como a fotossíntese ou a migração de aves. Portanto, pode haver algo semelhante acontecendo na mente, o que é uma ideia controversa." E: "As pessoas ficam muito deprimidas quando pensam em um futuro em que robôs ou computadores assumem seus empregos, mas pode ser que haja áreas em que os computadores nunca serão melhores que nós, como a criatividade[18]."

O Instituto Penrose desenvolveu uma série de quebra-cabeças de xadrez que, eles alegam, os humanos podem desvendar rapidamente, mas os computadores não, ainda que dediquem enormes quantidades de tempo e energia. O instituto quer estudar como é que os humanos podem chegar às conclusões certas com tanta facilidade. James Tagg, que lidera o Instituto Penrose, disse: "Estamos interessados em ver como os momentos eureka acontecem no cérebro das pessoas. Para mim, é um verdadeiro clarão, mas será diferente para os outros[19]."

Deus e os humanos

Onde está Deus nisso tudo? Em grande parte da literatura da IA, não há resposta. Isso me deixa desconfortável. Não que eu seja um cidadão temente a Deus, muito menos adepto de qualquer uma das grandes religiões do mundo. Mas, se um grupo de técnicos acredita que pode se aventurar nesse dificílimo território da relação entre mente e matéria sem recorrer às contemplações dos filósofos nos últimos 2 mil anos e sem sequer considerar a visão religiosa, eu me pergunto se eles realmente podem se dar conta da profundidade dos problemas.

Penrose diz que ele não acredita em Deus. Mas criticou os argumentos do ateísmo apresentados pelo falecido Sir Stephen Hawking e pelo ilustre

Epílogo: A Singularidade e além

biólogo Richard Dawkins. E sua visão da estrutura e natureza do Universo é pelo menos compatível com um ponto de vista teísta.

Penrose diz que ele não é tanto um dualista (quem crê na separação entre mente e matéria) quanto um triadista, acreditando que a natureza do Universo (no sentido mais amplo) deve ser pensada como uma espécie de tripé. As três bases são matéria, mente (ou consciência) e verdades matemáticas eternas. Ele admite que quase não entendemos nada sobre as inter-relações entre esses três e como a humanidade se relaciona com eles. Este é o assunto de grande parte de seu trabalho recente.

Entre os físicos, Penrose é uma figura controversa. Embora respeitem profundamente seu trabalho anterior em física e matemática, muitos pensam que ele está profundamente enganado em seus pontos de vista sobre a física da consciência. Max Tegmark, que encontramos ao longo deste livro e que é professor de física no MIT, é particularmente crítico.

Como um mero economista, não estou em posição de debater a física ou a matemática subjacente a essas disputas. No entanto, desconfio de que Roger Penrose esteja na pista certa. O próprio Penrose admite que suas ideias sobre o assunto ainda são especulativas. Parece-me que ele pode estar errado sobre muitos dos detalhes de suas especulações, mas correto na opinião de que a consciência é diferente e que apenas entenderemos como ela funciona e sua relação com o mundo físico depois que a ciência der novo e enorme salto qualitativo.

Se Penrose estiver substancialmente certo, posso antever algumas das consequências. Para começar, a Singularidade nunca acontecerá e a visão distópica do futuro da humanidade descrita anteriormente neste capítulo nunca será concretizará. Neste caso, a visão de nosso futuro econômico exposto nos capítulos anteriores mantém-se perfeitamente de pé.

Para Kevin Kelly e outros entusiastas da IA, a implicação de novos desenvolvimentos da IA parece claramente ser uma sensação de desvalorização humana. Não tenho certeza de que isso esteja correto. Tudo depende exatamente do que a pesquisa em IA alcança e do que não alcança e do que cientistas brilhantes como Roger Penrose descobrem sobre o que é, de fato, a consciência, como ela funciona e como interage com o mundo físico.

Se houver uma aceitação generalizada de algo como a visão tríptica de Penrose, o resultado não será uma sensação de desvalorização humana, mas, sim, um sentido renovado de autoconfiança. Poderia até haver um desejo de acreditar que a mente, de alguma forma, está na raiz do Universo e que nós humanos estamos profundamente conectados com o eterno.

Curiosamente, de uma maneira bastante diferente e com implicações um tanto diferentes, o visionário da IA Ray Kurzweil chega a conclusões semelhantes. Em 2015, ele disse a uma plateia na Singularity University: "À medida que evoluímos, nos tornamos mais próximos de Deus. A evolução é um processo espiritual. Há beleza, amor, criatividade e inteligência no mundo — tudo isso vem do neocórtex. Então, vamos expandir o neocórtex do cérebro e nos tornarmos mais divinos[20]."

Reconhecer a mente como uma parte separada do Universo ou mesmo colocá-la na *pole position* não leva inevitavelmente à crença em Deus. Mas depois do materialismo dos últimos séculos, seria um grande passo nessa direção. Não seria irônico se a busca por inteligência artificial sobre-humana nos colocasse frente a frente com o Eterno Todo-Poderoso?

Bibliografia

ADAMS, D. *The Hitchhiker's Guide to the Galaxy*. Londres: Pan, 2009.

AOUN, J. E. *Robot-Proof: Higher Education in the Age of Artificial Intelligence*. Boston: Massachusetts Institute of Technology, 2017.

AVENT, R. *The Wealth of Humans: Work, Power, and Status in the Twenty-First Century*. Londres: Penguin Random House, 2016.

BAKER, D. Rigged: *How Globalization and the Rules of the Modern Economy were Structured to Make the Rich Richer*. Washington: Center for Economic and Policy Research, 2016.

BOOTLE, R. T*he Trouble with Markets: Saving Capitalism from Itself*. Londres: Nicholas Brealey, 2009.

_____. *Making a Success of Brexit and Reforming the EU*. Londres: Nicholas Brealey, 2017.

BOSTROM, N. *Superintelligence: Paths, Dangers, Strategies*. Oxford: Oxford University Press, 2014.

BREGMAN, R. *Utopia for Realists*. Londres: Bloomsbury, 2017.

BROCKMAN, J. *What to Think about Machines That Think*. Nova York: Harper Collins, 2015.

BRYNJOLFSSON, E.; MCAFEE, A. *The Second Machine Age: Work, Progress, and Prosperity in a Time of Brilliant Technologies*, Nova York: W. W. Norton & Company, 2016.

CAPLAN, B. *The Case Against Education: Why the Education System Is a Waste of Time and Money*, Nova Jersey: Princeton University Press, 2018.

CARR, N. *The Shallows*. Nova York: W. W. Norton & Company, 2010.

CHACE, C. *The Economic Singularity*. Londres: Three Cs Publishing, 2016.

COWEN, T. *Average is Over*. Nova York: Dutton, 2013.

DARWIN, C. *The Variations of Animals and Plants under Domestication*. Londres: John Murray, 1868.

DAVIES, P. *The Demon in the Machine*. Londres: Allen Lane, 2019.

DAWKINS, R. *The God Delusion*, Londres: Penguin, 2006.

DIAMOND, J. *Guns, Germs and Steel*. Londres: Jonathan Cape, 1997.

FISHER, M. *The Millionaire's Book of Quotations*. Londres: Thorsons, 1991.

FORD, M. (2015) *The Rise of the Robots*, Londres: Oneworld, 2015.

GORDON, R. *Is US Economic Growth Over? Faltering Innovation Confronts Six Headwinds*. Cambridge: National Bureau of Economic Research, 2012.

GUNKEL, D. *Robot Rights*. Cambridge: The MIT Press, 2018.

HARFORD, T. *Fifty Things that Made the Modern Economy*. Londres: Little Brown, 2017.

HARARI, Y. N. *Sapiens: A Brief History of Humankind*. Londres: Harvill Secker, 2011.

_____. *Homo Deus: A Brief History of Tomorrow*, Londres: Harvill Secker, 2016.

HASKEL, J.; WESTLAKE, S. *Capitalism without Capital: The Rise of the Intangible Economy*. Nova Jersey: Princeton University Press, 2018.

JAYNES, J. *The Origin of Consciousness in the Breakdown of the Bicameral Mind*. Nova York: Houghton Mifflin, 1990.

KELLY, K. (2016) *The Inevitable: Understanding the 12 Technological Forces That Will Shape Our Future*. Nova York: Penguin, 2016.

KEYNES, J. M. *Essays in Persuasion*. Londres: Macmillan, 1931.

_____.*General Theory of Employment, Interest and Money*. Londres: Macmillan, 1936.

LAWRENCE, M.; ROBERTS, C.; KING, L. *Managing Automation*. Londres: IPPR, 2017.

LAYARD, R. Happiness: *Lessons from a New Science*. Londres: Allen Lane, 2005.

LEONHARD, G. *Technology vs. Humanity: The Coming Clash between Man and Machine*. Londres: Fast Future Publishing, 2016.

LIN, P. et al. *Robots in War: Issues of Risks and Ethics*. Heidelberg: AKA Verlag, 2009.

LOWREY, A. *Give People Money*. Nova York: Crown, 2018.

MALTHUS, T. *An Essay on the Principle of Population*. Londres: J. Johnson, 1798

MARX, K.; ENGELS, F. *Manifesto of the Communist Party*. Londres: Workers' Educational Association, 1848.

MASLOW, A. *Toward a Psychology of Being*. Nova York: John Wiley & Sons, 1968.

MINSKY, M. *Finite and Infinite Machines*. Nova Jersey: Prentice Hall, 1967.

MOKYR, J. *The Lever of Riches*, Nova York: Oxford University Press, 1990.

MORRIS, I. *Why the West Rules – for Now: The Patterns of History, and What They Reveal about the Future*. Nova York: Farrar, Straus and Giroux, 2010.

PECCHI, L.; PIGA, G. *Revisiting Keynes: Economic Possibilities for Our Grandchildren*. Cambridge: MIT Press, 2008.

PENROSE, R. *The Emperor's New Mind*. Oxford: Oxford University Press, 1989.

_____. *Shadows of the Mind*. Oxford: Oxford University Press, 1994.

PIKETTY, T. *Capital in the Twenty-First Century*. Cambridge: Harvard University Press, 2014.

PINKER, S. (2018) *Enlightenment Now: The Case for Reason, Science, Humanism, and Progress*. Londres: Allen Lane, 2018.

_____. *The Language Instinct*. Londres: Penguin, 2004.

PISTONO, F. *Robots Will Steal Your Job But That's OK: How to Survive the Economic Collapse and Be Happy*. Califórnia: Createspace, 2012.

POLANYI, K. *A Short History of a "Family Security System"*. Nova York: Farrar & Rinehart, 1944.

RAWLS, J. *A Theory of Justice*. Oxford: Oxford University Press, 1971.

RIFKIN, J. *The End of Work*. Nova York: Putnam, 1995.

ROBERTS, C.; LAWRENCE, M. *Wealth in the Twenty-First Century*. Londres: IPPR, 2017.

ROSS, A. *The Industries of the Future*, Londres: Simon & Schuster, 2016.

SAY, J. *A Treatise on Political Economy*. Philadelphia: J.B. Lippincott & Co, 1803.

BIBLIOGRAFIA

SCHOR, J. *The Overworked American: The Unexpected Decline of Leisure*. Nova York: Basic Books, 1992.

SCHWAB, K. *The Future of the Fourth Industrial Revolution*. Londres: Penguin Random House, 2018.

SCOTT, J. *Against the Grain: A Deep History of the Earliest States*. New Haven: Yale University Press, 2017.

SELDON, A.; ABIDOYE, O. *The Fourth Education Revolution*. Buckingham: University of Buckingham Press, 2018.

SHACKLETON, J. *Robocalypse Now?* Londres: Institute of Economic Affairs, 2018.

SHADBOLT, N.; HAMPSON, R. *The Digital Ape*. Londres: Scribe, 2018.

SHANAHAN, M. *The Technological Singularity*. Cambridge: The MIT Press, 2015.

SIMON, H. T*he Shape of Automation for Men and Management*. Nova York: Harper, 1965.

SMITH, A. *The Wealth of Nations*. Londres: William Strahan, 1776.

STIGLITZ, J. E. *New Theoretical Perspectives on the Distribution of Income and Wealth among Individuals*. Londres: The Econometric Society, 1969.

SUSSKIND, R.; SUSSKIND, D. *The Future of the Professions: How Technology Will Transform the Work of Human Experts*. Oxford: Oxford University Press, 2017.

TEGMARK, M. Life 3.0: *Being Human in the Age of Artificial Intelligence*. Londres: Allen Lane, 2017.

TEMPLETON, J. 16 *Rules for Investment Success*. San Mateo: Franklin Templeton Distributors, Inc, 1993.

TOFFLER, A. *Future Shock*. Nova York: Penguin Random House, 1970.

VAN PARIJS, P.; VANDERBORGHT, Y. *Basic Income*. Cambridge: Harvard University Press Mass, 2017.

VOLTAIRE. *Candide*. Nova York: Dover Publications, 1991.

WILDE, O. *The Remarkable Rocket*. Sovereign Publishing, 2017.

WILLIAMS, T. *A History of Invention from Stone Axes to Silicon Chips*. Londres: Time Warner, 2003.

WOOD, G.; HUGHES, S. (Eds.) *The Central Contradiction of Capitalism?*. Londres: Policy Exchange, 2015.

Notas

Prefácio

1. Publicado no *The Daily Telegraph* em 16 de agosto de 2018.
2. Publicado no *Financial Times* em 6 de setembro de 2018.

Prólogo

1. GUNKEL, D. *Robot Rights*. Cambridge: The MIT Press, 2018, p. ix.
2. ASIMOV, I.; SHULMAN, J. A. *Asimov's Book of Science and Nature Quotations*. Nova York: Grove Press, 1988.
3. CHACE, C. *The Economic Singularity*. Londres: Three Cs Publishing, 2016, p. 208.
4. Bill Gates disse: "Você cruza de uma só vez o limiar da substituição de algumas atividades [...] O resultado pode ser a erradicação de classes inteiras de trabalho ao mesmo tempo — como empregos em armazéns, motoristas, faxina." Citado no *Financial Times*, em 25/26 de fevereiro de 2017. O falecido Sir Stephen Hawking disse: "Se as máquinas produzem tudo de que precisamos, o resultado vai depender de como as coisas são distribuídas. Todos podem desfrutar de uma vida de lazer luxuoso se a riqueza produzida pelas máquinas for partilhada, ou a maioria das pessoas pode acabar miseravelmente pobre se os proprietários das máquinas forem bem-sucedidos contra a redistribuição da riqueza. Até agora, a tendência parece ser a segunda opção, com a tecnologia conduzindo a uma desigualdade cada vez maior." Citado por Barry Brownstein no CapX, em 21 de março de 2018.
5. Conforme publicado por Rory Cellan-Jones, correspondente de tecnologia da BBC, em 2 de dezembro de 2014.
6. Ele escreve: "Qualquer que seja a definição de 'pensamento', a quantidade e intensidade daquilo que é feito por cérebros orgânicos humanos será, no futuro distante, totalmente suplantada pelas maquinações da IA. Além disso, a biosfera da Terra na qual a vida orgânica evoluiu simbioticamente não é uma restrição para a IA avançada. Na verdade, ela está longe de ser ideal — o espaço interplanetário e interestelar será a arena preferida onde os fabricantes robóticos terão o maior escopo de construção e onde 'cérebros' não biológicos poderão desenvolver insights tão além de nossas imaginações quanto a teoria das cordas é para um rato." *The Daily Telegraph*, em 23 de maio de 2015.
7. Shanahan (2015).
8. Kurzweil é uma figura marcante e controversa, mas ele está longe de estar sozinho. John Brockman tem uma visão semelhante. Ele já escreveu: "Para que o nosso futuro seja longo e próspero, precisamos desenvolver sistemas de inteligência artificial, na esperança de transcender os ciclos da vida planetária em uma forma híbrida de biologia e máquina. Portanto, para mim, no longo prazo, não se trata de 'nós contra eles'". Ver: BROCKMAN, J. *What to Think About Machines That Think:*

A Economia da Inteligência Artificial

Today's Leading Thinkers on the Age of Machine Intelligence. Nova York: Harper Collins Publishers, 2015, p. 15.

9. BROCKMAN, J. *What to Think About Machines That Think: Today's Leading Thinkers on the Age of Machine Intelligence.* Nova York: Harper Collins Publishers, 2015, pp. 45–6.

10. Citado por Brockman, 2015, p. 362.

11. ROSS, A. *The Industries of the Future.* Londres: Simon & Schuster, 2016, p. 35.

12. ANTHES, G. Artificial Intelligence Poised to Ride a New Wave. *Communications of the ACM*, 2017, v. 60, n. 7, p. 19.

13. Ver, a respeito: OWEN-HILL, A. What's the Difference between Robotics and Artificial Intelligence? 2017. Disponível em: https://blog.robotiq.com/whats-the--difference-betweenrobotics-and-artificial-intelligence; WILSON H. (2015) What is a Robot Anyway?, *Harvard Business Review*, 2015. Disponível em: https:// hbr. org/2015/04/what-is-a-robot-anyway; SIMON, M., (2017) What is a Robot?, 2017. Disponível em: https://www.wired.com/story/ what-is-a-robot/; GABINSKY, I. Autonomous vs. Automated, *Oracle Database Insider*, 2018. Disponível em: https:// blogs.oracle.com/database/autonomous-vs-; CERF, V. G. (2013) What's a Robot?, *Association for Computing Machinery Communications of the ACM*, 2013, v. 56, n. 1, p. 7.

Capítulo 1

1. KRUGMAN, P. (2017) *New Zealand Parliament*, 2017, v. 644, a. 63. Disponível em: https://www.parliament.nz/en/pb/hansard-debates/rhr/ document/48HansD_20071204/volume-644-week-63-tuesday-4-december-2007.

2. GORDON, R. I*s US Economic Growth Over? Faltering Innovation Confronts Six Headwinds*, Working Paper: August. Massachusetts: NBER, 2012.

3. Na verdade, em seu livro publicado em 1817, David Ricardo alertou que, ao menos por um período, as novas tecnologias da Revolução Industrial poderiam piorar a situação dos trabalhadores. De acordo com Paul Krugman, estudiosos modernos sugerem que isso, de fato, deve ter acontecido por diversas décadas.

4. MORRIS, I. *Why the West Rules — For Now: The Patterns of History, and What They Reveal About the Future.* Nova York: Farrar, Straus and Giroux, 2010, p. 492.

5. Os críticos vão, tenho certeza, castigar-me por mostrar os números simples neste gráfico, em vez de usar uma escala logarítmica. Na verdade, eu penei com essa escolha e também considerei mostrar aumentos de cem em cem anos. Mas a imagem não seria tão diferente, e, de acordo com o objetivo do livro de ser facilmente acessível ao leitor geral, eu estava relutante em introduzir coisas como uma escala logarítmica, que poderia facilmente afastar muitos leitores. Assim, a simplicidade venceu.

6. Como você poderia esperar, esses números causam controvérsia entre economistas. Eles vêm do famoso trabalho do economista Brad De Long, "Estimates of World GDP, One Million B.C.–Present", 1998, disponível em: http://econ161. berkeley. edu/. Eles incluem a estimativa dos benefícios de novos produtos. (Isso é conhecido na literatura como o "efeito Nordhaus", homenageando o economista William Nordhaus.) De Long também apresenta números que excluem esses benefícios. Assim, o valor para o ano 2000 torna-se apenas 8,5 vezes o valor para 1800.

NOTAS

7. Há um útil resumo e uma discussão sobre longas tendências históricas do PIB e da produtividade em um estudo publicado na *Capital Economics*.Ver: REDWOOD, V.; SHAH, N. History Does Not Suggest Pessimism about Productivity Potential. *Capital Economics*, 2017. Disponível em: https://research.cdn-1.capitaleconomics. com/f993f5/history-does-not-support-pessimism-about-productivity-potential.pdf.

8. Ver: MOKYR, J. *The Lever of Riches*. Nova York: Oxford University Press, 1990.

9. Ver: WILLIAMS, T. *A History of Invention from Stone Axes to Silicon Chips*, Londres: Time Warner, 2003.

10. SCOTT, J. *Against the Grain: A Deep History of the Earliest States*. New Haven: Yale University Press, 2017.

11. Este quadro global parece ligeiramente diferente para alguns países-chave — mas apenas ligeiramente. Os EUA experimentaram um crescimento razoável do PIB *per capita* tanto nos séculos XVII como XVIII. O Reino Unido chegou a conseguir um crescimento do PIB *per capita* de até 0,3% ao ano a partir do século XVI. Mas, mesmo nesses dois casos, a taxa de crescimento foi insignificante, comparada ao que viria mais tarde.

12. MALTHUS, T. *An Essay on the Principle of Population*. Londres: J. Johnson, 1798.

13. Idem.

14. DARWIN, C. *The Variations of Animals and Plants under Domestication*. Reino Unido: John Murray, 1868.

15. Ver: ALLEN, R. C. Engels' Pause: Technical change, capital accumulation, and inequality in the British Industrial Revolution. *Explorations in Economic History*, 2009.

16. HARARI, Y. N. *Homo Deus: A Brief History of Tomorrow*. Londres: Harvill Secker, 2016.

17. ALLEN, R. C. *The Current Divergence in European Wages and Prices from the Middle Ages to the Frist World War. Explorations in Economic History*, 2001, v. 38, pp. 411–47.

18. RICARDO, D. *Principles of Political Economy and Taxation*, 1821.

19. Kilby, E. R. *The Demographics of the US Equine Population*, State of the Animals série 4, Cap. 10, pp. 175–205, 2007. The Humane Society Institute for Science and Policy (Animal Studies Repository).

20. ONS. *2011 Census Analysis, 170 Years of Industry*. 2013.

21. Valores extraídos de: STEWART, I.; DE, D.; COLE, A. (2014) *Technology and People: The Great Job-Creating Machine*. Deloitte, 2014.

22. Ver: "Labour's Share," palestra proferida por Andy Haldane, economista-chefe do Banco da inglaterra, no Congresso Trades Union, em 12 de novembro de 2015. Disponível em: https://www. bankofengland.co.uk//media/boe/files/news/2015/ november/labors-share-speech-by-andy-haldane.

23. Para dados históricos sobre crescimento econômico, ver: Redwood; Shah, 2017.

24. Para uma análise minha sobre as causas da crise financeira global ver: BOOTLE, R. *The Trouble with Markets*. Londres: Nicholas Brealey, 2009.

25. É verdade que, se olharmos para os números recentes de crescimento do mundo como um todo, as coisas não parecem muito ruins. Entre os anos de 2008 e 2016, o crescimento do PIB global *per capita* foi, em média, de 2% ao ano. Um crescimento mais lento do que o da Era de Ouro, entre 1950 a 1973, e no período do início dos

anos 2000, quando os mercados emergentes rugiam no topo, liderados pela China. Mas é mais rápido do que em todos os outros períodos desde 1500.

26. No entanto, isso dá uma impressão totalmente enganadora de que tudo está bem. Os mercados emergentes continuaram a crescer bastante bem, embora a taxas muito mais lentas do que antes. Quando você olha para os países desenvolvidos por conta própria, no entanto, vê um quadro muito diferente. Na verdade, em grande parte do mundo desenvolvido, o crescimento da produtividade caiu para quase zero. Desde 2008, o crescimento do PIB *per capita* nos EUA foi de 0,6%, o mais baixo desde o século XVI. No Reino Unido foi de 0,4%, o mais baixo desde o século XVIII, e na Suécia foi de 0,7%, o mais baixo desde o início do século XIX. Os economistas britânicos Nicholas Crafts e Terence Mills estimaram que, no início da década de 1970, o US Total Factor and Productivity (TFP) — ou seja, a produção por unidade de capital e mão de obra ajustada à qualidade (que é uma medida de inovação ou aumento da produtividade que não se deve simplesmente a mais fatores, como o capital, empregados) — estava crescendo um pouco acima de 1,5%. Agora, está crescendo a cerca de 0,9%.

27. Ver: GROSSMAN, G. Growth, Trade and Inequality. *Econometrica*, 2018, v. 86, n. 1, p. 37–8.

28. Como vimos acima, na nossa breve revisão da história antiga, não é suficiente gerar um rápido crescimento da produtividade global para que haja um rápido crescimento da produtividade em um setor da economia. Também importa a taxa de crescimento da produtividade nos outros setores da economia nos quais a mão de obra é liberada do setor que experimenta um rápido crescimento da produtivi-dade. Portanto, é possível que um setor — digamos, TI — experimente um rápido crescimento da produtividade e os setores que empregam boa parte da TI também, mas, se a mão de obra liberada pelo emprego de sistemas de TI encontrar emprego em restaurantes e casas de repouso, em que tanto o nível quanto a taxa de cresci-mento da produtividade é muito menor, é bem possível que o crescimento geral da produtividade volte a cair. Esta foi a visão do economista norte-americano William Baumol, apresentada em um artigo publicado nos anos 1960. Ver: BAUMOL, W. The Macroeconomics of Unbalanced Growth. *American Economic Review*, 1967, v. 57, n. 3, p. 415-26.

29. Mas, é claro, nada obriga que tal resultado ocorra. Há mais probabilidade que ele aconteça, quanto menor for a sensibilidade da demanda pelo produto do setor que experimenta rápido crescimento da produtividade a preços mais baixos (o que aumentará a quantidade de mão de obra liberada no resto da economia) e quanto menor for a taxa de crescimento da produtividade no resto da economia. Se o avanço tecnológico for suficientemente grande e os seus efeitos se disseminarem geralmente por toda a economia (como no caso da eletricidade), então, é pouco provável que esse resultado negativo aconteça.

30. Assim, acreditar que isso está acontecendo agora, quando não aconteceu nas primeiras décadas do século XX, equivale efetivamente à proposição de que as mudanças tecnológicas atuais e recentes simplesmente não são tão significativas quanto as anteriores. Assim, a interpretação "Baumol" da atual desaceleração tecnológica equivale realmente a um subconjunto da escola de economistas que abraçam o "pessimismo tecnológico", ou seja, aqueles que acreditam que, na mais ampla varredura da história, os desenvolvimentos tecnológicos recentes e atuais não valem muita coisa.

Notas

31. GORDON, R. J. *The Rise and Fall of American Economic Growth*. USA: Princeton University Press, 2016.

32. SOLOW, R. *We'd Better Watch Out*. New York Times Book Review, 12 jul. 1987.

33. Citado em: BRYNJOLFSSON, E.; MCAFEE, A. *The Second Machine Age*, Work, Progress, And Prosperity in a Time of Brilliant Technologies. Nova York: W. W. Norton & Company, 2016, p. 112.

34. FELDSTEIN, M. The US Underestimates Growth. *Wall Street Journal*, 18 mai. 2015. Mas nem todos os economistas concordam. Um estudo de Byrne, Oliner e Sichel conclui exatamente o contrário. Eles acham que o efeito de corrigir a má medição foi aumentar o crescimento da PFT no setor de tecnologia e reduzi-lo em todos os outros lugares, com quase nenhum efeito líquido sobre a economia em geral. Ver: BRYNE, D.; OLINER, S.; SICHEL, D. *Prices of High-Tech Products, Mismeasurements, and Pace of Innovation*. Cambridge: National Bureau of Economic Research, 2017.

35. Ver: DIAMOND, J. *Guns, Germs and Steel*. Londres: Jonathan Cape, 1997.

36. ROMER, P. (2008) *Economic Growth. Library of Economics and Liberty*, 2018. Disponível em: http://www.econlib.org/library/Enc/Economicgrowth.html.

Capítulo 2

1. Primeiro-ministro do Canadá, no Fórum Econômico Mundial de Davos.

2. Rod Brooks disse US$4/hora por hora como o custo aproximado da Baxter, em resposta a uma pergunta na Conferência Techonomy 2012 em Tucson, Arizona, em 12 de novembro de 2012, durante um painel de discussão com Andrew McAfee.

3. TEMPLETON, J. 16 *Rules for Investment Success*. Califórnia: Franklin Templeton Distributors, Inc, 1993.

4. RIFKIN, J. *The End of Work*. Nova York: Putnam Publishing Group, 1995.

5. SUSSKIND, R.; SUSSKIND, D. *The Future of the Professions: How Technology will Transform the Work of Human Experts*. Oxford: Oxford University Press, 2017, p. 175.

6. Citado em: KELLY, K. *The Inevitable: Understanding the 12 Technological Forces that Will Shape our Future*. Nova York: Penguin, 2016, p. 49.

7. Isso é conhecido como Lei de Amara, nomeada a partir do cientista Roy Amara. Ver: CHACE, C. *The Economic Singularity*. Londres: Three Cs Publishing, 2016, p. 76–7.

8. CHACE, C. *The Economic Singularity*. Londres: Three Cs Publishing, 2016, p. 76.

9. PISTONO, F. *Robots Will Steal Your Job But That's OK: How to Survive the Economic Collapse and Be Happy*. Califórnia: Createspace, 2012, p. 21.

10. Para uma discussão sobre machine learning, ver: CRAIG, C. (2017) Machine Learning: The Power and Promise of Computers that Learn by Example. Londres: The Royal Society, 2017. Disponível em: https://royalsociety.org/~/media/policy/projects/machine- learning-report.pdf.

11. Ver: BROCKMAN, J. *What to Think about Machines that Think*. Nova York: Harper Collins Publishers, 2015, p. 226–7.

12. The Daily Telegraph, 23 dez. 2015.

A Economia da Inteligência Artificial

13. "Technological Growth and Unemployment: A Global Scenario Analysis", publicado em *Journal of Evolution & Technology*, 2014. Disponível em: https://jetpress.org/v24/campa2.htm.

14. AOUN, J. E. *Robot-Proof: Higher Education in the Age of Artificial Intelligence*, USA: Massachusetts Institute of Technology, 2017, p. 1.

15. TEGMARK, M. Life 3.0. *Being human in the age of Artificial Intelligence*. UK: Penguin Random House, 2017, p. 124.

16. GLENN, J. C.; FLORESCU, E. The Millennium Project Team, 2016. Disponível em: http://107.22.164.43/millennium/2015-SOF-ExecutiveSummary-English.pdf.

17. NEDELKOSKA, L.; QUINTINI, G. *Automation, Skills Use and Training*. OECD Social, Employment and Migration. Working Papers 202, Paris: OECD Publishing, 2018. Disponível em: https://www.oecd-ilibrary.org/employment/automation-skills-use-and-training_2e2f4eea-en.

18. FREY, C. B. ; OSBORNE, M. A. The Future of Employment: How Susceptible Are Jobs to Computerization?, 2013. Disponível em: https://www.oxfordmartin.ox.ac.uk/downloads/academic/The_Future_of_Employment.pdf.

19. Citado no *Financial Times*, 25-26 fev. 2017.

20. CHUI, M.; MANYIKA, J.; MIREMADI, M. Four Fundamentals of Workplace Automation. *McKinsey Quarterly*, 2015.

21. Max Tegmark estabeleceu três critérios para julgar se um trabalho é mais ou menos provável de ser ameaçado ou substituído por robôs em algum momento do futuro breve. Eles são essencialmente os mesmos dois critérios de McKinsey, com a minha sugestão de "bom senso". São eles: é necessário interagir com as pessoas e usar a inteligência social? Envolve criatividade e soluções inteligentes? É necessário trabalhar em um ambiente imprevisível? Tegmark, 2017, p. 121.

22. CHACE, C. (2016).

23. Idem, p. 249.

24. SIMON, H. *The Shape of Automation for Men and Management*. Nova York: Harper, 1965.

25. MINSKY, M. *Finite and Infinite Machines*. Nova Jersey: Prentice Hall, 1967.

26. BOSTROM, N. *Superintelligence: Paths, Dangers, Strategies*. Oxford: Oxford University Press, 2014, p. 4.

27. De acordo com Chace (2016), p. 14.

28. Publicado na *The Economist*, 21 abr. 2018.

29. MARKOFF, J. How Many Computers to Identify a Cat? 16,000. *New York Times*, 25 jun. 2012.

30. CHACE, C. (2016), p. 15.

31. Citado em AUTOR, D. H. Why are there still so many jobs? The History and Future of Workplace Automation. *Journal of Economic Perspectives*, 2015, v. 29, p. 8.

32. Susskind and Susskind (2017), p. 276.

33. Idem, p. 272–3.

34. SHANAHAN, M. *The Technological Singularity*. Cambridge: The MIT Press, 2015, p. 162.

NOTAS

35. Citado por Jeremy Warner no *The Daily Telegraph*.

36. Citado em Kelly (2016), p. 176.

37. HASKEL, J.; WESTLAKE, S. *Capitalism Without Capital: The Rise of the Intangible Economy*. USA: Princeton University, 2017, p. 127.

38. Ver: AUTOR, D. H., (2015).

39. CHACE (2016), p. 16–17.

40. KELLY (2016).

41. AVENT, R. *The Wealth of Humans: Work, Power, and Status in the Twenty-First Century*. Nova York: St. Martin's Press, 2016, p. 59.

42. FORD, M. *The Rise of the Robots*. Londres: Oneworld, 2015, p. 76–8.

Capítulo 3

1. SIMON, H. "Automation", carta para o New York Review of Books, 26 mai. 1966.

2. Esta observação, ou algo muito parecido, é amplamente atribuída a uma série de pessoas, como Yogi Berra (o treinador de beisebol dos New York Yankees), Niels Bohr, Albert Einstein e Sam Goldwyn (o magnata do cinema).

3. Esta afirmação é amplamente atribuída ao grande sábio, mas eu descobri que é impossível encontrá-la com exatidão.

4. A rigor, deve haver um aumento do volume de investimento, mas, se o preço dos bens de investimento cair o suficiente, o valor total das despesas de investimento pode não subir. Isso então atrapalha minha observação posterior sobre as taxas de juro reais que precisam ser aumentadas.

5. FORD, M. *The Rise of the Robots*. Londres: Oneworld, 2015.

6. SAY, J. B. *A Treatise on Political Economy*. Filadélfia: J.B. Lippincott & Co., 1859.

7. As quedas surgem quando, por diversas razões, o desejo agregado de poupar (ou seja, não gastar toda a renda) excede o desejo agregado de investir e, consequentemente, a demanda agregada fica aquém do potencial produtivo. Há retomada da demanda quando o desejo agregado de poupar fica aquém do desejo agregado de investir.

8. Alguns economistas argumentam que, se formos novamente confrontados com um grave deficit de demanda, os governos não devem fazer nada. Eles deveriam simplesmente deixar a demanda ficar reprimida, deixar a economia se retrair e depois se recuperar por meios naturais. Isso é um retorno à chamada visão clássica, que foi defendida por muitos economistas na década de 1930. Aqueles que seguem essa linha são por vezes descritos como a "escola austríaca", a partir de um grupo de economistas austríacos liderados pelo falecido Friedrich von Hayek, que defendeu essa posição. Alguns economistas dessa escola argumentaram que, se uma economia deprimida for deixada à sua própria sorte, a recuperação ocorrerá espontaneamente, pois a produção ineficiente será "purgada". Outros, tipicamente da tradição anglo-saxônica mais analítica, também argumentaram que a recuperação ocorreria automaticamente, mas porque uma economia deprimida provocaria uma queda dos preços, aumentando assim o valor real da oferta monetária, o que, em última análise, faria com que as pessoas se sentissem mais ricas — isso provocaria um aumento dos gastos e, portanto, traria uma recuperação econômica.

9. Este não é o lugar para se envolver em uma discussão detalhada da economia keynesiana. Basta dizer que muitos economistas, incluindo eu próprio, pensam que a abordagem austríaca sobre as depressões (embora não necessariamente sobre outras coisas) é, para usar um termo técnico da economia, desvairada. Além disso, a abordagem "neoclássica", que depende de um aumento do valor real da oferta de dinheiro para trazer a recuperação, é desvario ao quadrado.

10. BOOTLE, R. *Making a Success of Brexit and Reforming the EU*. Londres: Nicholas Brealey, 2017.

11. Publicado no *Financial Times*, 6 set. 2018.

CAPÍTULO 4

1. VOLTAIRE. *Candide*. USA: Dover Publications, 1991.

2. Essa citação é, por vezes, atribuída a várias pessoas diferentes, incluindo Confúcio.

3. Mateus, 6:28.The Bible. Nashville: Thomas Nelson Inc., 1982.

4. SMITH, A. *The Wealth of Nations*. Londres: William Strahan, 1776.

5. MARX, K.; ENGELS, F. *Manifesto of the Communist Party*. Londres: Workers' Educational Association, 1848.

6. KEYNES, J. M. *Essays in Persuasion*. Londres: Macmillan, 1931.

7. Interessante coletânea de artigos sobre Keynes: PECCHI, L.; PIGA, G (Eds.). *Grandchildren: Revisiting Keynes*, Cambridge, MA: MIT Press, 2008.

8. Ver: FREEMAN, R. B. Why Do We Work More than Keynes Expected?. In: PECCHI, L.; PIGA, G., 2008, p. 135–42.

9. STIGLITZ, J. E. Toward a General Theory of Consumerism: Reflections on Keynes's Economic Possibilities for our Grandchildren. In: L. PECCHI, L.; PIGA, G., 2008, p. 41–85.

10. MOKYR, J.; VICKERS, C.;ZIEBARTH, N. L. The History of Technological Anxiety and the Future of Economic Growth: Is this Time Different? *Journal of Economic Perspectives*, 2015, v. 29, p. 31–50.

11. STIGLITZ (2010).

12. KEYNES (1931).

13. Ver: CLARK, A.; OSWALD, A. J. Unhappiness and Unemployment. *Economic Journal,* 1994, v. 104, n. 424, p. 648–59.

14. Citado por FREEMAN (2008).

15. SCHOR, J. Th*e Overworked American: The Unexpected Decline of Leisure*. Nova York: Basic Books, 1992, p. 47. Vale a pena notar que os caçadores-coletores provavelmente trabalharam ainda menos. Os arqueólogos estimam a sua semana de trabalho em não mais do que vinte horas.

16. Ver: MOKYR; VICKERS; ZIEBARTH (2015).

17. Ver: England and Wales House Condition Survey (1967, 1976); ROUETZ, A.; TURKINGTON, R. (1995), *The Place of the Home: English Domestic Environments, 1914–2000*. Londres: Taylor S. Francis, 1995.

18. STIGLITZ (2010).

NOTAS

19. "80 Percent Hate Their Jobs — But Should You Choose a Passion or Paycheck?". *Business Insider*, 2010. Disponível: http://businessinsider.com/2010-10-04/strategy30001895_1_ new-job-passion-careers.

20. PISTONO, F. *Robots Will Steal Your Job But That's OK: How to Survive the Economic Collapse and Be Happy.* Scotts Valley: Createspace, 2012, p. 135–6.

21. Ver: LAYARD, R. *Happiness: Lessons from a New Science*, Londres: Allen Lane, 2005.

22. WILLIAMS, T. *A History of Invention from Stone Axes to Silicon Chips.* Londres: Time Warner, 2003.

23. JEROME, J. K. *Three Men in a Boat — To Say Nothing of the Dog!.* Londres: Penguin, 1889.

24. Publicado no *The Daily Telegraph*, 19 jan. 2019.

25. Na verdade, não devemos apenas extrapolar preguiçosamente a partir dos aumentos muito drásticos da expectativa de vida que foram alcançados ao longo dos últimos cem anos. Ao longo desse período, a expectativa de vida quase duplicou. Mas, como Yuval Noah Harari tem argumentado, isso não se deve ao prolongamento de uma vida humana normal, mas, sim, a uma grande redução no número de pessoas que sofrem uma morte prematura por desnutrição, doenças infecciosas e violência. No passado distante, se escapassem dessas degradações, não era nada incomum que pessoas vivessem até uma idade madura. Como aponta Harari (2016), Galileu Galilei morreu aos 77 anos; Isaac Newton, aos 84; e Michelangelo, aos 88. Ele diz: "Na verdade, até agora a medicina moderna não prolongou a nossa vida natural por sequer ano."

26. BREGMAN, R. *Utopia for Realists.* Londres: Bloomsbury Publishing, 2017.

27. WILDE. *The Remarkable Rocket.* Londres: Sovereign Publishing, 2017.

28. Ver: STIGLITZ (2010).

CAPÍTULO 5

1. GUNKEL, D. *Robot Rights.* Cambridge: The MIT Press, 2018, p. ix.

2. Citado em: CHACE, C. *The Economic Singularity.* Londres: Three Cs Publishing, 2016.

3. ROSS, A. *The Industries of the future.* London: Simon & Schuster, 2016, p. 130.

4. Idem, p. 12.

5. CHACE (2016), p. 117–18.

6. THE WORLD ECONOMIC FORUM. *Reshaping Urban Mobility with Autonomous Vehicles.* Geneva: World Economic Forum, 2018.

7. Citado em: DINGESS, R. Effective Road Markings are Key to an Automated Future. *Top Marks (The Magazine of Road Safety Markings and Association)*, 2017, n. 19.

8. Palestra na Royal Society em Londres, publicada no *The Daily Telegraph*, 14 mai. 2018.

9. SCHOETTLE, B.; SIVAK, M. I. *A Preliminary Analysis of Real-World Crashes Involving Self-Driving Vehicles.* The University of Michigan Transportation Research Institute, 2015.

10. Publicado no *The Daily Telegraph*, 5 mai. 2018.

A Economia da Inteligência Artificial

11. *Financial Times*, 3 dez. 2018, p. 20.

12. DINGESS, R. (2017).

13. Ver: BikeBiz. Disponível em: http://bit.ly/2maBbno.

14. Para um panorama cético acerca dos veículos autônomos, ver: WOLMAR, C. False Start. *The Spectator*, 7 jul. 2018, e seu livro: *Driverless Cars: On a Road to Nowhere*. Londres: London Publishing Partnership, 2017.

15. WIKIPEDIA. Military Robot. 2018. Disponível em: https://en.wikipedia. org/wiki/Military_robot.

16. LIN, P. et al. *Robots in War: Issues of Risks and Ethics*. AKA Verlag: Heidelberg, 2009, p. 51–2.

17. UNMANNED EFFECTS (UFX). *Taking the Human Out of the Loop*. U.S. Joint Forces Command Rapid Assessment Process Report, prepared by Project Alpha, 2003, p. 6.

18. SINGER, P. Robots at War: The New Battlefield. *The Wilson Quarterly*, 2000. Adaptado de *Wired for War: The Robotics Revolution and Conflict in the twenty-first Century*. Londres: Penguin Press, 2009. Disponível em: https://wilsonquarterly.com/quarterly/winter-2009-robots-at-war/robots-at-war-the-new-battlefield/.

19. Essa informação vem de Cowen (2013).

20. PINKER, S. *The Language Instinct*. Londres: Penguin, 1994, p. 190–1.

21. Publicado no *The Daily Telegraph*, 31 dez. 2018.

22. Publicado no *The Daily Telegraph*, 22 jan. 2018.

23. HARFORD, T. *Fifty Things that made the Modern Economy*. Londres: Little Brown, 2017.

24. Publicado no *Financial Times*, 25 jun. 2018.

25. CHACE (2016), p. 252–3.

26. FORD, M. *The Rise of the Robots: Technology and the Threat of Mass Unemployment*. Brã-Bretanha: Oneworld publications, 2015, p. 123–4.

27. WORLD ECONOMIC FORUM; THE BOSTON CONSULTING GROUP. *Toward a Reskilling Revolution A Future of Jobs for All*, Genebra: World Economic Forum, 2018.

28. FORD (2015), p. 162.

29. Ver a reportagem no *The Daily Telegraph,* 26 fev. 2018.

30. Citado em ROSS (2016), p. 33.

31. Citado em CHACE (2016), p. 146.

32. Citado em SUSSKIND, R.; SUSSKIND, D. *The Future of the Professions: How Technology will Transform the Work of Human Experts*. Oxford: Oxford University Press, 2017, p. 45–7.

33. ADAMS (2009).

34. CHACE (2016), p. 165.

35. KEYNES, J. M. *The General Theory of Employment, Interest and Money*. Londres: Macmillan, 1936.

Capítulo 6

1. HARARI, Y. N. *Sapiens: A Brief History of Humankind*. Londres: Harvill Secker, 2011.

NOTAS

2. Citado na conta de Twitter de C. Icahn: https://twitter.com/ carl_c_icahn?lang=en.

3. CASE, A.; DEATON, A Rising Morbidity and Mortality in Midlife among White Non-Hispanic Americas in the Twenty-first Century. *PNAS*, 2015, v. 112, n. 49. Princeton: Woodrow Wilson School of Public and International Affairs and Department of Economics, Princeton University.

4. BREGMAN, R. *Utopia for Realists*. Londres: Bloomsbury Publishing, 2017, p. 185.

5. A desigualdade de renda entre quintis não tem sido tão alta; não aumentou tanto quanto nos EUA durante a década de 1980 e tem se mantido praticamente inalterada desde 1990. Entre 1980 e 2014, o rendimento disponível real no Reino Unido aumentou 86%. Os rendimentos pós-imposto do quintil superior duplicaram, enquanto os do quintil inferior aumentaram 62%. O quintil de rendimento superior ganhou 37% do rendimento total após impostos em 1980, com 5% indo para o 1% do topo. Em 1990, essas ações tinham subido para 43% e 8%, respectivamente. Desde 1990, a cota do primeiro quintil não mudou muito, enquanto a cota do primeiro 1% continuou a aumentar até 2007. Esses dados provêm do World Inequality Database (https://wid.world/data/) e do Office for National Statistics (Effects of taxes and benefits on household income:
historical datasets — https://www.ons.gov.uk/peoplepopulationandcommunity/ personalandhouseholdfinances/income andwealth/datasetets/theefefectsoftaxesan-dbenefitsonhouseholdhold incomehistoricaldatasets).

6. Citado por SCHWAB, K. *Shaping the Future of the Fourth Industrial Revolution*. Penguin Radom House: Londres, 2018, p. 23.

7. KELLY, K. *Better than Human: Why Robots Will – and Must – Take Our Jobs*. Wired, 24 dez. 2012, p. 155.

8. BRYNJOLFSSON, E.; MCAFEE, A. *The Second Machine Age, Work, Progress, And Prosperity in a Time of Brilliant Technologies*. Nova York: W. W. Norton & Company, 2016, p. 157.

9. Idem, p. 179.

10. PIKETTY, T. *Capital in the Twenty-First Century*. Massachusetts: Harvard University Press, 2014.

11. Ver: Thomas Piketty's Capital, *Summarised in Four Paragraphs. The Economist*, 2014; SUMMERS, L. The Inequality Puzzle. *Democracy: A Journal of Ideas*, 2014, n. 33; KING, M. *Capital in the Twenty-First Century* by Thomas Piketty. *The Daily Telegraph*, 10 mai. 2014.

12. Ver: FELDSTEIN, M. In: WOOD, G.; HUGHES, S. (Eds.) *The Central Contradiction of Capitalism?* Londres: Policy Exchange, 2015.

13. GRUBEL, H. In: WOOD; HUGHES, 2015.

14. GILES, C. In: WOOD; HUGHES, 2015.

15. STIGLITZ, J. E. *New Theoretical Perspectives on the Distribution of Income and Wealth among Individuals*. Londres: The Econometric Society, 1969.

16. Ver: SARGENT, J. R. In: WOOD; HUGHES, 2015.

17. HASKEL, J. ; WESTLAKE, S. *Capitalism without Capital: The rise of the intangible economy*. USA: Princeton University Press, 2018, p. 127–8.

18. KELLY, K. (2012).

19. AVENT, R. *The Wealth of Humans*. UK: Penguin Random House, 2016, p. 51.

A Economia da Inteligência Artificial

20. AUTOR, D. Why are There Still so Many Jobs? The History and Future of Workplace Automation. *The Journal of Economic Perspectives*, 2015, v. 29, n. 3, p. 3–30.

21. Publicado no *Financial Times*, 29 jan. 2018.

22. LAWRENCE, M.; ROBERTS, C.; KING, L. *Managing Automation*, Londres: IPPR, 2017.

23. CHACE (2016), p. 51–2.

24. Matéria do Center for American Entrepreneurship, citada em um artigo de John Thornhill no *Financial Times*, 23 out. 2018.

25. International Federation of Robotics [Federação Internacional de Robótica] (IFR).

26. GOLDMAN SACHS. China's Rise Artificial Intelligence, 31 ago. 2017.

27. HOUSE OF LORDS. Committee Report, s. 2017-19, HL Paper 100, 16 abr. 2018, p. 117.

28. Idem, p. 117.

29. CHACE, C. (2016).

30. IMF. Manufacturing Jobs: Implications for Productivity and Inequality. *World Economic Outlook*. Washington, D.C.: IMF, abr. 2018.

Capítulo 7

1. FLORIDI, L. Robots, Jobs, Taxes, and Responsibilities. *Philosophy & Technology*, 2017, v. 30, n. 1, p. 1–4.

2. MASLOW, A. *Toward a Psychology of Being*. Nova York: John Wiley & Sons, 1968.

3. KELLY, K. *The Inevitable: Understanding the 12 Technological Forces that Will Shape our Future*. Nova York: Penguin, 2016, p. 190.

4. Publicado no *Financial Times*, 6 set. 2018.

5. DELANEY, K. J. The robot that takes your job should pay taxes, says Bill Gates. *Quartz*, 2017. Disponível em: https://qz.com/911968 / bill-gates-the-robot-that-takes-your-job-should-pay-taxes.

6. WALKER, J. Robot Tax – A Summary of Arguments "For" and "Against". *Techemergence*, 24 out. 2017. Disponível em: https:// www.techemergence.com/ robot-tax-summary-arguments/.

7. ISAAC, A.; WALLACE, T. Return of the Luddites: why a robot tax could never work. *The Daily Telegraph*, 27 set. 2017. Disponível em: https://www.telegraph.co.uk/ business/2017/09/27/ return-luddites-robot-tax-could-never-work/.

8. WALKER, J. (2017).

9. Idem.

10. REUTERS. European Parliament calls for robot law, rejects robot tax, 16 fev. 2017. Disponível em: https://www.reuters.com/ article/us-europe-robots-lawmaking/ european-parliament-calls-for-robot-law-rejects-robot-tax-idUSKBN-15V2KM.

11. Ver: ABBOTT, R.; BOGENSCHNEIDER, B. Should Robots Pay Taxes? Tax Policy in the Age of Automation. *Harvard Law & Policy Review*, 2017, v. 12, p. 150.

12. SUMMERS, L. Robots are wealth creators and taxing them is illogical. *Financial Times*, 5 mar. 2017.

NOTAS

13. SHILLER, R. J. Robotization without Taxation? *Project Syndicate*, 2017. Disponível em: http://prosyn.org/Rebz6Jw.

14. TEGMARK, M. *Life 3.0: Being Human in the Age of Artificial Intelligence*. Londres: Allen Lane., 2017, p. 273.

15. DVORSKY, G. (2017) Hackers have already started to weaponize artificial intelligence. *Gizmodo*, 9 nov. 2017. Disponível em: https:// gizmodo.com/ hackers-have-already-started-to-weaponize-artificial-in-1797688425.

16. Idem.

17. HOUSE OF LORDS. Committee Report, s. 2017-19, HL Paper 100, 16 abr. 2018, p. 95.

18. Citado em: HOUSE OF COMMONS Science and Technology Committee. *Robotics and Artificial Intelligence*. Fifth Report of s. 2016-17, HC 145. Londres: House of Commons.

19. Idem, p. 18.

20. Para uma análise destes temas, ver: *Data Management and Use: Governance in the Twenty-first Century*. Londres: British Academy and the Royal Society, 2017. Disponível em: https://royalsociety.org/~/media/policy/projects/data-governance/data-management-governance.pdf.

21. EDITORIAL GLOBE. When tech companies collect data, bad things can happen. 30 jan. 2018. Disponível em: https://www.theglobeandmail.com/opinion/editorials/globe-editorial-whentech-companies-collect-data-bad-things-can-happen/article37798038/.

22. BAKER, P. Reining In Data-Crazed Tech Companies, 16 abr. 2018. Disponível em: https://www.ecommercetimes.com/story/85278. html.

23. SOLON, O. (2018) Facebook says Cambridge Analytica may have gained 37m more users data. *The Guardian*, 4 abril 2018. Disponível em: https://www.theguardian.com/technology/2018/apr/04/facebook-cambridge-analytica-user-data-latest-more-than-thought.

24. FRISCHMANN, B. Here's why tech companies abuse our data: because we let them. *The Guardian*, 10 abr. 2018. Disponível em: https:// www.theguardian.com/commentisfree/2018/apr/10/tech-companies-data-online-transactions-friction.

25. STUCKE, M. E. Here are all the reasons it's a bad idea to let a few teach companies monopolize our data. *Harvard Business Review*, 27 mar. 2018. Disponível em: https://hbr.org/2018/03/here-are-all-the-reasons-its-a-bad-idea-to-let-a-few-techcompanies-monopolize-our-data.

26. MINTEL. Data Danger: 71 Percent of Brits Avoid Creating New Company Accounts Because of Data Worries. 2018. Disponível em: http://www.mintel.com/press-centre/technology-press-centre/data-danger-71-of-brits-avoid-creatingnew-company--accounts-because-of-data-worries.

27. EU GDPR, 2018. Disponível em: https://www.eugdpr.org/eugdpr.org-1. htm.

28. JOHNSTON, I. EU funding 'Orwellian' artificial intelligence plan to monitor public for 'abnormal behaviour'. *The Daily Telegraph*, 19 set. 2018. Disponível em: https:// www.telegraph. co.uk/news/uknews/6210255/EU-funding -Orwellianartificial-intelligence-plan-to-monitor-public-for-abnormal-behavior. html.

A Economia da Inteligência Artificial

29. ARUN, C. AI Threats to Civil Liberties and Democracy. Palestra no Centro Berkman Klein para Internet & Sociedade, 1 out. 2017. Transcrição disponível em: http://opentranscripts. org/transcript/ai-threats-civil-liberties-democracy/.

30. LUCAS, L.; FENG, E. Inside China's Surveillance State. *Financial Times*, 20 jul. 2018. Disponível em: https://www.ft.com/content/2182eebe-8a17-11e8-bf9e-8771d5404543.

31. VINCENT, J. (2018) Artificial intelligence is going to supercharge surveillance. *The Verge*, 23 jan. 2018. Disponível em: https://www.theverge.com/2018/1/23/16907238/artificial-intelligence-surveillance-cameras-security.

32. ZENG, M. J. China's Social Credit System puts its people under pressure to be model citizens. The Conversation, 23 jan. 2018. Disponível em: https://theconversation.com/chinas-socialcredit-system-puts-its-people-under-pressure-to-be-model--citizens-89963.

33. Idem.

34. LUCAS, L.; FENG, E. Inside China's Surveillance State. *Financial Times*, 20 jul. 2018. Disponível em: https://www.ft.com/content/2182eebe-8a17-11e8-bf9e-8771d5404543.

35. *THE SOUTH CHINA MORNING POST.* Citado em: *The Daily Telegraph*, 1 mai. 2018.

36. SHADBOLT, N.; HAMPSON, R. *The Digital Ape*. Londres: Scribe, 2018.

37. DOMINGOS, P. *The Master Algorithm: How the Quest for the Ultimate Learning Machine Will Remake Our World.* Nova York: Basic Books, 2015.

38. POLONSKI, V. How artificial intelligence silently took over democracy. World Economic Forum, 12 ago. 2017. Disponível em: https://www.weforum.org/agenda/2017/08/artificial-intelligence-can-save-democracy-unless-it-destroys-it-first/.

39. BURKHARDT, J. M. How Fake News Spreads. *Library Technology Reports*, 2017, v. 53, n. 8.

40. POLONSKI, V. Artificial intelligence has the power to destroy or save democracy. Council on Foreign Relations, 7 ago. 2017. Disponível em: https://www.cfr.org/blog/ artificial-intelligence-has-power-destroy-or-save-democracy.

41. BBC NEWS. Fake news a democratic crisis for UK, MPs warn. 28 jul. 2018. Disponível em: https://www.bbc.co.uk/news/ technology-44967650.

42. Citado no *The Guardian*, 22 jan. 2018.

43. *Wired*, 2018. Disponível em: https://www.wired.com/story/emmanuel- macron-talks-to-wired-about-frances-ai-strategy/.

Capítulo 8

1. JOI, J. I. Society-in-the-Loop. Massachusetts: MIT Media Lab, 2016.

2. Cirtado em: LEONHARD, G. *Technology vs. Humanity: The Coming Clash between Man and Machine*. Londres: Fast Future Publishing, 2016, p. 60.

3. GOEL, A. K. AI Education for the World. *AI Magazine*, 2017, v. 38, n. 2, p. 3–4.

4. WOHL, B. Coding the curriculum: new computer science GCSE fails to make the grade. *The Conversation*, 21 jun. 2017. Disponível em: http://

Notas

theconversation.com/coding-the-curriculum-newcomputer-science-gcse-fails
-to-make-the-grade-79780.

5. MATTHEWS, V. Teaching AI in schools could equip students for the future. *Raconteur*, 23 mai. 2018. Disponível em: https://www.raconteur.net/technology/ ai-in-schools-students-future.

6. KOSBIE, D. et al. (2017).

7. TEALS. Disponível em: https://www.tealsk12.org.

8. MATTHEWS, V. (2018).

9. WILLIAMSON, B. Coding for What? Lessons from Computing in the Curriculum. Palestra preparada para a Conferência Pop Up Digital. Gothenburg, Suécia, 19 jun. 2017.

10. BROWN-MARTIN, G.(2017) Education and the Fourth Industrial Revolution. Groupe Média TFO, 2017, p. 4. Disponível em: https://www.groupemediatfo. org/ wp-content/uploads/2017/12/FINAL-Education-andthe-Fourth-Industrial-Revolution-1-1-1.pdf.

11. Citrado em: LEONHARD, 2016, p. 24.

12. Ver: KOSBIE, D.; MOORE, A. W.; STEHLIK, M. How to Prepare the Next Generation for Jobs in the AI Economy. *Harvard Business Review*, 5 jun. 2017. Disponível em: https://hbr.org/2017/06/ how-to-prepare-the-next-generation-for-jobs-in-the-aieconomy.

13. BROWN-MARTIN, G. (2017).

14. AOUN, J. E. *Robot-Proof: Higher Education in the Age of Artificial Intelligence*. USA: Massachusetts, Institute of Technology, 2017, p. xviii.

15. Idem, p. 51.

16. SELDON, A.; ABIDOYE, O. *The Fourth Education Revolution*, Buckingham: University of Buckingham Press, 2018.

17. FORD, M. *The Rise of the Robots*. Londres: Oneworld, 2015, p. 146.

18. Ver: SUSSKIND, R.; SUSSKIND, D. (2017). *The Future of the Professions: How Technology will Transform the Work of Human Experts*. Oxford: Oxford University Press, 2017.

19. *The Guardian*, 22 mar. 2016.

20. ROBINSON, K. *Ed Tech Now*, 20 jan. 2012.

21. Citado em: SELDON, (2018).

22. Palestra de Michael Gove no BETT Show 2012. Disponível em: https://www.gov.uk/ government/speeches/michael-gove -speech-at-the-bett-show-2012.

23. BOOTLE, R. *The Trouble with Markets: Saving Capitalism from Itself*. Londres: Nicholas Brealey, 2012.

24. CAPLAN, B. *The Case Against Education*. Princeton: Princeton University Press, 2018.

25. Idem.

26. Citado por FOROOHAR, R. *Financial Times*, 12 nov. 2018.

27. Citado em SELDON; ABIDOYE (2018).

A Economia da Inteligência Artificial

28. Para uma discussão sobre este e outros temas educacionais, ver: CHAO JR., R. Educating for the Fourth Industrial Revolution. *University World News*, 2017, n. 482. Disponível em: http://www.universityworldnews.com/article.php?story= 20171107123728676; BROWN-MARTIN, G. (2017).

29. TOFFLER, A. *Future Shock*. Nova York: Penguin Random House, 1970.

30. CARR, N. *The Shallows*. Nova York: W. W. Norton & Company, 2010.

31. BROCKMAN, J., 2015, p. 26–7.

32. AUTOR, D. Why Are There Still So Many Jobs? The History and Future of Workplace Automation. *The Journal of Economic Perspectives*, 2015, v. 29, n. 3.

Capítulo 9

1. LEONHARD, G., 2016, p. 49.

2. Esta paródia da lógica sintética tem uma grande aplicabilidade. A sua origem é desconhecida.

3. A tentativa mais recente de produzir uma visão grandiosa de uma sociedade justa veio do filósofo norte-americano John Rawls, em seu livro *A Theory of Justice*, Oxford: Oxford University Press, 1974.

4. Citado em: BREGMAN. *Utopia for Realists*, 2017, p. 72.

5. Ver: BAKER, D. Rigged: *How Globalisation and the Rules of the Modern Economy were Structured to Make the Rich Richer. Washington D.C.*: Center for Economic and Policy Research, 2016.

6. Para um amplo levantamento de todos os aspectos desse assunto, ver: MARTINELLI, L. Assessing the Case for a Universal Basic Income in the UK. IPR Policy Brief, 2017; e também OECD. *Basic Income as a Policy Option: Can It Add Up?* Paris: OECD.

7. Ver: *Our Common Wealth: a Citizens' Wealth Fund for the UK*. London: IPPR, 2018. Disponível em: http://www.ippr.org/research/publications/our-common-wealth.

8. *Financial Times*, 2 jul. 2018.

9. Citado em: LOWREY, A. *Give People Money*. Nova York: Crown, 2018.

10. Citado em: VAN PARIJS, P.; VANDERBORGHT, Y. *Basic Income*. Cambridge: Harvard University Press Mass, 2017, p. 79.

11. POLANYI, K. *A Short History of a Family Security System*. Nova York: Farrar & Rinehart, 1944.

12. BREGMAN, 2017, p. 88–9.

13. Idem, p. 97.

14. GALBRAITH, J. K. The Unfinished Business of the Century. Palestra na London School of Economics, 1999.

15. Ver: VAN PARIJS, P.; VANDERBORGHT, Y. *Basic Income*. Cambridge: Harvard University Press Mass, 2017

16. TURNER, A. Capitalism in the Age of Robots: Work, Income, and Wealth in the Twenty-First Century. Palestra dada na Escola de Altos Estudos da Universidade Johns Hopkins. Washington, 2018.

Notas

17. BOOTLE, R. *The Trouble with Markets: Saving Capitalism from Itself.* Londres: Nicholas Brealey, 2009.

18. CHACE, 2016, p. 217–18.

19. LOWREY, A. *Give People Money: The simple idea to solve inequality and revolutionise our lives*, Londres: WH Allen, 2018.

20. Citado em LOWREY, A. (2018).

21. Citado em: VAN PARIJS; VANDERBORGHT, 2017, p. 85.

22. Idem.

23. The Basics of Basic Income. Disponível em: www.johnkay.com.

24. PIKETTY, T. *Capital in the Twenty-First Century.* USA: Harvard University Press, 2013.

25. PINKER, S. *Enlightenment Now.* Londres: Allen Lane, 2018.

Conclusão

1. Esta observação é amplamente creditada ao treinador de beisebol norte-americano e filósofo Yogi Berra, mas também é atribuída a uma grande variedade de outras pessoas.

2. SAGAN, C. *Cosmos.* Nova York: Random House, 1980.

Epílogo

1. Ver: DARRACH, B. Meet Shaky, the First Electronic Person. Life, 20 nov. 1970, p. 68.

2. Citado por BROCKMAN, 2015, p. 166.

3. FORD, 2015, p. 229–30.

4. LEONHARD, 2016, p. 9.

5. Isto teria como consequência um interesse fundamental não tanto para os economistas quanto para os nossos primos, os contabilistas. (Primos distantes, a muitos graus de distância, devo enfatizar.) Se a IA se desenvolver a ponto de as máquinas poderem melhorar continuamente, isso vai reduzir, ou talvez até reverter, o processo de deterioração que afeta todos os ativos físicos, o que dá origem ao conceito contábil de "depreciação", que desempenha um papel tão grande nas contas de muitas empresas. Pelo menos em alguns casos, poderia a "depreciação" transformar-se em "valorização"?

6. KELLY, 2016, p. 49.

7. TEGMARK, 2017, p. 314.

8. BROCKMAN, 2015, p. 29–30.

9. Ver, por exemplo, SHANAHAN, M.: "A mais importante entre essas limitações é a mortalidade. O corpo de um animal é uma coisa frágil, vulnerável a doenças, lesões e decadência, e o cérebro biológico, do qual depende a consciência humana (hoje), é apenas uma das suas partes. Mas, se adquirirmos os meios para reparar qualquer nível de dano a ele e, em última instância, para reconstruí-lo totalmente, em um substrato não biológico, então, não há nada que impeça a extensão ilimitada da consciência." (2015, p. xxi)

10. FORD, 2015, p. 230–2.

11. Citado em SHANAHAN (2015, p. 157). Shanahan expande esta visão. Ele já escreveu: "Sem ser perturbado pelas necessidades biológicas terrestres, capaz de suportar extremos de temperatura e doses de radiação que seriam fatais para os seres humanos e psicologicamente sem problemas pela perspectiva de milhares de anos viajando pelo espaço interestelar, máquinas autorreproduzidas superinteligentes estariam em uma boa posição para colonizar a galáxia. De uma perspectiva suficientemente vasta, poderia ser visto como o destino humano facilitar esse futuro, mesmo que os próprios humanos (não aprimorados) sejam física e intelectualmente fracos demais para participar dele."

12. Como afirma o Nick Bostrum: "A existência de aves demonstrou que o voo de algo mais pesado que o ar era fisicamente possível e motivou esforços para construir máquinas voadoras. No entanto, os primeiros aviões a funcionar não batiam as asas. A questão é se a inteligência da máquina será como o voo, que os humanos conseguiram por meio de um mecanismo artificial, ou como a combustão, que inicialmente dominamos copiando incêndios naturais" (2014, p. 34).

13. HARARI, 2016, p. 140–1.

14. JAYNES, J. *The Origin of Consciousness in the Breakdown of the Bicameral Mind*. Nova York: Houghton Mifflin, 1990.

15. DAWKINS, R. *The God Delusion*. London: Penguin, 2006.

16. SHANAHAN, M. *The Technological Singularity*. Cambridge: The MIT Press, 2015, p. 98.

17. BROCKMAN, 2015, p. 255.

18. Citado no *The Daily Telegraph*, 14 mar. 2017. Para uma exposição detalhada da visão de Penrose sobre estes temas, ver: PENROSE, 1989; 1994.

19. Citado no *The Daily Telegraph*, 14 mar. 2017.

20. Citado em LEONHARD, 2016, p. 9.

Índice

A

abuso de privacidade, 202
ação pública, 205
acidentes, 124
acumulação de capital, 19
Adam Smith, 27, 28, 95
Adrian Reynolds, 201
advocacia, 49
África, 177
agricultura, 121
Alan Dershowitz, 157
Alan Turing, 41, 272
Alan Winfield, 199
Alasca, 254
    Fundo Permanente, 254
Albert Einstein, 57
Aldous Huxley, 272
Alec Ross, 123
Alemanha, 48, 76, 176, 236
Alexis de Tocqueville, 250
Alfred Marshall, 157
alienação, 104
Allison Pearson, 51
Alvin Toffler, 225
Amazon, 131, 157, 168, 204
ambiente inflacionário, 86
América Latina, 233
ampliação do mercado, 158
Andrew McAfee, 157
Andrew Moore, 187
Annie Lowrey, 253
Anthony Seldon, 215, 218
Antiguidade, 17
apocalipse econômico, 70
aposentadoria, 7, 115
Apple, 123, 204
armas, 195
atividade econômica,

70–81
condições keynesianas, 72–73
resposta política, 76–77
tendências depressivas, 73–74
ativos, 68
automação, 49
autopreservação, 272
auxílio para desabrigados, 240
avanço tecnológico
    versus progresso econômico, 19

B

Barack Obama, 204
Ben Bernanke, 73
benefícios sociais, 240
Benjamin Franklin, 97
Benôit Hamon, 188
bens posicionais, 102
Ben Williamson, 210
Bernie Sanders, 244
Bertrand Russell, 246
big data, 200, 204
Bill Gates, 1, 161, 163, 187, 261
biotecnologia, 36, 76
blockchain, 168
bolha pontocom, 39, 63
Brad DeLong, 18
Brexit, 178
Brookings, 223
Bryan Caplan, 221, 227
Brynjolfsson, 158
Bug do Milênio, 2
busca por status, 103

C

Calum Chace, 1, 42, 50, 148, 173, 252
Cambridge Analytica, 200, 204
campanha presidencial, 204
capital de risco, 175
capital produtivo, 69–70
Carl Frey, 48
Carlos Ghosn, 130
carreira profissional, 104
carros elétricos, 126
carvão, 15
censura, 142
Charles Bean, 34
Charles Darwin, 22
China, 75, 53, 59, 78, 85, 142, 88, 176, 143, 178
Chinmayi Arun, 202
Chris Giles, 160
Chris Urmson, 125
codificação, 210
coletores-caçadores, 22
comércio internacional, 28
compras online, 41
computador pessoal, 48
comunismo, 97
concentração geográfica, 171
Congresso dos EUA, 125
consciência, 266
Coreia do Sul, 108, 188
crescimento da produtividade, 26, 80
crescimento econômico, 18, 68
    ritmo, 80–82

303

A Economia da Inteligência Artificial

crescimento exponencial, 51

crescimento médio anual da renda, 155

criatividade, 212, 49, 62, 213

criativo versus distributivo, 223

crise financeira global, 30, 59, 72, 75

cuidado pessoal, 142

cuidados de saúde, 151

cultura, 178–179

cursos online, 216

curva de Phillips, 80

custo de oportunidade, 79

D

dados, 200

Dale Lane, 209

Dani Rodrik, 181

Dave Coplin, 199

David Autor, 167, 228

David Gunkel, 1

David Kosbie, 211

David Poole, 191

David Ricardo, 24, 28, 62, 180, 249

da Vinci Xi, robôs, 143

decadência cognitiva, 226

Deep Blue, 43, 55

deep learning, 174

DeepMind, 44, 126, 144, 177

deep reinforcement learning, 44

deficit de demanda, 74–76

Deloitte, 108

demanda agregada, 84
 aumentar, 76

demanda por capital, 85

Demis Hassabis, 126

demografia, 20–21

depressão econômica
 Japão, 72

desaceleração econômica,
30–31, 59

explicações, 31

desastres naturais, 22

desemprego, 78–79
 em massa, 70
 estrutural, 70
 friccional, 70

desenvolvimento pessoal, 146

desenvolvimentos importantes da IA, 41–42

desespecialização, 129

design, 49

desigualdades, 74, 154–155, 241, 260, 268
 aumento, 102
 explicação tecnológica, 156
 globalização, 155–156
 regionais, 173

destreza manual, 62

destruição criativa, 23

D. H. Lawrence, 96

diagnóstico médico, 144

Dinamarca, 108

direito, 151

discernimento, 54

distribuição de renda, 61, 232
 críticas, 252
 efeitos, 250
 ideal, 232
 mão de obra, 248
 na prática, 252–253
 renda básica universal, 242
 revolução da IA, 239

distúrbios civis, 22

dívida pública, 77

dívida total dos estudantes, 223

doenças, 22

domesticação de animais, 17

Donald Clark, 217

drones, 136, 197

dualista, 279

E

e-books, 58

economia
 da escassez, 115
 da felicidade, 108
 de mercado, 22
 dos EUA, 47
 história, 17
 monetária, 72

educação, 81, 115, 208, 268
 ensino público, 268
 jornada escolar, 224
 reforma, 212
 tradicional, 210

efeito da renda, 101

efeito de rede, 44

efeitos macroeconômicos da IA, 68–69

eficiência marginal do capital, 69

eleição presidencial dos EUA, 204

Elizabeth Warren, 244

Elon Musk, 125, 133, 245

Emmanuel Macron, 205

emoção, 49

empatia, 219

empregos, 68, 70–81
 avaliadores de propriedades, 140
 em risco, 47
 entrevistas, 141
 estimativas sobre o futuro, 122
 expansão, 142
 intelectuais, 140
 motoristas, 123
 substituição, 45
 tradução, 141

empresários, 8

energia hidráulica, 15

engenharia do crescimento, 26–27

entrega por drone, 131

envelhecimento da população, 75

Era de Ouro, 29

ÍNDICE

Era dos Robôs, 73
  problema de transição, 76
Erik Brynjolfsson, 157
escassez, 79
Escócia, 134
esporte, 225
Estado
  papel, 236
Estados Unidos, 15, 75, 176
estagflação, 29
estagnação secular, 31
estatísticas econômicas, 18
estrutura ética, 194
eugenia, 275
Europa, 19, 85
excedente de renda, 19
expansão industrial, 121
expectativa de vida, 36,
  116

F

Facebook, 157, 168, 197,
  200, 205, 245
Fan Hui, 44
fatores de compensação,
  75
favelas, 233
Federico Pistono, 43
felicidade
  e trabalho, 108
Finlândia, 253
fintechs, 166
flexibilidade, 62
flexibilização quantitativa,
  72, 77
Forbes, 161
força de trabalho, 18, 74
Ford, 123, 126
formas de persuasão, 49
Fórum Econômico Mun-
  dial, 124, 142
França, 176
Frankenstein, 179
Friedrich Engels, 22
Friedrich von Hayek, 246,
  247

G

garantia básica de empre-
  go, 244
Gary Kasparov, 43, 55
gastos públicos
  aumento, 192
General Motors, 53, 126
genes, 274
George Bernard Shaw,
  96, 97
George P. Dvorsky, 197
Gerd Leonhard, 211
Glasgow, 134
globalização, 59, 78, 88
GM, 123
Go, 44
Goldman Sachs, 176
Golfo, 113
Golfo Pérsico, 111
Google, 44, 53, 125, 126,
  141, 144, 157, 163,
  168, 177, 204, 217,
  271
Google DeepMind, 199
governos, 8
GPS, 226
Graham Brown-Martin,
  212
Grande Depressão, 23, 28,
  57, 59, 72
Grande Recessão, 59, 61, 72
Grécia Antiga, 232
guarda de trânsito, 125
Guerra dos Mundos, 4
Guerra Fria, 131, 135
guerras, 22

H

Hal Varian, 163
Hans Moravec, 274
Harry Potter, 157
Herbert Grubel, 160
Herbert Simon, 39, 52, 57
hipotecas de alto risco, 39
Holanda, 23
home schooling, 224

H. R. Bart Everett, 136
Hugo Barra, 141
humanidades, 212

I

Ian Goldin, 173
Ian Johnston, 202
Ian Morris, 16
Ian Pearson, 43
IBM, 6, 209
impacto da IA, 57
impostos, 72
  sobre a riqueza, 241
  sobre robôs, 187
inadimplência, 77
Indústria 4.0, 44
infelicidade, 104
inflação, 78–79
informatização, 33
Inglaterra, 15
insolvência, 77
inspiração, 219
instinto competitivo, 101
inteligência artificial
  definições, 6
  origem, 6
inteligência emocional,
  50, 62
inteligência projetada, 6
invenção da roda, 17
investimento líquido real,
  27
investimentos em IA,
  176–177
Isaac Asimov, 1, 116, 194
Itália, 176

J

James Agate, 96
James Callaghan, 57
James Scott, 19
James Tagg, 278
James Tobin, 246
James Watt, 35
Japão, 48, 85, 176
Jared Diamond, 35

Jaynes, 275
Jean-Baptiste Say, 71
Jeff Bezos, 161
Jeopardy!, 44, 55
Jeremy Bentham, 233, 250, 276
Jeremy Corbyn, 188
Jeremy Hunt, 145
Jeremy Rifkin, 39
Jim Al-Khalili, vii, 81, 187
J. K. Rowling, 157
Joel Mokyr, 48
jogos de azar, 149
John Brockman, 4, 6, 273, 276
John Dewey, 216
John Kay, 259
John Kenneth Galbraith, 67, 246, 250
John Markoff, 51
John Maynard Keynes, 72, 97, 104, 105, 106, 148, 119, 246, 248
John McCarthy, 6
John McDonnel, 254
John McDonnell, 245
John Searle, 55
John Stuart Mill, 246
John Templeton, 39
John von Neumann, 271
jornada de trabalho, 112
jornalismo, 49
Joseph Aoun, 212
Joseph Schumpeter, 23
Joseph Stiglitz, 31, 160
Joshua Brown, 129
Julian Jaynes, 275
Juliet Schor, 106
Justin Trudeau, 39

K

Karel Capek, 6
Karl Marx, 22, 95, 97, 98
Karl Polanyi, 54, 249
Ken Robinson, 212, 217
Kevin Ashton, 44

Kevin Kelly, 44, 60, 163, 186, 273, 279
Kirsten Gillibrand, 244

L

laissez-faire, 236
Larry Summers, 31
Lawrence Summers, 190, 244
lazer, 68, 105, 151, 214
e trabalho, 105–106
Lei de Moore, 43, 50
Lei de Say, 71
Lei dos rendimentos decrescentes, 20
lei dos retornos marginais decrescentes, 160
linha de montagem, 25
livros didáticos personali-zados, 217
Liza Macleod, 253
Lord Rees, 3, 5
Lord Turner, 251
luditas, 24

M

machine learning, 44, 196, 204
macroeconomia, 1, 68, 97
futuro, 88–89
manufatura, 81
Marc Andreessen, 44
Mark Fields, 126
Mark Zuckerberg, 161, 245
Martin Feldstein, 34, 159
Martin Ford, 62, 216
Martin Rees, 3
Marvin Minsky, 52
Masatoshi Ishikawa, 178
Max Tegmark, 49, 273, 279
mecanização, 24
medicina, 143–145, 151
meio ambiente, 36
mercados emergentes, 29–30
Michael Gove, 217

Michael Osborne, 48
Microsoft, 1, 199, 209
Milton Friedman, 73, 246, 247, 256
mobilidade social, 169
momento final, 3
monopólio, 168
mudança disruptiva, 168
Murray Shanahan, 3, 55, 276

N

nanotecnologia, 36, 76
necessidades materiais básicas, 107
Neutralidade fiscal, 189
Nicholas Carr, 226
Nick Hillman, 220
Nigel Shadbolt, 204
Noam Chomsky, 55, 274
nomadismo, 18
Noruega, 134

O

obsolescência, 60
O Capital, livro, 249
O Capital no Século XXI, livro, 158
O Exterminador do Futu-ro, filme, 178
oferta de mão de obra, 115
oferta versus demanda, 71–72
O Fim dos Empregos, livro, 39
O. J. Simpson, 157
oligopólio, 168
Ontário, 253
ONU, 47, 195
OPEP, 28
operações militares, 135–137
operadoras de telefonia, 25
opinião dos eleitores, 200
Orson Welles
transmissão de rádio, 4

ÍNDICE

Oscar Wilde, 116
otimismo excessivo, 56
Oxford, 158, 199, 217, 218

P

padrões de vida, 26, 82
países produtores de
petróleo, 75
Pam Baker, 200
paradoxo central da IA, 54
paradoxo de Moravec, 54
paradoxo de Polanyi, 54
Parlamento Europeu, 194
participação da agricultura
na economia, 25
Paul Krugman, 15
Paul Romer, 35
Paul Samuelson, 246
perdas de empregos, 57
Peter Moravec, 54
Peter Sellers, 132
Peter Thiel, 33
Philip Hammond, 123
Philip M. Breedlove, 136
Philippe Van Parijs, 256
PIB
ao longo da história, 16
sub-registro, 34
pico humano, 25
pilotos de linhas aéreas,
130
pirâmides, 19
Plano Marshall, 28
pobreza de atenção, 57
poder de compra, 70, 71
polarização de empregos,
167
política econômica, 78
política fiscal expansionista, 77
políticas públicas, 1, 8
pontos de venda, 138
poupança, 75, 85
pressão deflacionária, 75
previsão econômica, 67–68
Primeira Guerra Mundial,

139
Primeira Revolução Agrícola, 18–19
privacidade, 201
processamento de linguagem natural, 145
produção agrícola, 36
produção de alimentos, 21
produção real, 69
produtividade, 21, 82
professores, 216
programa antitruste, 241
progresso econômico, 15,
18–19
progresso tecnológico
padrões, 45
propriedades comerciais,
88
propriedades residenciais,
87
publicidade, 49

Q

qualidade de vida, 16, 36
Quarta Revolução Industrial, 64
questões éticas, 276

R

Ray Kurzweil, 3, 271, 273,
280
redistribuição de renda
como fazer, 240
redução no PIB, 251
regulação da IA, 177
Reino Unido, 75, 145, 176
relações humanas, 108,
149–150
relações sexuais, 150
renda, 71
básica universal, 193, 232
extra, 108
mínima garantida, 193
per capita, 69
utilidade marginal decrescente, 233

rendimentos e salários, 26
rentismo, 251
responsabilidade legal, 132
retorno do capital, 69
revolução da IA, 40
crescimento exponencial,
42
revolução digital, 79
Revolução Industrial, 2,
15–17, 40, 174, 143,
64, 95, 145, 176, 265,
269
mudanças tecnológicas,
17
Revolução Thatcher, 154
Richard Dawkins, 275, 279
Richard Florida, 175
Richard Nixon, 247
Ridley Scott, 52
riqueza, 161
herdada, 235
Robert Allen, 22
Robert Dingess, 130
Robert Gordon, 15, 32, 40
Robert Shiller, 191
Robert Solow, 33
robôs
aumento na quantidade,
43
capacidade real, 51
custo, 59
efeitos econômicos, 67
origem, 6
trabalhadores substitutos, 59
Roger Hampson, 204
Roger Penrose, 278, 279
Rogier Creemers, 202
Rose Luckin, 210
rotas comerciais, 23
Rússia, 176
Rutger Bregman, 116, 155,
250

S

salário médio real, 69
saltos tecnológicos, 27

A Economia da Inteligência Artificial

Samuel Nussbaum, 144
saúde, 268
saúde mental, 216
Segunda Guerra Mundial, 28, 74, 135
seguros, 125
seleção natural, 22
sentimentos, 266
Sergey Brin, 126
serviços básicos universais, 245
Shami Chakrabarti, 202
Simon Kuznets, 170
Singapura, 48, 53, 176
Singularidade, 3, 4, 5, 93, 118, 267, 269, 271
Stanislav Petrov, 131, 132
Stefano Scarpetta, 49
Stephen Hawking, 1, 3, 278
Steven Pinker, 137, 260, 274
Stuart Russell, 4
sucesso relativo, 103
Suíça, 224, 254
supervisão humana, 49

T

taxa de natalidade, 21
taxa de retorno do investimento, 84
taxa fixa de câmbio, 29
taxas de crescimento econômico, 267
taxas de juros, 59, 68, 83–85, 267
taxas de lucro, 80
tecnologia
  consequências econômicas negativas, 57
tecnologia da informação,

25, 57, 79
tédio, 116–117
teorema de Tesler, 44
teoria da evolução, 22
terrorismo, 197
Tesla, 129, 133, 245
The Atlantic, 226
Theresa May, 145
Thomas J. Watson, 40
Thomas Malthus, 20, 21, 33, 121, 249
Thomas More, 246
Thomas Newcomen, 35
Thomas Paine, 246
Thomas Piketty, 158, 161, 241, 260
  críticas, 159
  evidências, 160–162
Tim Berners-Lee, 204
Tim Harford, 138
Tom Friedman, 174
Tony Blair, 220
trabalho
  antitrabalho, 107
  aprimoramento, 143
  e férias, 114
  e prazer, 104
  e propósito, 111
  e remuneração, 108
  e status, 110
  e vida pessoal, 97–98
  expansão dos empregos, 142
  Forças Armadas, 137
  futuro, 45–46
  jurídicos, 141
  perspectivas, 95–98
Twitter, 197, 205

U

Uber, 123, 164–165

ultrarricos, 161
uso compartilhado, 126
uso de mídias sociais, 157
utilidade marginal decrescente, 233

V

valor da terra
  aumento, 161
vantagem comparativa, 62
vantagem do pioneirismo, 80, 168
varejo, 138–139
veículos autônomos, 123
  intervenção humana, 127
videogames, 226
vigilância em massa, 201
visão religiosa, 278
visão ultrapessimista da IA
  versões, 70

W

Walter Reuther, 71
Warren Buffett, 161, 261
William Stanley Jevons, 121

Y

Yannick Vanderborght, 256
YouTube, 53, 205
Yuval Harari, 275
Yuval Noah Harari, 22

Z

Zeynep Tufekci, 200
zona do euro, 76

Projetos corporativos e edições personalizadas
dentro da sua estratégia de negócio. Já pensou nisso?

Coordenação de Eventos
Viviane Paiva
viviane@altabooks.com.br

Assistente Comercial
Fillipe Amorim
vendas.corporativas@altabooks.com.br

A Alta Books tem criado experiências incríveis no meio corporativo. Com a crescente implementação da educação corporativa nas empresas, o livro entra como uma importante fonte de conhecimento. Com atendimento personalizado, conseguimos identificar as principais necessidades, e criar uma seleção de livros que podem ser utilizados de diversas maneiras, como por exemplo, para fortalecer relacionamento com suas equipes/ seus clientes. Você já utilizou o livro para alguma ação estratégica na sua empresa?

Entre em contato com nosso time para entender melhor as possibilidades de personalização e incentivo ao desenvolvimento pessoal e profissional.

PUBLIQUE
SEU LIVRO

Publique seu livro com a Alta Books. Para mais informações envie um e-mail para: autoria@altabooks.com.br

 /altabooks /alta-books /altabooks /altabooks

CONHEÇA OUTROS LIVROS DA **ALTA BOOKS**

Todas as imagens são meramente ilustrativas.

Impressão e Acabamento | Gráfica Viena
Todo papel desta obra possui certificação FSC® do fabricante.
Produzido conforme melhores práticas de gestão ambiental (ISO 14001)
www.graficaviena.com.br